8 M 7182

Paris
1891

Schiller, Frederich von

Histoire de la Guerre de Trente an

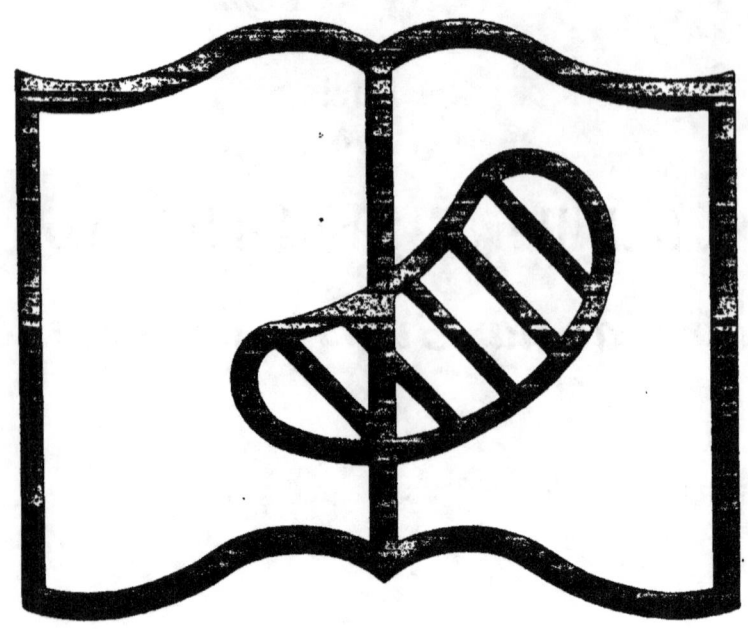

Symbole applicable
pour tout, ou partie
des documents microfilmés

Original illisible

NF Z 43-120-10

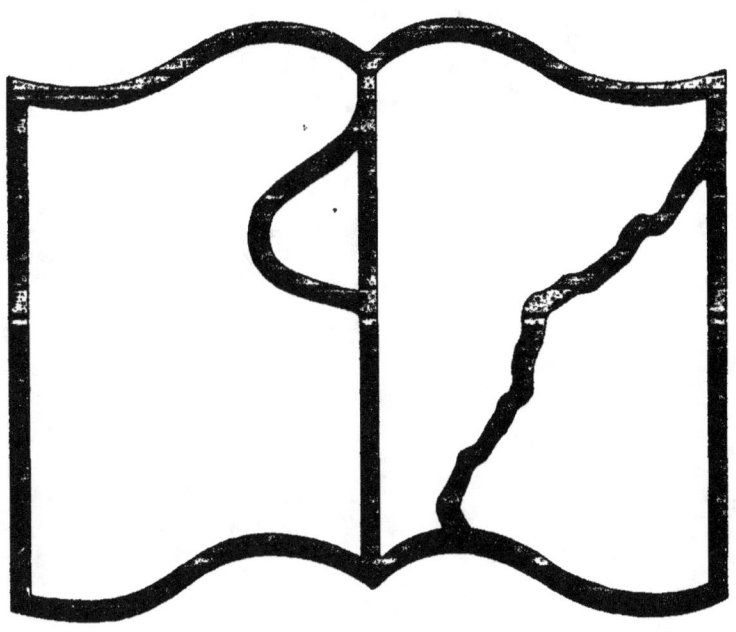

Symbole applicable
pour tout, ou partie
des documents microfilmés

Texte détérioré — reliure défectueuse

NF Z 43-120-11

3416

SCHILLER

HISTOIRE
DE LA
GUERRE DE TRENTE ANS

G. CHARPENTIER ET E. FASQUELLE, ÉDITEURS

ŒUVRES DE SCHILLER

PUBLIÉES DANS LA BIBLIOTHÈQUE CHARPENTIER

A 3 fr. 50 le volume

THÉATRE. Traduction nouvelle, précédée d'une Notice par M. X. MARMIER. . . . . 3 vol.

Chaque volume se vend séparément :

Tome Iᵉʳ. — Les Brigands. — La Conjuration de Fiesque. — L'Intrigue et l'Amour.
Tome II. — Don Carlos. — Marie Stuart. — Jeanne d'Arc.
Tome III. — Le camp de Wallenstein. — Les Piccolomini. — La mort de Wallenstein. — La Fiancée de Messine. — Guillaume Tell.

HISTOIRE DE LA GUERRE DE TRENTE ANS. Traduction de Mᵐᵉ la baronne DE CARLOWITZ, couronnée par l'Académie française. . . . . 1 vol.

POÉSIES. Traduction de M. X. MARMIER. . . . . 1 vol.

HISTOIRE
DE LA
GUERRE DE TRENTE ANS

PAR SCHILLER

TRADUITE

PAR MADAME LA BARONNE DE CARLOWITZ

TRADUCTEUR DE LA MESSIADE DE KLOPSTOCK

TRADUCTION COURONNÉE PAR L'ACADÉMIE FRANÇAISE

PARIS
BIBLIOTHÈQUE CHARPENTIER
11, RUE DE GRENELLE, 11
1891

Tous droits réservés

HISTOIRE
DE LA
GUERRE DE TRENTE ANS

LIVRE PREMIER

De l'influence de la réforme en Allemagne. — Motifs qui rattachèrent la maison d'Autriche à la religion catholique. — Appréciation de la paix d'Augsbourg. — De la réserve ecclésiastique. — Divisions parmi les protestants d'Allemagne. — Leur disposition à s'unir contre l'ennemi commun. — Politique conciliante de Ferdinand Ier et de Maximilien II — Rodolphe II. — Propagation de la réforme en Hongrie. — Menées ambitieuses de l'archiduc Mathias. — Troubles en Bohême. — Concessions de l'empereur Rodolphe II. — Lettre impériale. — Troubles dans l'ouest de l'Allemagne. — Aix-la-Chapelle est mis au ban de l'empire. — L'archevêque de Cologne embrasse la religion protestante. — Il est chassé de ses États. — Nouvel échec des protestants à Donawert. — Union évangélique (1608). — Ouverture de la succession de Juliers. — Projet d'intervention de Henri IV. — Formation de la ligue catholique. — Avènement de Mathias (1612). — Nouveaux troubles en Bohême. — Le comte de Thurn. — Démolition des églises de Klostergrab et de Braunau. — Les membres protestants des états de la Bohême jettent le président et le conseiller de la chancellerie de Prague par les fenêtres du château (1618). — Révolte générale de la Bohême. — Échec des troupes impériales sous Boucquoi et Dampierre. — Avènement de Ferdinand II (1619). — Les insurgés menacent Vienne. — Énergie du nouvel empereur. — L'électeur palatin Frédéric V est nommé roi de Bohême. — Son couronnement à Prague. — Désunion des chefs de l'Union. — Alliance de la Ligue avec l'empereur. — Bataille de la montagne Blanche (1620). — Fuite de Frédéric V. — Reddition de Prague. — Ferdinand II déchire la lettre impériale. — Proscription du culte protestant en Bohême.

Depuis le commencement des guerres de religion en Allemagne, jusqu'à la paix de Munster, il ne s'est rien passé de grand ni de remarquable dans le monde politique, qui n'ait été préparé par ces guerres. Tous les événements importants de cette époque tiennent à la réformation de Luther; s'ils n'en découlent pas toujours directement, ils ont du moins été préparés par elle, et les plus grands comme les plus petits États en ont plus ou moins ressenti l'influence.

C'est contre la réformation que l'Espagne dirigea toutes ses forces politiques; c'est à cause de la réformation qu'éclata en France une guerre civile qui, pendant quatre règnes orageux, ébranla les fondements de ce royaume, attira l'étranger dans son sein, et le convertit en une vaste scène de ravages et de destruction; c'est dans la réformation que les Flamands puisèrent l'horreur du joug espagnol et le courage et la force de le briser; c'est par la réformation que Philippe II justifia, à ses propres yeux, la haine implacable qu'il avait vouée à la reine d'Angleterre, parce que cette reine s'était mise à la tête d'un parti religieux qu'il voulait anéantir, et parce qu'elle protégeait ouvertement les sujets protestants des États soumis à l'Espagne.

Les divisions de l'Église entraînèrent l'Allemagne à des divisions politiques qui, après un demi-siècle de désordres et de combats, devinrent la base d'une digue formidable contre toute espèce d'oppression et d'injustice. C'est encore la réformation qui fournit à quelques puissances du nord, telles que le Danemark et la Suède, l'occasion de jouer, pour la première fois, un rôle dans le grand système politique de l'Europe, car leur appui fortifia l'alliance des protestants et leur fournit à eux-mêmes le moyen de s'agrandir. C'est ainsi que des royaumes, qui jusque-là n'avaient eu entre eux aucune relation, se sentirent rapprochés par des sympathies politiques. La réformation ne changea donc pas seulement les rapports des citoyens entre eux, et ceux des souverains envers leurs sujets, mais elle plaça encore tous les États de l'Europe dans de nouvelles positions respectives. La bizarrerie de la marche des événements fit que le rapprochement de ces États devint la conséquence des divisions de l'Église.

Les premiers effets des nouvelles sympathies politiques furent terribles ; ils s'annoncèrent par une guerre qui, du fond de la Bohême jusqu'à l'embouchure de l'Escaut, des rives du Pô jusque sur les côtes de la mer Baltique, dépeupla des contrées entières ; par une guerre qui fit disparaître les moissons sous les pieds des chevaux et sous les roues des canons, et convertit les villes et les villages en monceaux de cendres. Et cette guerre qui dura trente ans, fit périr des milliers de combattants, ramena les mœurs sauvages et barbares du passé, et arrêta pendant près d'un demi-siècle, la marche de la civilisation douce et bienfaisante, dont quelques étincelles commençaient déjà à éclairer l'Allemagne.

L'Europe cependant sortit victorieuse et libre de cette guerre terrible, où elle parut pour la première fois sous l'aspect imposant d'une grande association politique. La participation de chaque État en particulier à la destinée de tous, résultat naturel d'une pareille guerre, aurait suffi pour faire oublier les maux qu'elle avait causés d'abord, lors même que l'intelligence et l'activité des peuples ne les auraient pas promptement réparés. Bientôt il ne resta plus de cette longue lutte que le bien dont elle avait développé et mûri le germe, et les sympathies politiques que les secousses, parties du fond de la Bohême, communiquèrent au reste de l'Europe, devinrent les garants de la durée de la paix de Westphalie.

Le feu de la destruction s'alluma au sein de la Bohême, et traversa la Moravie et l'Autriche pour aller incendier l'Allemagne, la France, la plus grande moitié de l'Europe enfin. Puisse le flambeau de la civilisation, qui depuis longtemps brille dans ces derniers États, suivre la même route en sens inverse, et porter ses douces clartés dans les contrées d'où partit le brandon de la discorde!

La religion seule a pu rendre tous ces grands évènements possibles; mais ce ne fut pas pour elle qu'ils avaient été entrepris. Si les intérêts privés et les intérêts publics n'étaient pas venus se joindre aux siens, jamais la voix des théologiens ni même celle des peuples n'auraient trouvé des princes si empressés à lui obéir; jamais les doctrines nouvelles n'auraient armé tant de zélés, tant de vaillants défenseurs. Les abus qui s'étaient glissés dans l'Église romaine, et les exigences outrées de ses ministres, avaient indigné les esprits éclairés, qui, entrevoyant la possibilité d'une réforme, la désiraient ardemment. Il n'en est pas moins incontestable que l'amour de l'indépendance et l'attrait du riche butin que promettait la destruction des monastères et des abbayes, augmentaient aux yeux de beaucoup de princes le mérite des doctrines de Luther; mais, pour les décider à défendre ouvertement ces doctrines, il fallait que des raisons d'État leur en fissent un devoir.

Ce fut parce que Charles-Quint, dans l'enivrement de sa fortune rapide, attenta à la liberté politique de l'Allemagne, qu'une alliance protestante se forma en faveur de la liberté religieuse; ce fut l'esprit de domination des Guises qui plaça les Condé et les Coligny à la tête des calvinistes français; et Rome perdit les Pays-Bas par les contributions exorbitantes qu'elle imposa à ces riches provinces. Les souverains s'armaient pour défendre ou agrandir leurs États; le fanatisme religieux leur recrutait des armées et leur livrait les richesses publiques; tandis que la partie des combattants qui n'avait pas été attirée sous leurs drapeaux par le seul espoir du butin, prodiguait son sang pour l'intérêt des monarques, tout en croyant défendre une vérité sacrée.

Par bonheur pour les peuples, cette fois du moins, la cause des princes était aussi la leur; mais cette conformité d'intérêts favorisait également les princes, car, à cette époque, aucun d'eux ne régnait assez despotiquement pour pouvoir réaliser ses projets politiques sans le consentement de ses sujets, et ce consentement était toujours difficile à obtenir. Les raisons d'État ne sauraient émouvoir les masses, parce qu'elles ne peuvent les comprendre; aussi la politique cherche-t-elle toujours à confondre ces raisons avec quelque intérêt populaire; et si cet intérêt n'existe pas elle l'invente. La plupart des souverains qui s'étaient déclarés en faveur de la réformation se trouvaient en ce cas : menacés dans leur existence politique par la puissance toujours croissante de la maison d'Autriche, ils cherchèrent à exciter la haine de leurs sujets contre cette maison, en la leur montrant comme l'appui le plus redoutable du papisme.

On pourrait se demander pourquoi tous les monarques de l'Europe n'ont pas été également sensibles aux avantages que leur offrait la suppression d'une juridiction étrangère dans leurs États, et celle de la suprématie du pouvoir spirituel sur le temporel? pourquoi ils n'ont pas tous saisi avec empressement l'espoir de s'approprier les domaines des États ecclésiastiques, et de retenir à leur profit les sommes que l'Église faisait passer dans les caisses du saint-siège?

Au premier abord du moins, il paraît surprenant, surtout, que les princes de la maison d'Autriche se soient constamment montrés sourds aux instances de la plupart de leurs peuples, et qu'ils aient refusé de s'enrichir et de s'agrandir aux dépens d'un clergé sans défense; car il serait aussi peu vraisemblable d'attribuer leur conduite à la conviction de l'infaillibilité de l'Église romaine, que de prétendre que la résistance des souverains protestants était le résultat de leur foi à l'excellence des doctrines de Luther.

En réfléchissant sur la situation de l'Europe, on comprend sans peine que les princes autrichiens se sont faits les champions du pape, parce qu'ils devaient leur puissance à l'Espagne et à l'Italie, deux pays aveuglément dévoués au saint-siége. Depuis les temps les plus reculés, l'Espagne avait donné des preuves de ce dévouement; la plus légère tendance de son souverain vers le protestantisme lui aurait coûté l'affection de ses sujets, et peut-être même la couronne : un roi d'Espagne devait rester catholique zélé, ou descendre du trône. L'Italie demandait plus de ménagements encore; car elle ne supportait qu'à regret le joug de l'étranger, et les occasions de s'en affranchir ne lui manquaient pas, puisque la France, qui la convoitait presque ouvertement, était toujours prête à la seconder dans ses mouvements révolutionnaires.

Les considérations générales qui réglaient d'avance la conduite de tous les rois d'Espagne étaient plus puissantes encore pour Charles-Quint. Le premier soupçon d'hérésie qu'il s'était attiré lui avait coûté ses possessions d'Italie, et s'il avait continué à exciter la défiance des catholiques, les projets ambitieux qu'il poursuivait avec tant d'ardeur eussent infailliblement échoué. Au reste, lorsqu'il choisit enfin entre les deux partis, le protestantisme n'avait encore rien fait pour mériter son estime, et il était permis d'espérer que, par des concessions mutuelles, on éviterait la séparation définitive de l'Église.

L'éducation monacale de Philippe II, jointe à un caractère sombre et despotique, l'avaient rendu l'ennemi naturel de toute réforme religieuse; et le hasard qui fit que ses plus dangereux adversaires politiques fussent en même temps les ennemis du catholicisme, augmenta sa

...aine contre la réformation, dont les progrès devenaient toujours plus menaçants pour lui; car il sentait combien il serait difficile de l'empêcher de pénétrer dans ses possessions des confins de l'Allemagne. La force des choses fit donc de ce prince le plus ferme soutien de l'Église catholique et le chef de la *ligue* papiste. La marche suivie sous les règnes si longs et si féconds en grands événements de Charles-Quint et de Philippe II, devait nécessairement devenir une loi pour les règnes suivants : aussi vit-on l'attachement de l'Espagne pour l'Église romaine s'accroître avec les divisions qui déchiraient le sein de cette Église.

Sous beaucoup de rapports, la branche allemande de la maison d'Autriche paraissait plus libre; mais, en examinant de près sa position politique, on est forcé de reconnaître que des considérations puissantes enchaînaient également sa volonté. Un apostat de l'Église romaine n'aurait pu conserver la couronne du saint empire romain, et jamais personne n'aurait osé placer cette couronne, même de la pensée, sur une tête protestante. La dignité impériale devait donc nécessairement lier au saint-siège tous les successeurs de Ferdinand Ier, qui, lui-même, lui était attaché par des motifs consciencieux puisés dans de véritables convictions religieuses. Au reste, les princes autrichiens n'étaient pas assez puissants par eux-mêmes pour se passer de la protection de l'Espagne, que toute velléité hérétique leur eût fait perdre à l'instant; et, comme membres de la famille impériale, ils ne pouvaient se dispenser de défendre un système qui assurait l'hérédité de l'Empire à leur maison, avantage dont le protestantisme cherchait à les priver.

Si à toutes ces raisons d'État on ajoute l'indifférence des souverains protestants de l'Empire pour les calamités des empereurs, leur empiétement dans les affaires temporelles de l'Église, et les passions haineuses qu'ils laissaient éclater dès qu'ils étaient les plus forts, on comprendra sans peine que les empereurs ne se sont faits les champions des papes, que parce que leurs intérêts étaient les mêmes que ceux de la religion catholique. L'influence que la conduite des princes autrichiens exerça sur le sort de cette religion les rendit l'objet exclusif de la haine des protestants, qui s'accoutumèrent peu à peu à confondre les personnes des protecteurs avec les principes qu'ils protégeaient.

Mais les calculs ambitieux qui avaient fait de la maison d'Autriche l'adversaire irréconciliable du protestantisme, la rendirent en même temps l'ennemie la plus dangereuse de la liberté politique de l'Europe en général, et de chaque État allemand en particulier. Trop faibles pour résister isolément, ces États cherchèrent à se fortifier par des alliances, et parvinrent ainsi à former une union capable de s'opposer à la puissance autrichienne.

Les motifs puissants qui guidaient les souverains étaient nuls pour leurs sujets, que les souffrances du moment ont seules le pouvoir d'impressionner. Et cependant une politique sage et bien entendue doit prévenir ces souffrances au lieu de les attendre pour agir. Heureusement pour ces souverains, ils purent faire valoir un motif très-propre à passionner les peuples et à exciter chez eux un enthousiasme facile à mettre au service des dangers politiques. Ce motif, c'était la haine des peuples contre une religion que la maison d'Autriche protégeait de tout son pouvoir, et l'attachement exalté de ces mêmes peuples à une doctrine que cette maison cherchait à anéantir par le fer et par le feu.

Le fanatisme religieux ne craint que les dangers imaginaires, et l'enthousiasme ne calcule jamais les sacrifices qu'il s'impose. Pour l'intérêt de l'État et du souverain, bien peu de bras se seraient armés volontairement; pour la religion, les artistes, les marchands, les cultivateurs s'enrôlaient à l'envi. Pour l'intérêt de l'État et du prince, les plus légers impôts paraissaient trop lourds aux peuples; pour la religion, ils sacrifiaient avec joie leur vie et tous les biens de la terre. Des sommes immenses venaient d'elles-mêmes alimenter le trésor public, et les volontaires grossissaient sans cesse les rangs de l'armée. L'exaltation était telle, qu'on s'apercevait à peine des sacrifices qui, dans un moment de calme, eussent été regardés comme impossibles. La peur des *auto-da-fé* et des Saint-Barthélemy devint pour le prince d'Orange, pour l'amiral de Coligny, pour la reine Élisabeth d'Angleterre et pour tous les princes de l'Allemagne protestante, une mine où ils trouvèrent des ressources qui, aujourd'hui encore, nous paraissent inconcevables.

La puissance de l'empereur cependant était assez grande pour braver les efforts de l'Allemagne réunie; et la science diplomatique était trop imparfaite encore pour créer ces liens politiques qui, de nos jours, unissent les États les plus éloignés les uns des autres. Chacun d'eux composait alors un tout séparé du grand ensemble des nations, toujours insensible aux souffrances de ses voisins, et souvent même jaloux de leur prospérité; car la différence des constitutions, du langage et des mœurs, élevait entre les divers peuples européens une barrière insurmontable. C'était à une cause aussi puissante, aussi générale que celle de la réformation, qu'il était réservé de renverser cette barrière. C'est la réformation qui, par un lien nouveau, plus fort que celui de l'esprit national et du patriotisme, réunit d'abord les individus, puis les peuples. Et ce lien, indépendant de tous les intérêts privés, rapprochait ici les nations les plus éloignées, tandis que là, il divisait les habitants du même sol, les membres de la même famille.

C'est ainsi que le calviniste français se sentait plus près du réformé de Genève ou de l'Angleterre, du protestant de l'Allemagne ou de la Hollande, que de son compatriote catholique. Le protestant cessa donc, sous le point de vue le plus important, d'être citoyen d'un seul État, d'y consacrer toute son attention, toutes ses sympathies; son cercle d'idées s'élargit, il lui fut possible de prendre part à la destinée des pays étrangers, d'y voir l'augure de celle qui lui était réservée, et de rattacher ainsi ses intérêts particuliers à l'intérêt général.

Après ce pas immense de l'esprit public, les princes pouvaient, sans crainte, demander à leurs sujets de secourir des coreligionnaires auxquels on était toujours prêt à accorder, à ce titre, ce qu'on leur aurait refusé à celui d'étrangers et même à celui de proches et bons voisins. L'habitant du Palatinat quitta ses foyers pour aller soutenir le Français contre les ennemis de leur croyance commune; et le Français, devenu l'ennemi de sa propre patrie, parce qu'elle repoussait la religion qu'il avait adoptée, versa son sang pour la liberté hollandaise. Le Suisse s'arma contre le Suisse, l'Allemand contre l'Allemand; tous s'empressèrent d'aller mourir sur les bords de la Loire ou de la Seine, afin de régler les droits de succession au trône de France; et le Danois passa l'Eider, et le Suédois franchit le Belt pour venir briser des fers qui n'enchaînaient que l'Allemagne.

Il est impossible de décider où se seraient arrêtés la réformation et l'esprit d'indépendance des souverains de l'Empire, si la maison d'Autriche ne s'était pas déclarée l'ennemie de l'une et de l'autre; mais il est certain, du moins, que la guerre acharnée qui éclata en faveur de ce double principe, a été pour les princes de cette maison le seul obstacle insurmontable qui se soit jamais opposé à leur tendance vers la monarchie universelle. Dans toute autre circonstance, les souverains allemands n'auraient pu obtenir de leurs sujets les sacrifices qu'ils étaient obligés de leur demander pour résister à la puissance autrichienne; et, dans toute autre circonstance aussi, ces souverains auraient vainement cherché à augmenter leurs forces par des alliances étrangères.

Jamais l'autorité de l'Autriche n'avait été plus grande et plus généralement reconnue qu'après la bataille de Muhlberg, où Charles-Quint défit les Allemands. Mais leur liberté, que l'alliance de Schmalkade semblait avoir anéantie pour toujours, reprit un nouvel essor sous Maurice de Saxe; et les conséquences de la victoire de Muhlberg disparurent devant le congrès de Passau et devant la paix d'Augsbourg, où, par des concessions mutuelles, on croyait avoir terminé pour toujours les guerres civiles et religieuses. Ce célèbre congrès créa légalement deux politiques et deux religions; car les protestants, qui jusque-là avaient été traités en rebelles, redevinrent des citoyens; et la confession d'Augsbourg pouvait se regarder, en apparence du moins, comme l'égale de l'Église romaine. Chaque membre de la diète germanique avait le droit de choisir entre les deux religions, et de rendre celle qu'il avait préférée *universelle et dominante* dans ses États; chaque citoyen avait le droit de quitter le pays où sa religion était opprimée ou persécutée.

Ce fut là la première sanction authentique qu'obtint la doctrine de Luther; et si l'Autriche et la Bavière la repoussèrent toujours, elle pouvait s'en consoler, car elle régnait dans la Saxe et dans la Thuringe. Les souverains cependant avaient exclusivement le droit de décider quelle religion on pratiquerait dans leurs États; la volonté et la conscience des sujets n'étaient comptées pour rien; la diète, où les peuples n'avaient aucun représentant, n'avait pas daigné s'occuper d'eux. L'empereur

Ferdinand Ier, lui qui, plus que tout autre, avait contribué à cette paix, avait, il est vrai, demandé pour les sujets protestants des États ecclésiastiques où le culte romain devait irrévocablement rester la religion dominante, le droit de pratiquer librement leur culte; mais cette demande, contestée par le parti catholique, et consignée dans le traité avec cette contestation, ne pouvait avoir force de loi.

Si la séparation religieuse n'avait porté que sur des opinions et des croyances, elle se serait sans doute opérée paisiblement; elle ne devint difficile et orageuse que parce que des richesses, des dignités et des priviléges étaient attachés à ces opinions, à ces croyances.

Lorsque l'un des deux frères qui jouissent en commun de leur patrimoine, veut quitter la maison paternelle, il éprouve naturellement le besoin de régler ses comptes avec le frère qui, désormais restera seul au logis; mais ce règlement devient d'autant plus difficile, que leur père, ne prévoyant pas la possibilité d'une séparation, n'a rien stipulé pour le cas où elle deviendrait nécessaire. Telle était la situation de l'Église, enrichie par les pieuses donations qui lui avaient été faites pendant les dix premiers siècles de l'ère chrétienne. Il s'agissait de décider si, à l'exemple de la noblesse, elle admettait le droit d'aînesse et sanctionnait la validité d'une valeur accordée au premier-né, quand le puîné n'existait pas encore pour réclamer la part que lui accordaient les lois de la nature.

Pouvait-on priver les luthériens d'une fortune provenant aussi bien de leurs ancêtres que de ceux des catholiques? Pouvait-on les regarder comme déchus de leurs droits, parce qu'à l'époque de la fondation de cette fortune la dissidence qui, plus tard, sépara la même Église en catholique et en luthérienne, était encore inconnue? Les deux partis trouvèrent des raisons suffi-

...tes pour soutenir de longues discussions, mais il fut aussi impossible à l'une qu'à l'autre de prouver la justesse de ses prétentions. Le droit ne peut décider que les cas *supposables;* les querelles des établissements spirituels ne sauraient l'être, surtout quand elles portent sur des dogmes et des articles de foi. Est-il possible, par exemple, de supposer une donation éternelle en faveur d'une opinion nécessairement variable, comme tout ce qui existe en ce monde?

Quand la justice est insuffisante pour décider une question, la force vient prendre sa place; et c'est ce qui ne tarda pas à arriver dans les démêlés qui s'élevèrent à propos des biens et des privilèges de l'Église. Le parti protestant conserva tout ce qu'il avait eu le bonheur d'arracher au parti catholique, qui persista plus que jamais à se maintenir dans la plénitude des droits et des biens qui lui étaient restés. Forcé d'abandonner les évêchés et les abbayes, devenus des États séculiers, il se réserva l'avenir en stipulant que désormais tout état ou chapitre ecclésiastique qui n'avait pas été sécularisé avant la conclusion de cette paix, ne pouvait plus l'être parce que l'abbé, l'évêque, et même l'électeur qui possédait ces États ou ces chapitres serait, s'il embrassait le protestantisme, déchu de ses droits et de ses dignités, et que l'on procéderait immédiatement à l'élection de son remplaçant.

Cette clause du traité d'Augsbourg, connue sous le nom de *Réserve ecclésiastique,* faisait de la renonciation à la foi catholique une véritable mort civile, et soumettait l'existence temporelle des princes et des chefs de l'Église à leur attachement à la foi catholique; aussi peut-on la regarder comme l'ancre de salut de cette religion. Les protestants contestèrent vivement la *Réserve ecclésiastique;* ils ne la laissèrent consigner dans le traité d'Augsbourg qu'avec l'adjonction précise que les deux parties ne s'étaient pas suffisamment entendues sur cette clause, qui ne pouvait, par conséquent, être regardée comme obligatoire; et ils ne la respectèrent pas davantage que les souverains ecclésiastiques ne respectèrent la promesse que l'empereur Ferdinand Ier avait faite aux protestants des États ecclésiastiques.

Cette célèbre paix d'Augsbourg, qu'on croyait éternelle, portait donc en elle deux principes de discorde dont les conséquences funestes ne tardèrent pas à se manifester. Les mêmes difficultés qui s'opposaient à la liberté religieuse et à la tranquille possession des biens ecclésiastiques, jetèrent le trouble et la confusion dans les affaires temporelles. L'Église s'était divisée, la diète se composait de deux partis religieux; et cependant le système politique tout entier ne devait suivre que les impulsions d'un seul de ces partis. Jusque-là les empereurs avaient appartenu à l'Église romaine, car jusque-là cette Église n'avait pas eu de rivale en Allemagne : mais les rapports d'un prince avec Rome pouvaient-ils constituer un empereur d'Allemagne? et cette dignité ne tenait-elle pas plutôt à l'Allemagne elle-même, qui se représentait dans la personne de son chef? Le parti protestant n'appartenait-il pas aussi à l'Allemagne? et comment pouvait-il se croire représenté par une suite d'empereurs catholiques?

C'était pour que les États allemands pussent se juger eux-mêmes dans la haute diète, qu'ils en fournissaient les membres : tel était l'esprit de cette institution; ne pas y admettre les deux religions c'était donc s'en écarter entièrement. Par un pur effet du hasard, il n'y avait qu'une seule religion en Allemagne lorsque la diète germanique se forma pour empêcher les oppressions que, *sous les apparences de la légalité*, les divers États de l'Empire auraient pu faire peser les uns sur les autres. Ce but était manqué du moment où un parti religieux s'arrogeait le droit de juger l'autre; et le but d'une institution aussi importante que celle de la diète germanique pouvait-il, devait-il subir les chances du hasard?

A force de luttes et de combats, les princes protestants avaient obtenu enfin le droit de siéger à la chambre impériale; mais ils y furent en minorité, et continuèrent à être exclus du droit de parvenir à la couronne impériale. Malgré ce que l'on a pu dire de la prétendue égalité établie par la paix d'Augsbourg entre les deux Églises, celle de Rome resta triomphante; celle de Luther n'était que tolérée, et les concessions qu'on lui avait faites, elle les devait à la peur qu'elle avait su inspirer, et non à la reconnaissance légale de ses droits.

Une pareille paix, que l'empereur Ferdinand Ier avait préparée avec tant de peines et d'efforts patients, était donc moins un traité entre deux puissances, qu'une convention entre un maître irrité et un rebelle indomptable; aussi ne pouvait-elle manquer de devenir une source de discordes nouvelles. Embrasser le protestantisme était toujours un crime, puisque cet acte était puni par la perte de tous les avantages dont on avait joui en qualité de membre fidèle de l'Église romaine; et cette Église préféra toujours se voir tout arracher par la force, plutôt que de consentir volontairement aux plus légères concessions. Elle avait compris qu'elle pouvait espérer de reprendre un jour ce qu'on lui avait fait perdre par la violence, tandis qu'elle aurait ébranlé ses fondements en accordant au protestantisme un droit quelconque.

Toutes les conditions de la paix étaient basées sur ce principe, car aucune des concessions en faveur des protestants n'était définitive; ils ne devaient en jouir que jusqu'au moment où s'assemblerait un nouveau concile, spécialement chargé de réunir les deux Églises; et ce n'était que dans le cas où l'impossibilité de cette réunion serait reconnue, que le traité de paix devait cesser enfin d'être conditionnel. Les deux partis ne croyaient pas, il est vrai, à la possibilité d'une réconciliation; mais le parti catholique feignait de l'espérer, parce que cet espoir lui fournissait le prétexte de soumettre les bases fondamentales de la paix à toutes les chances du hasard qui pourraient lui être favorables.

La paix d'Augsbourg, qui devait à jamais étouffer les guerres intestines, ne fut donc qu'un expédient temporaire, une conséquence forcée des faits accomplis et des nécessités qu'ils imposaient à tout le monde. Il n'était pas donné aux papistes d'entrer dans les combinaisons d'un traité fondé sur la justice et sur un mûr et consciencieux examen des principes religieux et de la liberté des consciences; hâtons-nous d'ajouter qu'il n'entrait pas davantage dans les vues des protestants de proposer un pareil traité. Loin de se montrer équitables et impartiaux, ils persécutaient partout où ils le pouvaient les catholiques, qui, de leur côté, au reste, ne cherchaient pas même à mériter plus de ménagements par une conduite modérée et des principes tolérants.

Des nuages trop épais enveloppaient encore l'intelligence humaine, pour qu'une véritable paix religieuse fût possible. Comment un parti aurait-il pu exiger de l'autre des sacrifices dont lui-même se sentait incapable? Les avantages que les deux Églises avaient conservés ou obtenus par le traité d'Augsbourg, n'étaient que le résultat de leurs forces respectives; et ce qu'elles devaient à la force ne pouvait être maintenu que par la force. C'était le glaive à la main qu'on avait tracé les limites de leurs droits, c'était le glaive à la main qu'il fallait veiller sur ces limites; et malheur au parti qui aurait désarmé le premier! Aussi vit-on, au sein même de cette paix douteuse, se développer le germe d'un avenir terrible, qui menaçait l'Europe tout entière.

L'Empire jouissait d'un moment de calme; un lien fragile semblait vouloir réunir les membres divisés de ce grand corps, et réveiller les sympathies nationales; mais ce corps avait été frappé au cœur, et rien ne pouvait y faire renaître l'harmonie primitive. Les droits que le traité d'Augsbourg croyait avoir réglés, restaient soumis aux interprétations les plus contradictoires. On était parvenu à arrêter les deux partis au milieu de la chaleur du combat et à leur imposer une trêve; on avait recouvert de cendres le foyer de l'incendie, mais on ne l'avait pas éteint. Les prétentions les plus justes, ou du moins regardées comme telles, n'étaient point satisfaites; les catholiques croyaient avoir trop perdu, les protestants étaient convaincus qu'ils n'avaient pas assez gagné; et les uns et les autres se consolaient en interprétant, au gré de leurs désirs, le traité qu'ils n'osaient pas encore violer ouvertement.

Les mêmes motifs d'intérêt qui avaient déterminé tant de princes à embrasser les doctrines de Luther, existaient après comme avant le traité; aussi les protestants se montraient-ils plus ardents que jamais à s'emparer des États ecclésiastiques, et bientôt toute la basse Allemagne fut sécularisée. Si dans la haute Allemagne le clergé conserva ses possessions, c'est parce que là les catholiques étaient les plus forts, et cependant les souverains ecclésiastiques étaient sans cesse exposés aux vexations et même aux attaques à main armée du parti protestant. Lorsqu'ils n'étaient pas assez puissants pour repousser la force par la force, ils se réfugiaient sous les ailes de la justice, qui, malheureusement, avait beaucoup plus de bonne volonté que de pouvoir pour les protéger. Les chancelleries de l'Empire regorgeaient de plaintes contre les spoliations des protestants, et la diète ne leur épargnait pas les condamnations ; mais elle était presque toujours hors d'état de faire exécuter ses arrêts.

La clause du traité qui accordait à tous les membres des assemblées des états la liberté de conscience, n'avait pas entièrement oublié les vassaux, puisqu'il leur était permis de quitter le pays où leur religion était opprimée. Cette clause cependant ne leur accordait qu'un droit illusoire : car elle ne pouvait les garantir contre les vexations sans nombre que les autorités locales trouvent toujours le moyen de faire peser sur les citoyens qu'on sait être peu agréables au gouvernement. Pour échapper à ces vexations, il ne leur restait d'autre ressource que celle d'émigrer ; résolution toujours difficile et pénible à prendre, et que la ruse, lorsqu'elle est soutenue par le pouvoir, peut entourer de tant d'inconvénients et de dangers, qu'il devient presque impossible de la réaliser.

Les sujets catholiques des princes protestants, et les sujets protestants des princes catholiques, se plaignaient hautement et à juste titre de ce qu'on les privait, sans pitié, du peu de liberté de conscience que la paix d'Augsbourg leur avait accordé. Et comme si ce n'avait pas été assez de tant d'éléments de discorde, l'esprit irascible et querelleur des théologiens profitait des événements les plus simples pour exciter les passions des masses. Souvent même ils ne se bornaient pas à poursuivre leurs adversaires, ils faisaient naître encore des haines et des divisions entre les enfants de la même Église.

Si les luthériens avaient pu rester unis entre eux, les forces des deux partis religieux se seraient balancées, et la paix aurait eu quelques chances de durée, malgré les principes vicieux de ses bases. Mais les doctrines prêchées à Zurich par Zwingle, et à Genève par Calvin, ne tardèrent pas à se répandre en Allemagne, où elles causèrent tant de dissidences que bientôt les protestants ne se reconnurent plus entre eux qu'à leur haine pour les catholiques. Ils n'avaient pour ainsi dire plus rien de commun avec les protestants qui, cinquante ans plus tôt, avaient fait leur profession de foi à Augsbourg ; et les causes de ce changement, il ne faut les chercher que dans cette profession de foi. Elle seule les renferme toutes, car elle avait posé des limites aux réformes religieuses, avant que l'expérience et l'esprit d'examen eussent eu le temps de constater qu'en effet ces réformes ne devaient pas aller plus loin.

Cette première faute priva les protestants d'une partie des avantages qu'ils auraient pu tirer de leur séparation de l'Église romaine. Au lieu de faire de la réforme des nombreux abus qui s'étaient introduits dans cette Église, leur seul et unique point de ralliement, ils l'avaient cherché dans un système religieux nouveau, et définitivement arrêté, c'est-à-dire dans la confession d'Augsbourg, dont ils avaient fait la base de leur traité de paix avec les catholiques. Aussi les protestants ne pouvaient-ils prétendre aux avantages que leur assurait cette paix, qu'en se renfermant dans les limites qu'ils s'étaient posés eux-mêmes, par la confession d'Augsbourg. Mais, en se conformant toujours aux formules de cette confession, ils condamnaient l'esprit d'examen à l'immobilité, et réduisaient la réformation à s'arrêter dès son début. Malheureusement les deux cas se présentèrent, et ils eurent les conséquences les plus funestes. Une partie des protestants resta inébranlablement attachée à sa première confession ; l'autre s'en écarta dans l'intention de fonder, aux mêmes conditions, un système nouveau.

Les divisions qui éclatèrent parmi les partisans de la réformation, l'acharnement avec lequel ils se poursuivaient entre eux, devaient nécessairement être pour les catholiques un spectacle aussi utile qu'agréable. En effet, n'avaient-ils pas le droit de trouver que rien n'était plus ridicule, plus méprisable même que ces protestants qui, après avoir déclaré que la religion réformée par eux était la seule parfaite, se réunissaient aux catholiques pour combattre des protestants, et qui en appelaient, pour décider leurs querelles théologiques, à l'Église de Rome, à laquelle ils étaient forcés de reconnaître l'avantage de l'ancienneté et de la majorité?

Ce n'était là, au reste, ni le seul, ni le plus grand des dangers que les protestants se préparaient par leurs querelles intestines. La paix n'avait été faite qu'avec les coreligionnaires de la confession d'Augsbourg; les catholiques les sommèrent donc de déclarer s'ils accordaient ou refusaient ce titre aux calvinistes et aux autres réformés. Le cas était grave pour les luthériens : accepter tous les schismatiques, c'était mentir à leur conscience; les repousser, c'était convertir des amis utiles en ennemis dangereux. Le parti qu'ils prirent dans cette extrémité traça, pour ainsi dire, aux jésuites la conduite qu'ils devaient tenir pour enlever aux protestants tout espoir de faire de leur Église l'égale de celle de Rome.

La conviction que de l'égalité du pouvoir des deux partis religieux dépendait la tranquillité de tous, entretenait la vigilance et les dispositions belliqueuses. Chaque démarche du parti adverse était regardée comme une violation des traités, tandis qu'on s'efforçait de faire passer, comme favorables au maintien de ces traités, les infractions qu'on se permettait soi-même. Les catholiques cependant étaient loin d'agir toujours dans des intentions hostiles : la plupart de leurs démarches leur étaient imposées par le besoin de veiller à leur sûreté; car les protestants leur avaient plus d'une fois laissé entrevoir quelle serait leur destinée, s'ils avaient le malheur de succomber. En effet, quel ménagement, quelle générosité pouvaient-ils espérer d'un ennemi qui se montrait toujours plus avide des biens du clergé, et toujours plus aveuglément irrité contre tous ceux qui étaient restés fidèles au catholicisme ?

Les protestants, de leur côté, ne manquaient pas non plus de justes motifs pour se défier de la bonne foi et de la modération des catholiques. Les traitements cruels que l'on faisait subir à leurs coreligionnaires de la France, de l'Espagne et des Pays-Bas ; la perfidie dont plusieurs princes catholiques s'étaient rendus coupables en se faisant relever, par le pape, des serments les plus sacrés ; et surtout le principe qu'ils proclamaient hautement : *qu'envers un hérétique il n'y avait ni foi ni honneur à garder*, étaient des motifs suffisants pour déshonorer le parti papiste aux yeux des protestants, et pour leur ôter toute confiance aux promesses et même aux serments de ce parti. Afin d'achever de les convaincre qu'ils ne devaient pas compter sur la durée de la paix, les jésuites proclamèrent par toute l'Allemagne que cette paix n'était pas un traité sérieux, mais une convention momentanée, condamnée et rejetée par la cour de Rome.

Le concile qui, d'après le traité d'Augsbourg, devait décider entre les deux partis religieux, avait eu lieu à Trente. Son but avoué était de rétablir, par des concessions mutuelles, l'unité de l'Église ; mais, ainsi que tout le monde s'y était attendu, on ne chercha pas, même en apparence, à opérer ce rapprochement. Les protestants avaient non-seulement été repoussés du concile, mais ils n'y étaient pas même représentés indirectement. L'Église romaine avait seule fourni les juges qui devaient décider entre elle et la confession d'Augsbourg, et la confession d'Augsbourg fut condamnée. Quelle garantie les protestants pouvaient-ils trouver désormais dans un traité obtenu par la force des armes, et que la décision du concile de Trente venait d'annuler moralement?

En apparence, du moins, les catholiques se trouvaient donc autorisés à rompre la paix; et rien ne protégeait plus les protestants, si ce n'était la crainte qu'inspirait leur valeur et le nombre de leurs soldats. D'autres motifs encore justifiaient la défiance générale: l'Espagne, ce puissant appui de l'Allemagne catholique, soutenait dans les Pays-Bas une guerre qui avait attiré le noyau de ses forces sur les frontières allemandes; et si un événement quelconque avait mis l'empereur dans la nécessité de réclamer son assistance, de nombreuses troupes espagnoles auraient pu, en peu de jours, se trouver dans le cœur de l'Empire germanique. Au reste, l'Allemagne était à cette époque, pour tous les princes européens, une mine à soldats.

Les guerres précédentes y avaient attiré une foule d'hommes d'armes que la paix d'Augsbourg condamnait à l'inaction et à la misère; l'amour des combats, et plus souvent encore le besoin, les poussait à s'enrôler sous la bannière de quiconque avait le moyen de les payer. C'est ainsi que Philippe II combattait avec des troupes allemandes les Flamands, qui se défendaient avec des auxiliaires de la même nation. Chaque levée de troupes en Allemagne effrayait les deux partis religieux, car elles pouvaient devenir funestes à l'un ou à l'autre; l'apparition d'un agent étranger ou d'un légat extraordinaire du pape, une réunion de princes, ou tout autre événement de cette nature, était et devait être regardé comme un présage de trouble et de malheur.

Cette situation pénible, qui avait réduit l'Allemagne à avoir toujours la main sur l'épée et à trembler au bruit d'une feuille qui tombe, se prolongea pendant près d'un demi-siècle. Durant cette époque critique, les rênes de l'Empire se trouvaient entre les mains de Ferdinand Ier, et après lui elles passèrent en celles de son excellent fils, Maximilien II. Guidé par les sentiments de son cœur, aussi noble que généreux, Ferdinand Ier était parvenu à conclure la paix d'Augsbourg; mais, en dépit des efforts qu'il fit auprès du concile de Trente, il ne put rien pour la réunion des deux Églises. Trahi par Philippe II d'Espagne, menacé en Hongrie et en Transylvanie par les armes victorieuses de la Porte, ne devait-il pas plus que jamais désirer le maintien de la paix en Allemagne, lors même que cette paix n'aurait pas été son ouvrage ? Les États héréditaires de l'Autriche ne pouvaient supporter seuls le fardeau des dépenses qu'exigeait la guerre contre les Turcs; l'assistance de tous les souverains de l'Empire lui était donc indispensable, et sa haute raison lui faisait prévoir que la première violation ouverte du traité d'Augsbourg entraînerait la division de l'Empire.

Dans une pareille position, la politique seule aurait suffi pour le contraindre à se montrer aussi juste envers les princes protestants qu'envers les princes catholiques, et cependant les prétentions contradictoires des deux partis rendaient cette justice presque impossible. Aussi les nobles intentions de Ferdinand n'obtinrent-elles pas le résultat qu'il en avait espéré, et sa généreuse impartialité envers les protestants ne lui valut d'autre avantage que celui de repousser de son règne une guerre qui, sous celui de ses successeurs, éclata si terrible et si violente.

Son fils, Maximilien II, qui, s'il eût vécu plus longtemps, eût peut-être élevé le protestantisme jusqu'au trône impérial, ne fut pas plus heureux. La nécessité avait appris au père à ménager la réformation; la nécessité et la justice prescrivirent au fils une conduite semblable; le petit-fils, Rodolphe II, se montra sourd à la voix de la nécessité comme à celle de la justice ; aussi ne tarda-t-il pas à expier l'aveuglement de son esprit et la dureté de son cœur.

Rodolphe II, qui était l'aîné des six fils de Maximilien, devint l'unique héritier des États de son père et de la couronne impériale; ses cinq frères reçurent, à titre de dédommagement, quelques faibles apanages. Une seule branche collatérale, dont l'archiduc Charles de Styrie était le chef, possédait encore quelques provinces de l'immense patrimoine de la maison de Habsbourg ; mais, à l'exception de cette parcelle des États héréditaires, toutes les forces de la maison d'Autriche se trouvaient réunies dans les mains de Rodolphe II, malheureusement trop faible pour un pareil fardeau.

Ce monarque cependant ne manquait pas de vertus, et il eût été chéri et révéré, si le sort l'eût fait naître dans une position moins élevée. Son caractère était pacifique, il aimait et cultivait les sciences : l'astronomie, l'histoire naturelle, la chimie et l'étude des antiquités avaient surtout tant d'attraits pour lui, qu'il s'en occupait même dans les moments où les affaires d'État réclamaient toute son attention et toute sa sollicitude. Ce penchant l'entraînait à des dépenses considérables, qui achevèrent d'épuiser ses finances, tandis que ses études astronomiques, ou plutôt ses rêveries astrologiques, remplissaient son esprit, naturellement sombre et timide, d'une foule de superstitions ridicules et funestes. Avec de pareilles dispositions, entretenues par les souvenirs de sa première jeunesse, qu'il avait passée en Espagne, il ne pouvait manquer de devenir le jouet des perfides insinuations des jésuites et des conseils passionnés de la cour espagnole.

Toujours préoccupé de travaux incompatibles avec les devoirs de sa haute position, et sans cesse effrayé par des prédictions absurdes, il devint bientôt inaccessible à ses sujets. Entouré de minéraux, de fossiles, de médailles, de lunettes d'approche, d'alambics et de fourneaux, il se tenait caché dans son laboratoire pendant que la discorde brisait, un à un, tous les liens de l'Empire, et que la révolte grondait jusque sur les dernières marches du trône. Personne, sans exception, ne pouvait l'approcher sans un ordre immédiatement émané de lui-même ; aussi les affaires les plus urgentes restaient-elles suspendues, et l'espoir du brillant héritage de la monarchie espagnole s'évanouit pour toujours : car l'indolent Rodolphe ne pouvait se décider à donner sa main à l'infante Isabelle ; d'un autre côté, son insouciance à désigner un successeur au trône impérial, plongea l'Empire dans une déplorable anarchie.

Les représentants des États autrichiens refusèrent de lui prêter foi et hommage ; la Hongrie et la Transylvanie s'affranchirent de son autorité, et la Bohême ne tarda pas à imiter leur exemple. C'est ainsi que la postérité de l'illustre Charles-Quint se vit menacée dans son existence, d'un côté par les Turcs, et de l'autre par les protestants. Dans cette circonstance, les membres de la diète germanique se conduisirent comme ils l'avaient toujours fait quand le trône était sans empereur, ou quand l'empereur se montrait indigne du trône : ils prirent le parti de se gouverner eux-mêmes. Mais, privés d'un chef qui pût maintenir l'équilibre, ils se divisèrent en deux partis, discutant les intérêts de l'Empire les armes à la main, tandis que Rodolphe, adversaire méprisé de l'un, protecteur impuissant de l'autre, resta oisif, et aussi incapable de diriger ses amis que de dompter ses ennemis. L'incapacité de ce prince ne menaçait pas seulement le repos de l'Empire, elle préparait la ruine de sa propre maison, qui, pour éviter cette catastrophe, se ligua contre lui. Chassé de ses États héréditaires par une faction composée des princes de sa famille, et dont l'archiduc Mathias était le chef, il ne lui resta bientôt plus rien à perdre que la couronne impériale; la mort vint l'enlever à temps pour lui épargner ce dernier affront.

Le mauvais génie de l'Allemagne voulut que, dans un moment de crise et de danger, où l'État avait besoin d'un chef ferme, courageux et doué, surtout, d'une intelligence supérieure, un Rodolphe montât sur le trône impérial. A une époque de calme et de tranquillité, l'Empire aurait marché de lui-même en suivant sans efforts l'impulsion si sagement combinée de ses divers rouages; et Rodolphe aurait pu, comme tant d'autres monarques ineptes, cacher son insignifiance dans des nuages mystiques; le besoin urgent et généralement senti des qualités qui lui manquaient força sa nullité de paraître au grand jour.

Au reste, l'Allemagne se trouvait alors dans une position tellement critique, qu'elle avait le droit d'exiger que son empereur lui apportât le pouvoir et la volonté de détourner les dangers qui la menaçaient; mais lors même que Rodolphe II se fût trouvé au niveau de sa position, les soins qu'exigeaient la conservation de ses États héréditaires l'eussent empêché de s'occuper efficacement des intérêts de l'Empire.

Le dévouement des princes autrichiens à l'Église de Rome n'avait pu empêcher le protestantisme de pénétrer dans leurs provinces. Toléré par la politique de Ferdinand Ier, et protégé par la bonté de Maximilien II, il y avait jeté en peu de temps des racines si profondes, que les États héréditaires de la maison de Habsbourg offraient, dans des limites plus resserrées, le même tableau que l'Allemagne dans son immense étendue. La plus grande partie de la noblesse suzeraine, presque tous les chevaliers et principaux habitants des villes, étaient protestants. Et comme ils siégeaient aux états, ils étaient parvenus à s'emparer des emplois les plus importants, car la voix de quelques prélats isolés était trop faible pour s'opposer à une telle majorité. Ces prélats n'avaient même plus le pouvoir de réprimer les railleries indécentes et les allusions grossières dont ils étaient devenus l'objet, ce qui finit par les décider à ne plus siéger aux assemblées des états. Cette conduite imprudente assura la puissance de leurs ennemis, car les empereurs dépendaient des états qui, dans leur assemblées, refusaient ou accordaient les impôts.

Les protestants ne manquèrent pas d'exploiter cette ressource précieuse, qui leur faisait obtenir des priviléges proportionnés aux besoins d'argent qu'éprouvaient les empereurs. Dans un moment de crise, Maximilien II avait poussé la condescendance jusqu'à permettre aux seigneurs suzerains protestants de professer ouvertement leur religion dans leurs terres et dans leurs châteaux. Enhardis par cette liberté, des prédicateurs fanatiques poussèrent l'audace jusqu'à prêcher les doctrines de la réformation dans l'assemblée des états autrichiens, et jusque dans les rues de Vienne. La populace accourait en foule pour entendre ces prédicateurs, dont toute l'éloquence évangélique consistait en injures grossières contre l'Église de Rome et les serviteurs qui lui étaient restés fidèles. Ce zèle imprudent et mal entendu, loin d'être favorable à la cause du protestantisme, ne servit qu'à enflammer les haines qui divisaient deux Églises si peu différentes l'une de l'autre, que pour les séparer à jamais il a fallu que les passions les plus malfaisantes et les plus honteuses les couvrissent de leur venin.

De tous les États héréditaires de l'Autriche, la Hongrie et la Transylvanie étaient les plus difficiles à conserver. Déjà les attaques réitérées des Turcs, qui convoitaient ces deux pays, avaient imposé à Ferdinand Ier des conditions humiliantes; il s'était engagé à payer à la Porte un tribut annuel, et à la reconnaître pour souveraine de la Transylvanie. Cet aveu honteux de son impuissance était devenu pour la noblesse hongroise, naturellement inquiète et belliqueuse, un nouveau grief contre un souverain qu'elle n'avait pas accepté sans conditions ; car la couronne de Hongrie était élective, et les nobles tenaient opiniâtrément à tous les avantages que pouvaient leur procurer leurs votes. Le voisinage de la Turquie, toujours prête à les soutenir dans leurs révoltes, leur facilitait le moyen de changer de maître, et augmentait l'audace des magnats, qui, dès qu'ils se croyaient blessés par le gouvernement autrichien, se jetaient dans les bras de la Porte ottomane, qu'au premier sujet de mécontentement ils abandonnaient à son tour pour revenir à l'autorité allemande.

Ces passages subits d'une domination à une autre avaient exercé une telle influence sur leur esprit, qu'ils flottaient sans cesse entre des projets de désertion et des projets de soumission. Le peuple, qui voyait à regret son beau pays réduit à l'état de province tributaire d'une monarchie étrangère, désirait ardemment un souverain national, et promettait à tout rebelle hongrois un succès d'autant plus facile, qu'il pouvait compter sur l'assistance de la Porte, qui, dans ces occasions, s'empressait toujours de lui envoyer le sceptre et la couronne. De son côté, l'Autriche ne manquait jamais de reconnaître la souveraineté suzeraine au guerrier audacieux qui était parvenu à enlever une province à la domination ottomane ; trop heureuse de pouvoir ainsi ressaisir quelque ombre d'autorité dans une contrée où elle était sans cesse méconnue ou insultée.

C'est ainsi que Bathori, Boschkai, Ragoczi, Bethlen-Gabor et plusieurs autres magnats, étaient parvenus à se faire couronner rois de Hongrie ou de Transylvanie, sans avoir eu, en définitive, d'autre mérite que celui de s'être rendus redoutables à leur maître en passant sous le drapeau de l'ennemi.

En vain Ferdinand Ier, Maximilien II, et Rodolphe II, avaient-ils épuisé presque toutes leurs ressources pour garantir la Hongrie et la Transylvanie, des invasions des Turcs et des révolutions intérieures; ces deux pays étaient restés le théâtre de scènes sanglantes entrecoupées de courtes trêves. Les terres étaient incultes, les villes sans industrie; et les vassaux ne savaient plus quels étaient leurs amis ou leurs ennemis, car les uns et les autres les traitaient avec la même injustice et la même cruauté.

Au milieu de ces troubles perpétuels, le protestantisme s'était, pour ainsi dire, glissé à travers toutes les parties de la Hongrie et de la Transylvanie, où il avait fait de nombreux prosélytes. La constitution protégea ces nouveaux religionnaires, mais le fanatisme leur disputa leurs droits, et les éleva ainsi à la hauteur d'un parti politique qui, sous les ordres de Boschkai, déploya l'étendard de la révolte en Transylvanie. En Hongrie, les chefs de ce même parti cherchèrent à former une ligue avec les protestants de l'Autriche, de la Moravie et de la Bohême. Cette ligue ne menaçait pas seulement la religion catholique, mais encore l'existence de la maison d'Autriche. Ce danger mit le comble à l'indignation des princes de cette maison contre l'empereur Rodolphe, dont l'incapacité avait préparé tant de maux.

Un de ces princes, l'archiduc Mathias, second fils de l'empereur Maximilien II, gouverneur de la Hongrie et héritier présomptif de son frère Rodolphe II, s'était laissé entraîner, dans sa première jeunesse, à une démarche inconsidérée. Une députation flamande l'avait prié de secourir les Pays-Bas contre Philippe II. Malgré la parenté qui l'unissait au roi d'Espagne, Mathias, qui

3.

prit les vœux d'une faible faction pour ceux du peuple flamand, répondit à cet appel, mais il échoua complétement. Le désir de faire oublier le mauvais succès de son expédition dans les Pays-Bas lui fit saisir avec empressement l'occasion d'acquérir une gloire réelle, en rétablissant la puissance de sa maison.

Après avoir plusieurs fois, et toujours en vain, exhorté Rodolphe à une conduite plus digne de son rang et plus conforme à ses devoirs, il convoqua les archiducs ses oncles, ses frères et ses cousins, à un conseil de famille, qui se tint à Presbourg. Dans ce conseil, on lui décerna solennellement le droit de défendre les intérêts de la maison d'Autriche, gravement compromis par l'incapacité de Rodolphe. Devenu ainsi le véritable chef de la famille, Mathias entama des négociations avec la Porte et avec les rebelles hongrois, et il eut l'adresse et le bonheur d'obtenir un traité de paix qui restituait à l'Autriche la plupart des provinces hongroises qu'elle avait perdues. Mais l'empereur Rodolphe, aussi jaloux de ses prérogatives qu'incapable d'en faire un digne usage, refusa de ratifier ce traité, qu'il regarda comme une usurpation de ses droits. Il accusa son frère de trahison, et lui reprocha de convoiter la couronne de la Hongrie.

Lors même que Mathias n'aurait eu dans le principe que des intentions louables, la conduite de son frère eût suffi pour lui suggérer des projets ambitieux. Sûr de l'affection du peuple hongrois et de l'obéissance de la noblesse, soutenu dans les États héréditaires par un parti puissant, il répondit aux accusations de l'empereur, à la tête d'une armée. Les protestants de l'Autriche et de la Moravie, auxquels il avait promis des libertés religieuses illimitées, se joignirent à lui, et leur alliance avec les protestants de la Hongrie et de la Transylvanie devint enfin une réalité.

Ce fut alors seulement que Rodolphe reconnut qu'un

orage terrible était près d'éclater sur sa tête, mais il n'était plus temps de le détourner. Déjà la Hongrie, l'Autriche et la Moravie avaient prêté foi et hommage à Mathias, qui s'avançait vers la Bohême pour y poursuivre l'empereur jusque dans son château de Prague, et renverser ainsi la dernière colonne de son trône chancelant. Le royaume de Bohême, au reste, était pour la maison d'Autriche une possession tout aussi douteuse que celui de Hongrie, avec la différence cependant que dans ce dernier pays les troubles tenaient à des causes politiques, tandis que la religion seule agitait la Bohême.

Ce fut là que cent ans avant Luther éclatèrent les premières étincelles de discorde religieuse; ce fut là encore que cent ans après Luther s'alluma le feu terrible de la célèbre guerre de trente ans. La secte de Jean Hus y était toujours très-nombreuse. Le droit de communier sous les deux espèces, seule différence réelle qui distinguât les hussites des catholiques, leur avait été accordé au concile de Bâle, par une convention spéciale, connue sous le nom de *Pacte bohémien;* et quoique plus tard ce droit leur fût contesté par les papes, ils continuaient à en jouir sous la protection des lois de leur pays.

L'usage de la coupe dans leurs cérémonies religieuses leur avait fait donner le surnom d'*Utraquistes;* et ce nom, qui signifie communier sous les deux espèces, en leur rappelant un privilége dont ils étaient si fiers, leur plut tellement, qu'ils le conservèrent, en dépit des variations que subirent leurs principes; car les hussites ont toujours suivi de près les réformes religieuses qui se sont opérées en Suisse et en Allemagne. Cette secte enfanta les frères moraves et les frères bohêmes, semblables sur presque tous les points aux protestants allemands; et si elle tenait encore à conserver le nom d'*Utraquistes,* c'est parce que, grâce à ce nom, elle se trouvait à l'abri des persécutions dont les protestants étaient l'objet.

Enhardis par leur nombre et surtout par la tolérance de Maximilien II, les hussites ou utraquistes s'étaient montrés sous le règne de ce prince pour ce qu'ils étaient en effet. Imitant l'exemple des protestants de l'Allemagne, ils avaient rédigé leur confession et demandé pour elle les priviléges qu'avait obtenus celle d'Augsbourg. Mais cette prétention avait été contestée à l'assemblée de leurs états par tous les membres catholiques, et ils avaient été forcés de se contenter d'une promesse verbale de l'empereur concernant leurs libertés religieuses. Tant que ce prince vécut, cette promesse eut pour eux force de loi; mais, sous le règne de Rodolphe, la scène du monde politique et religieux avait entièrement changé d'aspect. Un édit impérial interdit aux frères bohêmes l'exercice de leur culte, et frappa en même temps celui des hussites, qui, par la forme du moins, se confondait avec le leur. A l'assemblée des états, ils réclamèrent contre cet édit, mais il leur fut impossible de le faire révoquer.

L'empereur et les États catholiques s'étaient appuyés sur la décision du concile de Bâle, et sur la constitution de la Bohême, car on savait d'avance qu'il était impossible d'y trouver des clauses en faveur d'une religion qui, à l'époque d'où dataient ces documents, était loin d'avoir pour elle la majorité de la nation. Les années qui s'étaient écoulées depuis avaient amené des changements immenses : une secte d'abord obscure et faible était devenue une communion nombreuse et puissante; et le despotisme et l'esprit de chicane s'étaient arrogé le droit de fixer les limites des progrès de cette communion, d'après des traités conclus lorsqu'elle n'existait pas encore. En vain les protestants de la Bohême invoquèrent-ils la promesse de l'empereur Maximilien, et la liberté religieuse dont jouissaient les Allemands, à laquelle ils croyaient avoir les mêmes droits; on ne leur accorda rien.

Telle était la situation de la Bohême, lorsque Mathias, déjà maître de la Hongrie, de l'Autriche et de la Moravie, se montra devant Kollin, dans le but avoué de s'emparer de la Bohême. Cette tentative hardie mit le comble à la situation critique de l'empereur. Chassé de ses États héréditaires, il n'espérait plus que dans l'appui des États de la Bohême, et cependant il était facile de prévoir qu'il n'obtiendrait cet appui que par des concessions immenses.

Après s'être tenu renfermé dans son palais pendant de longues années, Rodolphe se vit enfin contraint de paraître en public et d'assister à la séance de l'assemblée des États. Le peuple de Prague refusa de croire que cet empereur, invisible depuis si longtemps, vivait encore; et, pour l'en convaincre, on fut forcé d'ouvrir toutes les fenêtres de la galerie par où ce monarque devait passer.

La délibération des états eut le résultat qu'on devait en attendre : fiers de leur importance, les députés déclarèrent qu'ils ne voteraient aucune mesure en faveur de l'empereur, qu'après avoir obtenu de lui des garanties suffisantes pour l'établissement irrévocable de leurs libertés civiles et religieuses. Le temps des vaines promesses et des défaites perfides était passé, et Rodolphe se vit contraint de céder aux exigences des représentants devenus les arbitres de son sort. Mais, tout en leur accordant les libertés civiles qu'ils demandaient, il trouva moyen de remettre à une session prochaine les questions plus délicates concernant les priviléges religieux.

La Bohême n'avait obtenu qu'une demi-satisfaction, et cependant elle prit les armes pour son empereur contre l'archiduc Mathias, et une guerre dénaturée allait s'allumer entre les deux frères. Rodolphe la détourna, non par humanité, mais parce que rien ne lui était plus insupportable que de se voir dans la dépendance des représentants des états, qu'il s'était habitué à dédaigner. Céder à son frère lui parut préférable à cette situation; il entama donc des négociations avec lui, et obtint un accommodement plus favorable qu'il ne l'avait espéré, puisqu'il ne lui abandonna que ce qu'il ne pouvait lui reprendre : la possession de l'Autriche et de la Hongrie, et le droit de succession au trône de la Bohême. Mais, à peine Rodolphe fut-il sorti de ce péril, qu'il s'en créa de nouveaux.

Le règlement définitif des libertés religieuses de la Bohême avait été remis à la prochaine réunion des États, qui eut lieu en 1609. Les protestants exigèrent la libre pratique de leur culte, un consistoire protestant et indépendant, la concession de l'université de Prague, et le droit de choisir parmi eux des hommes qui, sous le titre de *Défenseurs* des libertés civiles et religieuses de la Bohême, seraient chargés de veiller à leurs intérêts.

La conduite de l'empereur avait été réglée d'avance par le parti catholique, dont sa timidité le rendait l'esclave, et il refusa obstinément de faire droit à leurs demandes. Les députés renouvelèrent leurs réclamations en termes formels et presque menaçants. Rodolphe resta inébranlable, et les états se séparèrent. Persuadés qu'ils n'avaient plus rien à espérer de l'empereur, ils s'entendirent entre eux et convoquèrent une nouvelle assemblée, afin de rendre justice au pays sans l'intervention et en dépit de la couronne. Malgré la défense expresse de l'empereur, la séance s'ouvrit; les discussions se poursuivirent presque sous ses yeux et sans qu'il pût les arrêter. La crainte lui arracha enfin des concessions qui, en prouvant sa faiblesse, augmentèrent les exigences des états : pour les libertés religieuses seules, il continua à se montrer inflexible.

Indignés de tant d'opiniâtreté unie à tant d'impuissance, les députés établirent enfin, de leur propre aulorité, le libre exercice du protestantisme, et refusèrent à l'empereur tout subside d'argent et d'hommes jusqu'à ce qu'il eût sanctionné cette mesure. Ils allèrent plus loin, et procédèrent à l'élection des *Défenseurs* que Rodolphe n'avait pas voulu leur accorder. Chacun des trois états en nomma dix; et, pour donner plus d'autorité à ces *Défenseurs*, ils levèrent une armée dont le comte de Thurn prit le commandement sous le titre de général-major.

L'empereur reconnut enfin l'imminence du danger qui le menaçait; l'Espagne elle-même venait de lui conseiller de céder, et il signa la fameuse *Lettre impériale*, dont les Bohémiens s'étayèrent plus tard pour justifier leur rébellion contre ses successeurs. Par cette *Lettre impériale*, la confession de Bohême, qui avait été vainement soumise à la sanction de Maximilien II, devint en ce royaume l'égale de l'Église catholique. Les *Utraquistes* obtinrent l'université de Prague et un consistoire indépendant de l'archevêque de cette ville. La propriété des églises qu'ils avaient élevées leur était nonseulement conservée, mais ils avaient le droit d'en construire de nouvelles et autant que les représentants des états le jugeraient nécessaire. Ce dernier privilége ne tarda pas à devenir le prétexte d'une explosion qui mit en feu l'Europe protestante.

La *Lettre impériale* avait fait de la Bohême une véritable république; les représentants des états avaient appris à connaître leur force et les avantages de l'union et de la persévérance. L'empereur n'avait conservé qu'une ombre de souveraineté, tandis que la nation se voyait sans cesse encouragée dans ses prétentions par ces espèces de tribuns établis sous le nom de *Défenseurs* de ses libertés civiles et religieuses. Enhardis par l'exemple de la Bohême, les autres États héréditaires de la maison d'Autriche se préparèrent à l'imiter, et l'esprit d'indépendance s'éveilla dans toute l'Allemagne.

Attribuant la rapide fortune du protestantisme à la mésintelligence des princes autrichiens, le parti catholique fit tous ses efforts pour amener une réconciliation complète entre les deux frères; mais Rodolphe ne pardonna jamais sincèrement à Mathias, qui l'avait si grièvement offensé, et l'idée qu'un jour le sceptre de la Bohême passerait dans ses mains lui causa un chagrin d'autant plus vif, qu'aucune chance de l'avenir ne lui était favorable; car, dans le cas même où Mathias mourait sans enfants, l'archiduc Ferdinand de Gratz, fils de l'archiduc Charles de Styrie devenait son héritier, et Rodolphe avait une très-grande aversion pour ce prince. Enveloppant dans une seule et même haine et le frère qui s'était révolté contre lui, et le neveu qui devait succéder à ce frère, il conçut le projet de les priver tous deux de la Bohême, et d'assurer cette riche part de son héritage à l'archiduc Léopold, archevêque de Passau, l'un des frères de Ferdinand, et le seul de ses collatéraux qui ne lui avait jamais donné d'ombrage.

L'affection que les Bohémiens portaient à Léopold semblait favoriser ce projet, qui fut inspiré à Rodolphe par une haine aveugle et entièrement opposée aux véritables intérêts de sa dynastie. N'écoutant que son ressentiment, il rassembla sur le territoire de l'évêché de Passau, un corps d'armée dont la véritable destination resta longtemps un profond mystère. Mais bientôt ces troupes, pressées par le besoin, car il était hors d'état de payer leur solde, portèrent le trouble en Bohême, où elles firent plusieurs excursions à son insu. Les excès de cette soldatesque achevèrent de soulever tous les esprits contre l'empereur, qui s'efforça aussi inutilement d'arrêter les ravages de son armée, que de convaincre les états de l'innocence de ses intentions.

Persuadés qu'il voulait révoquer la *Lettre impériale*, les *Défenseurs* mirent toute la Bohême sous les armes, et appelèrent Mathias à leur secours. Les troupes de Passau prirent la fuite, et l'empereur resta seul au palais de Prague, gardé comme un prisonnier d'État, tandis que Mathias entrait triomphant dans cette ville, aux acclamations d'un peuple ivre de joie.

C'est ainsi que l'infortuné Rodolphe se vit contraint de céder, pendant sa vie, le trône de la Bohême à ce même frère à qui il n'avait pas voulu le laisser même après sa mort. On ne se borna pas à le forcer de proclamer lui-même le triomphe de son ennemi : pour mettre le comble à son humiliation, on exigea que, par un acte solennel, il déliât les Bohémiens, ainsi que les habitants de la Silésie et de la Lusace, de leur serment de fidélité. Abandonné, trahi par tout le monde, le cœur navré, l'âme déchirée, il se résigna à ce dernier affront; mais à peine avait-il signé l'acte fatal, qu'il jeta violemment son chapeau par terre, et brisa entre ses dents la plume dont il venait de se servir pour consommer sa propre honte.

Si Rodolphe était incapable de conserver ses États héréditaires, il l'était plus encore pour faire respecter sa dignité impériale. Plus la main qui tenait le sceptre de l'Empire était faible, plus les partis religieux sentaient le besoin de se surveiller mutuellement, et de ne rien attendre que de leur propre force. Les démarches les plus insignifiantes des catholiques étaient aux yeux des protestants des hostilités ouvertes, et les jésuites semblaient prendre à tâche de justifier cette défiance, en continuant à soutenir dans leurs sermons et dans leurs écrits que la paix d'Augsbourg n'était qu'une convention illégitime. Chaque mesure prise contre les luthériens dans les États héréditaires de la maison d'Autriche donnait l'éveil à toute l'Allemagne protestante; et cette sympathie générale, toujours prête à se traduire en action, peut être regardée, à juste titre, comme la cause des succès presque merveilleux de Mathias.

Persuadés que les troubles qui agitaient les possessions héréditaires de la maison d'Autriche contribuaient au maintien du traité d'Augsbourg, les catholiques et les protestants des autres États croyaient de leur intérêt de ne prendre aucune part active à ces troubles. Toutes les questions agitées à la diète germanique étaient restées sans solution, et par l'indolence de l'empereur, et par le mauvais vouloir des électeurs protestants, qui s'obstinaient à refuser leur concours aux affaires publiques, tant que leurs réclamations personnelles n'auraient pas reçu satisfaction pleine et entière. Ces réclamations concernaient surtout l'incapacité de l'empereur, le mépris des clauses de la paix favorables aux protestants, et les usurpations du *conseil aulique*, qui, sous le règne de Rodolphe, cherchait à étendre sa juridiction aux dépens de celle de la chambre impériale.

Jadis les démêlés des souverains de l'Empire se réglaient par le *faustrecht* [1], et ce n'était qu'après y avoir vainement recouru qu'on réclamait l'intervention de l'empereur, qui, dans les cas peu importants, décidait seul et de sa propre autorité. Dans les circonstances plus graves, il s'associait les juges impériaux attachés à

---

[1] Ce mot signifie *droit du poing*, et pourrait, jusqu'à un certain point du moins, se traduire par le droit du plus fort; car, d'après le *faustrecht*, celui qui avoit le poignet assez fort pour manier le glaive de manière à exterminer ses adversaires, avait toujours raison, non-seulement de fait, mais encore de droit. C'est qu'à cette époque les lois admettaient les *jugements de Dieu*, et tout le monde sait que le *zweykampf* (combat à deux ou duel) faisait partie de ces jugements; car alors on était convaincu que Dieu donne toujours la victoire à celui qui la mérite. Ce *faustrecht* donna naissance aux *raubritter* (chevaliers brigands) et aux guerres que les chevaliers se

a personne, et formait ainsi un tribunal souverain. Vers la fin du xv° siècle, les empereurs avaient été forcés de se démettre de cette justice suprême, en faveur d'une cour régulière connue sous le nom de *Chambre impériale*, qui siégeait à Spire. Pour achever de se rendre indépendants, les États de l'empire s'étaient réservé le droit de nommer les membres de cette cour, et d'en examiner les arrêts par des révisions périodiques. Le traité d'Augsbourg accordait aux luthériens leur part de ce privilége de révision; les deux religions jouissaient donc d'une égalité apparente, du moins devant cette chambre impériale, puisque les protestants y trouvaient des juges pour décider de leurs droits.

Les ennemis de la réformation et de la liberté allemande ne tardèrent pas à annuler tout ce que cette institution avait de juste et d'équitable; et peu à peu les membres de la diète devinrent les justiciables du conseil privé de l'empereur, conseil qui, cependant, n'avait été créé que pour le guider dans l'exercice de ses prérogatives *impériales*, *personnelles* et *incontestées*, il se composait d'hommes qui, nommés et payés par lui, ne connaissaient d'autres lois que l'intérêt de leur maître et la prééminence de la religion catholique. Ce fut devant ce tribunal, connu sous le nom de *conseil aulique*, que l'on porta les démêlés religieux que la *Chambre impériale* avait seule le droit de juger.

Faut-il alors s'étonner si les sentences de ce con

faisaient sans cesse entre eux, car tous ces pillages à main armée n'étaient que le *faustrecht* exercé sur une grande échelle. Ce n'est pas ici le moment de dire combien il a fallu d'efforts pour remplacer le *faustrecht*, qui réglait même les affaires politiques en Allemagne, par une cour de justice, où les souverains siégeaient eux-mêmes. La *Chambre impériale*, ainsi qu'on vient de le voir, est une modification de cette cour souveraine, comme le *conseil aulique* finit par devenir une modification de la *Chambre impériale*.

Note du traducteur.

seil rappelaient péniblement son origine, et si des juges catholiques, créatures de l'empereur, sacrifiaient la justice aux caprices de leur souverain et aux exigences de Rome? Institué par et en faveur du *bon plaisir*, le *conseil aulique* attaquait tous les membres de la diète dans l'exercice du plus sacré de leurs droits, celui de rendre la justice; et si les protestants cherchaient à arrêter ces progrès, c'était seulement quand ils y étaient poussés par leur intérêt personnel. Pourquoi les souverains de l'Allemagne avaient-ils fait tant d'efforts pour substituer au *faustrecht* et à la volonté de l'empereur la juridiction de la *Chambre impériale*, où chacun d'eux siégeait à côté et comme l'égal du chef de l'Empire? Et si cette chambre devait cesser d'être la plus haute juridiction de l'Allemagne, ce pays n'avait-il pas le droit de regretter les usages barbares du passé?

Mais, à cette époque d'agitation, les idées les plus contradictoires germaient à la fois dans les mêmes têtes : un reflet de puissance et d'infaillibilité s'attachait encore à tout ce qui émanait de la personne de l'empereur ou de la cour de Rome; et, malgré le contraste ridicule que ce respect superstitieux offrait avec les droits réels existants des membres de la diète germanique, il se trouva des jurisconsultes assez serviles, pour ériger un pareil sentiment en loi; des agents du despotisme assez hardis pour la proclamer, et des esprits assez faibles pour s'y conformer.

A ces calamités générales se joignaient des circonstances particulières, qui devaient nécessairement exalter les craintes des protestants jusqu'à la défiance la plus active. Pendant les persécutions religieuses exercées dans les Pays-Bas par les Espagnols, un grand nombre de protestants avaient été forcés de fuir, et s'étaient réfugiés à Aix-la-Chapelle, ville impériale et catholique, où ils avaient fait beaucoup de prosélytes, même parmi les magistrats de la ville. Enhardis par ce succès, ils avaient demandé l'autorisation de construire une église consacrée à leur culte : on la leur avait refusée ; mais, secondés par le gouvernement de la ville, ils étaient parvenus à se la faire accorder de vive force.

Cette ville importante, tombée au pouvoir de la réformation, était un coup aussi imprévu que terrible pour le parti catholique, et même pour l'empereur, qui, après avoir vainement épuisé les menaces et les sommations, eut recours aux moyens extrêmes. Aix-la-Chapelle fut mise au ban de l'Empire par le conseil aulique de Vienne; mais cet arrêt ne put avoir un commencement d'exécution que sous le règne suivant.

Deux autres tentatives des protestants pour étendre leur domination eurent des conséquences plus graves encore. L'archevêque Gérard, de la maison Truchsess de Waldbourg, électeur de Cologne, s'était épris d'une passion violente pour la jeune comtesse Agnès de Mansfeld, chanoinesse de Gerresheim, qui n'y resta pas longtemps insensible. L'intérêt que l'Allemagne tout entière prit à cette liaison força les deux frères de la comtesse, qui étaient des calvinistes zélés, de prendre ouvertement la défense de l'honneur de leur sœur; mais cet honneur ne pouvait être réparé que par un mariage, et ce mariage était impossible tant que l'électeur resterait archevêque de l'Église romaine. Malgré cette difficulté, ils le sommèrent de rompre tout rapport avec la comtesse, ou de l'épouser, déclarant que s'il leur refusait cette satisfaction, ils laveraient dans son sang et dans celui de leur sœur l'affront fait à leur maison. Soit que l'archevêque se sentît déjà disposé en faveur de la réformation, ou que l'amour seul eût suffi pour opérer un miracle, il abjura la foi catholique, et conduisit la belle Agnès à l'autel.

Cet événement mit les deux partis en émoi. D'après

4.

les *Réserves ecclésiastiques*, l'archevêque avait perdu tous ses droits à l'électorat de Cologne, et il importait plus que jamais aux catholiques de tenir à la stricte exécution de ces réserves. De son côté, Gérard désirait vivement conserver la souveraineté, qui seule lui permettait d'offrir à sa jeune épouse un sort digne d'elle. Plusieurs circonstances, au reste, l'autorisaient à l'espérer, car les *Réserves ecclésiastiques* étaient un des articles les plus contestés du traité d'Augsbourg, et toute l'Allemagne protestante avait intérêt à le soutenir dans sa lutte contre ces réserves, qui avaient déjà été combattues avec succès à l'occasion des évêchés de la basse Allemagne.

La plupart des chanoines du chapitre de Cologne, excités par l'exemple de leur archevêque, avaient abjuré la religion catholique et s'étaient mis à la tête du parti nombreux et puissant qui, à Cologne même, se déclara en faveur de la réformation. Tout engageait donc Gérard à la résistance, car ses amis, ses parents et la plupart des souverains protestants, lui promettaient leur appui. Malgré tant de chances favorables, il fut bientôt forcé de reconnaître que sa victoire était douteuse. En proposant à l'assemblée des États le libre exercice du culte protestant sur le territoire de Cologne, il rencontra une opposition d'autant plus vive qu'elle était soutenue par l'empereur, et justifiée par l'excommunication de Rome, qui venait de déclarer l'archevêque apostat déchu de tous ses droits réguliers et temporels. Contraint de recourir à la force, il leva une armée; le chapitre en fit autant, et, pour donner plus de poids à sa résistance, il procéda immédiatement à l'élection d'un nouveau souverain.

L'évêque de Luttich, prince bavarois, réunit tous les suffrages et devint électeur de Cologne.

Dès ce moment commença une guerre civile qui, vu l'intérêt qu'y prenaient tous les partis religieux, menageait d'amener la rupture de la paix d'Augsbourg. Les membres protestants de la diète furent indignés surtout, que le pape, de sa seule autorité apostolique, eût osé déposséder un souverain qui ne devait sa dignité qu'à la constitution de l'empire. Ce droit exorbitant avait été contesté au saint-siége, même au temps de sa plus grande puissance; pouvait-on le lui accorder à une époque où cette puissance menaçait ruine de toutes parts? Aussi l'empereur se voyait-il assiégé de vives réclamations que les princes protestants lui adressaient à ce sujet; et Henri IV de France, qui n'était encore que roi de Navarre, ne négligea rien pour exciter ces princes à défendre chaudement leurs droits légitimes. Tout le monde enfin avait compris que la liberté allemande dépendait du résultat de cette lutte.

Les protestants, en majorité dans le Conseil des électeurs, quatre contre trois, auraient pu assurer le triomphe de leur cause et fermer à jamais à la maison d'Autriche le chemin du trône impérial; mais l'électeur Gérard, au lieu d'embrasser la religion luthérienne, était entré dans l'Église calviniste, et cette faute causa sa ruine. Ces deux cultes étaient ennemis jurés l'un de l'autre, et les princes luthériens se seraient exposés aux reproches de leur parti s'ils avaient traité un calviniste comme un coreligionnaire. Tous cependant avaient promis de le soutenir et de le défendre, un seul lui tint parole.

Méprisant les ordres et les menaces de l'empereur, le comte palatin Jean Casimir, calviniste zélé et prince apanagé de la maison de l'électeur du Palatinat, conduisit ses troupes sur le territoire de Cologne; mais il n'y obtint aucun résultat favorable à Gérard, qui, dépourvu de toutes ressources, se vit contraint d'abandonner son seul allié à ses propres forces. Soutenu par la Bavière et par l'Espagne, le nouvel électeur ne tarda pas à devenir paisible possesseur de ses États, dont les places fortes s'étaient rendues presque sans combat; car les soldats qui les occupaient n'avaient défendu que faiblement un maître qui ne pouvait plus payer leur solde.

Après s'être maintenu quelque temps dans ses possessions de Westphalie, l'ancien archevêque s'en vit également chassé par ses ennemis. Forcé de fuir, il se réfugia en Hollande, puis en Angleterre, où il sollicita des secours et des protections qui lui furent refusés. Délaissé, repoussé par tout le monde, il se retira dans le chapitre de Strasbourg, dont il était doyen, et où la mort vint bientôt mettre un terme à ses malheurs. C'est ainsi que finit cet homme remarquable, que l'on peut, à juste titre, regarder comme la première victime des *Réserves ecclésiastiques*, et des préjugés insensés qui divisaient les protestants allemands.

La catastrophe qui venait de jeter le trouble et le désordre dans l'électorat de Cologne, eut des suites tout aussi fâcheuses pour la tranquillité du chapitre de Strasbourg. Les chanoines de Cologne, qui, à l'exemple de leur archevêque, avaient abjuré le catholicisme, et qui avaient été, comme lui, frappés par les foudres de Rome, s'étaient réfugiés à Strasbourg, où ils possédaient des prébendes. Leurs collègues, restés fidèles à la religion catholique, s'étaient déjà emparés de ces bénéfices, et refusaient de les rendre à des excommuniés. Alors ces derniers s'y installèrent de vive force, et, grâce à l'appui d'une partie de la bourgeoisie dévouée au protestantisme, ils devinrent bientôt les seuls maîtres du chapitre.

Les chanoines catholiques s'enfuirent à Saverne, où, sous la protection de leur archevêque, ils se constituèrent en chapitre régulier, et déclarèrent invalide et hérétique celui de Strasbourg, qui, en dépit de cet anathème, devint chaque jour plus nombreux et plus puissant. Les protestants du rang le plus élevé se disputaient l'honneur d'en faire partie; ils s'arrogèrent même le droit de nommer un archevêque de leur religion, et élevèrent à cette dignité le prince Jean-Georges de Brandebourg.

De son côté, le chapitre catholique de Saverne, loin d'approuver la nomination des protestants, donna son suffrage à l'évêque de Metz, prince de Lorraine, qui se disposa aussitôt à s'installer, par la force, dans sa nouvelle résidence. Mais les habitants de Strasbourg prirent les armes pour défendre le chapitre et l'archevêque protestants contre l'archevêque catholique, qui, à la tête de troupes nombreuses, ravageait et pillait, avec toute la cruauté qu'autorisaient les mœurs du temps, le territoire dont il se disait le pasteur spirituel. En vain l'empereur essaya-t-il de terminer cette querelle en prêtant au parti catholique le poids de son autorité; la lutte continua jusqu'au moment où le prince de Brandebourg, épuisé et ruiné, renonça enfin à ses prétentions moyennant une forte somme d'argent.

Après ces deux échecs, la réformation en éprouva un troisième à Donawert, ville impériale de la Souabe. Sous le règne de Ferdinand Ier, et sous celui de son fils Maximilien, la religion protestante avait fait tant de progrès dans cette ville, que les catholiques se virent réduits à la seule église du couvent de Sainte-Croix, où ils étaient obligés de renfermer les pratiques de leur culte, car toute cérémonie publique leur était interdite. Malgré cette interdiction, l'abbé de Sainte-Croix, poussé sans doute par un zèle fanatique, sortit un jour de son monastère, à la tête d'une brillante procession; le peuple, indigné, le força aussitôt à rentrer avec son cortége.

L'empereur Rodolphe, loin de blâmer la tentative téméraire de l'abbé, lui en fit témoigner sa satisfaction. Ainsi encouragé, l'abbé renouvela, l'année suivante, à 'occasion de la même fête, la même tentative. Le peuple, le voyant bravé pour la seconde fois, se livra à des voies de fait. La croix et les bannières de la procession furent foulées aux pieds ; et les moines, injuriés et maltraités, n'échappèrent à la fureur populaire qu'en se réfugiant derrière les murs de leur couvent.

L'empereur cita les coupables devant son tribunal suprême : cette mesure mit le comble à leur irritation ; ils menacèrent les commissaires impériaux, et, n'écoutant à leur tour que le fanatisme, ils firent échouer toutes les négociations que leurs chefs avaient entamées avec l'empereur, dans la louable intention de terminer cette affaire par des concessions mutuelles. Donawert fut mise au ban de l'empire, et Maximilien, électeur de Bavière, fut chargé de l'exécution de cet arrêt. A l'approche des troupes bavaroises, l'audace que le peuple avait déployée jusque-là se changea tout à coup en terreur panique, et il déposa les armes sans avoir même essayé de se défendre. Cette lâche conduite fut suivie de la suppression totale du protestantisme, et de la perte de tous les priviléges dont jouissait cette cité ; car, après avoir été une des premières villes libres de l'Empire, elle descendit au rang d'une simple cité de la Bavière.

A ce malheur, qui, sous le rapport religieux seul, aurait suffi pour exciter les sympathies des protestants, se rattachaient des considérations politiques de la plus haute importance. Donawert avait été mise au ban de l'Empire par un arrêt du conseil aulique, tribunal arbitraire et entièrement catholique, dont la compétence en ces sortes d'affaires, était aussi contestable que contestée, et l'exécution de cet arrêt avait été confiée à l'électeur de Bavière, étranger au territoire frappé. Cette double violation des lois de l'Empire et du traité d'Augsbourg autorisa les protestants à soupçonner les catholiques d'avoir concerté entre eux un nouveau plan d'attaque, dont le but ne pouvait être que la ruine totale des libertés religieuses de l'Allemagne.

Quand le droit du plus fort domine tous les autres droits, quand la sécurité de chacun dépend de sa force, le parti le plus faible doit nécessairement être le plus empressé à se mettre sur la défensive. Selon toutes les conjectures fondées sur la raison, les catholiques, si en effet ils formaient de nouveaux projets hostiles contre les protestants, devaient chercher à les réaliser d'abord dans les provinces méridionales. Dans ces provinces, la réformation n'avait encore que des possessions isolées, tandis que l'Allemagne du Nord offrait une suite non interrompue d'États protestants qui, au premier signal, pouvaient se réunir et se prêter un mutuel appui. Il était également présumable que le parti catholique dirigerait ses premières attaques contre les calvinistes, cette fraction de la réformation si faible par elle-même, et plus encore par sa position exceptionnelle, qui ne lui permettait pas d'invoquer en sa faveur le traité d'Augsbourg.

Cette dernière prévision ne tarda pas à se réaliser dans l'électorat du Palatinat, dont la tranquillité était menacée depuis longtemps par le voisinage dangereux de l'électeur de Bavière. Aucun pays de l'Allemagne de cette époque n'avait aussi souvent changé de religion que le Palatinat. Malheureux jouet de la versatilité politique et religieuse de ses souverains, il avait été forcé d'embrasser deux fois, dans l'espace de soixante ans, les doctrines de Luther, et de les abandonner deux fois pour celles de Calvin.

L'électeur Frédéric III avait le premier déserté la confession d'Augsbourg; mais son fils, l'électeur Louis, la rétablit dans ses États par les moyens les plus violents et les plus injustes. Après avoir fait fermer tous les temples calvinistes, et exiler tous les ministres et maîtres d'école qui enseignaient ce culte, il lui donna une dernière preuve d'aversion par une clause de son testament, qui défendait expressément de confier la tutelle de son jeune fils à tout autre qu'à des luthériens orthodoxes. Mais le comte palatin Jean Casimir, frère du défunt électeur, fit casser ce testament; et, s'appuyant sur la *Bulle d'or*, qui lui accordait la tutelle de son neveu et la régence du pays pendant sa minorité, il se mit de vive force en possession de ces droits. Comme résultat naturel de ce triomphe, l'éducation du prince Frédéric IV, alors âgé de neuf ans, fut confiée à des instituteurs calvinistes, qui reçurent l'ordre d'arracher de l'esprit de leur auguste élève les *hérétiques doctrines de Luther*, par tous les moyens possibles, sans en excepter les *coups de bâton*. Il est facile de deviner à quelle extrémité cruelle on se porta envers les sujets, puisqu'on ne craignait pas d'exposer le futur souverain à un aussi indigne traitement.

Sous le règne de ce même Frédéric IV, la cour du Palatinat fit de grands efforts pour réunir tous les membres protestants de la diète contre la maison d'Autriche, conduite qui lui était dictée par les conseils de la France, adversaire naturel de cette maison, et par le besoin de s'assurer la protection si douteuse des luthériens contre les vexations toujours croissantes des catholiques, auxquelles le Palatinat était en butte. Ce rapprochement était d'autant plus difficile à obtenir, que les luthériens haïssaient les calvinistes presque autant que les catholiques. Aussi Frédéric IV chercha-t-il en vain à rétablir l'harmonie des croyances religieuses, dans l'espérance de faciliter les alliances politiques; cette tentative ne servit qu'à fortifier les divers partis dans la conviction que chacun d'eux était, seul, dans la bonne voie. Forcés d'avoir recours à d'autres moyens, les calvinistes excitèrent les craintes et les méfiances des luthériens, en exagérant les dangers dont ils étaient menacés, et en donnant aux démarches les plus insignifiantes des catholiques les apparences de combinaisons vastes et perfides, qui jamais n'étaient entrées dans leur pensée.

La diète de Ratisbonne, impatiemment attendue par les partisans de la réformation, n'avait point amené de résultat satisfaisant pour eux. Aucun de leurs anciens griefs, augmentés par les événements de Cologne, de Strasbourg et de Donawert, n'avait obtenu justice; l'indignation et la colère décidèrent enfin les princes protestants à favoriser l'association que l'électeur du Palatinat leur avait proposée. En 1608, cet électeur, le comte palatin de Neubourg, deux margraves de Brandebourg, le margrave de Bade, le duc Jean-Frédéric de Wurtemberg, les uns luthériens, les autres calvinistes, signèrent à Anhause, en Franconie, pour eux et pour leurs héritiers, le célèbre traité connu sous le nom d'*Union évangélique*.

D'après ce traité, les *princes unis* se devaient conseil et assistance, dans toutes les affaires concernant leur liberté religieuse, et leurs privilèges comme membres de la diète. Tous s'engageaient pour chacun, et chacun pour tous, de secourir celui d'entre eux qui serait attaqué par les catholiques, de lui fournir des troupes, et d'ouvrir aux siennes les villes et forteresses de tout le territoire de l'*Union*. Chaque prince se réservait une part du butin proportionnée aux secours qu'il aurait fournis; la direction de cette alliance était confiée, en temps de paix, à l'électeur du Palatinat, et un fonds social fut déposé pour subvenir aux frais communs.

En signant ce traité, valable pour dix ans, les *princes unis* s'étaient engagés à unir tous leurs efforts pour décider les autres souverains protestants à faire partie de cette alliance. L'électeur de Brandebourg se laissa persuader; l'électeur de Saxe refusa opiniâtrément; la Hesse, le Brunswick et le Lunebourg cherchèrent des défaites; mais trois villes libres de l'Empire, Strasbourg, Nuremberg et Ulm, entrèrent dans l'*Union* à la grande satisfaction des *princes unis*; car ces riches cités leur promettaient des secours financiers précieux, et leur faisaient espérer que leur exemple ne tarderait pas à être imité par les autres villes libres de l'Empire.

Les souverains protestants qui, avant la signature du traité d'Anhause, n'avaient pas osé élever la voix parce qu'ils se sentaient isolés et sans force, changèrent tout à coup de conduite, et chargèrent le prince Christian d'Anhalt d'exposer énergiquement à l'empereur leurs plaintes et leurs réclamations.

Avant tout, ils exigeaient la réintégration de Donawert dans ses droits et privilèges de ville libre de l'Empire; la cessation de toutes les procédures émanées du Conseil aulique; la réforme des conseillers personnels de l'empereur, et la révocation de tous les actes émanés de la seule volonté de ce monarque.

Pour tenir un pareil langage à Rodolphe, on choisit l'instant où, menacé de tous côtés dans ses États héréditaires, il venait de perdre la Hongrie, et d'acheter le repos de la Bohême par la signature de la *Lettre impériale;* le moment enfin où la succession des États de Juliers et de Clèves lui préparait un nouveau sujet de troubles et de désordres. Incapable de prendre une résolution ferme et prudente, comme l'exigeait la gravité des circonstances, il donna à l'*Union évangélique* le temps d'organiser et de réunir ses forces.

Les catholiques surveillaient les *princes unis*, et les *princes unis* surveillaient les catholiques et l'empereur, qui se défiait des uns et des autres. Ce fut à cette époque, où les craintes et les haines étaient portées à un si haut degré d'irritation, que la mort de Jean-Guillaume, duc de Juliers, vint jeter, au milieu de tant d'éléments de discorde, l'appât d'une succession contestable et contestée. Huit prétendants, sans compter l'empereur, qui manifesta hautement l'intention de s'approprier cette succession à titre de fief de l'Empire, réclamaient les États de Clèves et de Juliers, dont l'indivisibilité avait été stipulée par plusieurs traités solennels. L'électeur de Brandebourg, le comte palatin de Neubourg, le comte palatin de Deux-Ponts, et le margrave de Burgau, prince de la maison d'Autriche, réclamaient cette succession à titre de majorat féminin, et au nom des princesses de la maison de Juliers, leurs femmes et sœurs du duc Jean-Guillaume. L'électeur de Saxe, de la branche Albertine, et le duc de Saxe, de la branche Ernestine, fondaient leurs droits sur une parenté plus ancienne, droits que l'empereur Frédéric III, avait solennellement reconnus à ces deux maisons saxonnes, et qui leur avaient été confirmés par l'empereur Maximilien Iᵉʳ.

Les autres prétendants appartenaient à des puissances étrangères, et leurs titres ne furent même pas examinés. Les prétentions du Brandebourg et celles de Neubourg paraissaient également justes; aussi les souverains de ces deux États commencèrent-ils par s'emparer du pays de Clèves, qu'ils firent garder par leurs troupes, tandis que les cabinets rédigeaient des protocoles. Cette guerre de plume se serait indubitablement terminée par l'épée, si l'empereur n'avait pas manifesté l'intention d'appeler ces contestations devant son tribunal, et de mettre préalablement le séquestre sur les États en litige. Ce fut pour échapper à cette dangereuse intervention que les ducs de Brandebourg et de Neubourg s'empressèrent de signer un traité, en vertu duquel ils conservaient et gouvernaient en commun les duchés de Clèves et de Juliers.

L'empereur somma les représentants de ces duchés de refuser le serment de fidélité à ces nouveaux maîtres, et leur envoya son parent, l'archiduc Léopold, évêque de Strasbourg et de Passau, dans l'espoir que sa présence encouragerait le parti impérial et catholique. Mais ce parti, qui n'avait que fort peu d'adhérents dans la ville de Juliers, s'y vit bientôt assiégé par les protestants, qui s'étaient déjà rendus maîtres de tout le pays. Cette guerre attira l'attention des cours de l'Europe, car il ne s'agissait plus de savoir à qui appartiendrait les duchés; la question avait été transportée sur un terrain plus vaste : il fallait décider si ces possessions fortifieraient le parti catholique ou le parti protestant; si l'Autriche, dont l'insatiable besoin de conquêtes donnait déjà tant d'inquiétude, réussirait à s'enrichir de cette nouvelle proie, ou si l'Allemagne l'emporterait dans une lutte aussi importante pour son équilibre et pour sa liberté.

En envisageant sous ce point de vue les démêlés de la succession de Juliers, on ne s'étonnera point que l'*Union évangélique*, la Hollande, l'Angleterre, et même Henri IV de France, se soient empressés d'y prendre une part active. Ce grand monarque avait employé la plus belle moitié de sa vie à lutter contre l'Autriche et l'Espagne; sa prudence et son courage héroïque venaient de renverser tous les obstacles que ses ennemis avaient élevés pour l'empêcher de monter sur le trône de France; et depuis longtemps déjà son regard pénétrant suivait et jugeait les troubles qui agitaient l'empire germanique. Il savait que ce n'était qu'à ces troubles qu'il devait les dispositions pacifiques de l'Autriche à son égard; car, menacée à l'ouest par les protestants, et à l'est par les Turcs, elle ne songeait qu'à sa propre conservation.

Mais un génie supérieur comme celui d'Henri IV ne pouvait ignorer que, du moment où l'un ou l'autre de ces deux contre-poids de la puissance de la maison de Habsbourg cesserait de l'occuper, elle se relèverait plus menaçante que jamais. En vain l'adversité avait frappé presque tous les princes de cette maison; en vain le ciel avait refusé à plusieurs d'entre eux le génie, et même l'intelligence la plus ordinaire; le malheur et la pauvreté d'esprit, ces deux grands modificateurs des passions ardentes, n'avaient pu éteindre le besoin de domination et la soif des conquêtes dans des veines où coulaient encore quelques gouttes du sang de Ferdinand d'Aragon.

Depuis plus d'un siècle ce besoin de domination, cette soif de conquêtes troublaient la paix de l'Europe et désolaient l'Allemagne. Les cultivateurs avaient été forcés de quitter leurs charrues, les marchands leurs comptoirs, les artisans leurs ateliers, pour grossir la masse des combattants. Des armées nombreuses couvraient les champs où jadis mûrissaient de riches moissons; des flottes guerrières sillonnaient les mers où naguère le commerce seul envoyait ses paisibles navires, et tous les princes de l'Europe avaient été contraints de prodiguer l'argent et le sang de leurs sujets dans des guerres continuelles. Tant de tristes expériences avaient prouvé enfin, que tout espoir de paix et de tranquillité pour les souverains, de bonheur pour les peuples, ne serait qu'un vain rêve tant que l'Autriche serait assez forte pour agiter l'Europe au gré de ses ambitieux désirs.

Des pensées de cette nature préoccupaient sans doute Henri IV sur la fin de sa glorieuse carrière. Son génie était parvenu à débrouiller le chaos où les guerres civiles, fomentées par l'Autriche, avaient plongé la France. Mais ce n'est pas sur le présent, c'est sur l'avenir que les grands hommes fixent leurs regards; c'est pour lui seul qu'ils travaillent; et qui pouvait répondre à Henri IV de la durée de la prospérité de son pays, tant que la maison de Habsbourg resterait assez forte pour la troubler? Il comprit donc que ce n'était qu'en désarmant pour toujours cette rivale dangereuse, qu'il léguerait à son successeur un trône affermi, et à son peuple une paix durable. C'est ainsi, du moins, que nous devons expliquer la haine de ce grand monarque contre cette maison; haine irréconciliable, ardente et juste, comme celle d'Annibal pour le peuple de Romulus, mais plus vertueuse, parce qu'elle découlait d'une source noble et pure.

Tous les souverains de l'Europe nourrissaient des pensées semblables à celles d'Henri IV; mais pas un d'eux n'était un politique assez pénétrant, un héros assez désintéressé pour les traduire en action. Les esprits ordinaires se laissent prendre à l'appât d'un avantage personnel et prochain; les biens éloignés dont les générations suivantes pourront profiter, ne sauraient émouvoir que les belles âmes.

Tant que la sagesse ne base ses projets que sur elle-même, et ne compte dans leur exécution que sur ses propres forces, ces projets ne sont que des chimères, et la sagesse, en les concevant, s'expose à devenir la risée du monde. Mais elle peut compter sur l'approbation, et même sur l'admiration de ce même monde, lorsque, dans ses nobles desseins, elle assure un rôle à la barbarie, à la cupidité, aux préjugés; et si elle trouve le moyen de les faire contribuer à la réalisation de ces desseins, leur succès est infaillible.

Il ne faut donc pas s'étonner si le projet d'Henri IV, d'enlever à la maison d'Autriche ses immenses possessions, et de les partager entre les diverses puissances européennes, fut longtemps traité de chimère par les hommes ordinaires, toujours prêts à flétrir tout ce qui est grand et utile. Henri IV cependant avait une connaissance trop profonde du cœur humain, pour songer à réaliser ce projet en ne s'appuyant que sur *les nobles* motifs qui le guidaient, et que Sully était seul capable d'apprécier et de seconder. C'est par les motifs les plus puissants, dont la politique puisse disposer, qu'il s'efforça de décider les princes dont l'assistance lui était nécessaire, à se charger du rôle qu'ils devaient jouer dans cette grande entreprise. Aux protestants des États autrichiens, ainsi qu'à ceux des Pays-Bas, il ne demandait rien que ce qu'ils désiraient ardemment eux-mêmes, c'est-à-dire de s'affranchir, les uns du joug de l'Autriche, les autres de celui de l'Espagne.

Quant au pape, aux républiques italiennes et à l'Angleterre, rien ne pouvait leur être plus agréable et plus utile que la chute de la tyrannie de l'Espagne et de celle de l'Autriche. Chaque puissance trouvant ainsi un avantage quelconque dans le partage des possessions de la maison d'Autriche, ce partage, loin de troubler l'équilibre européen, devait au contraire l'asseoir sur des bases plus solides; et la France pouvait refuser généreusement sa part des dépouilles, car la ruine de l'Autriche lui offrait un avantage assez grand en augmentant son influence et en consolidant son avenir. Pour récompenser les princes autrichiens du service qu'on voulait les forcer à rendre à l'Europe en débarrassant à jamais cette partie du monde de leur présence, on devait leur accorder la permission de se créer autant d'États qu'ils en pourraient conquérir dans toutes les autres parties du globe déjà connues ou que l'on pourrait découvrir plus tard.

La formation de l'*Union évangélique* et les démêlés de la succession de Juliers avaient averti Henri IV que l'instant était venu de faire une première démarche décisive pour l'accomplissement de son projet. Les agents habiles qu'il envoya à toutes les cours protestantes, sans trahir le secret politique de leur maître, en laissaient deviner assez pour influencer des souverains aussi ardents dans leur haine contre l'Autriche, que dans leur désir de s'agrandir aux dépens de cet ennemi redouté ; et bientôt un plan d'opérations aussi vaste que prudent fut arrêté en commun.

Une nombreuse armée française, commandée par Henri IV en personne, devait se joindre à celle de l'*Union* sur les bords du Rhin. Après avoir achevé la conquête et la pacification du duché de Juliers, ces deux armées réunies auraient pénétré en Italie, où l'on s'était assuré d'avance du concours franc et sincère de la Savoie, de Venise et de la Romagne. Fortifiés par ces alliances, les Français et les Allemands devaient, en passant par la Lombardie, entrer dans les États héréditaires de la maison de Habsbourg, d'où, secondés par le soulèvement général des protestants de ces États, on allait passer en Bohême, en Hongrie, en Transylvanie, et achever ainsi de briser le sceptre autrichien. Les Flamands et les Hollandais, soutenus par des troupes françaises, se seraient pendant ce temps délivrés des Espagnols ; et ce torrent étranger, dont les sombres flots menaçaient d'engloutir la liberté de l'Europe, eût été réduit à couler, oublié et tranquille, derrière la haute barrière des Pyrénées.

Jusque-là, les Français s'étaient fait remarquer par leur promptitude ; cette fois cependant les Allemands les avaient devancés : les troupes de l'*Union* parurent les premières en Alsace, où elles dispersèrent l'armée autrichienne, que l'archevêque de Strasbourg se disposait à conduire dans le duché de Juliers.

Henri IV avait conçu son plan en homme d'État, en roi, en héros ; il en confia l'exécution à des chefs de brigands. Pour empêcher les princes catholiques de défendre l'Autriche, il voulait éviter, avec le plus grand soin, tout ce qui pouvait les autoriser à croire qu'ils étaient personnellement menacés ; et, en tout état de cause, la religion devait rester entièrement en dehors d'une guerre dont la chute de l'ennemi commun était l'unique but.

Mais comment les princes allemands auraient-ils pu oublier leurs projets personnels pour seconder ceux du noble Henri? L'ambition et le fanatisme étaient leurs points de départ et se manifestaient dans toutes leurs actions; aussi les vit-on, semblables à des oiseaux de proie, s'abattre sur les États ecclésiastiques, y lever des contributions de guerre, toucher les impôts ordinaires, vider les caisses publiques et piller les particuliers.

Et, comme s'ils eussent craint de laisser aux catholiques quelques doutes sur le véritable but de leur expédition, ils déclarèrent hautement, et avec force menaces et injures, qu'elle était dirigée contre tous les partisans de Rome.

Le grand et noble Henri fut forcé de reconnaître qu'il s'était cruellement trompé dans le choix de ses instruments. Lorsque, dans l'intérêt de la justice et de l'humanité, l'on est réduit à employer la force, il faut éviter surtout de confier cette arme dangereuse à des caractères violents, à des âmes viles, à des esprits bornés. S'il peut être permis quelquefois de troubler momentanément l'ordre et la paix des États, ce devoir redoutable ne doit être accompli que par l'homme supérieur qui comprend tout ce qu'il y a de sacré dans l'ordre et dans la paix.

La conduite des *princes unis* mit le comble à l'irritation des catholiques; mais l'empereur était hors d'état de leur accorder le moindre secours. Forcés de reconnaître que leurs ennemis n'étaient devenus si puissants et si audacieux que par l'*Union* qu'ils venaient de conclure, ils comprirent enfin la nécessité de leur opposer des armes semblables. Ce fut l'archevêque de Wurtzbourg qui conçut le plan de l'union des catholiques, connu sous le nom de *Ligue*, dont les classes et conditions étaient à peu près les mêmes que celles de l'*Union évangélique*. Presque entièrement composée d'évêques, cette *Ligue* se donna pour chef Maximilien, électeur de Bavière, qui, en considération de son rang élevé fut revêtu d'un pouvoir illimité.

Cette unité de pouvoir, et les secours d'argent que les riches prélats étaient toujours à même de fournir à leur parti, donnaient à la *Ligue catholique* une force et une promptitude de mouvement qui la rendaient infiniment supérieure à l'*Union évangélique*. Se devant tout à eux-mêmes, les ligueurs dédaignèrent d'offrir à l'empereur la place à laquelle son titre de représentant d'États catholiques lui donnait droit ; et, comme s'ils avaient oublié qu'il était chef de l'Empire, ils ne jugèrent même pas à propos de lui faire connaître l'existence de cette alliance, et parurent tout à coup aussi menaçants et aussi terribles pour le trône impérial que pour l'*Union évangélique*.

Le début des *princes unis* avait cependant été assez heureux dans le duché de Juliers et dans l'évêché de Strasbourg ; mais leurs succès ne s'étendirent pas plus loin. L'armée française si impatiemment attendue sur les bords du Rhin ne parut point, car Henri IV avait cessé de vivre !

Le poignard de Ravaillac, en frappant ce grand monarque, sauva la maison d'Autriche, pour reculer de plusieurs siècles la pacification de l'Europe et les progrès de la civilisation.

Le *fonds social de l'Union* était épuisé ; les députés des États refusaient de voter de nouveaux subsides, et les villes impériales accusaient les *princes unis* de dédaigner leurs conseils tout en demandant leur argent, et d'employer cet argent, non selon les clauses du traité, mais pour leur usage personnel et la satisfaction de leurs caprices. L'*Union évangélique* était donc déjà près de sa ruine, lorsque la *Ligue*, jeune et vigoureuse, se leva contre elle.

Le manque d'argent ne permit pas aux *princes unis* de tenir plus longtemps la campagne. Effrayés cependant des dangers auxquels ils s'exposeraient en déposant les armes devant un ennemi prêt à combattre, ils cherchèrent à cacher leur impuissance par un accommodement subit avec l'archiduc Léopold. Les deux partis consentirent à retirer leurs troupes de l'Alsace, échangèrent leurs prisonniers, et jurèrent d'oublier tout ce qui s'était passé.

Ce fut ainsi que se termina la première opération de cette *Union évangélique* qui, en se formant, avait fait naître tant d'espérance d'un côté et tant de craintes de l'autre. La *Ligue* prit à son tour une attitude et un langage menaçants. Les *princes unis* furent désignés par les épithètes les plus injurieuses, que l'on justifia aux yeux de l'Europe en lui dénonçant les ravages dont ces princes s'étaient rendus coupables.

Les évêchés de Wurtzbourg, de Bamberg, de Strasbourg, de Mayence, de Trèves, de Cologne, tous les États enfin dont l'*Union* avait fait le théâtre de ses exploits momentanés, réclamaient des indemnités proportionnées aux maux qu'ils avaient soufferts, et exigeaient la restitution des défilés que les troupes de l'*Union* occupaient encore dans les montagnes et sur le Rhin. Il fallait céder à la force; et, malgré tout ce qu'il en coûtait à leur orgueil, les *princes unis* demandèrent la paix, qu'on ne leur accorda qu'aux plus dures conditions. L'orage se dissipa de nouveau, et, pour l'instant du moins, l'horizon politique redevint calme et serein. Mais presque aussitôt une révolution éclata en Bohême, et priva l'empereur de deux de ses États héréditaires.

Au milieu de ces calamités nouvelles, en 1612, Rodolphe II mourut. Ce monarque n'avait jamais été ni aimé ni respecté sur le trône, et aucun regret ne l'accompagna dans la tombe. Sous le règne suivant, des malheurs si grands vinrent fondre sur l'Allemagne, que le règne de Rodolphe parut une époque de gloire et de prospérité, et que l'Empire se vit forcé de déplorer la perte d'un pareil chef.

Il avait été impossible de décider l'indolent et pusillanime Rodolphe à se désigner un successeur. Les sinistres prévisions que cette négligence avait autorisées ne se réalisèrent pourtant pas; ce fut sans troubles, sans désordres, et même sans opposition, que Mathias monta sur le trône impérial. Les catholiques lui avaient donné leur voix, comptant sur son activité et sa vigueur morale; les protestants l'avaient soutenu, dans la ferme conviction qu'il serait impossible de mettre à la tête de l'Empire un chef plus ami du repos, plus moralement usé, et par conséquent moins redoutable pour eux. Cette contradiction apparente s'explique facilement, car les uns le jugeaient d'après ce qu'il avait été, et les autres d'après ce qu'il était devenu.

Après l'élection d'un empereur, toutes les espérances ambitieuses que la vacance a soulevées veulent être satisfaites, et sa première diète est toujours sa plus rude épreuve. Chaque représentant de l'Empire renouvelle ses anciennes plaintes et demande la réforme de tous les abus, comme si un nouvel empereur devait amener une nouvelle création.

C'était avec le secours des États protestants que Mathias était arrivé au trône de son frère; l'ambition ne lui avait pas permis de s'apercevoir, qu'en acceptant ce secours, il leur apprenait comment on dicte des lois à son maître. En revenant en Autriche après son expédition de Bohême, il y avait reçu une *humble supplique*, par laquelle on lui demandait, en échange du serment de fidélité, une entière liberté religieuse, l'égalité parfaite entre les catholiques et les protestants, et l'admission de ces derniers à tous les emplois publics; et, sans même attendre sa réponse, plusieurs villes s'étaient déjà mises en jouissance de ces libertés. Mathias, qui avait trouvé fort commode d'exploiter le mécontentement des protestants contre l'empereur, n'eut jamais l'intention de faire disparaître les causes de ce mécontentement; aussi s'était-il borné à déclarer qu'il n'écouterait aucune plainte, aucune réclamation, avant d'avoir reçu le serment de fidélité.

Les députés de l'Autriche, se souvenant de l'ingratitude de l'archiduc Ferdinand de Gratz envers les états de la Styrie, qui lui avaient prêté foi et hommage sans conditions préalables, avaient persisté dans leur refus. Pour échapper aux violences dont on s'était permis de les menacer, ils avaient quitté la capitale sans attendre la fin de la session, décidé les représentants catholiques à imiter leur exemple, renoué leurs anciennes relations avec les députés de la Hongrie et de plusieurs états protestants de l'Empire, et soutenu, les armes à la main, les prétentions énoncées dans l'*humble supplique*, si imprudemment rejetée par Mathias.

Ce prince cependant avait fait auparavant des concessions beaucoup plus grandes aux députés hongrois; mais, dans cette circonstance, il pouvait justifier sa conduite aux yeux du monde catholique par la constitution démocratique de la Hongrie, qui avait le droit d'élire ses souverains et de leur imposer des conditions. En Autriche, au contraire, ses aïeux avaient toujours exercé une autorité presque absolue, à laquelle il ne pouvait renoncer sans s'exposer au mécontentement de l'Espagne et de Rome, et au mépris de tous ses sujets catholiques. Ses partisans, et surtout Melchior Krisel, archevêque de Vienne, qui exerçait beaucoup d'empire sur son esprit, lui répétaient sans cesse qu'il valait mieux laisser les protestants s'emparer de toutes les églises catholiques, que de leur en céder une seule de bon gré.

Malheureusement cette affaire embarrassante lui était survenue pendant que Rodolphe vivait encore, et il devait nécessairement craindre que ce monarque imitât l'exemple qu'il lui avait donné en contractant une alliance avec ses sujets révoltés. Pour éviter cette juste représaille, il s'était empressé d'accepter l'intervention de la Moravie. Cette province, d'accord avec l'Autriche, envoya une seconde députation à Vienne, où elle tint un langage qui eût été trouvé hardi même dans le parlement anglais.

« Les protestants, disaient ces députés dans leurs
« conclusions, sont en majorité; ils ne veulent pas être
« moins considérés que la poignée de catholiques qui
« agite et trouble leur patrie. C'est grâce à la noblesse
« protestante que Mathias a vaincu l'empereur. Pour
« quatre-vingts papistes nous sommes trois cents ba-
« rons luthériens. Que Mathias ne l'oublie point; que
« le malheur de Rodolphe lui serve d'exemple, et lui
« rappelle qu'à force de vouloir faire des conquêtes pour
« le ciel, on perd tous ses biens sur la terre. »

Ainsi menacé d'un côté par les représentants de l'Autriche et même par ceux de la Moravie, qui, oubliant leur rôle de médiateurs, s'étaient déclarés ouvertement en faveur de leurs coreligionnaires autrichiens; de l'autre, par l'*Union évangélique* prête à venir les appuyer, et surtout par l'empereur, qui croyait l'occasion favorable pour ressaisir au moins une partie de ses États héréditaires, Mathias s'était vu forcé d'accorder ce qu'on avait exigé de lui. Encouragés par le succès de la démarche des États autrichiens contre leur duc, les députés de tous les états protestants de l'Empire espéraient obtenir de leur empereur les mêmes résultats par les mêmes moyens.

En 1613, à la diète de Ratisbonne, la première de son règne, Mathias voulut demander des subsides pour continuer la guerre contre la Turquie et contre Bethlen Gabor, qui, soutenu par la Porte, s'était fait nommer souverain de la Transylvanie, et cherchait à s'emparer des plus belles provinces hongroises. Mais, sans lui donner le temps d'exposer ses embarras, les protestants l'assaillirent de demandes aussi nouvelles qu'inattendues. Les décisions de la diète se prenaient toujours à la pluralité des voix, et assuraient d'avance la majorité au parti catholique, même dans les cas fort rares où les protestants étaient complétement unis entre eux; ils se crurent donc autorisés à demander l'abolition d'une règle, par laquelle le droit accordé à la réformation d'envoyer des députés à la diète n'était plus qu'une vaine formalité.

A cette réclamation ils joignirent des plaintes contre le conseil aulique, toujours prêt à opprimer les protestants, et déclarèrent formellement qu'ils ne prendraient part aux délibérations qu'après avoir obtenu justice sur tous ces points. Cet incident divisa la diète et fit naître des craintes sérieuses sur l'avenir de la constitution germanique.

Imitant, quoique de loin, la sage politique de son père Maximilien II, Mathias avait conservé jusque-là les apparences de l'impartialité envers les deux partis religieux. Les protestants venaient de le mettre dans la nécessité de faire un choix d'autant plus dangereux, que sa position lui rendait indispensable l'appui de tous les membres de la diète, et qu'en se déclarant pour une fraction, il ne pouvait manquer de perdre les voix de l'autre. Les troubles qui agitaient toujours ses États héréditaires lui imposaient la nécessité d'éviter, à tout prix, une guerre ouverte avec les protestants; et cependant il ne pouvait leur accorder la plus légère faveur, sans s'exposer aux inimitiés des catholiques et à la colère de Rome et de l'Espagne. Une situation aussi critique aurait embarrassé un génie plus vaste que celui de Mathias; heureusement pour lui, l'intérêt des catholiques se trouvait fortement lié au sien ; les souverains ecclésiastiques surtout avaient besoin de l'appui de son autorité contre les attaques perpétuelles des princes protestants. Ils s'empressèrent donc de mettre un terme aux hésitations de Mathias, en lui révélant une partie des secrets de la *Ligue*, de ses desseins et de ses ressources.

Ce monarque ne se dissimula point tout ce qu'il y avait de menaçant pour l'autorité impériale dans une pareille association; mais, pour l'instant du moins, elle pouvait le servir contre les protestants; il rejeta donc toutes leurs réclamations, et la diète se sépara sans avoir rien décidé. Le premier effet funeste de cette démarche retomba sur lui-même, car les protestants lui refusèrent les subsides qui lui étaient si nécessaires. Par bonheur, la Turquie se montra disposée à prolonger la trêve, et Bethlen Gabor parut se contenter de la conquête de la Transylvanie, dont on le laissa paisible possesseur.

Mathias n'avait donc plus rien à redouter du dehors, et au dedans la paix se maintenait en dépit des nombreuses divisions que le plus léger prétexte pouvait faire dégénérer en révolte ouverte. Quant à la succession de Juliers, un incident imprévu venait de lui donner un caractère nouveau. Un mariage entre le comte palatin de Neubourg et la fille de l'électeur de Brandebourg devait confondre à jamais l'intérêt de ces deux maisons, déjà unies par la possession commune du duché de Juliers. Mais ce projet fut renversé par un soufflet que, dans un accès d'ivresse, l'électeur de Brandebourg eut le malheur de donner à son futur gendre. Poussé par la haine et la vengeance, celui-ci se déclara pour les catholiques et embrassa leur religion; la main d'une princesse bavaroise et la protection de cette maison et de celle de l'Espagne furent la première récompense de son apostasie.

Bientôt les troupes espagnoles qui combattaient dans les Pays-Bas entrèrent dans le duché de Juliers pour en assurer la possession exclusive au comte palatin. De son côté, l'électeur de Brandebourg y appela les Hollandais, qu'il s'était rendus favorables en se faisant calviniste. Mais ces auxiliaires, empruntés aux fractions les plus extrêmes des deux partis ennemis, ne s'occupaient que de leurs propres intérêts, et la guerre des Pays-Bas semblait se glisser sur le sol allemand, déjà jonché de tant de matières inflammables, qu'une seule étincelle pouvait y causer une explosion terrible.

Ce fut avec effroi que les protestants de l'Allemagne virent les Espagnols prendre pied sur les bords du Rhin; l'arrivée des Hollandais sur le territoire de l'Empire causa plus de terreur encore au parti catholique. L'Europe s'attendait enfin à voir éclater dans les contrées occidentales de l'Allemagne la mine dont les différentes ramifications la menaçaient depuis longtemps, et ce fut de l'Orient que partit le brandon qui enflamma cette mine.

La tranquillité dont jouissait la Bohême, grâce à la *Lettre impériale* arrachée à Rodolphe II, se maintint sous le règne de Mathias jusqu'au moment où il imposa à ce royaume un nouveau prétendant, dans la personne de son neveu, Ferdinand de Gratz. Ce prince, qui plus tard est devenu si célèbre sous le nom de Ferdinand II, empereur d'Allemagne, s'était fait remarquer de bonne heure par sa haine pour le protestantisme; aussi les

6.

catholiques voyaient-ils en lui leur plus ferme appui.

La santé chancelante de Mathias les autorisait à croire que l'instant où leurs espérances pouvaient se réaliser n'était pas éloigné. Ils osèrent le dire ouvertement, et leurs bravades, jointes aux mauvais traitements que les seigneurs catholiques de la Bohême faisaient subir à leurs vassaux protestants, excitèrent une défiance et une indignation générales. Les hostilités cependant n'auraient pas éclaté, si le peuple seul avait eu à souffrir des injustices et de l'arrogance des catholiques; mais plusieurs seigneurs protestants se trouvèrent lésés dans leurs intérêts et froissés dans leur orgueil; et la vengeance les poussa à se faire chefs de parti.

Sans être né en Bohême, Henri Mathias, comte de Thurn, appartenait à ce pays par les nombreux domaines qu'il y possédait, par son dévouement pour sa patrie adoptive, et par son zèle exalté pour la cause de la réformation; aussi jouissait-il de la confiance illimitée des *Utraquistes*. La gloire qu'il s'était acquise en combattant les Turcs, et ses manières affables et gracieuses, lui avaient gagné tous les cœurs et valu l'estime générale. Doué d'une tête ardente, d'un caractère impétueux, il aimait le désordre comme une arène où ses brillantes qualités pouvaient agir sans frein et sans obstacle; et son courage, qui allait jusqu'à la témérité, le poussait dans des entreprises devant lesquelles tout homme calme et réfléchi eût nécessairement reculé. Trop passionné pour ne pas être sourd à la voix de l'humanité, il était toujours prêt à sacrifier la vie de plusieurs milliers d'individus à la réalisation de ses projets. Son esprit remuant, mais adroit et souple, voilait ses défauts et donnait à ses qualités un cachet de noblesse et d'élévation.

Un tel homme ne pouvait manquer de devenir l'idole d'un peuple aussi peu éclairé que l'était alors celui de la Bohême. Le comte de Thurn passait, à juste titre, pour l'auteur de la révolte qui avait contraint Rodolphe à signer la célèbre *Lettre impériale*. Pour le récompenser de ce service, son parti lui avait confié la charge de *défenseur de la liberté civile et religieuse de la Bohême*, charge qui rendait celui qui en était revêtu le véritable maître de ce royaume. D'un autre côté il se trouvait, en sa qualité de burgrave de Karlstein, chargé par la cour impériale du dépôt de la couronne de la Bohême et des lettres de franchise de ce royaume. Mais la noblesse catholique, qui avait fait de Rodolphe l'instrument de ses vengeances et de ses haines personnelles, l'avait fait dépouiller de la dignité de burgrave, sans songer que cette dignité le rendait dépendant de la cour. Ainsi blessé dans sa vanité de grand seigneur, qui seule retenait encore son ambition de chef de parti, il ne rêva plus que vengeance, et le moyen de la satisfaire ne tarda pas à se présenter.

Dans la *Lettre impériale*, comme dans le traité d'Augsbourg, la rédaction définitive de la clause principale avait été remise à une séance postérieure. Les priviléges que ce traité accordait aux protestants ne concernaient que les membres des États; rien n'avait été stipulé pour les peuples, si l'on en excepte les sujets des souverains ecclésiastiques, pour lesquels on avait sollicité et obtenu une liberté religieuse très-équivoque, puisqu'elle n'avait pas force de loi.

La *Lettre impériale* aussi ne parlait que des représentants de la Bohême et des magistrats des *villes royales*, qui avaient su s'arroger des droits égaux à ceux des députés. Ces villes seules pouvaient élever des écoles protestantes et pratiquer publiquement leur culte; la liberté religieuse de toutes les autres dépendait du bon plaisir des députés de la province.

Les membres séculiers de la diète germanique jouissaient de leurs priviléges sans contestation, tandis que les membres ecclésiastiques, liés par une promesse verbale que l'empereur Ferdinand Ier avait faite à leurs sujets protestants, ne pouvaient les priver du bénéfice de cette promesse, qu'en déclarant qu'elle n'était pas obligatoire, et surtout lorsqu'ils étaient assez forts pour soutenir cette opinion par les armes. La même clause, qui dans le traité d'Augsbourg était vague, était obscure dans la *Lettre impériale*. Là, l'interprétation n'était pas douteuse, mais l'on pouvait supposer que l'obéissance n'était pas une conséquence nécessaire de la promesse verbale de l'empereur; ici l'explication était abandonnée au bon vouloir des représentants des provinces. Les vassaux des seigneurs ecclésiastiques de la Bohême croyaient pouvoir s'attribuer des priviléges pareils à ceux que la promesse de Ferdinand Ier accordait aux vassaux des évêques allemands; et ils se regardaient en tout comme égaux aux vassaux des villes royales de la Bohême, parce que les biens ecclésiastiques étaient rangés dans la catégorie des biens de la couronne.

Convaincus de la justesse de ces prétentions, les protestants des petites villes de Klostergrab et de Braunau, dont l'une appartenait à l'archevêque de Prague, et l'autre à l'abbé du couvent de Braunau, construisirent des églises et y célébrèrent leur culte, en dépit des défenses réitérées de leur seigneurs, et même de celles de l'empereur.

Le temps avait un peu relâché l'activité vigilante des défenseurs de la liberté civile et religieuse de la Bohême, et la cour impériale crut pouvoir hasarder une démarche décisive. On démolit l'église de Klostergrab, on ferma celle de Braunau, et tous ceux qui voulurent s'opposer à ces actes de violence furent traînés en prison. Les protestants crièrent à la violation de la *Lettre impériale*, et le comte de Thurn augmenta cette irritation en invitant le peuple à nommer des députés extraordinaires, afin de délibérer sur les mesures à prendre pour détourner le danger qui menaçait la patrie et la religion.

L'assemblée de ces députés eut lieu à Prague; son premier acte fut une supplique à l'empereur, par laquelle on demandait, avant tout, la mise en liberté des prisonniers. Dans sa réponse, offensante même par la forme, puisqu'elle était adressée aux officiers de la couronne, et non à l'assemblée des états, l'empereur rejetait la supplique comme contraire aux lois, qualifiait de révolutionnaire la conduite des représentants, et approuvait les violences exercées à Klostergrab et à Braunau.

Le comte de Thurn employa tous les moyens qui étaient en son pouvoir pour augmenter l'impression fâcheuse que cette réponse avait faite sur les députés, exagérant le danger auquel ils s'étaient exposés en signant la supplique, il les décida à recourir aux moyens les plus extrêmes si les circonstances venaient à l'exiger; car il n'entrait pas dans son plan de les pousser immédiatement à la révolte, mais de les y conduire par des moyens adroitement préparés. Pour exciter d'abord leur colère contre les officiers de l'empereur, il répandit le bruit que la réponse impériale avait été rédigée dans la chancellerie de Prague, et envoyée à Vienne pour la faire signer.

Slawata, président de cette chancellerie, et le conseiller baron de Martinitz, nommé burgrave de Karlstein en remplacement du comte de Thurn, s'étaient depuis longtemps attiré la haine du parti protestant, en refusant d'assister à la séance dans laquelle la *Lettre impériale* avait été enregistrée parmi les statuts du royaume. Dès ce moment on les avait rendus responsables de toutes les atteintes que la chancellerie se permettait contre cet acte, et des maux qui en résultaient; mais si, en leur qualité d'officiers de l'empereur, ils ne justifiaient déjà que trop l'indignation publique, ils la méritaient davantage encore par la cruauté avec laquelle ils traitaient leurs vassaux protestants. Refusant le baptême à leurs enfants, le sacrement du mariage à leurs jeunes gens, les funérailles à leurs morts, ils les contraignaient à assister aux cérémonies du catholicisme, et des chiens dressés à cet usage les faisaient aller de force à la messe. Ce furent ces deux hommes, si justement détestés, que les chefs protestants eurent l'adresse de choisir pour premières victimes des hostilités prêtes à éclater.

Le 23 mai 1618, les députés des provinces protestantes se présentèrent au château de Prague, revêtus de leurs armures et suivis d'une escorte formidable. On leur refusa l'entrée de la salle où Slawata, Martinitz, Sternberg et Lobkowitz tenaient conseil. Les députés y pénétrèrent de vive force, et sommèrent le président et les conseillers de déclarer si, en effet, la réponse impériale avait été rédigée dans leurs bureaux et d'après leurs ordres. Sternberg et Lobkowitz opposèrent à leur emportement une modération grave et digne; Slawata et Martinitz se répandirent en menaces et en injures qui décidèrent de leur sort, car on se borna à mettre les deux premiers à la porte, tandis que l'on précipita les deux autres par les fenêtres dans les fossés du château, qui avaient plus de quatre-vingts pieds de profondeur; l'on se débarrassa de la même manière du secrétaire Fabricius, leur créature et leur complice.

Le monde civilisé s'étonna, à bon droit, de ce procédé sauvage. Les Bohémiens l'excusèrent en assurant que c'était une ancienne coutume du pays, et ils ne trouvèrent rien d'extraordinaire dans cet événement, si ce n'est qu'après un pareil saut les justiciés eussent pu se relever sains et saufs. Ils durent ce bonheur à l'amas d'immondices sur lequel ils étaient tombés, et qui, en amortissant leur chute, leur avait sauvé la vie.

Cette exécution, peu propre à rétablir les députés dans les bonnes grâces de l'empereur, avait rendu leur position plus critique que jamais. C'était là le point où le comte de Thurn voulait les faire arriver. Puisque la crainte d'un danger possible les avait poussés à un acte aussi téméraire, le besoin de se soustraire à une punition certaine devait nécessairement les entraîner plus loin encore. En effet, la violence dont ils venaient de se rendre coupables les mettait dans la nécessité de la soutenir par une suite non interrompue d'actes de la même nature; et, ne pouvant rendre non avenu le fait qui venait de se passer, il fallait désarmer l'autorité et la mettre dans l'impossibilité de le punir.

Trente directeurs, chargés d'organiser légalement la révolte, furent choisis parmi les députés; ils s'emparèrent de toutes les administrations, perçurent les impôts, firent prêter serment aux fonctionnaires publics et aux soldats, et répandirent des proclamations par lesquelles ils appelaient tous les protestants de la Bohême à seconder ce mouvement national. Les jésuites, regardés comme les véritables auteurs de leurs souffrances, furent chassés du royaume; mais les députés crurent devoir justifier cette mesure par un manifeste spécial. Tout en s'apprêtant ainsi à une résistance ouverte et énergique, ils déclarèrent qu'ils n'avaient d'autre but que celui de défendre l'autorité royale et celle des lois; langage que tiennent tous les rebelles jusqu'à ce qu'ils se sentent assez forts pour jeter le masque.

La révolte de la Bohême ne produisit pas à la cour impériale l'effet que méritait un événement aussi important. L'empereur Mathias n'était plus ce prince intrépide et résolu qui naguère avait été chercher son souverain jusque dans son palais, au milieu de son peuple, et qui l'avait fait successivement descendre de tous ses trônes héréditaires; le courage héroïque qui lui avait fait heureusement accomplir la plus téméraire des usurpations, l'abandonna dans la défense de ses droits légitimes.

Les insurgés s'étaient armés, il fallait imiter leur exemple; mais l'empereur craignait de ne pouvoir maintenir la révolte dans les limites de la Bohême. La sympathie puissante qui unissait les protestants de ses possessions héréditaires, pouvait les convertir en une fédération générale à laquelle il n'aurait pas eu des forces proportionnées à opposer. Au reste, dans cette circonstance, toutes les chances de la guerre étaient contre lui; en succombant il perdait tout, et la victoire ne lui offrait que la ruine d'une partie de ses sujets; aussi se montra-t-il disposé à acheter la paix à quelque prix que ce fût.

Les catholiques envisagèrent la question sous un point de vue différent. L'archiduc Ferdinand de Gratz alla jusqu'à féliciter Mathias de l'insurrection de la Bohême, qui justifierait aux yeux du monde les mesures sévères que, sans doute, il ne manquerait pas de prendre contre les hérétiques de tous ses États. Dans le cabinet et à la cour on accusait hautement les protestants d'affecter la désobéissance, le mépris des lois, l'esprit de révolte, et de ne jamais voir dans les concessions de la diète, et même dans celles des empereurs, qu'un motif d'en exiger de nouvelles.

« La désobéissance et la révolte, disait-on, ont tou-
« jours marché la main dans la main avec le protes-
« tantisme, et toutes les libertés qu'on a accordées aux
« protestants n'ont servi qu'à augmenter leur audace. »
Tous leurs efforts tendent à la destruction du pouvoir légal, déjà ils le bravent les armes à la main, bientôt ils l'at-

taqueront dans la personne de l'empereur, et s'ils feignent de le respecter encore, c'est pour ne pas se rendre coupables de tous les crimes à la fois. Tant qu'on n'aura pas aboli jusqu'au dernier des priviléges qu'on a eu l'imprudence de leur accorder, il n'y aura pour l'Allemagne ni bonheur ni tranquillité, et l'Église catholique ne pourra jouir en paix de l'exercice de ses droits sacrés. Que sont les maux de la guerre quand il s'agit d'un pareil ennemi? Au reste, les sacrifices d'argent seront amplement compensés par la confiscation des biens des rebelles, et leurs têtes en tombant sur l'échafaud « inspireront une « salutaire terreur à tous leurs complices, en prouvant « qu'il ne leur reste d'autre moyen de salut qu'une « prompte obéissance. »

Faut-il s'étonner de ce que les Bohémiens firent tous leurs efforts pour se garantir de la mise en action de pareils principes? Et cependant les troubles de la Bohême n'avaient encore d'autre but avoué que celui de fermer à jamais le chemin du trône de ce royaume à l'archiduc Ferdinand de Gratz, que Mathias avait désigné pour son successeur; et si les Bohémiens protestaient contre ce choix à main armée, ils conservaient du moins les apparences de la soumission, afin de ne pas empoisonner les derniers moments de l'empereur, dont la mort paraissait prochaine.

D'un autre côté, l'attitude qu'ils venaient de prendre était trop belliqueuse pour que Mathias pût leur offrir la paix sans se déshonorer. Il arma donc à son tour; l'Espagne lui fournit les fonds nécessaires, et mit à sa disposition les troupes espagnoles stationnées en Italie et dans les Pays-Bas. Réduit à se défier de la fidélité de ses sujets, il confia la charge de généralissime au comte de Boucquoi, Flamand de naissance, et plaça immédiatement sous ses ordres le comte de Dampierre, également étranger. Toutefois, avant de permettre à son armée d'en venir aux mains, il eut encore recours aux voies de conciliation, par un manifeste dans lequel il déclarait que la *Lettre impériale* était toujours sacrée pour lui, que jamais il n'avait eu l'intention d'abolir les priviléges qu'elle accordait aux Bohémiens; que leurs dispositions menaçantes l'avaient forcé de se préparer à la guerre, mais que s'ils voulaient déposer les armes, il congédierait à l'instant les troupes qu'il venait de lever.

Les intentions pacifiques de l'empereur s'accordaient peu avec les espérances ambitieuses des chefs des rebelles; aussi se hâtèrent-ils d'empêcher sa proclamation d'arriver jusqu'au peuple; et, pour achever de l'irriter, ils firent publier en chaire et afficher partout des pamphlets de leur composition, qu'ils attribuaient au parti catholique, et dans lesquels la réformation était menacée d'une *Saint-Barthélemy bohémienne*. Ces machinations produisirent l'effet qu'on en avait espéré, et bientôt il ne resta plus à l'empereur, dans tout le royaume, que les villes de Budweiss, Krummau et Pilsen, dont les populations étaient presque entièrement catholiques.

Pénétré de l'importance de ces trois places, le comte de Thurn parut devant Budweiss et Krummau avec la promptitude et la témérité qui caractérisaient toutes ses opérations. Effrayée d'une attaque aussi violente qu'imprévue, Krummau se soumit, mais Budweiss lui opposa une résistance opiniâtre. Ces événements décidèrent enfin l'empereur à montrer quelque énergie. Boucquoi et Dampierre reçurent l'ordre d'entrer en Bohême, où ces deux généraux rencontrèrent beaucoup plus d'obstacles qu'ils ne s'y étaient attendus. Forcés d'enlever chaque place forte, les difficultés grandissaient à mesure qu'ils s'avançaient vers la capitale. D'un autre côté, les excès de leurs troupes, presque entièrement composées de Wallons et de Hongrois, indignaient les partisans de l'empereur et en diminuaient le nombre, tandis qu'ils exaltaient jusqu'au désespoir le courage de ses ennemis.

Au milieu de ces hostilités, Mathias continua à se montrer disposé à la paix; mais les insurgés repoussèrent ses avances; car ils se sentaient plus forts que jamais. Les états de la Moravie s'étaient déclarés en leur faveur, et un des plus célèbres guerriers de l'Allemagne, le comte de Mansfeld, vint leur prêter l'appui de son bras et de son nom.

L'insurrection de la Bohême avait, dès son origine, excité l'attention des chefs de l'*Union évangélique;* la cause pour laquelle on combattait dans ce pays était la leur, le résultat devait nécessairement influencer leur propre destinée; aussi s'étaient-ils empressés d'encourager ce mouvement par des promesses que le hasard les mit à même de réaliser plus tôt qu'ils n'avaient osé l'espérer.

Le comte Pierre-Ernest de Mansfeld, fils du comte Ernest de Mansfeld, qui avait commandé avec beaucoup de gloire l'armée espagnole dans les Pays-Bas, devint l'instrument qui, dans cette circonstance, devait humilier la maison d'Autriche. Il avait fait ses premières armes au service de cette maison, et combattu la réformation et la liberté allemande sous le drapeau de l'archiduc Léopold, archevêque de Strasbourg, pendant les différends survenus à l'occasion de la succession du duché de Juliers. Mais, tout en combattant les protestants, il s'était insensiblement pénétré de leurs principes; et lorsque l'archiduc Léopold refusa de lui rembourser les dépenses qu'il avait faites à son service et dans son intérêt, il rompit avec lui, et offrit à l'*Union* le concours de ses talents et de son épée victorieuse.

Cette offre avait été reçue avec empressement; car le duc de Savoie venait de demander à l'*Union*, dont il était l'allié, un secours de quatre mille hommes contre l'Espagne, et le comte de Mansfeld lui parut le seul homme capable de lever ces troupes en Allemagne avec la promptitude nécessaire. Mais lorsque cette armée, recrutée à ses frais, fut prête à marcher, il n'en avait plus besoin; il autorisa donc ses alliés à en faire l'usage qu'ils jugeraient le plus utile. Les chefs de l'*Union* s'empressèrent de l'envoyer en Bohême, très-satisfaits de pouvoir ainsi secourir ce pays sans qu'il leur en coûtât rien.

Dès son arrivée, le comte de Mansfeld s'empara de la ville de Pilsen, la plus forte du royaume et la plus dévouée à l'empereur. Presque au même instant les insurgés reçurent un autre secours aussi inattendu: les états de la Silésie leur envoyèrent des troupes, qui ne tardèrent pas à en venir aux mains avec les Impériaux. La guerre se bornait encore à des escarmouches sans importance, mais il était impossible de ne pas y reconnaître le prélude de combats plus sérieux. Toujours disposé à la paix, l'empereur continua à négocier : les rebelles feignirent d'accepter l'intervention de la Saxe, qu'il venait de réclamer; mais, avant qu'il eût pu reconnaître qu'on n'avait cherché qu'à le tromper pour gagner du temps, la mort l'enleva de la scène du monde.

Qu'on se demande maintenant par quels hauts faits Mathias a justifié l'attention générale, que ses entreprises téméraires avaient attirée sur lui? Était-ce la peine de faire descendre Rodolphe du trône impérial par un crime, pour occuper ce trône sans dignité et le quitter sans gloire? Toute la durée de son règne fut, pour ainsi dire, consacrée à expier les moyens peu honorables par lesquels il était arrivé à l'empire. L'impatience de porter la couronne quelques années plus tôt, l'avait poussé à en sacrifier l'indépendance; et le peu d'autorité personnelle que lui laissait la puissance toujours croissante des membres de l'empire germanique, lui fut sans cesse disputée par ses collatéraux. Infirme et sans héritiers directs, il eut la douleur de voir toutes les espérances, tous les vœux dont jadis il avait été l'objet, se diriger vers son jeune et brillant successeur, qui, fier de son avenir et impatient de l'atteindre d'avance, posa les premiers jalons de son règne avant que le vieillard décrépit eût terminé le sien.

La branche souveraine allemande de la maison d'Autriche s'était éteinte par la mort de Mathias, car des six fils de Maximilien II, il ne restait plus que l'archiduc Albert, qui, toujours maladif et sans enfants, avait renoncé à ses droits en faveur de la branche styrienne. Par un traité secret, la cour d'Espagne avait fait le même avantage à l'archiduc Ferdinand de Gratz, que l'on regardait comme prédestiné à donner de nouveaux rejetons à la branche allemande des Habsbourg, et à rendre à la maison d'Autriche son antique splendeur.

Ferdinand était fils du plus jeune des frères de Maximilien II, l'archiduc Charles, duc de Carniole, de Carinthie et de Styrie; et sa mère était une princesse bavaroise. Il n'avait pas encore dix ans lorsque son père mourut; l'archiduchesse confia son éducation à son frère, le duc de Bavière, qui le fit élever sous ses yeux à l'université d'Ingolstadt, dirigée par les jésuites. Il est facile de se faire une juste idée des principes qu'il puisa dans cette université et dans la société intime d'un prince qui poussa la bigoterie jusqu'à abdiquer sa couronne, parce que les soins du gouvernement l'empêchaient de remplir ses devoirs religieux.

Pour exalter la jeune imagination de Ferdinand, on lui montra d'un côté l'image sinistre de Maximilien II et de ses fils, tous plus ou moins disposés à transiger avec les hérétiques, et par conséquent sous le

7.

poids de l'anathème céleste qui convertit leurs États en une arène permanente de discordes civiles et de luttes sanglantes ; et de l'autre on lui présenta le riant tableau de la Bavière, calme, riche, heureuse, comblée enfin de toutes les bénédictions du ciel, parce que ses souverains n'avaient jamais chancelé dans leur dévouement à l'Église romaine.

Entre ces deux exemples, présentés avec l'adresse perfide qui caractérise les jésuites, le choix du jeune prince ne pouvait être douteux. Décidé à se faire le défenseur de Dieu, le champion du catholicisme, il quitta la Bavière, après un séjour de cinq ans, pour aller prendre possession des États que son père lui avait légués. Avant de lui prêter serment de fidélité, les députés demandèrent la confirmation des libertés religieuses. Ferdinand se borna à déclarer que ces libertés n'avaient rien de commun avec la fidélité qu'ils devaient à leur souverain légitime ; et les députés, confondus par cette réponse, prêtèrent le serment voulu.

Plusieurs années cependant s'écoulèrent sans qu'il parût songer à l'exécution des projets arrêtés à l'université d'Ingolstadt. Avant de les avouer ouvertement, il fit un pèlerinage à Notre-Dame de Lorette, afin de s'assurer ses bonnes grâces ; puis il alla se prosterner aux pieds du pape Clément VIII, qui le fortifia par sa bénédiction contre les périls d'une entreprise dont le but était de chasser le protestantisme d'une contrée où il avait la majorité et où il était devenu une institution légale, par le *Décret de tolérance* que son père, l'archiduc Charles, avait accordé à la noblesse de ses États. La révocation de ce décret authentique pouvait avoir les suites les plus funestes ; mais quels obstacles auraient pu arrêter le pieux et digne élève des jésuites ? L'exemple des souverains de l'Empire qui s'étaient faits les arbitres de la conscience de leurs sujets, et surtout l'extension illégale que les députés de la Styrie avaient donnée à leurs libertés religieuses, devinrent le prétexte et la justification de mesures aussi violentes qu'injustes. S'appuyant sur la lettre morte d'une loi despotique et insensée, l'archiduc Ferdinand crut pouvoir s'affranchir impunément de tous les devoirs qu'imposent la raison et la justice; et, il faut l'avouer, dans cette entreprise criminelle, il déploya un courage héroïque et une constance digne d'une meilleure cause.

Ce fut sans bruit et même sans cruauté qu'il marcha à son but, et obtint un tel succès, qu'à la grande surprise de l'Allemagne, il ne resta bientôt plus une seule ville de ses États où il n'eût supprimé le culte protestant. Mais plus les catholiques le proclamaient le héros de l'Église romaine, plus les protestants le redoutaient comme leur plus dangereux ennemi. Cependant Mathias, en le proposant comme son successeur, n'avait rencontré que fort peu d'opposition, même de la part des représentants de la Bohême, qui ne lui devinrent hostiles qu'après avoir acquis la certitude qu'il cherchait à indisposer l'empereur contre eux.

Leur défiance dégénéra en haine, lorsque les ennemis de ce prince leur livrèrent plusieurs actes secrets, parmi lesquels se trouvait un pacte de famille qui, dans le cas où Ferdinand viendrait à mourir sans postérité mâle, cédait à l'Espagne la Bohême, sans aucune considération pour les vœux de la nation et les lois fondamentales de ce royaume, d'après lesquelles il avait le droit d'élire ses souverains. Le mauvais effet que cet acte avait produit sur les Bohémiens fut encore augmenté par l'arrivée des protestants exilés de la Styrie, qui cherchaient à faire passer dans tous les cœurs les sentiments de haine et le besoin de vengeance dont ils étaient animés. Ce fut dans cet état que

Ferdinand trouva la Bohême, lorsque la mort de Mathias l'appela au trône.

De pareils rapports entre le peuple et le souverain auraient suffi pour exciter des orages, même à une époque de calme. Quelle ne devait pas être leur influence incendiaire dans un moment où la nation, en pleine insurrection, avait repris sa souveraineté et ses droits naturels? Dans un moment enfin où, les armes à la main, elle révoquait toutes les concessions qu'elle avait faites, parce que, animée par un sentiment unanime, sa confiance en elle-même s'exaltait jusqu'à l'enthousiasme; tandis que les succès de ses premiers efforts, et les preuves de sympathie qu'elle recevait de tous côtés, l'autorisaient à regarder déjà ses brillantes espérances comme autant de faits accomplis?

Oubliant ou feignant d'oublier que Ferdinand avait été élu roi de Bohême, les députés déclarèrent le trône vacant et se disposèrent à une élection nouvelle. Ferdinand ne se dissimulait point que pour ressaisir cette couronne, il fallait renoncer à tous les avantages qui pouvaient la rendre désirable, ou la conquérir par les armes. Ce dernier parti cependant n'offrait que peu de chances de succès. Déjà la Silésie s'était laissé entraîner dans le mouvement de la Bohême; la Moravie était sur le point d'imiter cet exemple; l'esprit d'indépendance commençait à lever la tête dans la haute et dans la basse Autriche; la Hongrie était menacée d'un côté par Bethlen Gabor, de l'autre par la Turquie, et pour mettre le comble aux embarras de Ferdinand, les protestants de la Styrie, de la Carniole et de la Carinthie, levèrent l'étendard de la révolte.

Dans ces trois provinces, ils avaient non-seulement l'avantage d'être les plus nombreux, mais ils disposaient encore des revenus publics sans lesquels le souverain ne pouvait faire la guerre. Un pareil concours d'événements

fâcheux découragea ses partisans : l'audace de ses
ennemis seule allait toujours en augmentant; ils savaient que la moitié de l'Allemagne les approuvait, et
que l'autre attendait le résultat de la lutte pour se ranger du parti du plus fort. De son côté, l'Espagne trouva
des prétextes pour retenir les troupes qu'elle avait mises
à la disposition de Ferdinand, et ce fut à l'instant qui
semblait lui offrir la réalisation de ses vœux, que ce
prince se vit menacé de perdre tout ce qu'il possédait.

Dompté par la loi impérieuse de la nécessité, Ferdinand se résigna à proposer la paix aux rebelles de la
Bohême; mais ses offres furent repoussées avec dédain.
Le comte de Thurn venait d'entrer en Moravie, où son
arrivée devint pour les protestants de cette province le
signal de la révolte, la ville de Brunn fut prise d'assaut;
le reste du pays se rendit sans combat, et accepta le gouvernement nouveau et sa religion.

Grossissant sans cesse dans son cours impétueux et
rapide, le torrent révolutionnaire inonda la haute Autriche. Partout les protestants proclamaient qu'il n'y
avait pas de différence entre les divers cultes chrétiens,
et que tous jouiraient désormais des mêmes droits.
Pour justifier l'invasion du territoire autrichien, ils
assuraient qu'ils étaient venus dans le seul but de combattre l'armée étrangère que l'archiduc avait levée
contre eux, et qu'ils étaient décidés à poursuivre cette
armée jusqu'à Jérusalem, s'il le fallait.

Pas un bras ne se leva pour défendre Ferdinand, et
les insurgés s'avancèrent vers Vienne pour l'y assiéger.
Ce prince avait d'abord envoyé ses enfants à Gratz,
mais ne les y croyant pas assez en sûreté, il les fit
cacher au fond du Tyrol, puis il attendit ses ennemis
avec calme et résignation. Toute la résistance qu'il pouvait leur opposer se bornait à une poignée de soldats
mal disciplinés et peu zélés; car le maître pour lequel

ils devaient exposer leur vie ne pouvait ni leur payer leur solde, ni même leur donner du pain. Au reste, la ville de Vienne était peu préparée à un long siége, et la partie protestante de la population se disposait à suivre l'exemple des habitants de la campagne, qui venaient de se joindre aux insurgés. Déjà l'on s'attendait à voir l'archiduc renfermé dans un couvent, ses États partagés entre les princes protestants, et ses enfants forcés d'embrasser la réformation. Conseillé par des ennemis secrets, menacé par des ennemis armés, l'abîme où devait s'engloutir ce malheureux prince s'agrandissait à chaque instant sous ses pas.

Les balles bohémiennes venaient de pénétrer dans la *Burg*[1], lorsque tout à coup seize barons autrichiens

---

[1] On donne encore aujourd'hui au palais impérial de Vienne le nom de *Burg*, par lequel on désignait jadis la demeure des chevaliers. Ce mot n'a pas d'équivalent en français, car la *Burg* des chevaliers allemands n'a rien de commun avec le manoir ni avec le castel des chevaliers français. Dans le principe, la *Burg* n'était qu'une espèce de nid d'aigle construit sur la pointe d'un rocher où les chevaliers, qui alors ne vivaient que de rapine et de pillage, étaient presque inaccessibles. Ces chevaliers-brigands (*Raubritter*), ont disparu avec le *Faustrecht*, mais leurs descendants ont continué à donner le nom de *Burg* aux châteaux forts que non-seulement les chevaliers, mais les souverains se sont faits construire dans leurs domaines ou dans leurs capitales. Dès le quatorzième siècle cependant, ce nom est tombé dans l'oubli, excepté pour les ruines de ces anciennes demeures. En Autriche seule, le palais impérial s'est toujours appelé la *Burg* et non le *Bourg*, comme certains traducteurs ont pris l'habitude de l'écrire. Puisqu'il est presque indispensable de faire passer ce mot dans la langue française, il aut lui laisser l'orthographe et le genre qu'il a dans la langue alemande, non-seulement parce que cela est logique et conforme au texte, mais parce que par là, on évite le grave inconvénient de faire confondre à ses lecteurs les demeures des chevaliers allemands du moyen âge, avec les gros villages français qui prennent le titre de *bourg*, lorsqu'il s'y tient un marché.

(*Note du Traduct.*)

se précipitèrent hors d'haleine dans l'appartement de l'archiduc, l'accablèrent de reproches et de menaces, et le sommèrent de consentir à une confédération des protestants de l'Autriche avec ceux de la Bohême. Un des barons lui présenta l'acte qui devait autoriser cette confédération, le saisit par un bouton de son pourpoint, et le secoua avec force, en s'écriant d'une voix altérée par la fureur : « Signeras-tu, Ferdinand? »

Quel juge oserait le condamner, s'il avait cédé à la crainte? Inaccessible à ce sentiment, il conserva la force de réfléchir. Il voulait arriver au trône impérial; ses officiers lui disaient que pour atteindre ce but il fallait fuir, et les prêtres lui conseillaient de tout promettre pour ne rien tenir plus tard. Sa propre raison le guida mieux; elle lui fit comprendre qu'en fuyant il tomberait entre les mains de ses ennemis, et que par de feintes concessions il flétrirait son avenir. Aussi resta-t-il immobile à sa place, et persista dans son refus de signer l'acte qu'on lui présentait.

Tandis qu'il tenait ainsi tête à des révoltés à demi fous de colère, un bruit de trompettes, qui se fait entendre tout à coup, répand la surprise et la crainte; une nouvelle sinistre pour les révoltés circule à travers la *Burg*, les barons disparaissent, et la population protestante de Vienne s'enfuit dans le camp du comte de Thurn.

Ce changement subit avait été causé par l'arrivée d'un régiment de cavalerie que le général Dampierre avait envoyé au secours de Vienne; un nombreux détachement d'infanterie l'avait suivi de près, et les catholiques, encouragés par ce secours, venaient de prendre les armes. Presque au même instant on apprit que le général Boucquoi avait battu le comte de Mansfeld près de Budweiss, et se disposait à assiéger Prague. Ce dernier événement acheva de sauver Ferdinand, en forçant les Bohémiens de lever le siége pour aller au secours de leur capitale.

Dès ce moment, les routes dont l'ennemi s'était emparé afin d'empêcher l'archiduc de se rendre à la diète de Francfort, réunie pour procéder à l'élection d'un empereur, redevinrent libres, et il s'empressa de profiter de cet avantage inespéré. La couronne impériale avait toujours été le plus cher de ses vœux ; mais il la désirait plus ardemment que jamais, car elle pouvait seule le laver complétement des affronts qu'on venait de lui faire subir.

Les haines secrètes, les hostilités ouvertes dont il avait été l'objet dans ses États héréditaires, le poursuivirent à la diète. Les souverains protestants s'étaient promis d'exclure du trône impérial tous les princes de la maison d'Autriche, et surtout l'archiduc Ferdinand, l'ennemi acharné de leur religion, l'instrument aveugle de l'Espagne, l'esclave dévoué des jésuites. Du vivant même de Mathias ils avaient offert la couronne au duc de Bavière, et, à son refus, au duc de Savoie. N'ayant pu la faire accepter à ces deux princes aux conditions qu'ils leur proposaient, ils avaient cherché à retarder l'élection jusqu'au moment où la révolte organisée en Bohême et en Autriche aurait humilié l'archiduc Ferdinand au point de le rendre indigne de devenir empereur d'Allemagne. Pendant que cette révolte le menaçait jusqu'au sein de sa capitale, l'*Union évangélique* s'était efforcée de faire comprendre à l'électeur de Saxe, qu'en élevant l'archiduc au trône impérial, il se trouverait nécessairement entraîné à le seconder dans ses affaires privées, et s'exposerait à voir arriver sur son territoire le dénoûment du drame sanglant de la Bohême.

Malgré toutes ces menées, le jour de l'élection arrive enfin. Ferdinand y avait été convoqué comme roi légitime de la Bohême, en dépit des protestations unanimes des représentants de ce royaume. Les trois électeurs ecclésiastiques étaient pour lui; la Saxe et le Brandebourg ne s'opposèrent point à sa nomination, et la majorité de la diète de Francfort de 1619 le proclama empereur. Mais à peine avait-il saisi le sceptre le plus douteux de ceux qu'il ambitionnait, qu'il perdit celui dont il était le possesseur légitime; car, tandis qu'à Francfort on l'élevait au trône impérial, on lui enlevait à Prague la couronne de la Bohême.

Pendant ce temps, presque tous les États héréditaires allemands avaient formé une confédération avec les Bohémiens, qui, après ce renfort, ne mettaient plus de bornes à leur audace. Dans l'assemblée des états du 17 août 1619, les députés déclarèrent à l'unanimité que le nouvel empereur était et avait toujours été leur plus cruel ennemi; qu'il avait livré leur pays aux malversations et aux excès d'une soldatesque étrangère levée pour les asservir; qu'enfin il avait fait de la nation un objet de dérision, en la vendant à l'Espagne par un traité secret. S'appuyant sur tous ces griefs, ils le déclarèrent indigne de la couronne, et procédèrent à l'élection d'un nouveau roi. Sa déchéance avait été prononcée par des protestants; aussi ne songèrent-ils pas à lui donner un successeur catholique. Pour ménager les apparences, quelques voix se prononcèrent en faveur des ducs de Bavière et de Savoie. Les haines et les jalousies qui divisaient les princes protestants retardèrent la nomination définitive, jusqu'au moment où l'activité et l'adresse des calvinistes triompha des luthériens, qui n'avaient pour eux que l'avantage du nombre.

De tous les prétendants à la couronne de Bohême, l'électeur palatin, Frédéric V, réunissait le plus de chances de succès. Il possédait la confiance et l'estime des Bohémiens, et sa position politique lui permettait de servir à la fois l'intérêt général de la nation et l'intérêt privé de ses représentants. On pouvait le regarder comme le chef de la réformation en Allemagne, puisqu'il était le chef de l'*Union évangélique;* et sa qualité de proche parent du duc de Bavière et de gendre du roi d'Angleterre lui permettait de compter sur l'appui de ces deux États. Ces avantages, joints à ses qualités personnelles, car il était actif, bon, et généreux jusqu'à la prodigalité, lui valurent l'unanimité des suffrages des états de la Bohême; et les ferventes prières et les joyeuses acclamations du peuple saluèrent son élection.

Cette élection cependant avait été préparée trop longtemps d'avance, et Frédéric lui-même y avait pris une part trop active pour qu'elle pût lui causer quelque surprise. Vue de près, l'éclat de cette couronne l'effraya, car elle lui rappela le prix auquel il fallait l'acheter. Comme tous les caractères faibles, il demandait sans cesse des conseils à ses amis, et les repoussait quand ils n'étaient pas conformes à ses désirs, qu'il n'avait jamais le courage d'avouer hautement. Les électeurs de Saxe et de Bavière, la plupart des souverains allemands, toutes les personnes enfin qui s'intéressaient sincèrement à lui, et qui savaient que ses qualités intellectuelles n'étaient pas en harmonie avec les périls qu'il voulait braver, s'étaient efforcés de l'arrêter sur le bord de l'abîme. Son beau-père, Jacques d'Angleterre, l'avait averti lui-même que, loin de le seconder dans son usurpation, qui porterait une atteinte funeste aux droits sacrés des souverains, il contribuerait plutôt à le faire descendre du trône de Bohême. Mais que peut la froide raison contre l'attrait tout-puissant d'une couronne?

Une nation libre qui, dans la surexcitation de sa force, venait de briser la branche d'une ancienne race royale qui l'avait gouvernée pendant plusieurs siècles, se jette dans ses bras. Pleine de confiance en son courage, cette nation le nomme son chef pour la guider sur le chemin périlleux de la liberté et de la gloire, et défendre avec elle leur religion commune. Pouvait-il, devait-il trahir cette confiance et abandonner lâchement la cause de la liberté et de la religion?

Cette même religion, au reste, lui offrait le moyen de triompher de ses ennemis. Les deux tiers des provinces autrichiennes venaient de former une confédération avec les insurgés de la Bohême, et une ligue formidable, partie du fond de la Transylvanie, se préparait à renverser les derniers restes de la puissance de l'Autriche.

Quelques instants de réflexions sages et calmes eussent suffi cependant pour lui prouver que la tentative dans laquelle il venait de s'engager lui offrait des périls immenses et fort peu d'avantages réels. Mais les voix qui lui montraient le péril ne s'adressaient qu'à sa raison; celles qui faisaient valoir les avantages parlaient à ses passions, et ces voix étaient les plus nombreuses. Son élévation au trône de la Bohême ouvrait une vaste arène à l'ambition et à la cupidité de tous ceux qui entouraient sa personne, et préparait à l'Église calviniste un triomphe éclatant; aussi ses conseillers s'efforcèrent-ils de grossir à ses yeux ses ressources et de diminuer celles de ses ennemis. Le prédicateur de sa cour lui présenta les inspirations de son zèle fanatique comme les ordres précis du ciel; les rêveries des astrologues le berçaient de prédictions brillantes, l'amour lui-même semblait vouloir contribuer à sa perte, car la princesse sa femme, qu'il chérissait tendrement, lui avait reproché d'avoir osé rechercher la main d'une fille de roi, puisqu'une couronne lui faisait peur.

« A ta table royale, lui disait-elle, le pain sec me
« paraîtra préférable aux plus somptueux banquets que
« tu pourrais m'offrir dans ta demeure d'électeur. »

Le couronnement de Frédéric se fit à Prague, avec une pompe sans exemple. Rien ne parut trop magnifique à la nation, qui, dans cette circonstance, honorait son propre ouvrage. La Silésie, la Moravie et plusieurs provinces voisines envoyèrent des députés pour prêter foi et hommage au souverain qu'elles s'étaient donné. La joie publique touchait à la folie, et le sentiment qu'on exprimait à Frédéric ressemblait à l'adoration. La Suède, le Danemark, Venise, la Hollande et plusieurs États allemands le reconnurent roi légitime de la Bohême; il ne lui restait plus qu'à s'y maintenir.

Toutes les espérances de Frédéric à ce sujet reposaient sur le traité qu'il venait de conclure avec Bethlen Gabor. Cet ennemi irréconciliable de l'Autriche et de l'Église de Rome, loin de borner son ambition à la possession de la Transylvanie, qu'avec l'aide des Turcs il avait arrachée à son maître légitime Gabriel Bathori, saisissait toutes les occasions pour s'agrandir aux dépens des États héréditaires de l'empereur; aussi n'avait-il point hésité à s'allier aux révoltés de la Bohême. C'était de concert avec eux qu'on devait attaquer la Hongrie et l'Autriche, et assiéger la ville de Vienne.

Pour mieux cacher à Ferdinand II le motif de ses armements, Bethlen Gabor avait feint de se réconcilier avec lui, il avait même poussé la ruse et la perfidie jusqu'à lui promettre qu'il ferait semblant d'épouser la cause des Bohémiens, afin de les perdre plus sûrement et de lui livrer leur chef. Mais, au lieu de réaliser ses promesses, il envahit tout à coup la haute Hongrie avec une armée formidable. Précédé par la terreur, il ne laissa derrière lui que ravages et désastres. Pour échapper à l'incendie, au meurtre et au pillage, toutes les villes se soumirent d'avance, et Presbourg le couronna roi de Hongrie.

Réduit à craindre pour la capitale de l'Autriche, un des frères de l'empereur, chargé de la défendre, appela le général Boucquoi à son secours. Le départ des Impériaux de la Bohême permit aux insurgés de ce royaume de venir de nouveau mettre le siége devant Vienne. Secondés par douze mille Transylvaniens, et bientôt après par toute l'armée victorieuse de Bethlen Gabor, ils ravagèrent les environs de cette ville, fermèrent le Danube, et interceptèrent toutes les communications des assiégés avec le dehors. La famine fut le premier résultat de ces opérations. Ferdinand II, que l'imminence du danger avait ramené dans sa capitale, se vit pour la seconde fois près de sa ruine : mais la rigueur de la saison et le manque de vivres forcèrent les insurgés à retourner en Bohême; un échec éprouvé en Hongrie y rappela Bethlen Gabor, et Ferdinand fut sauvé de nouveau par les chances du hasard.

Par une politique sage et prudente et une activité infatigable, l'empereur sut améliorer sa position en autant de temps qu'il en avait fallu à Frédéric pour gâter la sienne par ses mesures fausses et intempestives.

Les députés de la basse Autriche furent sommés de prêter serment de fidélité à leur nouveau souverain, qui, en ce cas, promettait de leur conserver tous leurs privilèges, et déclarait en même temps coupables de lèse-majesté et du crime de haute trahison tous ceux qui ne répondraient pas à son appel. L'effet de cette mesure fut heureux et prompt. Ainsi raffermi dans une partie de ses États héréditaires, Ferdinand II chercha à s'assurer l'assistance des souverains de l'Empire. Pendant son séjour à la diète de Francfort, il avait réussi à disposer en sa faveur les électeurs ecclésiastiques et le duc Maximilien de Bavière, son ami d'enfance, son condisciple à l'université d'Ingolstadt, et depuis son beau-frère.

Le sort de l'Empereur et celui de Frédéric dépendaient entièrement de la part que l'*Union évangélique* et la *Ligue catholique* prendraient aux troubles de la Bohême. S'il était du devoir de l'Allemagne protestante

8.

de soutenir Frédéric, l'Allemagne catholique ne pouvait se dispenser de défendre Ferdinand. Aussi l'un s'adressa-t-il à la *Ligue*, tandis que l'autre mit tout en œuvre pour obtenir l'assistance de l'*Union évangélique*. Poussé par les liens de famille, par l'affection personnelle, par le fanatisme religieux et par les conseils des jésuites, Maximilien de Bavière épousa ouvertement les intérêts de son beau-frère ; tous les princes ligués imitèrent son exemple, et il se chargea de commander en personne les troupes que la *Ligue* fournirait, aux frais de l'empereur, contre les rebelles de la Bohême.

Les chefs de l'*Union*, loin de chercher à entraver ces négociations, les voyaient avec plaisir, espérant que cet exemple les autoriserait à exiger un concours aussi actif et aussi sincère de la part des leurs. Ils cherchèrent même à hâter la reprise des hostilités ; car ils savaient que leurs coreligionnaires ne prenaient jamais les armes qu'après y avoir été forcés. A cet effet, ils sommèrent authentiquement les catholiques, de donner enfin satisfaction complète à tous les anciens griefs qu'ils leur avaient exposés tant de fois, et de fournir des garanties pour l'avenir, afin d'asseoir sur des bases solides la liberté religieuse de l'Allemagne.

Cette sommation, rédigée en termes menaçants, fut adressée au duc de Bavière, comme chef du parti catholique. Après cette démarche, ils attendirent sans inquiétude sa réponse, car ils étaient persuadés que leur but était atteint. En effet, si le duc se déclarait pour eux, la *Ligue* perdait son plus ferme appui ; s'il refusait la satisfaction demandée, le parti protestant ne pouvait se dispenser d'un armement général, et la guerre par laquelle ils espéraient assurer leur triomphe devenait inévitable. Maximilien n'avait pas besoin de cette provocation pour prendre un parti décisif ; acceptant la sommation des *princes unis* comme une déclaration de guerre, il prit ses mesures en conséquence.

Pendant que la Bavière et la *Ligue* se préparaient à soutenir l'Empereur, celui-ci entamait des négociations avec l'Espagne; et, malgré la paresse et le mauvais vouloir du cabinet de cette cour, le comte de Khevenhuller, ambassadeur impérial à Madrid, obtint un subside d'un million de florins, et la promesse que les troupes espagnoles des Pays-Bas feraient une excursion dans le Palatinat, pendant que les catholiques allemands attaqueraient la Bohême.

L'adroit Ferdinand II ne se borna pas à associer ainsi toutes les puissances catholiques à sa cause, il voulut encore empêcher les protestants de se liguer contre lui. Pour obtenir ce résultat, il fallait avant tout rassurer l'électeur de Saxe et les autres souverains attachés à la réformation; car l'*Union* avait fait courir le bruit que la *Ligue* ne recourait aux armes que pour leur arracher les biens ecclésiastiques dont ils s'étaient emparés. L'électeur de Saxe était tellement convaincu de la vérité de ces bruits, que, pour l'en dissuader, il fallut en constater la fausseté par un acte authentique.

Après avoir obtenu ce document, il n'écouta plus que la jalousie secrète qui depuis longtemps l'animait contre Frédéric, et qui était devenue plus vive par la préférence que les Bohémiens lui avaient accordée en le nommant leur roi. Au reste, s'il avait pu hésiter encore, il eût été décidé par les insinuations du prédicateur de sa cour. Ce ministre, qui s'était vendu à l'Autriche, feignait de puiser ses perfides conseils dans le *pur zèle luthérien*, car le fanatisme de ces sectaires ne pouvait pardonner aux calvinistes d'être parvenus à régner sur plusieurs provinces allemandes, et ils disaient hautement que ces provinces *n'étaient échappées aux griffes de l'antechrist de Rome, que pour tomber dans celles de l'antechrist de Genève.*

A mesure que l'empereur faisait disparaître un à un tous les embarras de sa fâcheuse position, le roi de Bohême se privait des avantages que lui offrait la justice de sa cause. Son alliance étroite avec le prince de Transylvanie, l'ami intime de la Porte, scandalisa les consciences timides, qui l'accusèrent de consolider sa puissance aux dépens de la religion chrétienne, et d'exposer le territoire allemand aux invasions des Turcs. Son zèle imprudent pour les doctrines de Calvin irrita les luthériens de la Bohême; en détruisant par tout le royaume les images des saints, il poussa les catholiques au désespoir, et les impôts extraordinaires que sa position le forçait à faire peser sur le peuple, lui aliénèrent son affection.

La noblesse, dont il ne pouvait satisfaire toutes les orgueilleuses prétentions, devint toujours moins ardente pour la cause d'un prince qui semblait avoir pris à tâche de justifier le mécontentement public par sa conduite privée; car, au lieu de consacrer son temps aux affaires de l'État, il le perdait en fêtes et en réjouissances; au lieu d'augmenter ses ressources pécuniaires par une sage économie, il dissipait ses revenus en pompes théâtrales et en folles prodigalités. Aussi vaniteux qu'imprudent, il se mira, pour ainsi dire, dans l'éclat de sa nouvelle dignité, et la joie de posséder une couronne royale lui fit trop négliger le soin de la consolider sur sa tête.

Si les Bohémiens ne tardèrent pas à reconnaître qu'ils s'étaient trompés dans le choix de leur souverain, Frédéric fut forcé de s'avouer qu'il s'était fait illusion sur les secours qu'on lui avait fait espérer. Quelques princes de l'*Union* séparèrent ouvertement leur cause de celle de la Bohême; les autres, dominés par la crainte que leur inspirait le pouvoir renaissant de l'empereur, attendaient le résultat des événements avant de prendre un parti. Déjà la Saxe et la Hesse-Darmstadt s'étaient déclarées pour Ferdinand II ; la basse Autriche, sur laquelle les protestants croyaient pouvoir compter, s'était soumise à l'empereur, et Bethlen Garbor venait de lui accorder une trêve. Par d'adroites négociations, il avait décidé le roi de Danemark à rester neutre, et entraîné la Suède dans une guerre contre la Pologne, dont les chances variées l'occupaient suffisamment. La Hollande avait besoin de toutes ses forces pour résister à l'Espagne ; Venise et la Savoie restèrent neutres, et le roi Jacques d'Angleterre devint lui-même le jouet de la perfidie espagnole.

Cependant les chefs de l'*Union* avaient assemblé une armée ; l'empereur et la *Ligue* s'étaient également mis en mesure ; leurs troupes réunies, commandées par Maximilien, campaient près de Donawert ; celles de l'*Union*, sous les ordres du margrave d'Anspach, stationnaient près d'Ulm. L'instant qui devait terminer la longue lutte des deux Églises, et fixer leur position respective en Allemagne, semblait être arrivé enfin. Une attente inquiète tenait tous les esprits en suspens, lorsque tout à coup la nouvelle la plus inattendue, la plus étonnante, la plus inconcevable, fit succéder à cette sourde agitation la stupeur de la surprise : les deux armées venaient de se dissoudre sans avoir échangé un coup de fusil ! la paix était signée !

Cette paix, que les deux partis acceptèrent avec un empressement égal, avait été préparée par l'intervention de la France. Ce pays, qui n'était plus gouverné par un grand homme tel que Henri IV, redoutait beaucoup moins l'agrandissement de la maison d'Autriche, que les succès qu'obtiendraient les calvinistes si la maison du Palatinat se soutenait sur le trône. Toujours en guerre avec ses sujets huguenots, le cabinet français croyait qu'il n'y avait pas d'affaire plus importante pour lui, que d'arrêter le triomphe des protestants de la Bohême, afin de les empêcher de former une ligue avec ceux de la France. Dans cette conviction, il se fit médiateur entre la *Ligue* et l'*Union*, et parvint à leur faire conclure un traité de paix, par lequel cette dernière s'interdisait le droit de se mêler des affaires de la Bohême, et bornait la protection qu'elle avait promise au duc palatin Frédéric, à lui garantir la tranquille possession de ses États héréditaires. Après ce traité, aussi peu honorable qu'il était contraire aux intérêts de l'*Union évangélique*, et que la crainte seule avait pu lui faire accepter, l'empereur dirigea toutes les forces que lui prêtaient la Bavière et la *Ligue*, contre la Bohême, désormais abandonnée à ses propres ressources.

Immédiatement après la signature de la paix d'Ulm, Maximilien pénétra dans les provinces de l'Autriche, où l'esprit de révolte n'était pas encore éteint, et les força à acheter le pardon de leur maître, par une soumission aussi prompte que complète. Cette première expédition terminée, il se joignit aux troupes du général Boucquoi; et l'armée impériale bavaroise, qui, après cette jonction se montait à plus de cinquante mille hommes, ne tarda pas à entrer en Bohême. Chassant devant elle les escadrons que les rebelles avaient laissés en Autriche et en Moravie, pour faciliter leurs relations avec les insurgés de ces provinces, cette armée prit d'assaut les premières villes qu'elle rencontra sur son passage; les autres ouvrirent leurs portes, et rien ne s'opposa plus à la marche triomphale du duc Maximilien.

L'armée bohémienne, commandée par le prince Christian d'Anhalt, se replia jusque sous les murs de Prague, où le duc Maximilien de Bavière vint le contraindre à livrer bataille, sachant qu'il n'y était pas préparé et que la victoire serait facile. En effet, toutes les forces de Frédéric ne se montaient pas à trente mille hommes, y compris les huit mille dont se composait le corps d'armée du prince Christian, et les dix mille Hongrois envoyés par Bethlen Gabor. Une excursion de l'électeur de Saxe dans la Lusace priva les Bohémiens des secours qu'ils attendaient de ce côté, et la pacification de l'Autriche détruisit les espérances qu'ils avaient fondées sur ces provinces. Bethlen Gabor était décidé à borner ses secours aux dix mille hommes qu'il avait envoyés, et l'*Union évangélique* s'était réconciliée avec l'empereur.

Il ne restait donc au roi de Bohême d'autres ressources que le courage et le dévouement de ses sujets, qui malheureusement en montraient fort peu. Les grands surtout voyaient avec dépit qu'on leur préférait les généraux allemands; et déjà le comte de Mansfeld s'était éloigné du quartier général, et campait inactif, avec son corps d'armée, dans les environs de Pilsen, uniquement pour ne pas servir sous les ordres des princes d'Anhalt et de Hohenlohe. Les soldats, qui manquaient du nécessaire, pillaient à travers les campagnes et mettaient le comble à l'indignation du peuple. En vain l'infortuné Frédéric vint-il s'établir dans son camp; son exemple n'exerçait plus aucune influence sur la noblesse, qui s'était retirée dans ses châteaux, et sa présence ne pouvait ni ranimer le courage de ses soldats, ni ramener la discipline dans l'armée.

Les Bohémiens s'étaient fortifiés sur la montagne Blanche, près de Prague; ce fut là, que l'armée impériale bavaroise vint les attaquer, le 8 novembre 1620. Au début de la bataille, la cavalerie du prince d'Anhalt eut l'avantage, mais elle fut écrasée par le nombre; les Bavarois et les Wallons enfoncèrent la cavalerie hongroise, l'infanterie bohémienne faiblit, et bientôt la déroute devint si générale, que les troupes allemandes elles-mêmes se trouvèrent entraînées. Toute l'artillerie, qui au reste ne se composait que de dix canons, tomba au pouvoir de l'ennemi, et plus de quatre mille Bohémiens périrent dans cette bataille d'une heure, qui n'avait coûté aux Impériaux que quelques centaines d'hommes.

Ne s'attendant pas à être attaqué sitôt, Frédéric donnait ce jour-là un grand repas, et tandis que ses soldats mouraient pour lui, il était à table! Un messager vint l'en faire sortir en lui apprenant ce qui se passait sur la montagne Blanche, et du haut des remparts de son château il put contempler ce spectacle sanglant. Incapable de prendre à l'instant même une résolution, il sollicita une trêve de vingt-quatre heures; mais il ne put en obtenir que huit, dont il profita pour quitter la ville pendant la nuit. La reine et ses principaux officiers le suivirent dans cette fuite, qui se fit avec tant de précipitation, que le prince d'Anhalt oublia sa correspondance secrète, et Frédéric sa couronne!

Ce malheureux roi venait enfin d'apprécier sa position, et toutes les consolations qu'on s'empressait de lui offrir ne purent modérer sa douleur.

« Je viens d'apprendre à me connaître, dit-il, et je
« sais maintenant qu'il est des vertus que le malheur
« seul peut enseigner aux princes. Oui, le malheur seul
« peut dompter notre orgueil et nous contraindre à
« ne nous estimer que pour ce que nous sommes en
« effet. »

Malgré la fuite de Frédéric et de ses principaux officiers, Prague n'était pas perdue encore; Mansfeld, qui n'avait pris aucune part à la bataille, pouvait venir au secours de cette ville; Bethlen Gabor pouvait recommencer ses hostilités contre l'empereur, et le contraindre ainsi à envoyer une partie de ses forces en Hongrie; les Bohémiens pouvaient, par une nouvelle levée, réorganiser leur armée; la rigueur de la saison, le manque de vivres, et les maladies qui en étaient la suite, pouvaient enfin démoraliser et anéantir l'armée impériale. Mais les craintes du moment aveuglaient Frédéric sur les ressources que l'avenir lui offrait, et il ne put se résoudre à tenter encore une fois la fortune; il poussa même la défiance contre les Bohémiens, qui l'avaient élu leur roi, et pour lesquels il avait été pendant plusieurs mois un objet d'idolâtrie, jusqu'à les croire capables de le livrer à l'empereur, afin d'acheter ainsi le pardon de ce monarque irrité et vainqueur.

Ne se croyant pas assez en sûreté à Breslau, où il avait d'abord cherché un refuge, il se rendit à la cour de l'électeur de Brandebourg, et finit par se retirer en Hollande.

Le comte de Thurn et tous les chefs des rebelles ne jugèrent pas à propos d'attendre leur châtiment; ils passèrent d'abord en Moravie, et allèrent ensuite chercher un refuge au fond de la Transylvanie. La bataille de la montagne Blanche avait décidé du sort de la Bohême; le lendemain Prague se rendit, et toutes les autres villes ouvrirent successivement leurs portes; les représentants des états prêtèrent foi et hommage à l'empereur, sans aucune condition, et la Moravie et la Silésie imitèrent cet exemple.

Trois mois s'étaient écoulés sans que Ferdinand eût fait une seule démarche annonçant des projets de vengeance contre les auteurs de la révolte; aussi la plupart des chefs, rassurés par cette amnistie tacite, avaient-ils reparu à Prague; mais l'orage éclata tout à coup. Le même jour et à la même heure, quarante-huit seigneurs bohémiens furent arrêtés et traduits devant une cour martiale; vingt-sept d'entre eux périrent sur l'échafaud, un grand nombre d'hommes du peuple eurent le même sort. Les chefs absents furent sommés de se présenter, et comme pas un ne répondit à cet appel, ils furent déclarés coupables du crime de lèse-majesté et exécutés en effigie. La confiscation frappa tous les seigneurs condamnés, quel que fût le degré de leur culpabilité ; elle n'épargna pas même ceux qui avaient cessé de vivre longtemps avant le triomphe de l'empereur.

Cette tyrannie cependant ne fit pas trop crier, parce qu'elle ne tombait que sur des individus isolés ; et parce que les dépouilles des uns enrichissaient les autres. Il n'en fut pas de même d'une autre mesure qui frappa le royaume entier. D'après cette mesure, toutes les églises protestantes furent fermées, les ministres de ce culte chassés hors du royaume ; et dans une séance solennelle des états, Ferdinand II déchira lui-même la *Lettre impériale* et en brûla les morceaux et les cachets. Bientôt il ne resta plus rien aux Bohémiens de leur ancienne liberté religieuse. Malgré toutes ces violences, qui annulaient des droits authentiques accordés par ses prédécesseurs, Ferdinand n'osa changer la constitution politique de la Bohême. Se bornant à priver les Bohémiens de la liberté de la conscience et de la pensée, il leur laissa généreusement celle de se *taxer* eux-mêmes pour le payement des contributions.

La victoire de la montagne Blanche avait rendu à l'empereur tous ses États héréditaires ; il y jouissait même d'un pouvoir plus illimité qu'aucun de ses prédécesseurs, car partout la prestation de serment de fidélité s'était faite sans condition ; et la *Lettre impériale* qui limitait son autorité en Bohême était anéantie. Il avait donc atteint, surpassé tout ce qu'il lui était permis d'espérer, et l'instant était venu de congédier ses alliés et de licencier une partie de ses troupes. S'il n'avait été guidé que par la justice, la guerre eût été terminée ; et s'il avait écouté la voix de l'humanité, sa vengeance eût été satisfaite. L'avenir de l'Allemagne tout entière était entre ses mains ; et le bonheur ou la misère de plusieurs millions d'individus allait être le résultat de la conduite qu'il tiendrait désormais.

Jamais encore tant d'événements importants n'avaient dépendu de la volonté d'un seul homme, et jamais aussi l'aveuglement d'un seul homme ne causa tant de désastres et de ravages.

LIVRE DEUXIÈME

État de l'Europe au commencement de la guerre de Trente ans. — Pusillanimité de l'électeur de Saxe, Jean-George, et de l'électeur de Brandebourg George-Guillaume. — Puissance de Maximilien de Bavière. — Envahissement du Palatinat par les troupes espagnoles. — Guerre de partisans dirigée par le comte de Mansfeld et le margrave de Bade. — Bataille de Wimpfen (1622). — Christian de Brunswick. — L'assemblée des Électeurs de Ratisbonne concède le Palatinat à Maximilien. — Intervention du roi de Danemark Christian IV. — Wallenstein donne une armée à l'empereur. — Tilly commande les troupes de la Ligue. — Bataille de Lutter (1626). — Wallenstein transporte la guerre sur le territoire danois. — Occupation du Mecklembourg par les troupes impériales. — Puissance croissante de Wallenstein. — Il est créé duc de Friedland et reçoit le Mecklembourg (1628). — Siége de Stralsund. — Paix de Lubeck (1629). — Persécution des protestants dans les États héréditaires. — Édit de restitution (1629). — Assemblée des Électeurs de Ratisbonne (1630). — Réclamations unanimes contre Wallenstein. — Intervention secrète de Richelieu. — Le capucin Joseph. — Disgrâce de Wallenstein. — Sa retraite fastueuse à Prague. — Griefs de Gustave-Adolphe contre Ferdinand II. — Son alliance secrète avec Richelieu. — État de la Suède. — Portrait de Gustave-Adolphe. — Ses adieux aux états de Suède. — Son embarquement à Elfsnaben. — Son débarquement en Poméranie. — Prise de possession de Stettin. — Occupation des forteresses de la Poméranie et du Mecklembourg. — Congrès de Dantzick. — Cruautés de Torquato Conti. — Les Suédois dans le Brandebourg. — Portrait de Tilly. — Neutralité de la Saxe. — Assemblée des souverains protestants à Leipzick (1631). Traité de Bernwald entre Gustave-Adolphe et Richelieu (1631). — Siége de Magdebourg par Tilly. — Prise et destruction de Magdebourg. — Causes de l'inaction de Gustave-Adolphe. — L'électeur de Brandebourg livre Spandau aux Suédois. — Invasion du territoire hessois et du territoire saxon par les Impériaux. — Alliance de l'électeur de Saxe avec Gustave-Adolphe. — Le landgrave de Hesse conclut un traité avec les Suédois. — Bataille de Leipzick (1631). — Fuite de Tilly. — Plan de Gustave-Adolphe.

Le parti que l'empereur Ferdinand II jugea à propos de prendre, donna tout à coup une autre direction à la guerre, dont il changea le théâtre et les acteurs. Une simple rébellion en Bohême et une expédition pour apaiser cette rébellion se convertirent en une guerre générale, qui dura trente ans. Avant de décrire cette guerre sous sa nouvelle phase, il est indispensable de jeter un regard sur la situation où se trouvait alors l'Allemagne et l'Europe tout entière.

Le territoire allemand et les priviléges des membres de la diète étaient fort inégalement partagés entre les protestants et les catholiques. Et cependant, si chacun d'eux avait su profiter de ses avantages, si par une sage politique chaque parti avait su entretenir l'harmonie entre ses membres, il serait resté assez fort pour tenir tête à l'autre et maintenir ainsi la paix.

Les catholiques étaient les plus nombreux et les plus favorisés par la constitution de l'Empire; mais les protestants possédaient les plus florissantes villes impériales, la domination de la mer, et les provinces les plus riches et les plus peuplées de l'Allemagne, voisines les unes des autres et unies entre elles par le plus puissant des liens, celui de la conformité des croyances religieuses. La noblesse tout entière, et la plupart des souverains vaillants et belliqueux, étaient toujours prêts à se mettre à la tête des troupes nombreuses qu'il leur était facile de lever; et, dans un cas extrême, le parti protestant pouvait compter sur l'assistance de ses coreligionnaires répandus dans tous les États catholiques de l'Allemagne.

Si l'Espagne et l'Italie se montraient sans cesse disposées à combattre pour le catholicisme, Venise, la Hollande et l'Angleterre ne refusaient jamais à la réformation les subsides dont elle avait besoin; et les États du Nord et la Turquie lui offraient le secours de leurs armes. Le Brandebourg, la Saxe et le Palatinat, en opposant leurs voix à celles des trois électeurs ecclésiastiques, pouvaient maintenir l'équilibre à la diète, et la dignité impériale imposait aux archiducs d'Autriche et aux rois de Bohême, des obligations que les protestants auraient pu exploiter à leur profit, s'ils avaient su en comprendre l'importance. L'épée de l'*Union évangélique* pouvait forcer celle de la *Ligue* à rester dans le fourreau ; et, dans tous les cas, cette *Union* était assez forte pour soutenir la guerre avec succès.

Malheureusement les intérêts privés l'emportèrent sur les intérêts généraux. L'époque était grande et de la plus haute importance, mais elle ne produisit que des esprits médiocres. Aussi l'instant le plus décisif s'écoula-t-il sans que rien ne se décidât ; car les courageux manquaient de puissance, et les puissants manquaient de courage, de raison et de fermeté.

L'étendue de ses possessions, l'importance de sa voix à la diète, et sa qualité de descendant de l'illustre Maurice de Saxe, placèrent Jean-Georges, électeur de Saxe, à la tête du parti protestant. De lui seul dépendait le triomphe ou la défaite de ce parti ; il le savait, et ne se montra que trop sensible aux avantages qu'il pouvait tirer de cette position. L'empereur et l'*Union évangélique* désiraient avec une ardeur égale de le voir passer dans leur parti, et Jean-Georges voulait entretenir leurs espérances et profiter de leurs craintes, sans jamais se déclarer franchement ni pour l'un ni pour l'autre.

L'enthousiasme chevaleresque et l'exaltation religieuse qui, à cette époque, s'étaient emparés de tous les souverains, et qui les poussaient à exposer leur couronne et leur vie sur un champ de bataille, n'avaient exercé aucune influence sur le caractère calme et sur les idées positives de ce prince. Ne songeant qu'à conserver ses États et à les étendre s'il était possible, il s'attira les reproches de ses contemporains, qui l'accusèrent d'avoir, au plus fort du danger, abandonné la cause de la réformation, et sacrifié le salut de la patrie à l'agrandissement de sa maison; enfin, d'avoir été aussi funeste à son parti que ses plus cruels ennemis, parce qu'il ne lui avait jamais prêté qu'un appui douteux.

Mais pourquoi les princes ne surent-ils pas profiter de la leçon que leur donnait l'exemple de Jean-Georges? Si les adroites combinaisons de sa politique ne purent garantir la Saxe des ravages par lesquels les troupes impériales signalaient leur passage, même dans les pays amis; si l'Allemagne entière s'aperçut que l'empereur se jouait de l'électeur de Saxe, si lui-même fut enfin forcé de le reconnaître, la honte n'en retombe-t-elle pas tout entière sur l'empereur? Au reste, Jean-Georges, guidé par le désir légitime de conserver ses possessions, fut moins coupable que Georges-Guillaume de Brandebourg, à qui la peur seule inspira une conduite aussi déloyale et aussi vacillante.

Et cependant cette conduite, que l'Europe punit de son mépris, eût sauvé l'électeur du Palatinat s'il avait pu s'y résoudre; mais, confiant dans ses forces dont il ne connaissait pas la portée, égaré par les conseils de la France, ébloui par l'éclat d'une couronne royale, l'infortuné Frédéric V s'était laissé entraîner dans une entreprise au-dessus de son génie et de ses ressources; et la maison du Palatinat, qui pendant longtemps encore aurait pu empêcher l'explosion de la guerre, perdit toute son influence, et finit par être partagée en plusieurs petits États.

Ce fut également par le partage de son territoire que s'affaiblit la maison de Hesse, déjà divisée par les opinions religieuses qui séparaient la branche de Hesse-Darmstadt de celle de Hesse-Cassel. La première, dévouée à la confession d'Augsbourg, s'était réfugiée sous les ailes de l'empereur, qui la protégeait aux dépens de la dernière, devenue calviniste.

Mais, tandis que le landgrave Georges de Hesse-

Darmstadt se mettait à la solde de Ferdinand II, le noble Guillaume de Hesse-Cassel, digne descendant de l'héroïque *Jean-Frédéric*, qui, cent ans auparavant, avait osé défendre les libertés de l'Allemagne contre le redoutable Charles-Quint, bravant tous les périls qui l'attendaient sur le chemin de l'honneur et de la loyauté. Inaccessible à la crainte qui courba des princes plus puissants que lui sous le sceptre impérial, Guillaume de Hesse-Cassel offrit le premier le secours de son bras et de ses talents au héros de la Suède, et devint ainsi, pour tous les souverains protestants, un noble exemple que pas un d'eux n'avait osé donner. Il persista jusqu'à la fin de sa vie, avec une fermeté inébranlable, dans la résolution que son courage lui avait inspirée. Se posant audacieusement sur les frontières de son pays, il accueillit, avec l'ironie du mépris, les hordes impériales, encore toutes couvertes du sang des victimes du sac de Magdebourg, et renouvela ainsi la gloire immortelle qu'un grand homme avait léguée à la branche Ernestine de la maison de Hesse.

Infortuné *Jean-Frédéric!* ô toi, le plus noble, le plus généreux des princes! elle se fit longtemps attendre la journée de la vengeance; mais elle parut enfin brillante et glorieuse! Pour toi le temps revint sur ses pas, et ton âme de héros anima tes neveux. Une vaillante race de princes sortit du fond de la forêt de Thuringe, et leurs belles et sublimes actions cassèrent l'arrêt indigne qui avait fait tomber la couronne électorale de ta noble tête, et, pour apaiser ton ombre si justement irritée, leurs bras indomptables t'immolèrent des milliers de victimes! La force brutale leur enleva tes États, mais tu leur avais légué un bien plus précieux dont aucune puissance humaine n'a pu les priver; tu leur avais légué tes vertus patriotiques et ton courage chevaleresque. Ce fut pour te venger, toi et l'Allemagne tout entière, que la liberté leur donna, contre la race des Habsbourg, le plus tranchant de ses glaives ; et ce fer sacré et invincible, chacun de tes descendants lui a prêté un éclat nouveau. S'ils ont succombé comme souverains, ils sont morts en héros et de la plus glorieuse des morts, celle d'un vaillant soldat de la liberté ! Pas assez puissants pour combattre les oppresseurs à la tête de leurs propres armées, ils ont su diriger contre eux des foudres étrangères, et ils les ont vaincus sous des drapeaux alliés.

Les membres les plus puissants de la diète germanique, dont les intérêts étaient si étroitement liés à l'indépendance de l'Empire, avaient renoncé à défendre cette cause sacrée ; elle n'avait plus d'autre appui que celui des petits princes, qui jamais n'en ont retiré aucun avantage personnel. La puissance et les dignités étouffèrent le courage des grands souverains ; l'absence de ces biens dangereux convertit les petits en héros indomptables. Les électeurs de Saxe, de Brandebourg, etc., se retirèrent timidement de la lutte ; les Mansfeld, les princes d'Anhalt et de Weimar, exposèrent leur vie et leur fortune dans des batailles sanglantes. Les ducs de Mecklembourg, de Poméranie, de Lunebourg, de Wurtemberg, et les villes impériales de la haute Allemagne, accoutumés à trembler devant le chef de l'Empire, évitèrent tout conflit avec lui, et se courbèrent en murmurant sous son sceptre de fer.

Maximilien de Bavière était, pour toute l'Allemagne catholique, un protecteur puissant, adroit et courageux. Poursuivant avec une persévérance admirable, pendant toute la durée de la guerre, un seul et même but ; jamais indécis lorsqu'il s'agissait de sacrifier des intérêts d'État à des opinions religieuses, il sut rester indépendant de l'Autriche, qu'il réduisit à travailler à son agrandissement à lui, et à trembler devant son bras protecteur. Un tel prince aurait mérité de devoir à une plus noble cause, qu'au bon plaisir de l'empereur, les provinces et les dignités qui devinrent la récompense de ses longs efforts. Les autres États catholiques, presque tous ecclésiastiques, dont l'opulence excitait l'esprit de rapine des troupes protestantes, n'avaient d'autres ressources que d'intriguer dans les cabinets et de tonner en chaire contre des ennemis qu'ils n'osaient attaquer en rase campagne. Esclaves de l'Autriche et de la Bavière, ils finirent par chercher un refuge à l'ombre de la gloire que Maximilien jetait sur son parti; et ils ne reprirent quelque importance politique, que lorsque ce prince consentit à les réunir tous sous son patronage puissant.

Par des efforts inouïs, Charles-Quint et son fils étaient parvenus à élever l'édifice d'une monarchie gigantesque, dont les ramifications s'étendaient non-seulement sur les Pays-Bas, les Deux-Siciles et le Milanais, mais encore sur les contrées les plus éloignées des Indes orientales et occidentales. Ce vaste empire, si contraire aux lois de la nature, n'offrait aucune chance de durée; commençant à chanceler sous le règne de Philippe III, on le vit menacer ruine sous celui de Philippe IV. Subitement élevé à une grandeur factice par la puissance de l'or qu'il puisait en Amérique, il fut bientôt forcé de reconnaître qu'il n'est de prospérité réelle que celle qui découle de l'agriculture et de l'industrie nationale.

Ses conquêtes dans le nouveau monde n'avaient servi qu'à l'appauvrir, tandis qu'elles enrichissaient les places du commerce de l'Europe; car les banquiers d'Anvers, de Venise et de Gênes savaient seuls faire valoir l'or arraché des mines du Pérou; et ce qui était resté à l'Espagne de cet or, qui lui avait coûté l'élite de ses populations, elle l'avait vainement prodigué pour reconquérir la Hollande, abattre l'Angleterre et changer le droit de succession au trône de France. Cependant l'orgueil de la monarchie espagnole survécut à sa grandeur, comme la haine de ses ennemis survécut à sa puissance; et la crainte et l'effroi semblaient vouloir occuper l'antre délaissé du lion.

Surveillés de près et sans cesse menacés par les protestants, les ministres de Philippe III adoptèrent la politique dangereuse que le père de ce monarque avait suivie; et les catholiques allemands restèrent aussi inébranlables dans leur confiance au pouvoir protecteur de l'Espagne que dans leur foi aux miracles opérés par les ossements des martyrs.

Au reste, l'Espagne avait soin de cacher sous des dehors magnifiques les plaies qui minaient son existence, et elle conserva la haute opinion qu'on avait de sa force, parce qu'elle ne modifia jamais le ton d'arrogance qu'elle avait pris pendant ses jours de prospérité. Esclaves dans leur pays, étrangers sur leur trône, les rois d'Espagne n'avaient plus qu'une ombre de souveraineté; mais ils dictaient encore des lois à leurs parents d'Allemagne, quoique depuis longtemps leur protection ne fût plus en harmonie avec la dépendance honteuse, par laquelle les empereurs continuaient à l'acheter.

Si des favoris ambitieux et des moines ignorants continuaient à s'arroger le droit de décider, derrière les Pyrénées, des destinées de l'Europe, c'est parce que la monarchie espagnole, même sur son déclin, était encore redoutable. Son étendue égalait celle de l'Empire; sa politique, plutôt par habitude que par sagesse, était invariable; ses armées étaient bien disciplinées, et ses généraux étaient habiles et expérimentés; et lorsque le sort des armes cessait de lui être favorable, elle ne craignait pas de se servir du poignard des bandits, et de réduire ses ambassadeurs au rôle d'incendiaires.

Pour se dédommager des pertes qu'elle avait éprouvées en Amérique, elle aspirait à la domination de l'Europe; et cette domination devenait pour elle un fait accompli, du moment où elle parvenait à se rattacher aux États héréditaires de l'Autriche, en s'établissant dans les pays situés entre les Alpes et la mer Adriatique. Ce vaste et ancien projet avait déjà reçu un commencement d'exécution, car l'Espagne était parvenue à se glisser en Italie, où elle faisait trembler tous les souverains dont elle convoitait les États.

La république de Venise se sentait pressée par le Tyrol autrichien et par le Milanais des Espagnols; et la Savoie joignait à ces deux voisinages redoutables celui de la France, non moins menaçant. La situation du pape était plus critique encore, car les vice-rois de Naples et de Milan le gardaient pour ainsi dire à vue; et cette surveillance gênante explique la politique équivoque qui, depuis Charles-Quint, fut celle de tous les papes. La double personne qu'ils représentent les mettait dans la nécessité de louvoyer sans cesse entre deux systèmes politiques entièrement opposés. Le successeur de saint Pierre ne pouvait se dispenser de voir dans les princes espagnols ses fils les plus fidèles et les plus constants défenseurs de l'Église; mais, pour le souverain des États romains, ces mêmes princes étaient de mauvais voisins et des adversaires dangereux. Si, en sa qualité de pontife, la destruction des protestants et le triomphe de la maison d'Autriche devaient être son plus cher désir, il devait s'applaudir, comme souverain, des succès des protestants, qui mettaient ses ennemis hors d'état de lui nuire.

L'un ou l'autre de ces deux systèmes dominait toujours à la cour de Rome, selon les penchants personnels des papes vers les intérêts spirituels ou temporels. Mais, en général, cette cour suivait les impulsions que lui donnaient les périls du moment; conduite très-naturelle, car la crainte de perdre un avantage que l'on possède est toujours plus forte que le désir de reconquérir celui qu'on a perdu depuis longtemps. Cette vérité explique assez clairement, sans doute, comment les représentants du Christ ont pu s'unir à l'Autriche pour assurer la perte des hérétiques, et seconder en même temps ces hérétiques pour assurer la perte de l'Autriche.

La tâche de l'historien se borne à saisir et à suivre les fils mystérieux qui ont dirigé la destinée des peuples; il ne lui est pas donné de deviner ce qui aurait pu résulter d'une combinaison différente. Qui oserait dire quel eût été le sort de la réformation et de la liberté de l'Allemagne, si les intérêts du chef de l'Église catholique et du souverain de Rome eussent été les mêmes?

En perdant le grand Henri, la France avait perdu son éclat et son poids dans la balance de l'équilibre européen. Une régence orageuse détruisait successivement tout ce qu'il avait fait d'utile et de glorieux. Les trésors péniblement amassés par la sage économie de Sully et la prudente raison de Henri IV, furent dissipés en peu d'années par des ministres qui devaient leurs charges non à leur mérite, mais à la faveur et à l'intrigue. Sans cesse occupés à défendre leur pouvoir contre les factions intérieures, ils ne songeaient pas à mettre la main sur le vaisseau de la politique européenne. Les mêmes causes qui armaient les Allemands contre les Allemands, soulevaient les Français contre les Français; et Louis XIII n'arriva à sa majorité que pour déclarer la guerre à sa mère et à ses sujets protestants.

La politique sage et éclairée de Henri IV, avait su maintenir dans les limites de la justice cette partie importante de la population française; l'imprudence et le fanatisme de Louis XIII lui offrit un prétexte pour recourir de nouveau aux armes; aussi vit-on les protestants redevenir en peu de mois une puissance. Commandés par des chefs adroits et courageux, ils parvinrent à former un État au milieu de l'État existant, et choisirent la ville forte de la Rochelle pour centre de cet empire naissant. Louis XIII n'avait ni assez d'adresse pour étouffer dès son origine, par une sage tolérance, cette guerre civile, ni assez de force pour la soutenir avec bonheur ; il ne lui resta donc d'autre ressource que de reconnaître son impuissance, en achetant la soumission des rebelles par des sommes considérables.

La politique lui faisait un devoir de soutenir les Bohémiens contre l'Autriche, et il resta spectateur inactif de la perte de ce peuple, s'estimant trop heureux d'avoir pu empêcher les calvinistes de son royaume de secourir leurs coreligionnaires d'au delà du Rhin. Un grand homme placé sur le trône de France aurait su contraindre les protestants de son royaume à obéir aux lois de leur pays, tout en combattant pour la liberté de leurs frères d'Allemagne ; mais Henri IV n'existait plus, et ce n'était qu'avec Richelieu qu'une partie de ses vues élevées devait revivre dans le cabinet français.

Tandis que l'influence et la gloire de la France diminuaient chaque jour, la Hollande, devenue libre enfin, achevait l'édifice de sa grandeur ; il ne s'était pas encore évanoui le courage dont les princes d'Orange avaient su enflammer cette nation marchande, au point qu'elle se transforma en un peuple de héros qui, pour reconquérir son indépendance, s'était engagé dans une guerre sanglante contre l'Espagne. Ces nouveaux républicains n'avaient point oublié que leurs frères d'Allemagne les avaient secourus, et ils désiraient d'autant plus vivement de les voir devenir aussi libres qu'ils l'étaient eux-mêmes, que l'indépendance de l'Allemagne était une garantie infaillible de l'indépendance de la Hollande. Cependant une république réduite à batailler encore pour son existence, et dont tous les efforts suffisaient à peine pour contenir l'ennemi toujours campé sur son territoire, ne pouvait, sans imprudence, disposer d'une partie de ses forces pour suivre les inspirations de sa politique généreuse en secondant ses voisins.

L'Angleterre, quoique récemment agrandie par son union avec l'Écosse, avait perdu, sous le faible roi Jacques, l'éclat et l'importance que le génie supérieur d'Élisabeth avait su lui donner. Persuadée que la sécurité de ses États dépendait du sort du protestantisme, cette reine prudente s'était imposé la loi de protéger tout mouvement contraire aux intérêts de l'Autriche. Son successeur manquait de pénétration pour comprendre et apprécier cette conduite, et de force pour l'imiter. L'économe Élisabeth n'avait pas craint de prodiguer ses trésors pour secourir les Pays-Bas contre l'Espagne, et Henri IV contre la *Ligue*. Jacques abandonna son gendre, sa fille et ses petits-fils, au bon plaisir d'un vainqueur impitoyable.

Pendant que ce roi mal inspiré épuisait son érudition pour chercher dans le ciel l'origine de la majesté royale, il perdit son autorité sur la terre. Ses efforts d'éloquence pour prouver les droits illimités de la royauté, n'avaient servi qu'à rappeler à la nation anglaise ses droits à elle; et, par une prodigalité déplacée, il s'était privé de la plus précieuse de ses prérogatives, celle de réduire la liberté au silence en se passant du parlement. La terreur instinctive que lui inspirait la vue d'une épée le faisait reculer devant la guerre la plus juste; sa faiblesse le rendait le jouet de son favori Buckingham, et sa présomption vaniteuse le faisait tomber dans les piéges grossiers que lui tendait la perfidie du cabinet espagnol.

Tandis qu'on consommait la ruine de son gendre, et que les princes allemands se partageaient l'héritage de ses petits-fils, ce monarque inepte savourait avec délices l'encens que l'Autriche et l'Espagne lui prodiguaient, afin de détourner son attention de ces graves événements. C'est dans ce même but que l'Espagne lui montra une bru à Madrid, et ce père, si risiblement crédule, arma lui-même son fils aventureux pour l'exécution bouffonne qui devait lui assurer la possession de l'illustre fiancée espagnole; mais la fiancée espagnole disparut pour le fils de Jacques Iᵉʳ, comme la couronne de la Bohème et celle de l'électorat du Palatinat avaient disparu pour son gendre.

La mort vint enfin délivrer ce pauvre roi de la nécessité de terminer son règne par une guerre, qui n'était devenue indispensable que parce qu'il n'avait pas eu le courage de faire croire du moins qu'il la soutiendrait si l'honneur lui en faisait un devoir. La tempête révolutionnaire, excitée par les fautes de son gouvernement, força son malheureux fils à rester étranger aux événements de l'Europe, pour ne s'occuper que des factions qui déchiraient ses États, et dont il finit par devenir lui-même la plus déplorable victime.

A cette même époque, deux monarques égaux en pouvoir, en ambition et non en mérite, attirèrent l'attention et l'estime du monde sur le nord de l'Europe. Sous le long et sage règne de Christian IV, le Danemark était devenu une puissance : une marine aussi distinguée par sa valeur que par son instruction; des troupes intrépides et exercées, des finances florissantes et des alliances sagement combinées, assuraient sa prospérité au dedans et son influence au dehors. La Suède avait été arrachée à l'esclavage par Gustave Wasa, et une constitution libérale lui avait fait prendre un rang distingué parmi les peuples dignes d'occuper une place honorable dans l'histoire.

C'était à Gustave-Adolphe qu'il était réservé d'achever l'œuvre dont son illustre aïeul avait posé les bases fondamentales. Réduits à ne former qu'une seule et même monarchie, la Suède et le Danemark s'étaient mutuellement épuisés dans cette union, que la force brutale seule avait pu opérer; la réformation les sépara violemment, et cette séparation fut pour les deux pays le signal d'une ère nouvelle. Devenus les plus solides appuis de l'Église réformée et les gardiens des mêmes mers, la conformité de leurs intérêts aurait dû les unir contre leurs ennemis communs; mais les haines et les antipathies qui avaient séparé la monarchie continuèrent à diviser les deux nations, devenues indépendantes l'une de l'autre.

Les rois de Danemark ne renonçaient pas sincèrement à leurs prétentions sur le royaume de Suède, et les Suédois ne pouvaient oublier les maux qu'ils avaient soufferts sous la domination danoise. La proximité des frontières, la jalousie inquiète des rois, les collisions commerciales sur les mers du Nord, alimentaient sans cesse, et les haines nationales, et les querelles politiques. Gustave Wasa, le restaurateur du royaume de Suède, avait cherché à consolider son ouvrage en l'appuyant sur les réformes religieuses. Une loi d'État écartait les catholiques de tous les emplois publics, et interdisait aux souverains toute démarche contraire aux doctrines de Luther.

Malgré cette défense, Jean, second fils et second successeur de Gustave Wasa, embrassa le catholicisme, et son fils Sigismond, qui joignait à la couronne de Suède celle de Pologne, travailla presque ouvertement à la ruine de la constitution de la Suède et de la religion réformée. Soutenus par Charles, duc de Sudermanie, troisième fils de Gustave Wasa, les états de Suède opposèrent aux projets de Sigismond une résistance vigoureuse, qui dégénéra bientôt en une guerre civile entre l'oncle et le neveu, la nation et le roi. Chargé de gouverner le royaume pendant l'absence de Sigismond, le duc Charles de Sudermanie avait profité du long séjour de ce roi en Pologne pour se frayer le chemin du trône.

Les fausses mesures par lesquelles Sigismond cherchait à détourner ce danger augmentèrent le juste ressentiment des états, et rendirent le duc Charles toujours plus cher à la nation. Une assemblée générale, solennellement convoquée, déclara Sigismond déchu du trône, et y éleva le duc Charles de Sudermanie, en dépit de la clause de la constitution de Gustave Wasa, qui prenait le droit d'aînesse pour base de la succession à la couronne. Le nouveau roi régna sous le nom de Charles IX, et son fils, Gustave-Adolphe, lui succéda ; mais les partisans de Sigismond feignirent de ne voir en lui que le fils d'un usurpateur, et refusèrent de le reconnaître.

S'il est vrai que les obligations entre les souverains et les sujets sont réciproques, si les peuples sont quelque chose de plus qu'un immeuble dont on hérite sans autre condition que celle qu'imposent les lois qui règlent les héritages, il doit être permis à une nation entière, lorsqu'elle agit unanimement, de déposer un roi parjure pour le remplacer par celui qu'elle a reconnu plus digne de ce poste élevé.

Gustave-Adolphe n'avait pas encore atteint sa dix-septième année lorsqu'il perdit son père ; et cependant les états, devinant sans doute son génie précoce, le déclarèrent majeur. Le jeune roi commença son règne, pendant lequel il fit marcher son peuple de victoire en victoire, par une glorieuse victoire sur lui-même. Éperdument amoureux de la jeune comtesse de Brahe, fille d'un de ses sujets, il s'était flatté de la possibilité de l'élever avec lui sur le trône ; les raisons d'État l'emportèrent sur l'amour, et bientôt son cœur, trop noble pour ne demander à la vie que les paisibles jouissances du bonheur domestique, n'eut plus d'autre passion que celles qui font les héros et les grands rois.

En inquiétant sans cesse les frontières de la Suède, Christian IV avait plus d'une fois surpris d'importantes places fortes, et poussé ses excursions bien avant dans l'intérieur du pays. Par de sages concessions, Gustave-Adolphe acheta la paix avec son voisin, et put ainsi diriger toutes ses forces contre le czar de Moscovie. Ce ne fut point pour acquérir la gloire équivoque des conquérants, qui prodiguent le sang de leurs sujets pour augmenter leur renommée, qu'il poursuivit la guerre dans laquelle il s'était engagé avec la Russie, mais parce que cette guerre était juste : elle fut heureuse, et agrandit la Suède de ses plus belles provinces orientales.

Pendant ce temps, le roi de Pologne, Sigismond, transportant sur le fils la haine qu'il avait vouée au père, n'épargna ni ruses ni argent pour ébranler la fidélité de ses sujets, refroidir le zèle de ses amis et exciter l'ardeur de ses ennemis. Rien, pas même les qualités éminentes du jeune monarque et le dévouement enthousiaste du peuple dont il était l'idole, ne purent faire renoncer Sigismond à l'espoir de remonter sur un trône perdu à jamais. Il persista à refuser avec dédain toutes les offres de réconciliation qui lui furent faites ; et Gustave-Adolphe, malgré ses dispositions pacifiques, se vit forcé de continuer une longue guerre, qui lui valut la conquête de la Livonie et de la Pologne prussienne.

Quoique sans cesse vainqueur, il fut toujours le premier à offrir la paix, que Sigismond refusa toujours. Son titre de roi catholique, disputant la couronne à un prince protestant, lui donnait des droits à l'amitié de l'Espagne et de l'Autriche; et sa double parenté avec l'empereur lui permettait de compter sur sa protection. La certitude que ces appuis puissants ne pouvaient lui manquer fut sans doute la première cause de ses dispositions belliqueuses, que les cours de Vienne et de Madrid entretenaient avec un soin perfide.

Cette guerre suédo-polonaise coïncide avec le commencement de la guerre de Trente ans, sur laquelle elle exerça une grande influence. Tandis que l'empereur, toujours triomphant, s'avançait à grands pas vers la domination absolue de l'Allemagne, Sigismond perdait les unes après les autres les places les plus importantes de la Livonie, de la Courlande et de la Prusse. Ces pertes nombreuses augmentèrent son aversion pour la paix; son aveugle confiance en la loyauté de l'empereur ne lui permettait pas de voir que ce monarque ne le poussait à la guerre que pour occuper, aux dépens de la Pologne, le héros de la Suède.

Ferdinand II avait, en effet, déjà deviné que Gustave-Adolphe seul pourrait mettre obstacle à la réalisation de son projet d'asservir l'Allemagne, et de couronner ce grand œuvre par la conquête du Nord, épuisé par ses guerres intestines. Le génie supérieur de Gustave-Adolphe déjoua les perfides combinaisons de Ferdinand II. La lutte que depuis huit ans il soutenait contre la Pologne avait perfectionné ses talents militaires, et façonné ses troupes à la tactique nouvelle, qui, plus tard, devait leur faire opérer les prodiges dont l'Europe entière fut stupéfaite.

Qu'on nous pardonne cette longue digression sur la situation où se trouvaient alors les principaux États européens; elle nous a paru indispensable à l'intelligence de l'histoire de la guerre de Trente ans, dont nous allons maintenant décrire toutes les phases.

Après la victoire de la montagne Blanche, l'empereur était rentré rapidement et presque sans obstacles dans la possession pleine et entière de tous ses États héréditaires. Les confiscations exercées en Bohême et en Moravie lui avaient valu plus de quarante millions de florins. Cette somme eût été plus que suffisante pour couvrir tous les frais de la guerre; mais, au lieu de l'employer à cet usage, Ferdinand II la prodigua à ses favoris, et surtout aux jésuites, dont rien ne pouvait satisfaire l'insatiable cupidité. Le duc Maximilien de Bavière, qui pour le secourir avait trahi les intérêts d'un proche parent, était d'autant plus fondé à compter sur une indemnité complète, qu'avant de prendre les armes il lui avait fait signer la promesse de le récompenser généreusement de tous ses frais et de toutes les pertes auxquelles son assistance aurait pu l'exposer. Ferdinand II comprenait les devoirs que cette promesse lui imposait, mais il voulait l'accomplir aux dépens d'un prince vaincu, et qu'il était facile d'accuser d'un crime qui, en apparence du moins, justifierait toutes les violences qu'on pourrait se permettre contre lui. Ce fut dans ce but qu'il continua à poursuivre Frédéric V, dont il destinait les dépouilles à Maximilien de Bavière, et qu'il entama une guerre nouvelle pour payer les frais de l'ancienne.

Une considération plus puissante encore acheva de fortifier l'empereur dans la résolution funeste qu'il avait prise. Les victoires qu'il venait d'obtenir l'avaient rendu assez puissant pour réveiller en lui le désir d'accomplir, dans toute son étendue, le vœu par lequel il s'était engagé à proclamer *Notre-Dame de Lorette* généralissime de son armée, et à propager son culte en dépit de tous les dangers qui pourraient en résulter pour lui-même. L'oppression des protestants se rattachait nécessairement à ce vœu; et si en Bohême il les avait poursuivis dans son intérêt personnel, il pouvait désormais continuer la guerre contre les hérétiques, pour remplir ce qu'il appelait sa *sublime vocation*.

En faisant passer les États du Palatinat dans la maison de Bavière, il s'acquittait, sans qu'il lui en coûtât rien, envers un allié puissant et redoutable, et se procurait en même temps, et le cruel plaisir d'anéantir un ennemi abhorré, et la pieuse satisfaction d'accomplir une partie du vœu qui devait lui donner de nouveaux droits à la couronne céleste. Aussi la perte de Frédéric V avait-elle été arrêtée depuis longtemps dans le cabinet impérial; mais on n'osa y travailler ouvertement que lorsque le sort se fut prononcé contre lui.

Une décision de l'empereur, dépourvue de toutes les formes que la constitution de l'Empire rendait indispensables, déclara l'électeur du Palatinat, et trois autres princes allemands qui avaient combattu pour lui, coupables de lèse-majesté et de violation de la paix publique. Cette décision les privait en même temps de tous leurs États et dignités, et les mettait au ban de l'Empire; et pour achever cette violation flagrante de toutes les lois, il en confia l'exécution à la Bavière, à l'Espagne et à la *Ligue*.

Si l'*Union évangélique* avait été digne du nom qu'elle portait, et de la cause qu'elle s'était engagée à défendre, Frédéric V n'aurait rien eu à redouter de la sentence prononcée contre lui; mais cette sentence effraya tellement tous les princes protestants, qu'ils cherchèrent à éviter un sort semblable, en abandonnant leur ancien chef au bon plaisir de l'empereur, et en rompant l'*Union évangélique*, avec la promesse solennelle de ne jamais chercher à la rétablir.

Tandis que les princes allemands délaissaient honteusement l'électeur du Palatinat, et que la Bohême, la Silésie et la Moravie se courbaient de nouveau sous le joug impérial, un seul homme, sans autre fortune que son épée, sans autre espoir que les chances du hasard, sans autre appui que son courage, osa braver les armes victorieuses de Ferdinand II. Cet homme était le comte Ernest de Mansfeld. Abandonné à ses propres forces après la bataille de la montagne Blanche, il s'était enfermé dans la ville de Pilsen ; et, sans savoir si Frédéric V lui saurait gré de son opiniâtreté, il s'y maintint jusqu'au moment où ses soldats, exaspérés par le manque de vivres et d'argent, vendirent la place à l'ennemi. Loin de se laisser abattre par ce revers, on le vit bientôt après reparaître dans le haut Palatinat, où il enrôla les troupes que l'*Union* venait de congédier, et plus de vingt mille combattants se rangèrent sous ses drapeaux.

Cette armée, qui n'avait d'autres moyens d'existence que le pillage et la rapine, inspirait une vive terreur à tous les États voisins, et surtout aux évêques, qui tremblaient pour leurs personnes et pour leurs trésors. Maximilien, qui, en sa qualité d'exécuteur du ban de l'Empire, venait d'entrer dans le haut Palatinat, força cette armée à quitter le pays, et chargea le général comte de Tilly de la poursuivre; mais Mansfeld lui échappa par une ruse adroite, envahit le bas Palatinat, et imposa aux évêques des bords du Rhin une double rançon, d'abord pour eux, puis pour ceux de la Franconie, où il n'avait pu pénétrer.

Pendant que l'armée impériale bavaroise inondait la Bohême, le général espagnol Ambroise Spinola était entré dans le bas Palatinat. D'après le traité d'Ulm, l'*Union* avait le droit de défendre cette contrée; mais elle avait usé de ce droit avec tant de négligence et de maladresse, qu'au moment de sa dissolution, les Espagnols en occupaient déjà presque toutes les villes et les places fortes. Le général Corduba, qui avait remplacé le général Spinola dans le bas Palatinat, leva brusquement le siége de Frankenthal pour aller au-devant de Mansfeld; mais celui-ci évita le combat, passa le Rhin, et entra en Alsace, où il dévasta les campagnes, et imposa aux villes des contributions exorbitantes, qu'elles se hâtèrent de lui payer, comme l'unique moyen de se racheter de l'incendie et du pillage. Après cette expédition, qui rétablit ses finances et ranima le courage de ses soldats, Mansfeld repassa le Rhin, et vint menacer à son tour les Espagnols du bas Palatinat.

Tant qu'un pareil guerrier combattait pour lui, Frédéric ne pouvait se croire perdu sans ressources ; au reste, l'excès de son infortune venait enfin de réveiller le zèle trop longtemps endormi de ses amis. L'envahissement du Palatinat par des troupes étrangères avait décidé le roi d'Angleterre à envoyer des soldats et de l'argent au comte de Mansfeld ; il engagea même le roi de Danemark à embrasser la cause de Frédéric V. Cette cause, au reste, offrait d'autant plus de chances de succès, que la trêve entre la Hollande et l'Espagne, touchant à sa fin, mettait cette dernière puissance dans l'impossibilité de seconder plus longtemps l'ambition démesurée de l'empereur.

Un événement plus important encore semblait annoncer à Frédéric un prochain changement de fortune. Bethlen Gabor venait d'envahir de nouveau la Hongrie, et les généraux Dampierre et Boucquoi, envoyés contre lui par l'empereur, avaient trouvé la mort, l'un à la bataille de Presbourg, l'autre au siége de Neuhausel. Bethlen Gabor triomphant continuait à s'avancer vers les frontières de l'Autriche, où le vieux comte de Thurn et plusieurs autres seigneurs bohémiens, échappés à la vengeance impériale, vinrent lui offrir l'appui de leurs bras et de leur haine.

En ce moment, une attaque sérieuse de la part des protestants eût ébranlé la fortune de Ferdinand II et rétabli celle de Frédéric V ; mais, par une fatalité inconcevable, les Bohémiens et les Allemands étaient toujours réduits à déposer les armes quand Bethlen Gabor entrait en campagne, et ils ne se trouvaient en état de reparaître sur le théâtre de la guerre, que lorsque le belliqueux Transylvanien avait épuisé toutes ses ressources, et qu'il se voyait contraint à réparer ses forces par un repos momentané.

Encouragé par l'espoir d'un nouvel avenir, Frédéric V rejoignit, à l'aide d'un déguisement, le corps d'armée du comte de Mansfeld, qui luttait avec succès dans le bas Palatinat contre le général Tilly. Cette démarche lui valut plusieurs témoignages d'un dévouement enthousiaste. Le margrave de Bade leva des troupes dont personne ne connaissait la véritable destination, abdiqua en faveur de son fils, afin de soustraire, en cas de défaite, ses États à la vengeance de l'empereur, et vint avec son corps d'armée se joindre au comte de Mansfeld.

De son côté, le duc de Wurtemberg fit des armements extraordinaires, et avoua hautement l'intention de défendre la cause de Frédéric, qui profita de ces dispositions favorables pour s'efforcer de réorganiser l'*Union évangélique*. Justement effrayé de ces préparatifs menaçants, le général Tilly appela les troupes espagnoles à son secours; sa bonne étoile voulut que, pendant qu'il cherchait ainsi à augmenter ses forces, Mansfeld se séparât du margrave de Bade, qui, abandonné à ses seules ressources, fut battu par les Bavarois, en 1622, près de Wimpfen.

Un guerrier aventureux, sans fortune, et dont la naissance légitime était contestée par sa propre famille, s'était fait le défenseur du gendre d'un roi, un instant roi lui-même, et que pas un de ses parents n'avait osé soutenir; un souverain renonça à ses États, où il régnait paisiblement, pour se faire le champion de ce prince, qui lui était étranger; et quand il désespéra de la cause dont il s'était si généreusement chargé, un troisième preux, pauvre en États, mais riche en aïeux héroïques, le duc Christian de Brunswick, administrateur de Halberstadt, s'arma pour la défendre.

Jeune et présomptueux, ce prince ne voyait dans cette entreprise téméraire que l'occasion d'acquérir un grand nom aux dépens du clergé catholique, auquel il avait voué une haine chevaleresque. Persuadé qu'à l'exemple du comte de Mansfeld il possédait le secret d'entretenir une armée sans argent et sans crédit, il réunit dans la basse Saxe des troupes nombreuses, levées au nom de Frédéric V et de la liberté allemande. Les vases d'or et d'argent qu'il enleva aux églises furent convertis en monnaies sur lesquelles il fit graver ces mots : *Ami de Dieu et ennemi de la calotte;* et ses actions répondaient à cette devise.

Son armée, comme toutes celles de l'époque, ressemblait plutôt à une horde de brigands qu'à des troupes disciplinées. Pillant et ravageant tout sur son passage, il se rendit dans les provinces du haut Rhin ; mais les amis et les ennemis, qu'il avait eu l'imprudence de rançonner, le chassèrent de cette contrée. Forcé de se replier près de Mayence, il chercha à passer le Mein, gardé par le général Tilly, et ce ne fut qu'en sacrifiant la moitié de son armée qu'il put opérer ce passage et rejoindre le comte de Mansfeld. Tous deux, vivement poursuivis par Tilly, se jetèrent de nouveau en Alsace, où ils désolèrent les contrées qui avaient eu le bonheur d'échapper à leur première invasion.

Tandis que Frédéric V suivait en proscrit, et presque en mendiant, les hordes vagabondes qui le proclamaient leur souverain, ses amis travaillaient à le réconcilier avec l'empereur. Ce monarque, prudent jusqu'à la perfidie, feignit de les écouter avec bienveillance, dans le seul but de réduire leur zèle à de stériles négociations. Le roi Jacques seconda comme toujours et sans le vouloir, la ruse de Ferdinand II, qui avait exigé qu'avant de recevoir son pardon, Frédéric déposât les armes. Trouvant cette prétention fort juste, il contraimit son gendre à congédier le comte de Mansfeld et le duc Christian de Brunswick, et à se rendre en Hollande pour y attendre les effets de la clémence impériale.

Le parti désespéré que Frédéric venait de prendre, n'embarrassa les deux chefs qui l'avaient si vaillamment défendu, que parce que désormais leur armée se trouvait sans drapeau. Ils ne s'étaient point armés pour Frédéric, sa retraite du théâtre de la lutte ne pouvait les désarmer. La guerre était leur unique but, et ils ne voyaient qu'un accessoire dans le parti pour ou contre lequel ils devaient combattre. Après quelques essais infructueux pour entrer au service de l'empereur, ils se retirèrent en Lorraine, où les excès qu'ils commirent portèrent la terreur jusque dans l'intérieur de la France. Les Hollandais, serrés de près par le général Spinola, les appelèrent enfin à leur secours. Se mettant aussitôt en route, ils défirent à Fleurus, dans une bataille sanglante, les troupes espagnoles qui voulaient leur barrer le passage, et arrivèrent en Hollande assez tôt pour faire lever le siège de Berg-op-Zoom.

L'indiscipline et les déprédations de ces troupes vagabondes fatiguèrent tellement les Hollandais, qu'ils profitèrent du premier moment de calme pour se débarrasser de ces auxiliaires dangereux. Le comte de Mansfeld conduisit ses soldats dans la riche province de l'Ost-Frise, afin de les préparer, par le repos et l'abondance, à de nouveaux exploits. Le duc Christian de Brunswick, devenu amoureux de la duchesse palatine, qu'il avait vue en Hollande, et, par conséquent, plus que jamais disposé à défendre sa cause, retourna dans la basse Saxe, portant un gant de la princesse attaché à son chapeau, et sur ses enseignes cette devise chevaleresque : *Tout pour Dieu et pour elle.*

Les États héréditaires de l'Autriche étaient débarrassés enfin des ennemis qui s'en étaient emparés; l'*Union évangélique* avait encore une fois cessé d'exister; le margrave de Bade, le duc Christian et le comte de Mansfeld, ne pouvaient plus tenir la campagne; le Palatinat était au pouvoir des troupes chargées d'exécuter l'arrêt qui mettait ce pays et son souverain au ban de l'Empire. La Bavière avait conquis Manheim et Heidelberg; une garnison espagnole occupait Franckenthal, et Frédéric V, réfugié dans un coin de la Hollande, y attendait avec résignation la permission honteuse d'apaiser, par une génuflexion, la colère d'un vainqueur impitoyable. Son sort devait se décider à Ratisbonne, dans une assemblée d'électeurs convoqués à ce sujet; mais dans le cabinet impérial son arrêt était prononcé depuis longtemps.

Persuadé qu'une iniquité cesse d'être dangereuse quand on l'accomplit dans toutes ses conséquences, Ferdinand insinua aux électeurs que Frédéric, ayant été légitimement dépossédé de ses États, ne pouvait plus y rentrer, et qu'un prince sans États et sans peuple ne pouvait conserver la couronne électorale. Puis il leur rappela toutes les circonstances de la conduite de Frédéric et celle de Maximilien de Bavière, afin de les convaincre que, si le parti catholique avait tout à redouter de la vengeance et des haines religieuses du premier, il pouvait compter sur le zèle et le dévouement du second. De là, il tira la conséquence qu'il était aussi juste que politique de récompenser l'un et de mettre l'autre dans l'impossibilité de nuire, en octroyant le Palatinat à la Bavière, mesure qui avait en outre l'avantage immense d'assurer à la religion catholique la majorité dans le conseil électoral.

Ces considérations décidèrent les électeurs ecclésiastiques à soutenir les projets de l'empereur. Du côté protestant, la voix de l'électeur de Saxe avait seule quelque importance. Défenseur-né de la réformation et de la liberté allemande, il était de son devoir de les protéger contre l'Église romaine et contre l'empereur; mais pouvait-il contester au chef de l'Empire un droit sur lequel lui-même fondait la tranquille possession de sa couronne d'électeur [1]? Quant à la question religieuse, il ne s'agissait pas pour lui, en ce moment, de l'avenir de la réformation, mais de décider à laquelle des deux religions, celle de Calvin ou celle du pape, qu'il détestait également, il accorderait la préférence. Dans cette position critique, il n'écouta que les haines et les intérêts privés, et conseilla en secret à l'empereur de disposer du Palatinat selon son bon plaisir, et en dépit des représentations que les convenances de sa position pourraient le forcer de lui adresser dans l'assemblée des électeurs. Si plus tard il refusa de ratifier les décisions de Ferdinand II, c'est que ce monarque l'avait irrité en chassant les ministres protestants de la Bohême. Mais cette opposition ne fut pas de longue durée, et la concession du Palatinat à la Bavière lui parut un acte très-légitime, à dater du jour où on lui accorda la Lusace à titre de solde d'une indemnité de guerre, qu'il avait

---

[1] Schiller fait ici allusion à la manière dont l'électorat de Saxe est passé de la branche Ernestine, qui est l'aînée de cette maison, à la branche Albertine, à laquelle appartenait Jean-Georges. Jean-Frédéric, surnommé le Magnanime, électeur de Saxe, de la branche Ernestine, s'était fait le chef de la ligue de Schmalkalde contre l'empereur Charles-Quint, en faveur des libertés de l'Allemagne. Après avoir soutenu une longue guerre contre cet empereur, il perdit la bataille de Mühlberg, où il fut fait prisonnier, le 24 avril 1547. A la suite de cette défaite, Charles-Quint le déposa de son électorat, et en revêtit Maurice de Saxe, de la branche Albertine. Jean-Georges, qui descendait en ligne directe de Maurice, n'avait donc d'autres droits à l'électorat de Saxe, que ceux que lui donnait l'acte arbitraire de l'empereur Charles-Quint.

(*Note du Traduct.*)

11.

évaluée à la somme énorme de six millions de reichsthalers.

Ce fut en dédaignant les protestations de toute l'Allemagne réformée et en violant la constitution de l'Empire, à laquelle il avait juré fidélité, que Ferdinand II s'acquitta envers Maximilien, par la concession du Palatinat. L'assemblée des électeurs de Ratisbonne, qui prononça cet arrêt, chercha cependant à l'adoucir en y ajoutant une clause en termes fort ambigus, par laquelle les descendants de Frédéric pourraient *un jour* faire valoir leurs droits à cet électorat. L'infortuné Frédéric n'en était pas moins chassé pour toujours, et sans même avoir pu paraître et se défendre devant le tribunal suprême qui l'avait condamné sans l'entendre : iniquité que des juges ordinaires n'oseraient se permettre envers le plus humble des vassaux, le plus vil des malfaiteurs.

Irrité par tant d'injustice et par la rupture du mariage qu'on lui avait fait espérer pour son fils avec une princesse espagnole, le roi Jacques prit enfin vivement le parti de son gendre. La France aussi se réveilla de son long sommeil, car une révolution de cabinet venait de placer le cardinal de Richelieu à la tête des affaires. La conduite du gouverneur de Milan, qui s'était emparé de la Valteline comme d'un point de ralliement entre l'Espagne et les États héréditaires de l'Autriche, ranima les anciennes craintes de l'Europe, et avec elles les vues politiques de Henri IV.

Le mariage du prince de Galles avec Henriette de France, facilita entre ces deux royaumes une alliance, dont la Hollande, le Danemark et plusieurs petits États d'Italie ne tardèrent pas à faire partie. Le but de cette union était de reprendre la Valteline à l'Espagne, et de contraindre l'Autriche à rétablir dans ses États l'électeur du Palatinat.

La première partie de ce projet reçut seule un commencement d'exécution; car le roi Jacques mourut, et Charles I*er* fut trop sérieusement occupé chez lui pour s'intéresser aux affaires de l'Empire; la Savoie et Venise trouvèrent des défaites pour se dispenser de tenir leurs engagements; Richelieu crut qu'il fallait soumettre les huguenots de la France à leur roi, avant de soutenir les protestants de l'Allemagne contre leur empereur; et toutes les brillantes espérances que l'alliance française et anglaise avait fait naître s'évanouirent comme une vaine fumée.

Le comte de Mansfeld, toujours inoccupé, stationnait dans les provinces du bas Rhin; et après quelques expéditions malheureuses, le duc Christian de Brunswick avait été forcé d'évacuer entièrement le territoire de l'Empire; et Bethlen Gabor avait de nouveau pénétré jusque dans la Moravie. Mais cette invasion ne trouva pas plus d'appui de la part des protestants de l'Allemagne que toutes celles qui l'avaient précédée : elle se termina par une réconciliation complète entre l'empereur et le souverain de la Transylvanie.

L'union évangélique n'existait plus; tous les princes protestants avaient déposé les armes, et le général Tilly stationnait sur le territoire des protestants, sous le vain prétexte de surveiller le duc Christian de Brunswick. Ce prince cependant avait déjà été complétement défait dans la basse Saxe; la ville de Lippstadt, le siége de sa charge d'administrateur de Halberstadt, avait été forcée de capituler, et le défaut d'argent venait de le contraindre à licencier ses troupes. Les mêmes causes réduisirent Mansfeld à prendre le même parti. Pourquoi alors l'armée de Tilly, qui n'avait plus d'ennemis à combattre, continuait-elle à tenir la campagne?

Il est difficile de démêler la vérité au milieu des clameurs passionnées de l'esprit de parti; ce n'est que par un examen consciencieux de la situation de l'Empire, qu'on peut découvrir la véritable cause de l'agitation et de l'inquiétude qui s'étaient emparées de tous les esprits.

L'empereur et la *Ligue* continuaient à rester armés, tandis que les protestants étaient hors d'état de se défendre; et lors même que Ferdinand II n'aurait pas eu d'abord l'idée d'abuser de ses victoires, elle ne pouvait manquer de lui être suggérée par la faiblesse et la désunion de ses ennemis. Les traités surannés qui protégeaient la réformation ne pouvaient arrêter un monarque qui devait tout à la religion catholique, et qui regardait comme juste et saint tout ce qui était favorable à cette religion.

La haute Allemagne était vaincue, la basse seule luttait encore contre l'absolutisme impérial; les protestants s'y trouvaient en majorité, et l'Église romaine y avait perdu la plupart de ses établissements : l'instant était propice pour les lui faire restituer. Les États de presque tous les princes protestants ne se composaient que de biens enlevés jadis au clergé; en les rendant à leurs anciens maîtres, l'empereur servait non-seulement l'Église catholique, mais achevait la ruine de ses ennemis.

L'imminence du danger fit enfin comprendre aux protestants la nécessité de songer à leur conservation. La basse Saxe s'arma avec autant de mystère que de promptitude, et devint le dépôt des provisions de guerre du parti protestant, qui traita en même temps avec Venise, la Hollande et l'Angleterre, pour en obtenir des subsides et délibérer à l'avance sur le choix du souverain qu'ils se donneraient pour chef. Les rois de Suède et de Danemark, alliés naturels de la basse Saxe, craignaient que l'empereur, en s'emparant de ce pays, ne devînt pour eux un voisin dangereux sur les côtes de la mer du Nord. Le double intérêt de leurs

États et de leur religion leur faisait donc un devoir d'arrêter les progrès de Ferdinand dans la basse Allemagne, dont Christian IV, en sa qualité de duc de Holstein, était un des souverains.

Des motifs plus puissants encore autorisèrent Gustave-Adolphe, à vouloir faire partie de la nouvelle alliance des protestants. Aussi les deux rois sollicitèrent-ils à l'envi l'honneur de défendre la basse Saxe contre la formidable puissance autrichienne : chacun d'eux offrit à cet effet une armée nombreuse, qu'il se proposait de commander en personne.

Déjà Gustave-Adolphe, par ses campagnes contre la Russie et la Pologne, était devenu célèbre sur toutes les côtes de la Baltique; ce qui donnait un très-grand poids à son alliance dans la politique des protestants allemands. Mais cette même gloire avait excité l'envie du vieux roi de Danemark, qui fit tous ses efforts pour rester seul chargé d'une entreprise, de laquelle il se promettait une moisson de lauriers assez riche pour éclipser la renommée du jeune héros de la Suède.

Le cabinet anglais fut chargé de juger leurs prétentions, et Christian IV l'emporta sur son rival, parce que sa position lui permit d'offrir des conditions plus favorables. En effet, si une bataille perdue le forçait à une retraite momentanée, il pouvait se rallier dans le Holstein et le Jutland, qui faisaient partie de ses États; tandis que Gustave-Adolphe, qui ne possédait rien en Allemagne, s'était vu forcé d'exiger la concession de quelques places fortes où, en cas de revers, il pût assurer un refuge à ses troupes.

Plus que jamais empressé d'ouvrir la campagne, le roi de Danemark réunit en peu de temps une armée de soixante mille hommes, avec laquelle il entra dans la basse Saxe. L'administrateur de Magdebourg et les ducs de Mecklembourg et de Brunswick se joignirent à lui.

Ce renfort enflamma tellement son courage, qu'il se vanta hautement de terminer la guerre par une seule bataille. Son langage avec la cour de Vienne était cependant plein de modération ; car il voulait la convaincre qu'il n'était entré en basse Saxe que pour y maintenir l'ordre et la tranquillité.

Ferdinand ne fut pas dupe de ces fausses démonstrations de paix ; et après avoir vainement employé les représentations et les menaces pour engager Christian à désarmer, il commença lui-même les hostilités. Le général Tilly s'avança sur la rive gauche du Weser, et s'empara de tous les passages jusqu'à Munden : après avoir inutilement attaqué Nienbourg, et cherché à passer le fleuve, il répandit ses troupes dans la principauté de Kalemberg. Le roi de Danemark déploya son armée sur la rive droite du Weser, où elle occupait tout le territoire de Brunswick. En divisant ainsi ses forces, il s'était mis dans la nécessité d'éviter avec autant de soin un combat décisif, que le général Tilly en mettait pour l'y contraindre.

Jusqu'à ce moment l'empereur n'avait combattu qu'avec les armes de la Bavière et de la *Ligue*, à l'exception de quelques troupes espagnoles qui étaient venues de Flandre dans le bas Palatinat. Maximilien de Bavière dirigeait seul toutes les opérations de la guerre, et Tilly était un général bavarois.

Sauvé et défendu par la Bavière et par la *Ligue*, Ferdinand devait tout à leur bonne volonté à son égard : cette dépendance s'accordait d'autant plus mal avec ses projets de conquêtes, qu'il ne pouvait espérer de s'y voir soutenu par la *Ligue*, qu'à la condition qu'elle recueillerait le fruit de ces conquêtes, et ne voudrait partager avec l'empereur que la haine générale dont il ne pouvait manquer de devenir l'objet.

Pour échapper à une si fâcheuse position, il ne lui

restait qu'un seul moyen, celui de lever et d'entretenir, à ses frais une nombreuse et vaillante armée; mais les guerres précédentes avaient tellement épuisé ses États héréditaires, que de nouveaux sacrifices leur devenaient absolument impossibles. Rien ne pouvait donc lui être plus agréable que l'offre inattendue par laquelle le comte de Wallenstein vint le surprendre.

Ce seigneur, le plus riche de la Bohême, avait servi la maison d'Autriche depuis sa plus tendre jeunesse, et donné des preuves de valeur et de talent dans diverses campagnes. Colonel à la bataille de la montagne Blanche, et bientôt après général major, il justifia cet avancement rapide en chassant de la Moravie les troupes hongroises qui s'en étaient emparées. L'empereur l'avait récompensé de ce service par une partie des domaines confisqués sur les rebelles de la Bohême.

Devenu ainsi possesseur d'une fortune immense, son ambition démesurée, sa confiance dans sa bonne étoile, et surtout l'étude profonde qu'il avait faite de la situation de l'Europe et du caractère de ses souverains, lui suggérèrent le projet audacieux de recruter et d'équiper une armée à ses frais; de se charger même de son entretien, à la seule condition qu'il lui serait permis de la porter jusqu'à cinquante mille hommes. Cette proposition fut regardée comme le rêve extravagant d'une tête exaltée; Ferdinand cependant l'encouragea, car lui seul comprit qu'elle serait encore très-avantageuse lors même qu'elle ne se réaliserait qu'en partie.

On accorda donc au comte de Wallenstein, pour ses premiers essais, quelques districts de la Bohême, avec la permission de créer lui-même les charges d'officiers. En moins de deux mois, vingt mille hommes étaient sous ses ordres; il quitta avec eux les frontières de l'Autriche, et lorsqu'il parut à l'entrée de la basse Saxe, son armée se montait à trente mille combattants. Pour opérer cette création merveilleuse, l'empereur n'avait donné que son nom.

La voix de Wallenstein, l'espoir d'un avancement rapide, l'attrait du butin, avaient attiré de tous les points de l'Allemagne, non-seulement des aventuriers obscurs, mais des princes souverains étaient venus avec des régiments entiers se ranger sous le drapeau autrichien. Pour la première fois depuis le commencement de cette guerre, une armée impériale parut enfin sur le territoire de l'Empire : apparition terrible pour les protestants, et fort peu réjouissante pour les catholiques.

Wallenstein avait reçu l'ordre de joindre son armée à celle de la *Ligue*, et d'attaquer le roi de Danemark de concert avec Tilly; mais il était trop jaloux de la gloire de ce général, pour lui fournir ainsi le moyen de la rendre plus éclatante encore; et, tout en appuyant ses opérations sur le plan de campagne du général en chef de la *Ligue*, il persista dans la résolution qu'il avait prise d'agir toujours sans sa coopération.

N'ayant point à sa disposition les ressources légales au moyen desquelles Tilly entretenait son armée, il se vit contraint de conduire la sienne dans les provinces que la guerre n'avait pas encore épuisées, telles que les territoires de Halberstadt et de Magdebourg. En pénétrant jusqu'à Dessau, il se rendit maître de l'Elbe et des pays situés sur les deux rives, d'où il pouvait prendre les Danois en queue et se frayer une route pour entrer dans leurs États.

Christian IV, ainsi enfermé entre les deux armées ennemies, ne s'aveugla point sur les dangers de sa position. Pour les diminuer, il décida le duc Christian de Brunswick, administrateur de Halberstadt, à se joindre à lui, et releva l'influence de Mansfeld en le déclarant son allié. Ce vaillant chef de parti le récompensa de ce service en occupant Wallenstein sur les bords de l'Elbe, il poussa même l'audace jusqu'à s'approcher du pont de Dessau et à élever ses batteries en face des batteries impériales. Assailli de tous côtés, il succomba sous le nombre, après avoir laissé plus de trois mille morts sur le champ de bataille.

Malgré cette défaite, il parvint à conduire le reste de son armée dans la marche de Brandebourg, où il recruta de nouvelles troupes. Redevenu formidable, il entra tout à coup dans la Silésie, avec l'intention bien arrêtée de pénétrer par cette province en Hongrie, afin de se joindre à Bethlen Gabor, et de porter ainsi la guerre dans le cœur des provinces héréditaires de l'Autriche.

Devinant ce dessein si pernicieux pour lui, Ferdinand expédia en hâte à Wallenstein l'ordre de ne plus songer au roi de Danemark et de tourner toutes ses forces contre Mansfeld, afin de l'empêcher de traverser la Silésie. Cette division des forces ennemies permit à Christian IV, d'envoyer une partie de ses troupes en Westphalie, où elles s'emparèrent des évêchés de Munster et d'Osnabruck. En vain Tilly avait-il cherché à le prévenir; une tentative d'invasion sur le territoire de la *Ligue*, par le duc Christian, l'avait mis dans la nécessité d'abandonner la Westphalie aux Danois.

Trop bon général pour ne pas comprendre que par là il venait de faciliter au landgrave de Hesse-Cassel le moyen de se réunir à l'armée danoise, il chercha à rendre cette réunion impossible en s'emparant de toutes les places fortes de la Werra et du Fould, y compris la ville de Munden, située à l'entrée des montagnes de la Hesse, où ces deux rivières se confondent avec le Weser. Bientôt après il prit Gottingue, la clef du Brunswick et de la Hesse.

Déjà un sort semblable attendait Nordheim, quand le roi de Danemark se porta au secours de cette ville, la mit en état de soutenir un long siége, et chercha de nouveau à se frayer un passage pour entrer sur le territoire de la *Ligue*. Tilly le poursuivit à marches forcées, et le rejoignit près de Duderstadt. N'osant se mesurer avec un ennemi dont il connaissait la supériorité, et qui comptait dans ses rangs plusieurs régiments de Wallenstein, il chercha à lui échapper par une retraite adroite; mais Tilly l'avait si bien entouré, qu'après trois jours d'escarmouches et de luttes insignifiantes, il se vit contraint de livrer bataille près du village de Dutter, non loin du Barenberg.

Les Danois attaquèrent avec beaucoup d'intrépidité; trois fois l'ennemi, plus nombreux, plus aguerri et mieux armé, les repoussa, et trois fois le courageux Christian IV les ramena au combat. La victoire se déclara enfin pour Tilly. Les Danois perdirent soixante drapeaux ou étendards, toute leur artillerie, leurs bagages et leurs munitions, quatre mille soldats et une foule de vaillants officiers. Quelques régiments d'infanterie, qui s'étaient réfugiés dans le village de Lutter, déposèrent les armes, et furent faits prisonniers. Le roi, qui s'était échappé avec une partie de sa cavalerie, ne tarda pas à se rallier; mais Tilly le poursuivit à outrance et le fit reculer jusque dans les environs de Brême.

Quoique découragé par tant de défaites, Christian IV voulait du moins continuer la guerre défensive et empêcher l'ennemi de passer l'Elbe. Dans ce but, il jeta des garnisons dans toutes les places fortes, et se réduisit ainsi à rester inactif avec les débris de son armée, tandis que les détachements qu'il avait éparpillés de tous côtés devinrent la proie du général de la *Ligue*, qui se rendit maître du Weser, passa l'Elbe, et s'étendit sur tout le Brandebourg. A la même époque, Wallenstein pénétra dans le Holstein, et transporta ainsi la guerre sur le territoire du roi de Danemark. Ce succès le consola de n'avoir pu arrêter la marche de Mansfeld, qui, toujours plus grand que la fortune, dont les caprices lui étaient si souvent contraires, avait traversé la Silésie et atteint la Hongrie, où il s'était joint à Bethlen Gabor.

Séduit par les promesses de l'Angleterre et de l'Allemagne protestante, le prince transylvanien avait de nouveau rompu la paix avec l'Autriche; mais, au lieu des subsides et des soldats attendus, Mansfeld vint lui demander de l'argent pour solder ses troupes, et des renforts pour chasser de la Hongrie l'armée impériale, qu'il avait attirée sur ses pas. Peu satisfait d'un pareil auxiliaire, Bethlen Gabor lui déclara qu'il n'entreprendrait rien avant qu'il eût réussi à se procurer de l'argent. A cet effet, il lui conseilla de s'adresser à la république de Venise, et se hâta d'en finir avec l'empereur, ainsi qu'il en avait l'habitude, par un traité de paix, qu'il se promettait d'avance de rompre à la première occasion favorable.

Séparé de l'Allemagne et hors d'état de se soutenir en Hongrie, Mansfeld licencia ses soldats, vendit leurs armes et les munitions de guerre, et partit pour Venise avec une suite peu nombreuse. Tant de revers n'avaient point abattu son courage, et son génie actif lui suggéra des projets vastes et glorieux, mais inutiles, car il touchait au terme de sa carrière. L'adversité, qui l'avait si cruellement poursuivi pendant sa vie, lui creusa une tombe en Dalmatie, près de Zara, où la mort vint le surprendre, en 1626. Le duc Christian de Brunswick, son compagnon d'armes, l'avait précédé au tombeau de quelques mois seulement. C'est ainsi que finirent ces deux hommes dignes de l'immortalité, et que la postérité bénirait s'ils avaient combattu les vices de leur époque avec le courage et la fermeté qu'ils déployèrent pour lutter contre les chances du hasard.

Si, dès son début dans cette guerre, le roi de Danemark n'avait pu tenir tête au général Tilly, que pouvait-il espérer maintenant qu'il n'avait plus à opposer, à deux grands généraux, que les débris d'une armée vaincue et démoralisée ?

Après avoir chassé les Danois des bords du Weser, de l'Elbe et du Havel, l'armée impériale se précipita sur le Brandebourg, le Mecklembourg, le Holstein et le Schleswig. Wallenstein, qui commandait cette armée, avait décidé le général de la *Ligue* à passer l'Elbe pour surveiller les Hollandais. Par cette ruse adroite, qui le dispensait de la nécessité, si pénible pour lui, de seconder les plans d'un autre, il s'était assuré le moyen de terminer seul la guerre contre le roi de Danemark, et de recueillir ainsi le fruit des victoires remportées par Tilly. Bientôt ce roi chassé de toutes les places fortes de ses États allemands, Glukstadt seule exceptée, se vit entièrement délaissé. L'Angleterre daigna à peine lui adresser quelques vagues consolations, et tous ses alliés de la basse Saxe étaient devenus victimes de la fureur des vainqueurs. Immédiatement après la bataille de Lutter, le landgrave de Hesse-Cassel avait été contraint par le général Tilly de renoncer à l'alliance danoise, et l'apparition subite de Wallenstein devant Berlin, força l'électeur de Brandebourg à reconnaître la légitimité des droits de Maximilien de Bavière sur le Palatinat. Le Mecklembourg aussi fut occupé par des troupes impériales, et ses deux ducs mis au ban de l'Empire, comme partisans du roi de Danemark.

Défendre les libertés civiles et religieuses de l'Allemagne contre le fanatisme et le pouvoir absolu, était devenu un crime qu'aucun châtiment ne semblait pouvoir punir assez sévèrement. Ces excès de l'ambition et de l'injustice n'étaient cependant que le prélude de calamités plus grandes, qui ne tardèrent pas à mettre le comble aux malheurs de l'Empire.

L'Allemagne venait enfin de deviner par quel moyen Wallenstein était parvenu à réaliser l'offre qu'il avait faite à l'empereur. La première idée de ce projet pernicieux lui avait été suggérée par l'exemple de Mansfeld : le disciple perfectionna la conception du maître. Partant du principe, que *la guerre doit vivre de la guerre*, le comte de Mansfeld et le duc Christian de Brunswick, avaient entretenu leurs soldats aux dépens des pays où ils se trouvaient, procédé par lequel ils les avaient exposés non-seulement à mériter le titre, mais à supporter tous les inconvénients de la vie de brigands. Semblables à des voleurs de grands chemins, de pareilles troupes, toujours surveillées et poursuivies par les amis de l'ordre et de la tranquillité publique, ne pouvaient agir qu'à l'ombre du mystère ou de la ruse, et se trouvaient sans cesse forcées à se tenir sur la défensive.

Malgré tous ces obstacles, Mansfeld et Christian avaient obtenu de brillants succès. Que ne devait pas espérer le chef qui parviendrait à lever une armée, assez nombreuse pour pénétrer et se maintenir dans les provinces les plus riches, et qui, en se couvrant du nom de l'empereur, se serait assuré du droit d'impunité? Pouvait-il y avoir une position plus élevée que celle de l'homme de génie qui, sous l'égide de la plus haute autorité de l'Empire et à la tête d'une armée formidable, exécuterait dans ces vastes dimensions le projet que deux aventuriers avaient essayé de réaliser avec une poignée de soldats, et sous leur seule responsabilité?

Wallenstein avait senti qu'il était cet homme de génie, et il ne tarda pas à le prouver à l'Europe.

Plus ses troupes devenaient nombreuses, moins il avait besoin de s'occuper de leur entretien; car avec elles augmentait la terreur qu'il inspirait, et qui lui livrait d'avance la clef de toutes les provinces allemandes. Les actes de violence, quand ils sont soutenus par la force, sont toujours sûrs de l'impunité. Au reste, quand Wallenstein les exerçait contre les ennemis de l'empereur, ils avaient quelque apparence de justice; la nécessité lui servait d'excuse auprès des amis que leur faiblesse contraignait à les supporter sans se plaindre. L'oppression qui pesait tantôt sur un souverain et tantôt sur un autre les empêcha non-seulement de se liguer entre eux, mais elle eut encore l'avantage de les affaiblir au point, que bientôt la résistance leur devint entièrement impossible.

C'est ainsi que l'Allemagne entière se convertit en un immense dépôt de vivres et de munitions, où les troupes impériales puisaient sans cesse au gré de leurs besoins. De véhémentes réclamations contre cet abus révoltant assiégeaient le trône impérial; mais Wallenstein, loin de s'en effrayer, y vit la preuve que les membres de la diète comprenaient leur impuissance, puisque au lieu de recourir aux armes ils pétitionnaient. D'un autre côté, il remarquait avec plaisir qu'une partie de la haine générale qu'il avait soulevée contre lui commençait à rejaillir sur Ferdinand, parce qu'il refusait de faire droit aux plaintes qu'on lui adressait contre son général. Au reste, il ne tarda pas à se sentir tellement fort à la tête de son armée formidable, qu'il aurait pu impunément se dispenser d'obéir à l'empereur, lors même qu'il lui aurait ordonné de tenir une autre conduite que celle qu'il jugeait favorable à ses propres intérêts.

Les ennemis de l'Autriche et de la *Ligue* étaient tellement épuisés, qu'une paix prochaine semblait plus que probable, et cependant Wallenstein continuait à augmenter son armée, qui déjà se montait à plus de cent mille hommes. Autorisé à créer des officiers de tout grade, y compris celui de colonel, un immense état-major l'entourait constamment, et il étalait un luxe et une prodigalité royale; ses moindres dons n'étaient jamais au-dessous de mille florins, et des sommes immenses étaient régulièrement envoyées à la cour de Vienne, pour payer les agents secrets chargés d'y maintenir son crédit et son influence. Ces dépenses énormes s'effectuaient sans imposer à l'empereur le plus léger sacrifice; les contributions de guerre, levées sur les amis comme sur les ennemis, suffisaient pour faire face à tout.

S'il faut en croire certains rapports, exagérés peut-être, ces contributions, que Wallenstein imposa aux souverains de l'Allemagne, pendant les sept années qu'il fut à la tête des armées impériales, s'élevaient à plus de 60 milliards de reichsthalers (240 milliards de francs environ), sans compter les frais occasionnés par l'obligation de nourrir, d'équiper et de remonter les troupes qui passaient sur leur territoire.

L'abondance qui régnait dans son camp, augmenta l'empressement avec lequel on venait de tous côtés se ranger sous son drapeau; et l'éclat et la prospérité de son armée s'augmentaient à mesure que les provinces qui lui servaient de nourrices, tombaient dans la misère et l'esclavage. Les malédictions des peuples et les cris de douleur des princes glissaient sur son cœur ambitieux et dur. Pour l'instant, du moins, il avait atteint son but : ses soldats l'adoraient, et l'énormité de ses forfaits le mettait à même d'en mépriser les conséquences, car il était parvenu à se rendre redoutable à tous les souverains de l'Europe.

On ne pourrait, sans injustice, faire peser sur Ferdinand toute la responsabilité des crimes de ses troupes et de leur général. S'il avait pu prévoir qu'en acceptant l'offre de Wallenstein, il l'autorisait à rançonner les peuples selon son bon plaisir, il eût reculé sans doute devant un acte aussi dangereux pour lui que funeste pour l'Allemagne. D'un autre côté, si Wallenstein exerçait ses ravages au nom de l'empereur, il se servait aussi de ce nom pour abaisser les membres de la diète, briser les rouages de la constitution, et renverser cette hiérarchie si sagement combinée, qui distribuait le pouvoir en parties égales, depuis le plus petit électeur jusqu'au chef de l'Empire. Il est vrai qu'en faisant ainsi de l'autorité impériale la seule puissance de l'Allemagne, il agissait moins dans l'intérêt de son maître que dans le sien, car il savait qu'il grandissait avec l'autorité dont il s'était fait le créateur et l'agent.

Ébloui de la hauteur où son général l'avait élevé, Ferdinand ne comprit pas qu'il serait forcé d'en descendre, dès que la main qui l'y avait porté refuserait de le soutenir. Dans l'excès de sa reconnaissance, il créa l'auteur de sa fortune, duc de Friedland. Cette récompense n'était pour l'ambitieux Wallenstein qu'une faveur insignifiante, et il exigea, pour garantie des sommes qu'il prétendait avoir avancées au gouvernement, la concession du Mecklembourg, dont il venait de faire la conquête. Les voix du conseil impérial qu'il n'avait pas daigné acheter s'élevèrent contre cette prétention inouïe; et l'Espagne, qu'il ne cessait d'offenser par ses manières hautaines, s'y opposa ouvertement. Malgré cette opposition, ses partisans l'emportèrent, et un décret impérial de 1628 déposséda les héritiers d'une des plus anciennes maisons princières de l'Allemagne, pour accorder ses dépouilles à l'agent, au serviteur, ou plutôt à l'instrument indispensable des ambitieux et criminels desseins de Ferdinand II.

Après ce succès, Wallenstein prit le titre de généralissime des armées impériales de terre et de mer, s'empara de la ville de Wismar, afin de prendre pied sur la mer Baltique, et contraignit la Pologne et les villes anséatiques à lui fournir des vaisseaux, avec lesquels il se proposait d'attaquer les Danois dans leur pays. Ferdinand ne pouvait manquer d'approuver un projet qui favorisait son espoir d'arriver au pouvoir absolu, puisque ce projet tendait à séparer la basse Saxe des États du Nord, et à entourer l'Empire, depuis l'Adriatique jusqu'au Sund, d'une suite non interrompue de provinces autrichiennes.

Wallenstein cependant, n'avait conçu ce plan que dans son intérêt à lui. En se consolidant sur la mer Baltique, il travaillait à acquérir une puissance rêvée depuis longtemps, et qui devait le rendre assez indépendant pour se passer de l'égide impériale. En tout cas, la possession de Stralsund lui était indispensable. Ce port, aussi vaste que sûr, et d'où il était facile d'aborder les côtes de la Suède et du Danemark, pouvait, en cas de guerre avec ces deux pays, devenir pour lui une place d'armes, un magasin précieux.

Jusqu'ici cependant cette ville, la sixième de la hanse, placée sous la protection du duc de Poméranie, n'avait pris aucune part à la guerre; mais sa neutralité et les privilèges qui lui avaient été légalement accordés, ne purent arrêter les audacieuses entreprises de Wallenstein. Les magistrats refusèrent avec une fermeté inébranlable de recevoir une garnison impériale; et la demande d'accorder au moins aux troupes autrichiennes un libre passage, éprouva le même sort. Outré de ce double refus, qui lui ôtait le moyen de s'emparer de la ville par la ruse, le duc de Friedland se disposa à l'assiéger.

La Suède et le Danemark étaient également intéressés

au maintien de la neutralité de Stralsund, d'où dépendait la libre navigation du Belt. Au reste, par le traité de Copenhague, de 1628, ils s'étaient promis mutuellement de réunir leurs forces pour défendre cette ville et la Baltique, contre tout souverain étranger qui voudrait s'en rendre maître. Cette fois du moins les raisons d'État l'emportèrent sur leurs jalousies privées. Christian IV envoya une forte garnison à Stralsund, et vint visiter cette ville, afin d'exciter par sa présence le courage de ses habitants, tandis que la flotte danoise coulait à fond les vaisseaux que Sigismond, roi de Pologne, venait de fournir à l'empereur. Mais la ville de Lubeck avait refusé les siens; et le généralissime des armées de terre et de mer ne possédait plus un seul navire.

Vouloir s'emparer d'un port de mer, parfaitement fortifié et défendu par une flotte et une vaillante garnison, sans avoir même une barque à sa disposition, est sans contredit une des entreprises les plus aventureuses et les plus bizarres que puissent signaler les annales de l'histoire.

Wallenstein n'avait encore jamais éprouvé de revers; il se croyait appelé à faire l'impossible et à vaincre jusqu'aux obstacles que lui opposait la nature. Libre du côté de la mer, Stralsund recevait sans aucune difficulté les vivres, les munitions et les renforts dont elle avait besoin. Le duc de Friedland ne s'obstina pas moins à la bloquer du côté de la terre. Ne pouvant opposer que des bravades aux railleries que les assiégés se permettaient à son égard, il leur fit dire qu'*il prendrait leur ville, lors même qu'elle serait attachée au ciel par des chaînes de fer.* Ferdinand, qui sentit tout ce qu'il y avait d'extravagant dans cette entreprise, profita d'une proposition acceptable que Stralsund venait de lui faire, pour ordonner à son général de lever le siége. Mais, loin d'obéir à cet ordre, il continua à harceler la garnison par des assauts perpétuels.

Ces luttes meurtrières épuisèrent tellement les ressources de Christian IV, que bientôt il se vit hors d'état d'envoyer de nouvelles troupes à Stralsund, et forcé de souffrir que cette ville appelât le roi de Suède à son secours. Alors le commandant danois quitta la place, qu'un général suédois vint défendre à son tour et avec beaucoup plus de bonheur. Pour la première fois l'étoile de Wallenstein pâlit, et son orgueil fut forcé de céder à la nécessité. Le siége de Stralsund lui avait coûté plus de douze mille hommes, et n'avait eu d'autre résultat que de forcer cette ville à se jeter dans les bras de la Suède, et à frayer ainsi à Gustave-Adolphe la route qui devait le conduire en Allemagne.

Jusque-là les armes de la *Ligue* et de l'empereur avaient été constamment victorieuses, et Christian IV vaincu en Allemagne avait été obligé de se réfugier dans les îles dont se compose ses États; mais le cours des événements changea brusquement sur les bords de la Baltique. Le manque total de vaisseaux avait empêché les vainqueurs de poursuivre leurs conquêtes; ils pouvaient même s'attendre à se les voir enlever, depuis qu'un traité offensif et défensif unissait les deux monarques du Nord. Rompre ce traité et s'assurer l'assistance du roi de Danemark était donc le seul moyen possible de se maintenir sur les rives de la Baltique, et d'entreprendre une descente en Suède avec quelque chance de succès.

La crainte de l'intervention des puissances étrangères, et surtout l'orage qui commençait à gronder de nouveau dans tous les États protestants de l'Allemagne, firent pencher l'empereur vers la paix; et Wallenstein le seconda dans les démarches qu'il fit à ce sujet. Il était loin cependant de désirer une tranquillité qui, des régions éclatantes de la gloire, le rejetteraient dans le cercle obscur de la vie privée; mais il voulait transporter la guerre sur un autre terrain, et augmenter l'irritation générale des esprits par une paix partielle.

L'amitié du roi de Danemark, dont, en sa qualité de duc de Mecklembourg, il était devenu le voisin, lui promettait d'immenses avantages pour l'avenir qu'il rêvait; aussi n'hésita-t-il pas à s'acquérir des droits à sa bienveillance, au détriment des intérêts de son maître. Malgré le traité de Copenhague, qui défendait au Danemark d'accepter les offres de l'Autriche sans le consentement de la Suède, Christian IV, séduit par les avances de Wallenstein, consentit à faire la paix. Le congrès qui se tint à Lubeck, en 1629, régla toutes les clauses de cette paix, par laquelle l'empereur rendit au Danemark les provinces qu'il lui avait enlevées. Les plénipotentiaires de la Suède, chargés d'intercéder en faveur des ducs dépossédés du Mecklembourg, n'obtinrent aucune satisfaction; le duc de Friedland les traita avec hauteur et mépris; il les insulta même publiquement.

Si par cette paix Christian IV rentra dans ses provinces, il avait été forcé de promettre qu'il ne se mêlerait à l'avenir des affaires d'Allemagne, qu'autant que son titre de duc de Holstein l'y autoriserait; qu'il n'inquiéterait, sous aucun prétexte, les possessions ecclésiastiques de la basse Saxe, et qu'il abandonnerait pour toujours la cause des ducs de Mecklembourg. Ces deux malheureux princes avaient été entraînés à la guerre par lui, et cependant cette considération ne l'empêcha pas de les sacrifier sans scrupule, pour acheter la bienveillance de leur ennemi commun. La réintégration de Frédéric V dans son électorat avait été un des principaux motifs qui avaient armé Christian IV; et ce prince ne fut pas mieux traité que les ducs de Mecklembourg, car, dans une des clauses de la paix de Lubeck, le Danemark reconnaissait Maximilien de Bavière comme légitime possesseur du Palatinat. Ce fut par ces hon-

[...]euses concessions que le roi de Danemark se retira du [th]éâtre de la guerre.

La tranquillité de l'Empire dépendait une seconde fois de Ferdinand II, car il pouvait faire de la paix de Lubeck une paix générale. Les cris et les plaintes des malheureux, qui demandaient un terme aux maux que la cruauté des soldats et la cupidité des chefs leur faisaient supporter, s'élevaient de toutes parts. L'Allemagne, dévastée par les hordes vagabondes du comte de Mansfeld et du duc Christian de Brunswick; appauvrie, affamée par les armées de Tilly et de Wallenstein; l'Allemagne couverte de sang, de ruines et de cendres; l'Allemagne agonisante demandait grâce à ses maîtres inhumains, et ces maîtres eux-mêmes soupiraient après la paix.

L'empereur aussi la désirait, parce qu'il ne pouvait plus faire face aux dépenses énormes de la guerre qu'il soutenait en Italie contre la France. Malheureusement il était difficile, il était presque impossible d'accorder les deux partis religieux sur les conditions de la paix. Les catholiques ne voulaient pas avoir combattu pendant si longtemps sans gagner quelque chose, et les protestants ne voulaient rien perdre. Au lieu de tenir sagement la balance, Ferdinand la fit pencher du côté des catholiques, et précipita de nouveau l'empire au milieu des horreurs d'une guerre désastreuse et sanglante.

Depuis la pacification de la Bohême, il avait commencé la contre-réformation. D'abord prudent et réservé, parce qu'il était faible, les victoires de Tilly et Wallenstein n'avaient pas tardé à le rendre hardi. [Tous] les protestants de ses États héréditaires reçurent l'ordre de renoncer à leur religion ou à leur patrie; alternative cruelle qui souleva une partie de la population de l'Autriche. Dans le Palatinat, il fit supprimer entièrement le culte calviniste; et tous les ministres de ce culte furent bannis de l'université de Heidelberg. Ce triomphe augmenta les prétentions et les exigences des catholiques. A la réunion des électeurs qui se tint à Mulhausen, ils demandèrent, comme un juste dédommagement des maux que la guerre leur avait fait éprouver, la restitution des églises, des évêchés, des chapitres, des abbayes et des couvents, dont les protestants s'étaient emparés depuis la paix d'Augsbourg.

Un catholique aussi zélé que Ferdinand II ne pouvait rien trouver d'exagéré dans cette demande; mais il était trop bon politique pour ne pas sentir que l'instant n'était pas encore venu de se permettre une démarche aussi décisive. Tous les souverains protestants de l'Empire avaient eu une part plus ou moins grande dans cette usurpation des biens de l'Église. Si aucune clause du traité d'Augsbourg ne contestait la légitimité de ces conquêtes, aucune aussi ne l'accordait d'une manière positive; mais les protestants pouvaient faire valoir en leur faveur une possession de près d'un siècle, sanctionnée par le silence de quatre empereurs. Cette possession était pour eux de la plus haute importance, non-seulement par rapport aux avantages matériels qui y étaient attachés, mais parce qu'en les rendant aux catholiques, ces derniers devenaient les maîtres absolus à la diète.

Ferdinand craignait donc avec raison, de réunir contre lui tout le parti de la réformation protégé par l'électeur de Saxe, en exigeant ouvertement la restitution des biens de l'Église; et il voulut s'assurer, par des essais partiels, de l'effet que pourrait produire une mesure générale. Dans ce but, il fit ordonner à plusieurs villes impériales et au duc de Wurtemberg, de rendre au clergé tous les domaines qu'ils lui avaient enlevés. En Saxe, il se montra plus hardi encore. Les chanoines luthériens des évêchés de Magdebourg et de Halberstadt, avaient remplacé dans ces villes, les anciens évêques catholiques par des évêques de leur culte.

Le premier de ces évêchés était devenu vacant par la déposition de Christian Guillaume, prince de la maison de Brandebourg, et le second par la mort du duc Christian de Brunswick; les territoires de l'un et de l'autre, excepté la ville de Magdebourg, étaient provisoirement occupés par les troupes de Wallenstein. Ferdinand profita de ce concours de circonstances favorables pour établir à Halberstadt, non-seulement un évêque catholique, mais un prince de sa maison.

Voulant éviter un sort semblable, Magdebourg s'empressa d'élire le fils de l'électeur de Saxe, en remplacement de l'évêque dépossédé. Mais le pape, s'arrogeant le droit d'intervenir dans ce conflit des deux religions, annula l'élection du clergé protestant, en faveur du prince autrichien, qui se trouva ainsi possesseur des évêchés de Halberstadt et de Magdebourg. Le parti catholique lui-même ne pût s'empêcher de voir, dans ce triomphe de l'empereur, une preuve nouvelle que son zèle pour l'Église de Rome ne lui faisait pas oublier les intérêts de sa maison.

La paix de Lubeck avait fait disparaître tous les dangers que les catholiques pouvaient redouter du côté du nord de l'Europe; l'Allemagne protestante, vaincue plus encore par les traités que par les armes, paraissait hors d'état d'opposer la plus légère résistance à tout ce qu'on pourrait entreprendre pour achever de l'abattre; la *Ligue* renouvelait ses réclamations d'un ton plus impérieux, et Ferdinand, persuadé que l'instant était venu où il pouvait, sans danger, rendre aux catholiques la justice qu'il croyait leur devoir, signa enfin le célèbre et funeste édit de 1629, connu sous le nom d'*Édit de restitution.*

Dans le préambule de cet acte, qu'avant sa publication il avait soumis à l'approbation des quatre électeurs catholiques, il s'arrogea le droit, *en vertu de l'infaillibilité de son plein pouvoir impérial*, de décider en juge souverain, entre les deux partis religieux, et de déterminer le véritable sens des clauses du traité d'Augsbourg, « qui, disait-il, par la fausse interpréta« tion qu'on lui avait donnée jusque-là, avait causé tant « de maux et de désastres. » Pour justifier par une apparence de légalité un droit aussi exorbitant, il s'appuya sur l'exemple de ses prédécesseurs, qui se l'étaient tous attribué, et sur l'adhésion de plusieurs membres protestants de la diète.

L'électeur de Saxe avait eu en effet l'imprudence d'accorder à Ferdinand II un pareil privilége; l'*Édit de restitution* lui fit connaître trop tard l'étendue du mal que sa complaisance pour la maison d'Autriche allait attirer sur l'Allemagne protestante. Près d'un siècle de luttes et de querelles avait prouvé jusqu'à l'évidence, que le traité d'Augsbourg était susceptible d'interprétations contradictoires; mais ce défaut de clarté ne pouvait, en aucune façon, autoriser l'empereur à se charger d'un rôle diamétralement opposé à l'esprit de ce traité; car, en se faisant l'arbitre suprême entre les membres protestants et les membres catholiques de la diète, lui, chef de l'Empire et prince catholique, devenait juge dans sa propre cause. Cet abus révoltant ne pouvait manquer de réduire la liberté de l'Allemagne à un mot vide de sens.

Fort du droit qu'il venait enfin de s'attribuer ouvertement, Ferdinand déclara que toutes les confiscations opérées par les protestants, depuis le jour de la signature de la paix d'Augsbourg, sur les biens *médiats* ou *immédiats* de l'Église catholique, étaient une violation de cette paix, et que, par conséquent, elles étaient consinucées comme nulles et non avenues. Dans le même acte il ajouta que le traité d'Augsbourg n'imposait aux souverains catholiques envers leurs sujets protestants d'autre obligation que de leur permettre d'émigrer. Conformément à cette décision, tous les détenteurs des biens de l'Église romaine, c'est-à-dire tous les membres protestants de la diète, sans aucune exception, furent sommés, sous peine d'être mis au ban de l'Empire, de se dessaisir sans délai de ces biens entre les mains des commissaires impériaux qui seraient nommés à cet effet.

Ce célèbre *Édit de restitution* enleva aux souverains de l'Allemagne protestante deux archevêchés, douze évêchés, et un nombre presque incalculable d'abbayes et de couvents. Ce coup terrible cependant les effraya moins encore que l'avenir qu'il leur présageait; car dès ce moment, ils furent forcés de reconnaître que l'empereur et la *Ligue* avaient juré la ruine de la réformation, et avec elle celle de toutes les libertés germaniques. En dépit des réclamations et des clameurs qui s'élevèrent de toutes parts, on procéda à la nomination des commissaires impériaux, et l'on mit une armée à leur disposition, afin de leur assurer une prompte obéissance.

La ville, qui avait donné son nom au traité dont Ferdinand II venait de se faire l'interprète, devait ressentir la première les funestes effets de cette interprétation. Augsbourg fut rendu à son évêque catholique, qui signala son installation par la fermeture de toutes les églises protestantes de son diocèse. A la même époque, le duc de Wurtemberg fut obligé de rendre les abbayes, couvents et monastères dont il s'était emparé. Pas un prince protestant ne songea à repousser la force par la force; l'empereur leur avait inspiré une telle terreur, qu'ils s'empressèrent à l'envi de mériter sa bienveillance par une prompte soumission. Le parti catholique, sûr de sa victoire, se lassa enfin de tant d'actes de violence; il lui

13.

parut préférable d'achever son triomphe par des moyens pacifiques, et il accorda une année pour l'entière exécution de l'*Édit de restitution*. Ce délai sauva la réformation, car, avant qu'il fût écoulé, le succès des armes suédoises avait complétement changé la situation des protestants de l'Allemagne.

Pour achever de pacifier l'Allemagne, et mettre un terme aux réclamations et aux plaintes, qui étaient presque aussi nombreuses de la part des catholiques que de celles des protestants, Ferdinand convoqua une assemblée d'Électeurs. Elle se réunit à Ratisbonne, en 1630, et l'empereur reconnut qu'il s'était vainement flatté d'avoir satisfait les princes de la *Ligue*, et surtout leur chef, par l'*Édit de restitution* et par la jonction de l'électorat du Palatinat à celui de la Bavière. Les excès de son généralissime l'avaient rendu suspect à ses meilleurs amis, et effacé le souvenir de tout ce qu'il avait fait pour eux. D'un autre côté, Wallenstein éclipsait par ses brillants succès les services de la Bavière et même ceux de la *Ligue;* et par son caractère hautain il humiliait sans cesse tous les princes de l'Empire.

L'orgueilleux Maximilien surtout, accoutumé à se regarder comme l'arbitre des destinées de l'Allemagne et de celles de l'empereur, haïssait en Wallenstein un rival dangereux, et accusait Ferdinand de sacrifier, à son ambition personnelle, et au nouveau venu qui servait cette ambition, les intérêts d'un ancien ami dont les importants services l'avaient sauvé d'une ruine certaine. Poussé par la jalousie et la défiance, il s'était allié au cabinet français, et la plupart des princes de la *Ligue* avaient imité son exemple, non-seulement pour échapper à l'oppression du duc de Friedland, mais encore pour mettre un frein aux projets d'agrandissement de l'empereur, dont la conduite avait fait deviner trop clairement qu'il voulait renverser, à son profit, la constitution germanique.

Les réclamations unanimes contre Wallenstein, qu'on accusait de toutes les calamités qui désolaient l'Allemagne, firent enfin comprendre à l'empereur que ces calamités commençaient à devenir intolérables, et il diminua l'effectif de son armée de dix-huit mille cavaliers, qui, bientôt après, entrèrent au service de la Suède. En prouvant ainsi qu'il n'était pas insensible aux plaintes qu'on lui adressait, il autorisa, pour ainsi dire, l'électeur de Bavière à se montrer plus exigeant. En effet le triomphe de ce prince était incomplet, tant que le duc de Friedland conserverait le commandement en chef, et il demanda sa destitution. La cour d'Espagne et tous les souverains que ce général avait blessés par ses dédains ou ruinés par ses victoires, appuyèrent cette demande avec une instance et une chaleur dont Ferdinand fut ébranlé d'abord ; mais bientôt il ne vit plus dans les haines passionnées soulevées contre son généralissime, que la preuve de son mérite et de son importance.

De son côté, Wallenstein, instruit des intrigues que l'on ourdissait contre lui, ne négligea rien pour convaincre l'empereur que Maximilien ne cherchait à l'éloigner du commandement que pour empêcher la maison d'Autriche de conserver la puissance et l'autorité dont elle jouissait, depuis qu'elle avait une armée à elle et qu'elle s'était rendue indépendante de la *Ligue* et de la Bavière. Il parut même à l'assemblée des Électeurs de Ratisbonne, où par son luxe effréné, il éclipsa jusqu'à la cour impériale, et mit ainsi le comble à la haine et aux jalousies des princes de l'Empire ; et ils demandèrent son renvoi avec plus d'insistance que jamais.

Ferdinand, qui connaissait toute l'importance du sacrifice qu'on voulait lui imposer, hésitait toujours ; par malheur il avait plus que jamais besoin du concours de tous les Électeurs, car il cherchait à assurer à son fils Ferdinand, que déjà il avait fait élire roi de Hongrie, la succession au trône impérial.

La France aussi avait envoyé des plénipotentiaires à l'assemblée des Électeurs de Ratisbonne, dans le but de détourner la guerre dans laquelle elle craignait de se trouver engagée, à l'occasion de la succession du duc Vincent de Mantoue et de Montferrat, qui venait de mourir sans enfants. Son plus proche parent, le duc Charles de Nevers, s'était emparé de ces deux principautés, sans rendre foi et hommage à l'empereur, qui en était le seigneur suzerain. Comptant sur l'appui de la France et de Venise, il avait même refusé de laisser occuper ces pays par des commissaires impériaux, jusqu'au moment où ses droits à leur possession seraient légalement reconnus.

Toujours inquiète pour son duché de Milan, l'Espagne voyait à regret un vassal français prêt à devenir son voisin. Pour éviter cet inconvénient, et agrandir, s'il était possible, ses possessions italiennes, elle avait mis tout en œuvre afin d'exciter la colère de Ferdinand contre le duc Charles de Nevers. En dépit des efforts du pape Urbain VIII, pour écarter la guerre de son voisinage, une armée autrichienne avait paru au delà des Alpes, et pris d'assaut la ville de Mantoue. Depuis ce moment l'Italie joignait ses malédictions à celles que l'Allemagne donnait à son empereur; et, du sein même du sacré collège, des vœux ardents pour le bonheur des armes protestantes commençaient à monter vers le ciel.

Effrayé des clameurs générales excitées par son expédition de Mantoue, harcelé par les Électeurs, qui appuyaient les réclamations de la France, Ferdinand lui promit enfin d'accorder l'investiture au duc Charles de Nevers. Le cardinal de Richelieu savait qu'il devait ce succès à l'intervention de Maximilien, et il chercha à lui en témoigner sa reconnaissance par un autre service. Ses négociations avec l'empereur, au sujet de Mantoue, lui avaient fourni le moyen de l'entourer d'intrigues, qui devaient faire tourner contre ce monarque toutes les décisions de l'assemblée des Électeurs. Pour mieux atteindre ce but, il avait adjoint aux plénipotentiaires de la France un agent fort insignifiant en apparence, mais qui possédait toutes les qualités nécessaires pour exécuter ses secrets desseins. Cet homme était le célèbre père Joseph, confident et instrument du cardinal de Richelieu.

Le rusé capucin commença, ainsi qu'il en avait reçu l'ordre, par travailler à la ruine de Wallenstein, afin de priver l'armée impériale du seul chef capable de lutter avec quelque avantage contre Gustave-Adolphe, qui se disposait à attaquer la maison d'Autriche. Les impérieuses réclamations de l'Espagne et de l'électeur de Bavière n'avaient pu décider Ferdinand à sacrifier son généralissime, mais il n'eut pas la force de résister au père Joseph. Ce moine lui rappelait sans cesse que, puisqu'il voulait assurer la nomination de son successeur au trône impérial, il devait avant tout se rendre les Électeurs favorables, en leur accordant ce qu'ils désiraient le plus au monde, la destitution de Wallenstein, qu'il restait d'ailleurs toujours le maître de rappeler plus tard.

L'empereur saisit ce moyen avec empressement, sans songer qu'il cachait une perfidie. Au reste, comment aurait-il pu faire des réflexions sur les conseils donnés par un moine, dont la voix était pour lui aussi sainte que celle de Dieu? D'après le témoignage de son confesseur, rien sur la terre ne lui paraissait plus sacré qu'un prêtre; et il disait fort souvent que *s'il lui arrivait de rencontrer à la fois sur son chemin un moine et un ange, le moine aurait son premier salut.*

Pour le récompenser de sa confiance illimitée, le père

Joseph le contrecarra si adroitement, qu'il le fit échouer dans l'accomplissement du plus cher de ses projets; celui d'assurer à son fils, le roi de Hongrie, la survivance de la couronne impériale. Si, dans le traité de Ratisbonne, la France s'engagea à observer la plus stricte neutralité envers tous les ennemis de l'empereur, Richelieu n'en continua pas moins à pousser Gustave-Adolphe à la guerre, et à lui offrir l'alliance de son maître.

Quand la ruse du père Joseph eut produit l'effet qu'il en avait attendu, il l'accusa d'avoir outre-passé ses instructions, et, pour donner plus de poids à ce reproche, il le condamna à rentrer dans son monastère.

Ferdinand reconnut trop tard qu'on s'était joué de lui. *Un méchant capucin, disait-il, m'a désarmé avec son rosaire, et il a trouvé moyen de fourrer dans son étroit capuchon six couronnes d'électeur.*

Ce fut ainsi que la ruse et la perfidie triomphèrent de l'empereur, à une époque où on le croyait tout-puissant, et où matériellement il l'était en effet. Après avoir licencié dix-huit mille cavaliers, et s'être privé d'un général dont le nom seul valait une armée, il quitta Ratisbonne sans avoir pu réaliser le vœu en faveur duquel il avait fait tous ces sacrifices. Le coup terrible que Maximilien et le père Joseph venaient de lui porter, devait être bientôt suivi par des défaites plus cruelles: celles que les armes suédoises lui préparaient sur le champ de bataille. La guerre entre la Suède et l'Autriche avait été décidée à cette même assemblée des Électeurs de Ratisbonne, où la France était parvenue à aplanir les difficultés survenues à l'occasion du duché de Mantoue; et où les princes protestants et les plénipotentiaires de l'Angleterre en avaient vainement appelé à la clémence du chef de l'Empire, pour adoucir le sort des ducs de Mecklembourg et obtenir du moins une pension alimentaire pour l'infortuné palatin Frédéric V.

Au moment où l'empereur destitua le duc de Friedland, ce général était maître d'une armée de plus de cent mille hommes, dont tous les officiers étaient ses créatures, et dont chaque soldat voyait en lui le souverain arbitre de sa destinée. Tout le monde connaissait l'ambition démesurée, l'orgueil inflexible qui le rendaient incapable de supporter une humiliation sans chercher à en tirer vengeance; et l'on comprit que s'il avait été difficile d'amener l'empereur à prononcer un arrêt flétrissant contre un tel homme, il était plus difficile encore de faire exécuter cet arrêt. Deux de ses amis, qu'on était parvenu à gagner à force de ruses et de récompenses, s'étaient chargés enfin de lui signifier la décision de Ferdinand, en l'adoucissant par des protestations et des promesses brillantes.

Lorsqu'ils se présentèrent devant Wallenstein, il connaissait déjà le but de leur mission, et il avait eu le temps de se préparer à les recevoir. Son air était calme et serein, mais le désespoir et la fureur bouillonnaient au fond de son âme. « L'empereur est trahi, leur « dit-il ; je le plains et je lui pardonne. La facilité « avec laquelle il me sacrifie à la jalousie de la Ba- « vière m'afflige, mais je consens à obéir. »

Après ces paroles hautaines, il les congédia en les comblant de présents magnifiques. Puis il écrivit à Ferdinand une lettre fort respectueuse, dans laquelle il le pria de ne pas lui retirer son auguste bienveillance, et de lui conserver les dignités qu'il avait acquises en le défendant.

L'arrêt qui le frappait était venu le surprendre dans un moment où la résistance n'eût servi qu'à assurer sa perte. Ses immenses domaines, tous situés en Bohême et en Moravie, pouvaient être facilement confisqués par l'empereur, et cette mesure aurait à jamais paralysé le principal ressort de son crédit et de son pouvoir. C'était donc à l'avenir qu'il fallait confier sa vengeance; la raison lui conseillait cette conduite, qui d'ailleurs lui avait été suggérée par les prophéties d'un astrologue italien nommé *Seni*. Ce charlatan, qui seul exerçait sur cet esprit indomptable un pouvoir sans limites, prétendait avoir lu dans les astres que la brillante carrière de son maître n'était point terminée, et qu'il ne tarderait pas à s'élever plus haut qu'il ne l'avait jamais été. Pour prédire qu'un ennemi tel que Gustave-Adolphe rendrait bientôt indispensable un général tel que Wallenstein, il n'était pas nécessaire d'interroger la marche des corps célestes.

A peine la destitution du général fut-elle annoncée à l'armée, qu'elle manifesta hautement son indignation. Beaucoup d'officiers quittèrent sur-le-champ le drapeau de l'Autriche; tous les autres suivirent le duc de Friedland sur ses terres, où il leur fit des pensions considérables, afin d'être toujours sûr de les retrouver dès qu'il aurait besoin de leurs bras et de leurs talents. En rentrant dans la vie privée, il s'y entoura d'une pompe royale, dans l'espoir, sans doute, de livrer à la risée de l'Europe l'arrêt qui l'avait fait descendre du sommet des dignités où il s'était élevé par son génie.

Six portiques conduisaient au palais qu'il habitait à Prague, et pour agrandir la cour de ce palais, il fit abattre plus de cent maisons, qu'il paya bien au delà de leur valeur; des demeures tout aussi magnifiques s'élevèrent comme par enchantement sur ses divers domaines. Les fils des plus illustres familles ambitionnaient l'honneur de le servir, et plus d'un chambellan remit à l'empereur sa clef d'or, pour aller remplir les mêmes fonctions auprès du duc de Friedland. Les plus célèbres professeurs de l'époque dirigeaient l'éducation de soixante pages qui faisaient partie de sa cour. Cinquante gardes du corps veillaient sans cesse dans ses antichambres. Ses dîners ordinaires se composaient de cent services; et son maître d'hôtel était un des plus grands seigneurs de l'Empire.

Lorsqu'il se rendait d'un de ses châteaux à un autre, cent chariots à six chevaux transportaient ses gens et ses bagages, et sa cour le suivait dans soixante carrosses à quatre chevaux, entourés de cinquante chevaux de main. La richesse des livrées, des équipages et des ameublements, répondait à cette magnificence. Six barons de l'Empire et autant de chevaliers étaient attachés à sa personne, afin de faire exécuter à l'instant même ses moindres ordres. Douze patrouilles à cheval écartaient continuellement toute espèce de bruit du palais qu'il habitait. Aucune voiture ne pouvait approcher de celui de Prague, dont il avait fait fermer les rues adjacentes par des chaînes de fer. Autour de lui tout était muet et silencieux comme lui-même; sombre, taciturne, impénétrable, il était plus avare de ses paroles que de son or; et le peu de mots qui sortaient de ses lèvres étaient toujours prononcés d'un ton sec et dur. Jamais personne ne l'avait vu rire; tout entier à ses vastes desseins, les séductions des sens n'exercèrent jamais aucun empire sur lui.

Craignant de confier ses projets, même à ses amis les plus zélés, il s'occupait seul de sa correspondance presque européenne, et il écrivait de sa main les notes, les observations et les plans que lui suggérait la marche des événements. Son extérieur portait l'empreinte de son caractère; sa taille était élevée, mais sèche; son teint jaunâtre, ses cheveux rouges et courts, ses yeux petits, mais étincelants. Une sévérité repoussante siégeait sur son front, et sa prodigalité seule pouvait retenir auprès de lui la foule de ses serviteurs tremblants.

Ce fut dans cette orgueilleuse retraite et dans une muette activité que le duc de Friedland attendit l'heure de la vengeance et de son retour au pouvoir. L'ingratitude de Ferdinand II avait affranchi son ambition du seul frein qui pouvait la maintenir : aussi l'éclat de sa vie privée trahissait-il le vol audacieux de ses espérances. Plus prodigue qu'un puissant monarque, il semblait déjà occuper en réalité le poste suprême auquel il voulait s'élever.

La disgrâce de Wallenstein, et surtout le débarquement de Gustave-Adolphe sur le territoire allemand, rendaient indispensable la nomination d'un nouveau généralissime chargé en même temps du commandement des troupes impériales et de celles de la *Ligue*, afin de prévenir un conflit inévitable entre deux chefs. Maximilien ambitionnait ce poste pour lui ; Ferdinand le destinait à son fils le roi de Hongrie. Dans l'impossibilité de satisfaire ces deux prétentions opposées, on eut recours à un terme moyen ; l'on fit passer le comte de Tilly du service de la Bavière à celui de l'Autriche, avec le titre et le pouvoir de généralissime de l'armée impériale et de celle de la *Ligue*.

Après le départ de Wallenstein, l'armée impériale ne se composait plus que de 40,000 hommes ; mais celle de la *Ligue* était presque aussi nombreuse, et commandée par des officiers expérimentés. Le souvenir des victoires qu'elle avait remportées lui prêtait une grande force morale ; aussi voyait-on, sans aucune inquiétude, les préparatifs hostiles de la Suède. Le parti catholique se croyait d'autant plus fort qu'il était le maître de la Poméranie et du Mecklembourg, les deux seules provinces par lesquelles les Suédois auraient pu pénétrer dans l'intérieur de l'Empire.

Depuis que le roi de Danemark avait vainement essayé de refouler le pouvoir impérial dans ses limites naturelles, Gustave-Adolphe était devenu le dernier espoir des libertés germaniques. Son propre intérêt l'obligeait à défendre ces libertés; l'insulte faite à ses plénipotentiaires, lors du traité de Lubeck, l'autorisait à commencer la guerre, et son mérite personnel faisait espérer qu'il la terminerait avec autant de gloire que de bonheur.

Depuis longtemps l'orgueil de l'empereur et l'arrogance de Wallenstein ne cessaient de lui donner des sujets de mécontentement. Des troupes impériales étaient venues au secours du roi de Pologne contre la Suède; et lorsqu'il demanda satisfaction de ce manque de foi, le duc de Friedland lui fit faire cette réponse insultante: « Puisque l'empereur a trop de soldats, il faut
« bien qu'il en prête à ses bons amis lorsqu'ils en ont
« besoin. »

Au congrès de Lubeck, ce même général avait opposé à la résistance courageuse des plénipotentiaires de Gustave-Adolphe, des menaces dignes du chef d'une horde de sauvages. L'oubli du droit des nations avait été poussé envers la Suède, jusqu'à insulter son drapeau et à intercepter les dépêches que le roi envoyait en Transylvanie. Ferdinand lui-même proclamait hautement la légitimité des prétentions de Sigismond, et refusait à Gustave-Adolphe le titre de roi.

Tant d'offenses personnelles, jointes à de hautes considérations politiques, ne pouvaient manquer d'influencer les résolutions d'un prince d'autant plus jaloux de son titre de roi, qu'on cherchait à le lui contester; d'un prince dont le noble orgueil s'était enflammé à l'idée de devenir le sauveur de la liberté allemande, et qui aimait la guerre avec passion, comme le seul élément où son génie pouvait se développer et paraître dans tout son éclat. Mais sa haute raison lui défendait de s'exposer aux chances d'une guerre nouvelle, avant d'avoir conclu avec la Pologne, sinon une paix durable, du moins une longue trêve ; et ce dernier résultat, il ne tarda pas à l'obtenir, grâce à l'activité infatigable du cardinal de Richelieu.

Ce grand homme d'État, dirigeant d'une main le gouvernail du vaisseau de la politique européenne, et contenant de l'autre l'arrogance de la noblesse française et la fureur des factions intestines, poursuivait avec une admirable persévérance le projet d'arrêter la maison d'Autriche sur la route d'envahissement où elle s'avançait avec tant d'audace. Mais ce projet rencontrait des obstacles toujours renaissants dans *l'esprit de l'époque*, puissance que les plus grands génies même ne sauraient braver impunément.

Ministre d'un roi catholique et prince de l'Église romaine, le cardinal ne pouvait s'allier ouvertement, avec les ennemis de cette Église, contre une puissance qui cachait ses vues ambitieuses sous le manteau révéré de la religion. Il ne lui restait donc, pour réaliser les combinaisons de son esprit éclairé, que celui des négociations mystérieuses, confiées à des agents assez dévoués pour se résigner d'avance à être désavoués si les circonstances venaient à l'exiger.

C'était par de semblables moyens qu'il avait cherché à empêcher le roi de Danemark à conclure la paix avec l'empereur ; n'ayant pu atteindre ce but, il prit le parti de s'adresser à Gustave-Adolphe. Le baron de Charnasse, que le cardinal ministre avait envoyé à cet effet dans la Pologne prussienne, occupée par Sigismond et par les Suédois, visita tantôt l'un, tantôt l'autre de ces deux monarques, et réussit enfin à faire signer à Sigismond une trêve de six ans, qui assura à Gustave-Adolphe la tranquille possession de toutes ses conquêtes, et le mit en état de tourner enfin ses armes victorieuses contre l'empereur. Pour achever de le décider à cette guerre, le baron de Charnasse lui offrit l'appui de son maître et des subsides considérables ; mais, tout en appréciant l'importance de ces offres, le roi hésita à les accepter, car il craignait de se forger une chaîne qui pourrait l'arrêter au milieu de ses triomphes, et de se rendre suspect aux protestants en s'alliant à une puissance catholique.

La guerre à laquelle Gustave-Adolphe venait de se déterminer était juste et nécessaire, et la situation générale de l'Europe l'autorisait à croire qu'elle serait heureuse. Le nom de l'empereur cependant faisait trembler toute l'Allemagne, qui croyait sa puissance invincible et ses ressources inépuisables. Certes, c'était plus qu'il n'en fallait pour arrêter tout autre que Gustave-Adolphe ; mais ce héros connaissait aussi l'importance de ses moyens à lui, et il savait ce que valent le courage et le génie. Son armée était peu nombreuse, mais parfaitement disciplinée ; et les campagnes de la Pologne l'avaient endurcie contre la rigueur des saisons et façonnée à la victoire.

La Suède, quoique pauvre en hommes et en argent, épuisée par une guerre de huit ans, avait tant d'admiration pour son roi et de confiance en ses talents, qu'il pouvait, dans toutes les éventualités possibles, compter sur l'appui des états, tandis que l'Allemagne avait voué à Ferdinand II une haine égale à la terreur qu'il lui inspirait. Les princes protestants n'attendaient que l'arrivée d'un libérateur pour secouer ouvertement le joug du despotisme impérial ; et les souverains catholiques eux-mêmes espéraient, avec un plaisir secret, que le héros de la Suède pourrait mettre un frein aux empiétements de la maison d'Autriche sur les droits des autres membres de la diète germanique. Dans de pareilles circonstances, il importait surtout à Gustave-Adolphe de signaler son début par une victoire. C'était en effet le seul moyen de décider des princes qui hésitaient encore entre lui et l'empereur, d'affermir le courage de ses partisans déclarés, d'augmenter les enrôlements volontaires sous son drapeau, et de se procurer le moyen de faire face aux dépenses d'une pareille expédition.

Les villes hanséatiques avaient réussi, quoique avec peine, à écarter de leurs murs les désastres qui désolaient toutes les provinces allemandes ; et il était probable que, pour prévenir la ruine totale des libertés de l'Empire, ces cités opulentes ne refuseraient pas de s'imposer quelques légers sacrifices. En tout cas, vue de près, la situation de l'armée impériale, si brillante au premier aspect, était fort précaire : pour l'anéantir, il suffisait de la contraindre à abandonner les provinces qu'elle occupait, puisqu'elle n'avait d'autres moyens d'existence que ceux qu'elle tirait de ces provinces.

D'un autre côté, Ferdinand avait eu l'imprudence de diviser ses forces en envoyant des troupes nombreuses en Italie et dans les Pays-Bas. L'Espagne, plus que jamais occupée en Flandre et affaiblie par la perte de sa flotte américaine, était hors d'état de soutenir l'empereur, même dans les cas les plus urgents ; tandis que l'Angleterre promettait au roi de Suède les secours les plus efficaces, et que la France, qui venait enfin de faire la paix avec elle-même, renouvelait officiellement les offres qu'elle lui avait faites en secret.

La prudence faisait un devoir à Gustave-Adolphe de s'assurer l'appui des puissances étrangères ; mais ce ne fut qu'en lui-même qu'il puisa son génie supérieur, son courage héroïque, et sa noble confiance en la bonté de sa cause. Il n'était pas seulement le premier capitaine de son époque, mais encore le plus vaillant soldat de l'armée qu'il avait formée. Familiarisé avec la tactique des Grecs et des Romains, il créa une stratégie nouvelle, dont les plus grands généraux des temps modernes se sont servis avec bonheur. Pour faciliter les mouvements de la cavalerie, il rendit les escadrons moins nombreux, et plaça les bataillons à des distances plus éloignées.

A cette époque, une armée rangée en bataille ne formait qu'une seule ligne ; il plaça la sienne sur deux, afin que, la première venant à se replier, la seconde pût la soutenir. Pour se dispenser d'entretenir une trop nombreuse cavalerie, il plaça des fantassins entre les cavaliers, manœuvre qui décida souvent la victoire, et fit comprendre à l'Europe tous les avantages qu'on pouvait tirer de l'infanterie, trop négligée jusque-là.

Aussi jaloux des bonnes mœurs de ses soldats que de leur gloire militaire, il punissait sévèrement le sacrilége, le pillage, le duel, le jeu et toute espèce d'excès. La sobriété et la tempérance faisaient partie des lois de son code militaire ; aussi ne voyait-on sous les tentes suédoises, sans en excepter celle du roi, ni or, ni argent, ni mets recherchés, ni liqueurs enivrantes. Soir et matin, chaque régiment s'assemblait autour de son aumônier et répétait avec lui une courte prière : le roi lui-même donnait l'exemple ; car une piété douce et éclairée échauffait son âme héroïque.

Mais s'il avait su repousser cette incrédulité brutale qui trop souvent affranchit les méchants du seul lien capable de mettre un frein à leurs criminels désirs, il était loin de cette bigoterie honteuse par laquelle des hommes, tels que Ferdinand II, se réduisent devant la Divinité à la vile condition d'un vermisseau, dans l'espoir d'acquérir ainsi le droit de ramper fièrement sur l'humanité tout entière.

Au milieu de l'enivrement de sa brillante fortune, Gustave-Adolphe sut rester homme et chrétien, comme dans l'exercice de sa piété il resta héros et roi. Loin de chercher à se soustraire aux fatigues et aux privations de la guerre, il s'y soumettait comme le dernier de ses soldats. Son regard d'aigle perçait les nuages de poudre et de fumée qui enveloppaient les champs de bataille ; son génie dirigeait et prévoyait tous les mouvements : oubliant que la mort moissonnait au hasard autour de lui, et que sa qualité de chef suprême lui faisait un devoir de la prudence, le poste le plus périlleux était toujours le sien. Aussi mourut-il, par malheur pour son pays et pour son parti, de la mort d'un simple soldat.

Mais quelle influence l'exemple d'un pareil chef ne devait-il pas exercer sur l'armée ? Sous son drapeau, le lâche même devenait vaillant ; car il savait qu'il marchait à la victoire, et qu'aucun acte de courage n'échappait aux regards du général. Fière d'un tel roi, qui l'immortalisait par le reflet de sa gloire, la nation entière s'anima d'un noble enthousiasme ; le paysan de la Finlande et de la Gothie s'estimait heureux de pouvoir contribuer au succès de la guerre, par les dons volontaires que sa pauvreté lui permettait d'offrir ; et pour la même cause le soldat versait jusqu'à la dernière goutte de son sang. L'impulsion que le génie d'un seul homme avait donnée à tout un peuple survécut à cet homme ; et la Suède, longtemps après la mort de son roi, marcha sur la noble route qu'il lui avait tracée.

Les états suédois n'avaient aucun doute sur la justice et la nécessité de la guerre dans laquelle Gustave-Adolphe allait engager son pays ; mais les opinions se divisaient à l'infini sur la manière de la faire. Le courageux chancelier Oxenstiern lui-même trouvait qu'il serait imprudent d'attaquer ouvertement une puissance despotique, qui disposait à son gré de toutes les ressources de l'Allemagne, tandis que le roi de Suède était pauvre, dépendant de la volonté de son peuple, et trop consciencieux pour violer la constitution qui le soumettait à cette volonté. La pénétration audacieuse du héros triompha sans peine de la prévoyance craintive de l'homme d'État.

« Si nous attendons l'ennemi en Suède, disait Gus-
« tave-Adolphe à son sénat, tout est perdu, à moins que
« notre premier combat ne soit un triomphe éclatant :
« et qui nous répond qu'il le sera? La mer est vaste, et
« l'étendue de nos côtes immense ; comment surveiller
« tous les mouvements de la flotte ennemie? Si elle nous
« échappe, si elle parvient surtout à obtenir quelque
« avantage sur la nôtre, il n'est plus au pouvoir humain
« d'empêcher un débarquement sur le territoire sué-
« dois. Attachons-nous à conserver Stralsund : tant que
« ce port nous sera ouvert, nous serons les maîtres sur
« la Baltique, et nous aurons des communications fa-
« ciles avec l'Allemagne. Mais pour conserver cette ville
« il faut la protéger, et pour la protéger il ne faut pas
« nous barricader en Suède; il faut envoyer une armée
« en Poméranie, et de là en Allemagne, où un premier
« succès nous ouvrira une longue suite de victoires.
« Cessez donc de me parler d'une guerre défensive qui
« nous priverait de tous nos avantages. Je ne souffrirai
« jamais qu'un seul drapeau ennemi puisse se déployer
« sur la terre suédoise : si le sol allemand trahissait
« mes espérances, alors seulement il serait temps de
« ne plus songer qu'à garantir notre pays d'une inva-
« sion étrangère. »

Dès ce moment, son projet d'aller attaquer Ferdinand II, au sein même de l'empire germanique, ne rencontra plus d'obstacles, et les préparatifs se firent avec autant d'activité que de sagesse. Pour mettre la Suède à l'abri des dangers qu'elle pouvait redouter de la part de ses voisins, Gustave-Adolphe s'assura l'amitié du roi de Danemark, dans une longue conférence qu'il eut avec lui à Markarœd. Du côté de la Russie, il doubla les garnisons chargées de garder les frontières. Quant à la Pologne, elle ne lui causait aucune inquiétude; car il savait qu'il lui serait facile de la contenir du côté de l'Allemagne, et de la forcer ainsi à respecter la trêve si elle cherchait à la rompre.

Les dispositions de la Hollande et de toutes les autres puissances de l'Europe lui étaient parfaitement connues : il savait que si aucune n'osait encore s'allier franchement à lui, aucune aussi ne lui serait hostile; et que pour le seconder ouvertement les souverains protestants n'attendaient que son arrivée sur leur territoire. Déjà les villes de Hambourg et de Lubeck lui avaient offert des avances considérables, et pris l'engagement d'accepter en payement les produits des mines de cuivre de la Suède. Un agent aussi adroit que fidèle fut expédié au souverain de la Transylvanie, afin d'avertir cet ancien ennemi de l'Autriche, qu'il était temps de rentrer en campagne.

Une activité incessante régnait dans les chantiers et dans les arsenaux, tant pour réparer et armer les vaisseaux que pour en construire de nouveaux; les magasins se remplissaient de munitions et de vivres; l'argent affluait dans les caisses de l'État; des recruteurs suédois parcouraient les Pays-Bas et l'Allemagne; et en moins de trois mois trente vaisseaux se trouvèrent prêts à mettre à la voile. Une armée de quinze mille hommes était sous les armes et deux cents bateaux de transport se disposaient à la recevoir.

Ces forces étaient sans doute bien inférieures à celles de l'ennemi; mais des armements plus considérables eussent été trop disproportionnés aux ressources de la Suède, et Gustave-Adolphe tenait à prouver à son peuple que si son génie avait conçu un projet téméraire, sa raison ne rejetait aucune des mesures de prudence qui pouvaient en assurer le succès. Au reste ces troupes, qu'il regardait comme le noyau de l'armée plus considérable qu'il se proposait de lever en Allemagne, remplaçaient, par le courage, l'expérience et la discipline, ce qui leur manquait en nombre.

Le chancelier Oxenstiern, qui était en même temps un général distingué, venait de se rendre en Prusse avec dix mille hommes, afin de tenir la Pologne en respect. Les corps de réserve restés en Suède exerçaient les recrues, et avertissaient en même temps les puissances voisines que si, au mépris de leurs promesses, elles tentaient d'envahir le pays, elles ne le trouveraient pas sans défense.

Ne croyant pas encore avoir assez fait pour la sécurité de ses sujets, en parant ainsi d'avance à toutes les éventualités possibles, Gustave-Adolphe régla les affaires du gouvernement avec une sollicitude paternelle. Malgré l'amour sincère qui l'unissait à la reine, il savait qu'elle ne possédait pas les qualités nécessaires à une régente. Ce poste, au reste, lui parut trop important pour le confier à une seule tête; il en partagea les fonctions entre les sénateurs du royaume et le comte palatin Jean-Casimir, son beau-frère.

Après avoir terminé tous ces préparatifs et réglé ses affaires privées comme aurait pu le faire un mourant, il se rendit, le 20 mai 1630, à l'assemblée des états, pour leur donner ses dernières instructions et leur faire ses adieux solennels. Il entra dans la salle, tenant sur ses bras sa fille Christine, alors âgée de quatre ans, et qui dès le berceau avait été proclamée son héritière. Après l'avoir présentée au sénat et aux représentants des états comme leur future souveraine, il les engagea à lui prêter serment de fidélité, afin d'éviter toute contestation dans le cas où le ciel l'aurait prédestiné à ne plus revoir son pays. Après cette cérémonie, il fit lecture d'un acte rédigé par lui-même, et contenant ses dernières volontés sur les mesures à prendre pendant la minorité de Christine. L'idée qu'en effet il serait possible que Gustave-Adolphe pût payer de sa vie la guerre qu'il allait entreprendre avait tellement ému toute l'assemblée, qu'elle fondit en larmes; le roi lui-même eut besoin de se recueillir pendant plusieurs minutes avant de pouvoir reprendre la parole.

« Je ne me suis pas légèrement engagé, dit-il, dans
« la guerre périlleuse qui m'appelle loin de vous; et je
« prends le ciel à témoin que ce n'est ni pour ma satis-
« faction ni pour mon intérêt personnel que je vais
« combattre. L'empereur m'a cruellement offensé dans
« la personne de mes ambassadeurs; il a soutenu mes
« ennemis et persécuté mes amis, mes frères, et il
« allonge le bras pour m'arracher ma couronne. Prêts
« à succomber sous le poids de l'oppression qui les
« accable, les souverains allemands nous demandent
« aide et protection; et, si Dieu le veut, nous leur don-
« nerons aide et protection. Je connais tous les dangers
« qui vont de nouveau menacer ma vie : je ne les ai
« jamais craints; mais sans doute je ne leur échapperai
« pas toujours. Jusqu'ici la puissance divine m'a mira-
« culeusement protégé; je n'en finirai pas moins par
« mourir en défendant mon pays. Je vous confie à la
« garde du ciel. Soyez justes, soyez consciencieux; que
« toutes vos actions soient exemptes de reproche, et
« nous nous retrouverons dans l'éternité.

« C'est à vous, mes sénateurs, que je m'adresse avant
« tout. Que Dieu vous éclaire et vous remplisse de
« sagesse, afin que vous puissiez gouverner pour le mieux
« mon cher royaume. Quant à vous, ma vaillante no-
« blesse, je vous recommande à la protection divine :
« continuez à vous montrer les dignes descendants de
« ces Goths héroïques, dont le courage indomptable
« précipita jadis la vieille Rome dans la poussière! Ser-

« viteurs de l'Église, je vous exhorte à la paix et à la
« modération : soyez les modèles des vertus que vous
« prêchez, et n'abusez jamais de l'influence que votre
« ministère vous donne sur le cœur de mes sujets. Et
« vous, députés des bourgeois et des paysans, puisse le
« ciel bénir toujours votre industrie et vos travaux; que
« de riches récoltes remplissent vos greniers et vous
« procurent en abondance tous les biens de la vie.
« J'adresse des vœux ardents au ciel pour vous qui
« m'entendez et pour ceux que vous représentez. Recevez
« tous mes tendres adieux; je vous les fais peut-être
« pour l'éternité ! »

Ce discours fut plus d'une fois interrompu par les sanglots des sénateurs et des représentants des états.

L'embarquement eut lieu à Elfsnabe, où tout le peuple suédois était accouru pour être témoin de ce grand et touchant spectacle. Les émotions les plus opposées agitaient cette foule innombrable; les uns ne voyaient que les dangers de l'expédition téméraire qui s'apprêtait sous leurs yeux, tandis que la pensée des autres s'arrêtait sur l'homme qui avait osé s'y engager, et sur la gloire réservée à ses nobles compagnons d'armes. Parmi ces derniers on distinguait Gustave Horn, le rhingrave Othon Louis, Henry Mathias, comte de Thurn, Ortenburg, Baudissen, Banner, Teufel, Tott, Mutsenfahl, Falkenberg, Kniphausen et plusieurs autres, qui tous se sont immortalisés pendant cette guerre.

Retenue par des vents contraires, la flotte ne put mettre à la voile qu'au mois de juin : le 24 du même mois, elle toucha l'île de Rugen et les côtes de la Poméranie. Gustave-Adolphe descendit le premier à terre, se mit à genoux à la tête de son armée, et remercia le ciel de l'heureuse traversée qu'il venait de faire. A peine instruites de ce débarquement, les troupes impériales stationnées dans les îles de Wollin et d'Usedom prirent la fuite, et l'armée suédoise s'avança avec la rapidité de l'éclair vers Stettin, afin de s'emparer de cette ville avant que les Impériaux pussent la secourir.

Depuis longtemps le duc de Poméranie, Bogisla XIV, trop âgé et trop faible surtout pour songer à une résistance ouverte contre l'empereur, gémissait en secret des excès que les soldats de ce monarque se permettaient dans ses États. L'apparition des Suédois, loin de lui inspirer du courage, augmenta ses craintes et ses incertitudes; car il ne pouvait ni accepter ni refuser leur protection sans se faire un ennemi de Ferdinand II, ou de Gustave-Adolphe. Ce dernier, campé sous les canons de Stettin, somma la ville de recevoir une garnison suédoise. Bogisla se rendit lui-même au camp pour protester contre cette sommation. Le roi s'efforça de le convaincre qu'il n'était pas venu en ennemi, mais en ami :

« J'ai déclaré la guerre à l'empereur, lui dit-il, mais
« non à l'Allemagne, encore moins au duché de Pomé-
« ranie. Mon intention, au contraire, est de veiller sur
« ce duché comme sur un dépôt sacré; et à la fin de la
« campagne je vous le rendrai plus florissant qu'il ne
« l'a jamais été. Jetez les yeux sur les ravages que les
« Impériaux ont exercés dans vos États, et suivez les
« traces de mon passage à travers l'île d'Usedom, il
« vous sera alors facile de choisir entre l'amitié de l'em-
« pereur et la mienne; mais surtout ne me réduisez pas
« à employer la violence pour mettre un terme à vos
« irrésolutions. »

La position de Bogisla était pénible : d'un côté le roi de Suède, campé sous les murs de Stettin avec une armée menaçante; de l'autre, l'empereur, dont la terrible vengeance avait déjà réduit plus d'un prince à l'état déplorable de fugitif sans ressources et sans asile. Le danger présent l'emporta sur celui qui ne se montrait encore que dans l'avenir ; les portes de Stettin s'ouvrirent, et Gustave-Adolphe prit possession de cette ville. Bogisla chercha à se justifier auprès de la cour de Vienne, en assurant qu'il n'avait cédé qu'à la force. Cette précaution cependant ne lui parut pas suffisante pour le garantir de la haine impériale, et il conclut avec son nouveau protecteur un traité par lequel ce dernier s'engageait à le défendre contre l'Autriche. De son côté, Gustave-Adolphe s'assurait par ce traité une place d'armes pour son armée, des communications faciles avec la Suède, la libre navigation sur l'Oder, et un premier allié sur le territoire allemand.

Les hostilités que les troupes impériales s'étaient permises en Prusse contre les Suédois étaient plus que suffisantes pour dispenser leur roi d'ouvrir la campagne par une déclaration de guerre formelle ; mais il envoya à toutes les cours d'Europe un manifeste dans lequel il exposait les motifs qui l'avaient forcé de recourir aux armes. Pendant qu'il s'avançait dans la Poméranie, les officiers et les soldats qui avaient servi sous le comte de Mansfeld, sous le duc Christian de Brunswick, sous le roi de Danemark et sous le duc de Friedland, venaient en foule s'enrôler dans son armée.

A Vienne cependant tout resta inactif et tranquille. Une longue suite de succès avait tellement gonflé l'orgueil de la maison d'Autriche, qu'elle ne ressentit que du dédain pour un prince sortant d'un coin obscur de l'Europe avec une poignée de soldats, et dont on attribuait la renommée qu'il s'était acquise à la faiblesse et à l'inhabileté des ennemis contre lesquels il avait lutté jusque-là. Wallenstein avait accrédité à dessein cette opinion peu favorable sur le compte du roi de Suède, qu'il s'était vanté *de chasser de l'Allemagne à coups de verges.*

Les succès rapides de Gustave-Adolphe en Poméranie, loin de le leur faire voir sous son véritable point de vue, fournissaient des aliments nouveaux aux railleries des courtisans, qui ne le désignaient que sous le nom de *Majesté de neige ;* ils soutenaient que le froid du Nord l'avait conservé jusque-là, mais qu'il se fondrait en eau à mesure qu'il s'avancerait sous le climat plus doux de l'Allemagne. Les électeurs, encore réunis à Ratisbonne, affectaient un profond mépris pour les réclamations qu'il leur adressait, et poussaient la soumission aux volontés impériales jusqu'à lui refuser le titre de roi. Mais, tandis qu'à Vienne et à Ratisbonne on ne voyait en lui qu'un objet de dérision, il traversa en vainqueur la Poméranie et le Mecklembourg, après s'être emparé de toutes les places fortes. Ce fut alors seulement, que l'empereur jugea à propos d'entamer des négociations pour renvoyer cet *aventurier* d'où il était venu. Un congrès s'ouvrit à cet effet à Dantzig ; mais l'empereur s'y montra si exigeant et si dédaigneux envers Gustave-Adolphe, auquel il refusait toujours le titre de roi, que le congrès se sépara sans avoir rien arrêté. L'irritation des deux partis, excitée par un échange de dépêches passionnées, était à son comble, et les chances de la guerre continuèrent à être favorables à Gustave-Adolphe.

Le général Torquato Conti, qui commandait les troupes impériales en Poméranie, avait vainement essayé de reprendre Stettin et les autres forteresses : battu sur tous les points, il se vengea de ses nombreuses défaites sur les Poméraniens, que, dans son insatiable avarice, il n'avait jamais cessé de rançonner sans pitié. Sous prétexte de couper les vivres aux Suédois, il pillait et ravageait les campagnes ; et avant de quitter les places fortes qu'il ne pouvait plus défendre, il les livrait aux flammes, afin de ne laisser à l'ennemi qu'un amas de ruines et de cendres. Ces cruautés donnèrent plus de prix à la modération et à l'humanité des troupes suédoises, qui payaient généreusement tout ce qu'elles prenaient, et ne se permettaient jamais le moindre excès ; aussi les recevait-on avec des transports de joie, tandis qu'on égorgeait sans pitié tous les soldats de l'empereur dont on pouvait s'emparer. La plus grande partie de la jeunesse poméranienne s'enrôla sous le drapeau de Gustave-Adolphe, et les représentants des états lui votèrent à l'unanimité une contribution volontaire de cent mille florins.

Torquato Conti, quoique avare et féroce, n'en était pas moins un bon général; aussi ne négligea-t-il rien pour arrêter les succès des Suédois. Établissant son camp non loin de Stettin, sur les rives de l'Oder, il chercha à se rendre maître de la navigation de ce fleuve, qui assurait à la ville des communications faciles avec l'intérieur de l'Allemagne. Caché derrière ses retranchements, il sut éviter une bataille, afin de donner au général Tilly le temps de s'unir à lui, et d'attaquer ensemble un ennemi devenu si redoutable, qu'il ne pouvait plus se flatter de le vaincre seul. En attendant, il profita de l'absence momentanée du roi pour essayer de surprendre Stettin ; mais les Suédois, toujours prêts au combat, le repoussèrent, et il fut forcé de se retirer, après avoir perdu une partie de ses soldats et de ses munitions.

Cet heureux début des armes de Gustave-Adolphe tenait peut-être autant à la fortune qu'à ses talents; car tout semblait s'être préparé d'avance pour le favoriser. La retraite de Wallenstein avait dépouillé les Impériaux du prestige que le nom de ce général leur avait prêté, et il ne restait plus que le souvenir de leur conduite indigne. En Poméranie, surtout, ce souvenir était si récent que le peuple s'empressa de profiter de la présence des Suédois pour se venger de ses odieux oppresseurs.

Poursuivie, traquée de tous côtés, l'armée impériale

n'avait plus ni vivres ni asiles. Cette cruelle extrémité acheva de relâcher les liens de la discipline; la désertion devint chaque jour plus forte, et les maladies contagieuses, engendrées par le froid et la faim, décimèrent les régiments restés fidèles. Quelques mois de repos auraient pu sauver le reste de cette malheureuse armée; mais elle était poursuivie par un ennemi pour lequel l'Allemagne n'avait point d'hiver. Au reste, Gustave-Adolphe avait fait faire des fourrures de peau de mouton à tous ses soldats, afin qu'ils pussent sans danger tenir la campagne, même par les plus fortes gelées. Lorsque le général impérial lui fit demander une trêve, pendant laquelle les deux armées se retireraient dans des quartiers d'hiver, il ne put obtenir que cette réponse désespérante :

« Les Suédois sont soldats en hiver comme en été, et
« ils n'ont pas envie d'achever la ruine du pays en
« s'y faisant nourrir pour rien : en tout cas les Impé-
« riaux sont les maîtres de se reposer ; quant à nous,
« nous ne restons pas oisifs. »

Peu après ce dernier échec, Torquato Conti déposa le commandement, qui ne lui offrait plus ni gloire à acquérir ni argent à extorquer ; et Gustave-Adolphe poursuivit ses conquêtes avec une ardeur toujours croissante. Greifenhagen, place importante sur les bords de l'Oder, fut prise d'assaut, et les villes de Garz et Pyritz se rendirent sans combat. Greiswalde, Demmin et Kolberg, les seules places de la Poméranie qui restaient encore aux Impériaux, ne tardèrent pas à tomber au pouvoir des Suédois, ainsi que les bagages et l'artillerie des restes de l'armée de Torquato Conti, qui s'enfuit par la marche de Brandebourg.

La prise de Ribnitz et de Damgard venait d'ouvrir à Gustave-Adolphe l'entrée du duché de Mecklembourg, où il s'était fait précéder par une proclamation dans laquelle il engageait les habitants de ce duché à rentrer sous la domination de leurs souverains légitimes, et à chasser tout ce qui appartenait au parti de Wallenstein. Une ruse qui fit retomber Rostock au pouvoir des Impériaux l'empêcha de s'avancer davantage, car il était trop bon général pour diviser ses forces dans un moment aussi décisif.

Avant ces événements, les ducs de Mecklembourg, dépossédés pas l'empereur, avaient eu recours à l'intervention de la diète de Francfort; et, voulant mériter leur réintégration par une soumission complète, ils avaient refusé l'assistance de la Suède. L'orgueilleux dédain que Ferdinand II avait opposé à leur humble et juste réclamation, les avait poussés enfin à embrasser le parti de Gustave-Adolphe et à lever des troupes, dont ils confièrent le commandement au duc François-Charles de Lauenbourg. Dès son début, ce nouveau chef s'était emparé de plusieurs places fortes situées sur l'Elbe; mais elles lui avaient été enlevées presque aussitôt par le général impérial Pappenheim. Ce général expérimenté lui avait coupé si étroitement la retraite, qu'il s'était bientôt vu forcé de se rendre à discrétion avec toute son armée. Cette défaite avait enlevé aux ducs de Mecklembourg tout espoir de ressaisir leurs États, et c'était aux armes victorieuses de la Suède qu'il était réservé de leur faire rendre cette justice éclatante.

La marche de Brandebourg, où les Impériaux s'étaient réfugiés, devint le théâtre de leurs cruautés. Peu satisfaits des contributions exorbitantes qu'ils levaient sur les bourgeois, chargés en outre de les loger et de les nourrir, ces barbares pillaient et ravageaient les villes et les campagnes, égorgeaient tout ce qui cherchait à résister, et déshonoraient les femmes jusqu'au pied des autels. Et toutes ces atrocités se commettaient non sur un territoire ennemi, mais dans le pays d'un allié que, malgré tous les excès que ses soldats s'y permettaient, l'empereur n'en regardait pas moins comme obligé à prendre les armes pour lui contre les Suédois.

La conduite des Impériaux indigna jusqu'à leur propre général, le comte de Schaumburg, qui, honteux de se voir réduit au rôle de chef d'une horde de brigands, demanda à déposer le commandement.

Délaissé par l'empereur, qui ne daigna pas même répondre à ses pressantes réclamations, l'électeur de Brandebourg prit enfin le parti d'opposer la violence à l'injustice, en ordonnant à ses sujets d'égorger, sans pitié, tous les soldats impériaux surpris en flagrant délit de pillage, de viol, de meurtre et d'incendie. Il fallait que le mal fût arrivé à un bien haut degré, pour qu'un souverain autorisât ses sujets, par un édit authentique, à se faire justice de leurs propres mains.

Les Suédois avaient poursuivi les Impériaux dans la marche de Brandebourg, où ils auraient assiégé Francfort-sur-l'Oder, si l'électeur, malgré son juste ressentiment contre Ferdinand, ne lui était pas resté fidèle, en leur refusant le passage qu'ils demandaient par la forteresse de Kustrin. La prudence défendait à Gustave-Adolphe de s'emparer de cette place par la force, et de s'avancer davantage avant de s'en être rendu maître; il prit donc le parti de revenir sur ses pas pour achever la conquête de la Poméranie.

Le feld-maréchal Tilly profita de cette retraite pour venir au secours du Brandebourg. Le vainqueur de Mansfeld, de Christian de Brunswick, du margrave de Bade et du roi de Danemark, le plus grand général de son époque, et le seul qui n'avait jamais encore perdu une bataille, devait trouver enfin dans le roi de Suède un adversaire digne de lui.

Issu d'une noble famille de Luttich, ses talents militaires s'étaient développés dans la guerre des Pays-Bas.

seule école où pouvaient alors se former les grands capitaines. L'empereur Rodolphe II n'avait pas tardé à lui ouvrir, en Hongrie, une carrière qu'il parcourut avec tant d'éclat, qu'on le vit monter rapidement de grade en grade, jusqu'au moment où Maximilien de Bavière le nomma général en chef de son armée, poste dont il s'acquitta avec tant de succès, qu'on peut le regarder comme le créateur de la puissance bavaroise.

Après la guerre de la Bohême, il devint généralissime de la *Ligue*, et la destitution de Wallenstein lui valut le commandement en chef de toutes les armées impériales. Aussi sévère pour le soldat, aussi cruel envers l'ennemi, et d'un caractère aussi sombre que Wallenstein, il le surpassait en orgueil et en soif des richesses. Son fanatisme aveugle et sanguinaire l'avait rendu l'effroi des protestants. Au reste, sa vue seule suffisait pour inspirer la terreur : il était petit et maigre ; ses joues étaient creuses et pâles ; son nez fort long, son front large et sillonné de rides ; ses pommettes saillantes, et les formes anguleuses de son visage, qui se terminait par un menton pointu, donnaient à son extérieur quelque chose de bizarre et de repoussant. Son costume habituel se composait d'un pourpoint en satin vert clair, à manches fendues ; un petit chapeau retroussé et surmonté d'une large plume d'autruche, d'un rouge éclatant, et qui lui retombait jusque sur le milieu du dos, lui servait de coiffure. En le voyant, il était impossible de ne pas se rappeler le duc d'Albe, ce bourreau des Flamands, et chacune de ses actions complétait cette ressemblance.

Tel était le vieux guerrier qui devait se mesurer avec le héros du Nord, qu'au reste il était loin de dédaigner, ainsi que le prouve l'opinion qu'il avait exprimée sur son compte aux électeurs réunis à la diète de Ratisbonne.

« Le roi de Suède, leur avait-il dit, est un ennemi
« aussi sage que vaillant. Quoique encore à la fleur de
« l'âge, il a déjà acquis une longue expérience dans
« l'art de la guerre; toutes les mesures qu'il prend sont
« admirables. Ses ressources vous paraissent faibles?
« Songez qu'il en trouvera d'inépuisables dans l'amour
« enthousiaste de ses sujets et dans le dévouement sans
« bornes des états. Son armée, quoique composée de
« Suédois, d'Allemands, de Livoniens, de Finlandais,
« d'Anglais et d'Écossais, ne forme qu'un seul corps par
« la discipline sévère à laquelle il a su les soumettre.
« Croyez-moi, ne rien perdre contre un tel adversaire
« serait déjà un beau succès. »

Averti, par les progrès de Gustave-Adolphe en Poméranie et dans le Brandebourg, qu'il était temps de lui opposer une résistance sérieuse, Tilly réunit en hâte les troupes stationnées dans les diverses parties de l'Allemagne; mais, malgré son activité, ces pays, déjà épuisés par les guerres précédentes, ne pouvaient lui fournir aussi promptement qu'il le désirait, les vivres et les munitions dont il avait besoin; et ce ne fut que vers le milieu de l'hiver qu'il parut enfin devant Francfort-sur-l'Oder.

Après avoir renouvelé la garnison de cette place, dont il confia la défense au général Schaumburg, il se disposait à se rendre en Poméranie, dans l'intention de secourir Demmin et Kolberg; mais déjà la première de ces villes, fort mal défendue par le duc Savely, s'était rendue, et la seconde venait de capituler après avoir soutenu un siège de cinq mois. En apprenant ces nouvelles, il acquit en même temps la certitude que tous les passages qui conduisaient en Poméranie étaient parfaitement gardés, et que Gustave-Adolphe avait tellement fortifié son camp, qu'il l'avait rendu imprenable. Forcé de renoncer à son projet d'engager une guerre offensive, il se retira sur les bords de l'Elbe, où il ne tarda pas à mettre le siége devant Magdebourg.

Immédiatement après le départ de Tilly, Gustave-Adolphe leva le camp, et se dirigea à marches forcées vers Francfort-sur-l'Oder. Cette ville mal fortifiée était défendue par huit mille hommes aguerris, dernier reste des bandes effrénées qui avaient ravagé la Poméranie et le Brandebourg. Après un siége de trois jours, les Suédois la prirent d'assaut ; la garnison cependant avait deux fois battu la chamade, mais on n'avait voulu lui accorder aucune capitulation, car on avait de terribles représailles à exercer.

Dès son arrivée dans le nouveau Brandebourg, le général Tilly avait surpris et fait passer au fil de l'épée une garnison suédoise. Le souvenir de cette cruauté était encore frais dans la mémoire de Gustave-Adolphe et des siens; et ils répondaient à chaque soldat impérial qui, à la prise de Francfort, demandait quartier : *Oui, le quartier du nouveau Brandebourg!* et au même instant il recevait le coup mortel. Plusieurs milliers de soldats furent ainsi massacrés ; d'autres périrent dans l'Oder en cherchant à se sauver à la nage; le reste s'enfuit en Silésie. Toutes les munitions de guerre tombèrent au pouvoir des Suédois, dont l'exaspération était telle, que le roi ne put se dispenser de leur accorder trois heures de pillage.

Tant de rapides succès réveillèrent les espérances des princes protestants, et pourtant l'empereur ne cessait de les irriter en continuant à faire exécuter l'*Édit de restitution* et de s'aliéner tous les membres des états, en leur imposant des obligations outrées. S'il s'était d'abord engagé sur la route de l'arbitraire dans l'ivresse de ses succès en Bohême, il était maintenant forcé d'y persister, car les dangers que l'arbitraire attire sur celui qui l'exerce, ne lui permettent plus de chercher à les détourner par d'autres mesures que par des mesures arbitraires. Mais dans un État aussi sagement organisé que l'était alors l'empire germanique, l'action ouverte du despotisme et du bon plaisir ne pouvait manquer de conduire à un bouleversement total.

Attaqué dans ses priviléges par la violation de la constitution de l'Empire, chaque membre de la diète comprit qu'il ne lui restait plus qu'à défendre ses droits les armes à la main ; et l'électeur de Saxe, Jean-Georges, reconnut enfin qu'il avait été dupe de la politique perfide de Ferdinand II. Ce monarque, au reste, l'avait personnellement offensé en privant son fils de l'archevêché de Magdebourg ; et le feld-maréchal d'Arnheim, ministre et favori de l'électeur, ne négligea rien pour entretenir le ressentiment de son maître, moins pour le servir que pour punir l'empereur de son ingratitude envers Wallenstein, dont ce ministre était un des amis les plus dévoués.

Avec l'appui franc et sincère des protestants, Gustave-Adolphe était désormais invincible ; mais l'exemple de la Saxe pouvait seul lui faire obtenir cet appui. Le sort de la cause impériale dépendait donc en ce moment de Jean-Georges ; aussi son ministre lui conseilla-t-il de menacer l'empereur d'une alliance avec les Suédois, afin de lui arracher les concessions qu'il refusait de lui accorder comme une récompense de ses services. Le projet d'Arnheim, auquel il ne manquait pour réussir qu'une tête plus forte que la sienne, ne consistait pas à s'unir réellement aux Suédois, mais à mettre l'électeur de Saxe à la tête du parti protestant, et à créer ainsi une troisième puissance qui, placée entre la Suède et l'Autriche, deviendrait l'arbitre des destinées de l'Allemagne.

Jean-Georges était d'autant plus flatté de ce projet, qu'il ne voulait ni accepter le patronage de Gustave-Adolphe, ni supporter plus longtemps la tyrannie de Ferdinand.

Malheureusement pour lui, la nature lui avait refusé les qualités nécessaires au premier rôle, et sa vanité ne lui permit pas de se contenter du second. Ne voyant jamais que ses intérêts personnels, il entama des négociations avec l'électeur de Brandebourg, qui, par des motifs semblables aux siens, s'engagea à le soutenir. Après cette démarche, il convoqua les députés de ses états à Torgau, et leur fit approuver d'avance les mesures qu'il se disposait à prendre; puis il invita tous les souverains protestants de l'Empire à une assemblée générale, qui se tint à Leipsick, le 6 février 1631. Le docteur Hoé de Hohenegg, prédicateur de la cour de Saxe, ouvrit la session par un sermon passionné.

L'empereur avait vainement cherché à empêcher cette union, pour laquelle il n'avait pas été consulté, et qui ne pouvait avoir qu'un but contraire à ses intérêts. Les princes protestants, enhardis par les succès de Gustave-Adolphe, soutinrent leurs droits, et, après deux mois de discussions fort animées, ils se séparèrent pour exécuter la résolution qu'ils avaient prise. Cette résolution consistait à demander collectivement à Ferdinand de révoquer l'*Édit de restitution*, de retirer de leurs États et de leurs forteresses les troupes impériales qui les occupaient, d'annuler les arrêts prononcés contre les membres protestants de la diète, et de réformer tous les abus contraires à la constitution de l'Empire. En attendant la réponse à cette demande, on s'était promis de lever une armée de quarante mille hommes, afin d'être prêts à se rendre justice à soi-même, si Ferdinand venait à la refuser.

Depuis longtemps le cabinet français offrait son alliance à Gustave-Adolphe, qui hésitait toujours, parce qu'il avait autant de motifs pour la redouter que pour la désirer. Richelieu prétendait couvrir de sa protection les princes catholiques de l'Allemagne, auxquels le roi de Suède voulait faire subir la loi du talion. Une autre difficulté, quoique moins grave, retardait également la conclusion des négociations, car la vanité française refusait à Gustave-Adolphe le titre de *majesté*, que l'orgueil suédois lui faisait un devoir de réclamer impérieusement. Le cardinal finit par céder sur ce dernier point; le roi fit des concessions sur le premier, et, le 13 janvier 1631, le traité d'alliance fut signé enfin à Berwald, dans le nouveau Brandebourg.

Par ce traité, les deux puissances s'engageaient à se protéger mutuellement, à défendre leurs amis communs, à réintégrer dans leurs États tous les souverains dépossédés par l'empereur, et à rétablir l'organisation de l'empire germanique, telle qu'elle était avant le commencement de la guerre. A cet effet, la Suède devait entretenir, à ses frais, sur le territoire allemand, une armée de trente mille hommes; mais la France s'engageait à lui payer un subside de quatre cent mille reichsthalers. Aucune des parties contractantes ne pouvait déclarer la guerre ni faire la paix sans le consentement de l'autre. Gustave-Adolphe s'obligeait en outre, quel que pût être le succès de ses armes, à respecter la religion catholique et la constitution de l'Empire. Tous les souverains allemands, catholiques et protestants, avaient le droit d'entrer dans cette alliance, qui devait durer cinq ans.

Le roi de Suède ne tarda pas à recueillir le fruit du sacrifice qu'il s'était imposé, en renonçant à la liberté illimitée dont il avait joui jusqu'ici. Le voyant soutenu par une des plus grandes puissances de l'Europe, les princes allemands ne doutèrent plus du succès de son entreprise; l'empereur commença à le redouter, et les souverains catholiques, que leur intérêt forçait à désirer l'humiliation de la maison d'Autriche, ne s'alarmèrent plus des victoires de l'allié d'un monarque catholique, qui venait de lui imposer l'obligation de respecter cette religion.

Enfin, si Gustave-Adolphe, en pénétrant en Allemagne, offrait à la liberté de ce pays et à la réformation un appui puissant contre le despotisme de Ferdinand II, il donnait, en s'alliant à la France, des garanties au parti catholique contre les excès où l'enivrement de la victoire pourrait l'entraîner par la suite.

Son premier soin fut de faire signifier le traité qu'il venait de conclure à tous les princes qui avaient assisté à la réunion de Leipsick. Il les engagea en même temps à s'unir à lui, et promit de se contenter d'une convention secrète, jusqu'à ce qu'il eût remporté assez de victoires pour qu'ils pussent, sans danger, se déclarer ouvertement en sa faveur. Leurs réponses, bien qu'encore évasives, l'autorisèrent à espérer que ses offres ne tarderaient pas à être acceptées. De son côté, la France pressa l'électeur de Saxe d'entrer dans le pacte qu'elle venait de contracter avec la Suède; mais Jean-Georges, toujours jaloux et défiant, se renferma dans la politique égoïste que lui conseillait son ministre.

Les décisions prises par les princes protestants à l'assemblée de Leipsick, et le traité entre la France et la Suède, étaient pour l'empereur deux événements également funestes. Forcé de dissimuler son ressentiment contre le cabinet français, il se dédommagea de cette contrainte, en lançant contre les princes de la réunion de Leipsick toutes les foudres de sa colère, et des circulaires menaçantes leur défendirent de lever des troupes; mais, au lieu de se soumettre, ils répondirent par des réclamations nouvelles, justifièrent leur conduite en l'appuyant sur le droit de la défense personnelle, que la nature accorde à tout ce qui existe, et continuèrent leurs armements avec plus d'activité et de promptitude qu'avant l'envoi des circulaires.

La position des généraux de Ferdinand devint chaque jour plus pénible. Les préparatifs hostiles des princes protestants exigeaient leur présence dans le centre de l'Empire, tandis que les progrès du roi de Suède les appelaient dans le Brandebourg, et ils ne pouvaient diviser leurs forces sans s'exposer à une perte certaine. Gustave-Adolphe s'était dirigé vers Landsberg, sur la Warthe, où Tilly l'avait suivi; mais, après une vaine tentative pour sauver cette ville, il était revenu à Magdebourg, dont il avait suspendu le siége, qu'il reprit avec une ardeur qui tenait de l'obstination.

Depuis longtemps le riche archevêché de cette ville, était occupé par des princes de la maison de Brandebourg. Christian-Guillaume, quoique mis au ban de l'Empire, dépossédé par le chapitre, et remplacé par l'archiduc Léopold, un des frères de l'empereur, n'avait pas renoncé à ses droits et à ses espérances. Sûr de l'affection des habitants de Magdebourg et de la protection de Gustave-Adolphe, il avait trouvé le moyen de s'introduire dans la ville à l'aide d'un déguisement. Paraissant tout à coup dans l'assemblée des magistrats, il leur rappela la cruauté des Impériaux et les dangers que courait la religion protestante; puis il leur déclara que l'instant de la délivrance était proche, et que le roi de Suède leur offrait son appui.

Cette ville, une des plus riches de l'Allemagne, jouissait d'une liberté républicaine, et lorsqu'il s'agissait de défendre cette liberté, les paisibles bourgeois devenaient des hommes invincibles. Wallenstein lui-même, attiré par leurs richesses, avait vainement essayé de les rançonner; les portes de la ville étaient restées fermées pour lui. En rappelant adroitement ce souvenir, Christian-Guillaume décida les Magdebourgeois à conclure une alliance avec le roi de Suède; malheureusement ils commencèrent les hostilités contre les

Impériaux avant qu'il fût assez près pour les seconder.

Favorisé d'abord par la fortune, Christian-Guillaume avait poussé ses excursions jusqu'à la ville de Halle, dont il s'empara par surprise; mais il la perdit presque aussitôt, et fut contraint de rentrer à Magdebourg. Quoique peu satisfait de ces prouesses prématurées, Gustave-Adolphe lui envoya, pour le conseiller et le diriger, Thierry de Falkenberg, officier expérimenté, que les Magdebourgeois nommèrent commandant de leur ville pour toute la durée de la guerre. Sous ses ordres, l'armée de Christian-Guillaume s'augmenta de tous les jeunes gens des villes voisines, et devint assez forte pour lutter avec succès contre les Impériaux.

Le général Pappenheim vint enfin détruire cette armée, et prendre toutes les dispositions nécessaires pour cerner et assiéger la ville. Tilly, qui ne tarda pas à se joindre à lui, écrivit à Christian-Guillaume une lettre menaçante dans laquelle il le somma de ne pas résister plus longtemps à *l'Édit de restitution* et de se rendre à discrétion. La réponse de ce prince était vive et hardie, aussi décida-t-elle le général impérial à montrer à cet audacieux le pouvoir de ses armes. Mais les succès rapides du roi de Suède qui le forcèrent bientôt de s'éloigner de Magdebourg ; et la jalousie des généraux qui commandaient les opérations pendant son absence, valurent à cette ville quelques mois de répit.

Le 30 mars 1631, Tilly reparut enfin sous les murs de Magdebourg, avec l'intention bien arrêtée de lui faire chèrement expier sa longue et opiniâtre résistance. Les forts extérieurs furent pris avec tant de rapidité, que Falkenberg eut à peine le temps d'en sauver les garnisons et de rompre le pont de l'Elbe. Ses troupes, au reste, étaient si peu nombreuses, que non-seulement il ne pouvait défendre ces forts, mais qu'il se vit contraint d'abandonner les faubourgs de Sudenburg et de Neustadt, que l'ennemi se hâta de réduire en cendres. Après ce premier succès, Pappenheim se sépara de Tilly, et passa l'Elbe près de Schœnebeck, afin d'attaquer la ville du côté opposé.

Toute la garnison de Magdebourg, déjà épuisée par les luttes précédentes, ne passait pas deux mille hommes d'infanterie et quelques centaines de cavaliers. Dans cette cruelle extrémité, Falkenberg avait pris le parti d'armer les bourgeois; mais ce moyen ne remédia à aucun mal et en causa beaucoup, car les riches envoyèrent leurs domestiques au combat, tandis que les pauvres furent obligés de s'y présenter en personne; leur mécontentement éclata en murmures, et la bourgeoisie se sépara en deux camps, dont chacun accusait l'autre des maux qu'il souffrait. Le fanatisme religieux, l'amour de la liberté et la haine de la domination impériale éloignèrent néanmoins toute idée de capitulation; et les assiégés, divisés sur tous les points, s'entendaient du moins pour se défendre jusqu'à la dernière extrémité.

Au reste, tout les autorisait à espérer qu'ils seraient bientôt secourus; car Gustave-Adolphe s'avançait vers eux, les princes protestants recrutaient une armée, et il était de l'intérêt de ces princes et de celui du roi de Suède d'empêcher la reddition de Magdebourg. Les mêmes motifs qui soutenaient leur courage excitaient Tilly à les soumettre au plus tôt et par tous les moyens possibles. Plusieurs fois déjà ils avaient refusé les capitulations qu'il leur avait offertes, en déclarant qu'ils étaient résolus à vaincre ou à mourir : ce qu'ils prouvèrent par des sorties nombreuses dans lesquelles ils déployèrent un courage intrépide.

L'arrivée du roi de Suède à Potsdam, et les excursions de ses avant-postes, qui s'avançaient jusqu'à Zerbst, décidèrent enfin Tilly à recourir à des moyens extrêmes. Son projet était irrévocablement arrêté, lorsque, pour achever de bercer les assiégés de fausses espérances, il leur envoya un trompette parlementaire chargé de dépêches pour l'administrateur, le commandant et les magistrats; et le ton de ces dépêches était si modéré, qu'il ne pouvait manquer de produire l'effet voulu.

Les Impériaux cependant avaient poussé les travaux du siége jusqu'aux fossés de la ville, contre laquelle leurs batteries entretenaient un feu vif et constant. Une des tours s'était écroulée, mais sans avantage pour les assiégeants; car, au lieu de tomber dans le fossé, elle s'était affaissée sur les fausses braies; et les précautions contre l'incendie étaient si bien prises, qu'aucun boulet rouge n'avait pu mettre le feu. Malheureusement les munitions de guerre touchaient à leur fin, et l'artillerie des remparts ne pouvait plus répondre à celle de l'ennemi. Cette fâcheuse circonstance n'altéra point le courage des assiégés; car Gustave-Adolphe était si près d'eux, qu'en moins de trois jours son armée pouvait arriver sous leurs murs.

Une autre circonstance acheva de les rassurer : Tilly semblait avoir renoncé à l'espoir de prendre la ville. Le feu de ses batteries devint toujours plus faible; le 9 mai il en fit enlever les pièces, et le silence le plus profond succéda tout à coup à l'activité bruyante, qui jusque-là avait régné dans le camp impérial. Persuadés que l'heure de la délivrance était arrivée, les bourgeois quittèrent leurs postes sur les remparts pour se livrer, après **tant de fatigues cruelles**, à un sommeil réparateur ; mais que ce sommeil devait leur coûter cher et que le réveil fut terrible!

Tilly avait en effet pris le parti de lever le siége sans attendre l'arrivée des Suédois ; mais, avant de se retirer, il voulait tenter un assaut général, entreprise d'autant plus difficile qu'on n'avait pu réussir à faire une seule brèche aux remparts, encore intacts sur tous les points. Le conseil de guerre qu'il assembla le fortifia dans son projet, en lui citant l'exemple de Maestricht, qui avait été prise d'assaut pendant que la garnison et les bourgeois, trompés par une feinte retraite des assiégeants, s'étaient livrés au repos.

L'attaque devait avoir lieu sur quatre points à la fois, et les préparatifs en furent faits avec le plus grand mystère pendant la nuit du 9 au 10 mai. A cinq heures du matin, l'armée attendait le signal convenu, qui n'eut lieu que deux heures plus tard; car Tilly, voulant mettre sa responsabilité à couvert, avait de nouveau assemblé le conseil de guerre, qui confirma la décision de la veille. Alors, Pappenheim reçut l'ordre d'attaquer du côté de la ville neuve. L'escarpement du rempart et le peu de profondeur des fossés entièrement à sec, facilitèrent son entreprise, et ce premier point fut escaladé sans peine et presque sans combat, car la plupart des soldats et des bourgeois étaient endormis.

Le bruit inaccoutumé d'un feu de mousqueterie avertit le commandant suédois Falkenberg qu'il se passait quelque chose d'extraordinaire. Quittant aussitôt la maison de ville, où il était encore occupé à répondre aux dernières dépêches de Tilly, il assembla en hâte tous les hommes armés qu'il trouva sur son passage, et se porta avec eux du côté d'où partait le bruit. Forcé de céder au nombre des ennemis qui s'étaient emparés de la porte de la ville neuve, ce vaillant général se dirigea aussitôt vers une autre partie de la ville où les Impériaux venaient également de pénétrer. Là aussi sa résistance fut vaine; mais le sort lui épargna du moins la douleur de voir fuir ses soldats, car une balle ennemie l'étendit sans vie sur le pavé de Magdebourg.

Les feux de peloton qui retentissaient de toutes parts, le tocsin qui sonnait dans toutes les parties de la ville, le tumulte toujours croissant qui s'avançait de rue en rue, avertirent enfin les assiégés du danger imminent dont ils étaient menacés. Saisissant leurs armes en hâte, ils se précipitèrent au-devant de l'ennemi, qu'ils auraient sans doute forcé à la retraite, si la mort du commandant n'avait pas converti leur résistance héroïque en une lutte sans plan, sans ordre et sans suite. Une charge de cavalerie aurait suffi pour mettre les Impériaux en déroute; mais la garnison de Magdebourg ne se composait que de fantassins.

Pour comble de malheur, la poudre manqua. Réduits à se défendre à l'arme blanche, on s'aperçut qu'on était trop peu nombreux, et l'on dégarnit les postes qui n'avait pas encore été attaqués, pour venir au secours de l'intérieur de la ville. Cette imprudence fournit aux assiégeants le moyen de se frayer de nouveaux passages et d'assaillir la garnison sur tous les points à la fois. Au milieu de ce désordre, le capitaine Schmidt conserva seul la présence d'esprit et le courage dont il avait donné tant de preuves; il rallia les assiégés, les ramena au combat, et repoussa l'ennemi jusqu'aux portes de la ville; mais là une balle l'atteignit, il tomba, et avec lui le dernier espoir de Magdebourg!

Avant midi toutes les fortifications sont prises, et la ville est au pouvoir des Impériaux. Les deux portes principales s'ouvrent, et Tilly fait entrer une partie de l'infanterie, qui vient occuper les rues et les places, et y dresse des batteries pour avertir les bourgeois qu'il ne leur reste plus qu'à se réfugier dans leurs demeures pour y attendre l'arrêt du vainqueur. Leur incertitude ne fut pas de longue durée. Un général humain eût peut-être cherché vainement à contenir la soldatesque avide et féroce qui venait de prendre d'assaut la plus riche ville de l'Allemagne; mais il l'eût essayé du moins : Tilly ne se donna pas même cette peine.

Pendant qu'il reste inactif et silencieux dans son camp, ses soldats se précipitent dans les maisons de Magdebourg, où ils se livrent à tous les excès que peuvent inspirer les passions les plus brutales et les plus honteuses. Plus d'un Allemand cependant s'arrête devant les larmes de l'innocence, les gémissements de la vieillesse, les cris de l'enfance; mais les Wallons de Pappenheim se montrent toujours et partout sans entrailles et sans pitié. A peine le sac de Magdebourg a-t-il commencé, que toutes les portes de la ville s'ouvrent pour livrer passage à la cavalerie et aux hordes sauvages des Croates qui viennent se ruer contre cette ville infortunée.

Dès ce moment commence une scène d'horreur pour laquelle l'histoire n'a point de burin, la poésie point de pinceau. La force avait été vaincue par la force; mais l'humanité élevait sa voix par les organes touchants que lui prêtent la beauté tremblante, la vieillesse débile, la faible enfance, le mérite et la vertu réduits à demander grâce. Stériles et vains efforts! rien ne peut désarmer la fureur des vainqueurs.

Les femmes sont déshonorées dans les bras de leurs époux, les filles subissent le même sort aux pieds de leurs pères mourants; en ce moment horrible, le sexe le plus faible et le plus charmant n'a plus d'autre privilége que celui de subir un double martyre. Cinquante-trois jeunes filles sont décapitées dans une seule église où elles s'étaient réfugiées; les Croates jettent au milieu des flammes, et en riant aux éclats, de jeunes enfants qui leur tendent en vain leurs mains suppliantes; les Wallons se font un jeu d'embrocher les nourrissons qu'ils arrachent des bras de leurs mères!

Révoltés de tant d'atrocités, plusieurs officiers de la *Ligue* supplient Tilly de mettre un terme à cet affreux bain de sang, et ce général leur répond :

Revenez dans une heure, alors nous verrons; au reste, il faut bien que le soldat s'amuse après tant de travaux et de fatigues.

Et les scènes de carnage et de barbarie se continuent même au milieu de la fumée et des flammes qui s'élèvent de toutes parts; car, pour augmenter le désordre et rendre la résistance impossible, les Impériaux avaient commencé par jeter des brandons dans toutes les maisons. Le vent furieux qui s'élève tout à coup souffle l'incendie; la ville entière est en feu! On court, on se précipite à travers des cadavres et des sabres nus, à travers des nuages de fumée et de flammes, à travers des torrents de sang! L'atmosphère est tellement embrasée, que les bourreaux sont forcés d'aller chercher un refuge dans leur camp, pendant que l'incendie dévore Magdebourg par degrés.

Douze heures s'étaient à peine écoulées, que déjà il ne restait plus de cette ville si vaste et si opulente que deux églises, quelques cabanes et des cendres fumantes. Christian-Guillaume, couvert de blessures, avait été fait prisonnier avec trois bourgmestres; la plupart des officiers et des magistrats avaient eu le bonheur de mourir en combattant. Quatre cents des plus riches bourgeois étaient tombés au pouvoir de quelques officiers de la *Ligue*, qui, dans l'espoir d'une forte rançon, les gardaient en otage; et telle était l'atrocité des vainqueurs, que cette cupidité passa pour un acte d'humanité.

L'incendie, privé d'aliments, finit par s'éteindre; et les hordes impériales, dont rien ne pouvait assouvir la soif de l'or et du sang, accoururent de nouveau pour fouiller les ruines encore fumantes. Un grand nombre de ces barbares périrent asphyxiés par la chaleur et par la fumée; d'autres emportèrent de riches butins, car les bourgeois avaient caché leurs trésors dans leurs caves.

Au bout de trois jours, Tilly parut enfin dans la ville dont on avait eu soin de débarrasser les principales rues, des ruines et des cadavres qui les encombraient. Malgré cette précaution, il pouvait encore s'admirer dans son œuvre, car Magdebourg présentait de tous côtés les tableaux les plus horribles, les plus déchirants, qui puissent s'offrir à des regards humains.

En soulevant des morts entassés, on vit des vivants se redresser et demander miséricorde ; des enfants cachés sous des monceaux de ruines remplissaient l'air de leurs cris en redemandant leurs familles, et des nourrissons pressaient encore, mais en vain, le sein de leurs mères égorgées. Plus de six mille cadavres furent jetés dans l'Elbe ; un plus grand nombre avait été dévoré par les flammes, car les victimes immolées pendant le sac se montaient à plus de trente mille.

Le 14 mai 1631, le général en chef fit son entrée solennelle à Magdebourg, et cette cérémonie termina le pillage, le massacre et le viol. Environ mille bourgeois furent retirés des caveaux de la cathédrale, où ils avaient passé trois jours et deux nuits dans des angoisses perpétuelles et sans aucune nourriture. Tilly leur annonça lui-même leur grâce, et leur fit distribuer du pain. Le lendemain il assista au *Te Deum* qui fut chanté dans cette même cathédrale, au bruit des salves d'artillerie ; puis il parcourut à cheval toutes les rues, afin de s'assurer par ses propres yeux de l'immensité du désastre. Pour en donner à l'empereur une juste idée, il lui écrivit que *l'on n'avait jamais rien vu de pareil depuis la destruction de Troie et de Jérusalem.*

La nouvelle du sac de Magdebourg causa une joie féroce au parti catholique, et répandit la terreur parmi les protestants ; tous accusèrent Gustave-Adolphe d'avoir abandonné une ville aussi importante et dont il s'était fait le protecteur. Pour ne pas perdre à jamais la confiance des Allemands, il se vit forcé de justifier sa conduite par une apologie dans laquelle il exposa les puissants motifs qui l'avaient empêché de secourir Magdebourg.

En effet, lorsqu'on l'avertit des dangers qui menaçaient cette ville, 'il venait de prendre Lansberg, et cependant le même jour, 16 avril, il s'était mis en marche avec toute sa cavalerie et plusieurs régiments d'infanterie, forces plus que suffisantes pour faire lever le siège. Mais les défiances perpétuelles dont il était l'objet en Allemagne, lui faisaient un devoir de ne s'avancer qu'avec la plus grande prudence. La haine de ses ennemis était acharnée, l'assistance de ses amis douteuse; et la plus légère faute pouvait le perdre en coupant ses communications avec la Suède.

Déjà l'électeur de Brandebourg lui avait refusé le passage par la forteresse de Custrin, qu'il s'était empressé d'ouvrir aux Impériaux fugitifs. Il était même à présumer que si le général Tilly obtenait le plus léger avantage, il s'unirait à lui pour accabler les Suédois. Gustave-Adolphe avait donc été forcé d'exiger, qu'avant d'aller au secours de Magdebourg, on lui permit d'occuper les places de Custrin et de Spandau, qu'il promit d'évacuer dès qu'il aurait délivré cette ville. Une pareille demande, juste en elle-même, devait le paraître surtout à l'électeur Georges-Guillaume, que les troupes suédoises avaient débarrassé des hordes impériales qui ravageaient ses États.

Ce prince ne fut pas insensible à ces puissantes considérations; mais il sentit aussi qu'en cédant les forteresses demandées, il rendait Gustave-Adolphe maître de son pays et rompait ouvertement avec l'empereur. Plus soucieux de son propre intérêt que du sort de Magdebourg, de l'avenir de la réformation et des libertés de l'Allemagne, il n'eut pas le courage de s'exposer aux vengeances impériales; et Schwartzenberg, son premier ministre, gagné par l'Autriche, l'entretint dans ces honteuses dispositions. Gustave-Adolphe, cependant, était venu s'établir à Berlin dans le palais même de l'électeur, et il exprima hautement l'indignation que lui inspirait la timidité de ce prince.

« Ce n'est pas mon intérêt, à moi, lui dit-il, c'est
« celui de la réformation et de l'empire germanique
« qui m'appelle à Magdebourg. Si les princes de cet
« empire, les enfants de cette réformation ne veulent
« pas me seconder, je m'en retournerai à Stokholm
« après avoir fait la paix avec Ferdinand; et cette paix,
« je l'aurai aussi avantageuse pour la Suède qu'il me
« plaira de la dicter. Mais lorsque Magdebourg sera
« détruit et que votre empereur sera affranchi de la
« terreur que je lui inspire, il ne vous restera plus
« qu'à courber la tête et à vous soumettre à son bon
« plaisir. »

Georges-Guillaume, qui avait résisté à toutes les représentations, céda aux menaces et livra Spandau aux Suédois. Dès ce moment, Gustave-Adolphe pouvait se rendre à Magdebourg par deux routes différentes : l'une au couchant conduisait à travers des pays ruinés et occupés par des Impériaux, qui pouvaient lui disputer le passage de l'Elbe; en suivant l'autre au midi, il était sûr de trouver un pont pour passer ce fleuve, et des campagnes assez riches encore pour que ses troupes pussent y vivre. Mais il ne pouvait prendre cette route sans le consentement de l'électeur de Saxe, qui, sourd à toutes les représentations qu'il lui fit faire au nom des libertés de l'Empire, de la religion et de l'humanité, se renferma dans son système de neutralité. Enfin Gustave-Adolphe sollicitait encore, et toujours en vain, la permission de passer par la Saxe pour aller secourir Magdebourg, lorsqu'on apprit le sac de cette ville.

Tilly l'annonça aux princes protestants avec l'arrogance d'un vainqueur, et ne perdit pas un instant pour exploiter la terreur que leur causait cette catastrophe. Un arrêt impérial annula le pacte de Leipsick et les décisions qu'on y avait prises. Tilly, chargé de l'exécution de cet arrêt, cita, à tous les ennemis de l'empereur, l'exemple de Magdebourg, et fit avancer des troupes contre l'évêque protestant de Brême, qui déjà avait levé une petite armée; mais le prélat effrayé licencia aussitôt ses soldats, et signa sa renonciation au pacte de Leipsick.

Le comte de Furstenberg, à peine revenu d'Italie avec son corps d'armée, obtint les mêmes résultats en employant les mêmes moyens auprès de l'administrateur de Wurtemberg. Ce malheureux prince fut même contraint d'approuver solennellement l'*Édit de restitution*, et de payer aux troupes impériales cent mille reichsthalers par mois. Des contributions plus fortes encore furent imposées aux villes d'Ulm et de Nuremberg, ainsi qu'à tous les districts de la Souabe et de la Franconie.

C'est ainsi que la main de l'empereur, toujours plus lourde et plus terrible, s'appesantit sur l'Allemagne entière. Mais son arrogance et son despotisme poussèrent enfin la plupart des membres de la diète à se déclarer en faveur de Gustave-Adolphe; et la ruine d'une ville de l'Empire, d'abord si funeste au parti protestant, finit par lui être favorable. A la terreur causée par cet événement succéda bientôt une juste indignation : le désespoir donna du courage aux plus timides, de la force aux plus faibles; et du sein des ruines de Magdebourg les libertés germaniques se relevèrent triomphantes.

L'électeur de Saxe et le landgrave de Hesse-Cassel, étaient trop puissants pour que l'empereur pût se flatter de les punir autant qu'il le désirait, de la part qu'ils avaient prise au pacte de Leipsick. Pour atteindre ce but, il fallait les désarmer; Tilly jugea à propos de commencer par le landgrave, et passa à cet effet du territoire de Magdebourg sur celui de la Thuringe. Les provinces saxonnes qu'il traversa furent ravagées, et ce fut sous ses yeux que ses soldats pillèrent et incendièrent la ville de Franckenhausen. Erfurt se racheta d'un siége par des sommes d'argent et des fournitures de vivres et de munitions.

Pendant ce temps, un envoyé de Tilly sommait le landgrave de Hesse-Cassel de licencier ses troupes, de renoncer au pacte de Leipsick, de recevoir et de nourrir des garnisons impériales; et de payer toutes les contributions qu'on jugerait à propos de lui imposer. Et ces sommations insolentes furent faites à un souverain de l'Empire, à un membre de la diète, par une créature de Tilly, qui lui-même n'était qu'un serviteur de l'empereur. Il est vrai que, pour soutenir son insolence, il commandait une armée aussi nombreuse que féroce, et encore teinte du sang des habitants de Magdebourg. Le landgrave repoussa la menace avec une noble fierté et un courage admirable.

« Je ne me sens nullement disposé, répondit-il, à
« recevoir des troupes étrangères dans mes forteresses
« et dans ma capitale. Quant à mes soldats, j'en ai
« besoin, et je le prouverai dès qu'on osera m'attaquer.
« Si le généralissime bavarois manque d'argent et de
« vivres, il n'a qu'à s'en retourner à Munich, où il y a
« de tout en abondance. »

Cette réponse fut immédiatement suivie de l'invasion du territoire hessois par deux hordes impériales, que l'adresse et l'intrépidité du landgrave de Hesse-Cassel mit en déroute. Alors Tilly lui-même marcha contre les Hessois, et ce malheureux peuple aurait sans doute chèrement expié la belle conduite de son souverain, si un nouveau mouvement de Gustave-Adolphe, n'avait pas tout à coup changé la marche des affaires.

L'électeur de Brandebourg venait d'exiger impérieusement l'évacuation de Spandau, que les Suédois ne devaient occuper que pendant le temps nécessaire pour secourir Magdebourg. La ruine de cette ville justifiait jusqu'à un certain point sa réclamation. De son côté, le roi de Suède avait plus que jamais besoin de conserver une forteresse où son armée pût trouver un refuge en cas de revers; car une bataille avec Tilly devenait chaque jour plus inévitable.

Après avoir vainement épuisé les représentations et même les prières, il ordonna au commandant de Spandau de quitter la place; mais il déclara en même temps, qu'à dater de ce jour, l'électeur ne devait plus voir en lui qu'un ennemi ; et, pour donner plus de force à cette déclaration, il parut devant Berlin avec toute son armée. Saisi de frayeur, Georges-Guillaume lui envoya des plénipotentiaires chargés de sonder ses intentions. Le héros du Nord les leur fit connaître avec une franchise toute martiale :

« Je ne veux pas, leur dit-il, qu'on se permette de
« me traiter plus mal que les généraux de l'empereur.
« Votre maître les a reçus dans ses États; il a nourri,
« soldé et équipé leurs troupes, et leur a ouvert toutes
« les places fortes qu'ils lui ont demandées : malgré tant
« de complaisances, il n'a jamais pu obtenir que l'on
« traitât son peuple, sinon avec égards, du moins avec
« humanité. Je n'exige de lui qu'une modique contribu-
« tion en argent, un asile et du pain pour mes soldats.
« En échange, je m'oblige à éloigner de ses provinces
« le théâtre de la guerre, et à les protéger contre toute
« agression. Mes prétentions sont justes; aussi ne les
« modifierai-je point. Que mon frère, votre maître, se
« décide, et qu'il me fasse savoir à l'instant, s'il veut
« m'avoir pour ami, ou s'il préfère voir livrer sa capi-
« tale au pillage. »

Ce ton résolu, et surtout les canons suédois pointés sur la ville, triomphèrent des irrésolutions de l'électeur, qui signa le même jour un traité, par lequel il s'engageait à payer au roi de Suède une contribution de cinquante mille reichsthalers par mois, et à lui abandonner toutes les forteresses de ses États dont il pourrait avoir besoin. À peine Gustave-Adolphe s'était-il ainsi assuré de l'assistance du Brandebourg, qu'il reçut la nouvelle de la reddition de Greifswald, seule forteresse de la Poméranie qui était encore restée au pouvoir des Impériaux. Bientôt après il se rendit dans ce duché, où l'attendait une fête digne de lui.

Les Poméraniens, qu'en moins d'un an il avait entièrement affranchis de la cruelle domination de l'empereur, célébraient l'anniversaire de son débarquement par des réjouissances publiques, des actions de grâces et des prières solennelles pour la continuation du succès de ses armes. Au milieu de ces témoignages éclatants de la reconnaissance et de l'admiration dont il était l'objet, des envoyés du czar de Moscou vinrent lui renouveler l'assurance de la sincère amitié de leur maître, et lui offrir, en son nom, des troupes auxiliaires et des subsides.

À la même époque, sa femme, la reine Marie-Éléonore, qui l'aimait trop tendrement pour vivre longtemps séparée de lui, débarqua en Poméranie avec un renfort de huit mille hommes, que le sénat lui envoyait de son propre mouvement. L'Angleterre aussi fit enfin quelque chose en faveur de Gustave-Adolphe. Elle lui expédia six mille hommes, commandés par le marquis de Hamilton, circonstance qu'il est d'autant plus important de signaler ici, qu'elle renferme, à elle seule, tous les hauts faits des Anglais en Allemagne pendant la guerre de Trente ans.

Avant de partir pour la Thuringe, Tilly avait confié à Pappenheim la défense du district de Magdebourg. Tous les efforts de ce général n'avaient pu empêcher les Suédois de passer l'Elbe, de tailler en pièces les détachements impériaux qui voulaient les arrêter, et de s'emparer de plusieurs places fortes.

En apprenant que Gustave-Adolphe lui-même se dirigeait de son côté, Pappenheim réclama des renforts avec tant d'insistance, que Tilly se mit en route à marches forcées, et vint établir son camp à Wolmirstaedt, en deçà de l'Elbe. Gustave-Adolphe fixa le sien près de Werben, non loin du confluent de l'Elbe avec la Havel. Pour annoncer son arrivée aux Impériaux, il chassa trois de leurs régiments qui occupaient les villages d'alentour, s'empara de leurs armes, de leurs bagages et de leurs munitions.

Outré de cette provocation, Tilly fit avancer son armée à une portée de canon de celle des Suédois, dans l'espoir de les contraindre à livrer bataille, mais le roi, instruit de la supériorité numérique des Impériaux, évita ce piége en se tenant renfermé dans son camp, trop bien fortifié pour que l'ennemi pût songer à l'y attaquer. Tout se borna donc à un échange de quelques coups de canon et à des combats d'avant-postes, où l'avantage resta constamment aux Suédois. Forcé de retourner à Wolmirstaedt sans avoir rien obtenu, Tilly eut encore le chagrin de voir, pendant cette retraite, diminuer son armée par la désertion constante de ses soldats, qui passaient sous les drapeaux de Gustave-Adolphe. Depuis les sanglantes journées de Magdebourg, la fortune semblait avoir abandonné Tilly, pour se déclarer en faveur du roi de Suède.

Pendant que Gustave-Adolphe campait à Werben, Tott, un de ses meilleurs généraux, achevait la conquête du Mecklembourg. Le roi avait promis de rendre ce duché à ses deux souverains légitimes; et il put enfin jouir du noble plaisir de réaliser cette promesse. Pour donner plus d'éclat à la cérémonie de leur réintégration, il se rendit lui-même à Gustrow, où les deux ducs firent leur entrée solennelle, marchant l'un à droite et l'autre à gauche de leur protecteur. Un nombreux cortége de princes les suivait, et la joie et la reconnaissance du peuple firent de cette journée, une des plus touchantes fêtes nationales que puisse mentionner l'histoire.

Immédiatement après son retour au camp de Werben, le landgrave Guillaume de Hesse-Cassel vint le trouver pour lui proposer une alliance offensive et défensive. Ce fut le premier souverain allemand qui, sans y être contraint par une nécessité absolue, se détacha ouvertement de l'empereur pour se jeter dans les bras des Suédois.

Le landgrave s'engagea à traiter les ennemis de Gustave-Adolphe comme ses ennemis personnels, à mettre, en tout état de cause, ses villes et ses forteresses à sa disposition, et à lui fournir les vivres et les munitions dont il pourrait avoir besoin pour ses troupes. Par ce même traité, Gustave-Adolphe se déclara l'ami et le protecteur du landgrave, et promit de rejeter toute proposition de paix de la part de l'empereur, qui ne donnerait pas satisfaction pleine et entière aux prétentions de ce prince. Les deux parties observèrent toujours religieusement les clauses de leur traité; et, à la signature de la paix de Westphalie, Guillaume de Hesse-Cassel eut lieu de s'applaudir de sa constante fidélité.

Outré de la défection du landgrave, Tilly essaya, par des menaces et des promesses, de pousser les représentants des états hessois à la révolte contre leur souverain, et ordonna au comte Fugger, l'un de ses généraux, d'envahir le pays avec son corps d'armée. Mais les hostilités ouvertes furent repoussées par la force, et les insinuations perfides échouèrent contre le bon sens des représentants, dont pas un n'hésita entre les Suédois, qui s'étaient faits leurs protecteurs, et les Impériaux qui n'avaient jamais été pour eux que des ennem   et des tyrans.

La Saxe donnait à l'Autriche des inquiétudes plus graves encore; car, en dépit des ordres exprès de l'empereur, Jean-Georges continuait à lever des troupes, et persistait à reconnaître la validité du pacte de Leipsick. Prévoyant l'approche d'une bataille décisive avec le roi de Suède, Tilly voulait avant tout mettre un terme à la neutralité armée de la Saxe, à laquelle cette position permettait, si le sort favorisait Gustave-Adolphe, de passer de son côté, ce qui aurait porté un coup funeste au parti impérial. Un renfort de vingt mille hommes que le général Furstenberg venait de lui amener l'ayant rendu plus arrogant, il fit dire à l'électeur de se préparer à recevoir ses troupes et à licencier les siennes, à moins qu'il ne voulût les joindre à l'armée impériale pour lui aider à chasser les Suédois de l'Allemagne. Les agents chargés de ce message ajoutèrent que la Saxe avait été jusque-là beaucoup mieux traitée que les autres États de l'Empire, et qu'on lui ferait chèrement payer cette préférence si son souverain ne se soumettait pas à l'instant aux sommations qu'ils venaient lui faire.

Tilly avait mal choisi son temps pour tenir un langage aussi hautain. Le mépris toujours croissant avec lequel on traitait les souverains protestants, le sac de Magdebourg, les ravages que les Impériaux exerçaient sur toute l'étendue du territoire allemand, avaient enfin ouvert les yeux de Jean-Georges sur le mal qu'il avait fait à lui et à son parti, par son attachement à la maison d'Autriche. Sa conduite antérieure ne lui donnait aucun droit à l'amitié de Gustave-Adolphe, et cependant la présence de ce protecteur de la réformation sur les frontières de la Saxe lui inspira le courage de répondre par un refus formel aux sommations du général

Tilly. Il ajouta que les Suédois donnaient assez d'occupation à l'armée impériale, pour qu'on ne songeât pas à lui ; et qu'en tout cas, il était convaincu qu'on n'oserait jamais pousser l'ingratitude jusqu'à le payer de ses loyaux services, par la ruine de ses États. Pendant le dîner splendide qu'il donna aux envoyés de Tilly, il leur dit avec une feinte gaieté :

« Je le vois bien, messieurs, on voudrait enfin *servir*
« *le dessert saxon*, qu'on a cru devoir ménager jusqu'ici ;
« mais qu'on y prenne garde, il s'y trouve des noix et
« toute sorte de choses très-dures ; en croyant se régaler, on pourrait fort bien « se casser les dents. »

Au retour de ses envoyés, Tilly leva le camp, s'avança vers Halle, ravagea tout sur son passage, et fit faire à Jean-Georges des sommations nouvelles et plus menaçantes encore.

On a peine à comprendre l'aveuglement de Ferdinand II et de ses agents, qui, dans le moment le plus critique, semblaient avoir pris à tâche de désespérer un souverain qu'il eût été si facile d'abuser de nouveau, et que ses penchants personnels, bien plus encore que les conseils de ses ministres, secrètement soldés par l'Autriche, avaient pendant si longtemps, et au mépris de ses devoirs les plus sacrés, maintenu dans le parti impérial. Tilly aurait-il voulu faire d'un ami équivoque un ennemi déclaré, et se débarrasser ainsi de toute contrainte envers un pays que son maître lui avait recommandé de ménager? Ferdinand lui-même aurait-il cherché à pousser l'électeur à des hostilités ouvertes, afin d'avoir le droit apparent d'oublier ses anciens services, et de déchirer le pacte de reconnaissance qui le liait à ce prince? Quelles que soient les conjectures qu'on puisse faire sur ce sujet, on n'en restera pas moins étonné de la présomption téméraire de Tilly, qui, au moment de se mesurer avec un ennemi redoutable, pousse un ancien allié à augmenter les forces de cet ennemi.

Exaspéré par l'invasion de ses États, Jean-Georges se jeta enfin, sans arrière-pensée, dans les bras du roi de Suède, dont il fit réclamer l'assistance par son favori le feld-maréchal d'Arnheim. Quoique charmé de ce résultat si longtemps désiré, Gustave-Adolphe reçut l'envoyé de l'électeur avec une froideur affectée :

« Je suis fâché, lui dit-il, que votre maître se trouve
« réduit à une si cruelle extrémité ; s'il n'avait pas con-
« stamment refusé mes services, aucun ennemi ne me-
« nacerait ses États, et Magdebourg serait encore de-
« bout. Aujourd'hui qu'il ne lui reste plus aucun espoir
« de salut, il réclame enfin mon assistance. Eh bien,
« allez lui dire que le roi de Suède n'est pas disposé à
« compromettre sa cause et celle de ses alliés, pour se-
« courir un prince dont rien ne lui garantit la bonne
« foi. En effet, que puis-je espérer de lui? Tous ses con-
« seillers ne sont-ils pas vendus à l'Autriche? Ne le
« pousseront-ils pas à m'abandonner et à revenir à
« l'empereur, dès que ce monarque jugera à propos
« de le tromper par quelque nouvelle cajolerie, au
« lieu de l'attaquer ouvertement? Le général Tilly,
« dites-vous, a augmenté son armée par des renforts
« considérables? Je le sais, et je n'en irai pas moins à
« sa rencontre dès que j'aurai terminé tous mes prépa-
« ratifs. »

D'Arnheim ne chercha pas même à justifier son maître ; mais il supplia le roi d'oublier un passé malheureux, et de poser nettement les conditions auxquelles il pourrait consentir à secourir la Saxe.

« Eh bien, répondit Gustave-Adolphe, que votre
« maître me livre la forteresse de Wittemberg; qu'il
« m'avance trois mois de solde pour mes troupes; qu'il
« m'abandonne ses ministres, qui sont vendus à l'Au-

« triche; qu'il m'envoie son fils aîné en otage, et je le
« tirerai d'embarras. »

A peine l'électeur eut-il reçu cette réponse, qu'il renvoya d'Arnheim au camp de Gustave-Adolphe.

« Dites-lui, s'écria-t-il, que non-seulement Wittem-
« berg, mais que toutes les forteresses de mes États sont
« à sa disposition; je lui donnerai toute ma famille en
« otage, et si cela ne suffit pas, j'irai moi-même me livrer
« à lui; j'abandonnerai à sa juste colère les traîtres qu'il
« me nommera, et je lui fournirai autant d'argent que
« j'en pourrai trouver, car je suis décidé à sacrifier tout
« ce que possède, et jusqu'à ma vie, pour la défense de
« la bonne cause! »

En posant à Jean-Georges des conditions aussi dures, le roi de Suède avait voulu seulement mettre à l'épreuve la sincérité de son repentir. Persuadé qu'il eût été injuste d'en douter plus longtemps, il changea tout à coup de langage :

« Répondez à votre maître, dit-il au feld-maréchal,
« que sa défiance envers moi, lorsque je voulais se-
« courir Magdebourg, avait excité la mienne; la con-
« fiance qu'il me témoigne aujourd'hui me fait ou-
« blier le passé. Je ne lui demande plus qu'un mois de
« solde pour mes troupes, et je lui promets de le dédom-
« mager bientôt de ce léger sacrifice. »

Dès que le traité d'alliance fut signé, Gustave-Adolphe passa l'Elbe; et l'armée suédoise se joignit à celle de la Saxe. Au lieu de chercher à empêcher cette jonction, Tilly s'était mis en marche pour Leipsick afin de lui imposer une garnison impériale. Dans l'espoir d'être bientôt secouru, le commandant Hans de la Pforta se disposa aussitôt à une résistance énergique; et, pour ne pas être gêné dans ses opérations, il fit mettre le feu au faubourg de Halle. Mais cette mesure extrême ne put remédier au mauvais état des remparts, et dès le troisième jour, la ville fut forcée de se rendre.

Pendant le siége, Tilly avait établi son quartier général dans la maison d'un fossoyeur, la seule du faubourg de Halle que le feu eût épargnée. Ce fut là qu'il prit enfin la résolution d'attaquer le roi de Suède; là aussi il signa la capitulation de Leipzig. En réglant les clauses de cette capitulation, ses yeux s'étaient arrêtés sur les peintures grossières dont le fossoyeur avait eu la singulière fantaisie de décorer les murs de sa demeure, et qui représentaient des crânes et des ossements humains. Ces lugubres emblèmes avaient si fortement frappé l'imagination du vieux général, qu'il pâlit et trembla en les contemplant; et l'on attribue l'humanité extraordinaire avec laquelle il traita la garnison et les habitants de Leipzig, aux réflexions que lui avaient suggérées les peintures de la maison du fossoyeur, et au souvenir des massacres de Magdebourg.

Pendant que le généralissime de l'armée impériale s'emparait d'une des premières villes de la Saxe, l'électeur de ce pays et celui de Brandebourg tenaient conseil à Torgau, avec le roi de Suède, sur les mesures à prendre pour affranchir l'Allemagne du despotisme impérial. La conscience de la responsabilité immense dont il était chargé, força Gustave-Adolphe à réprimer son ardeur héroïque, pour ne faire entendre que des paroles de sagesse et de prudence :

« Songez, mes frères, dit-il à ses alliés, que nous
« allons jeter dans la balance deux couronnes d'électeur
« et un sceptre royal. La fortune est inconstante, et le
« ciel, dans ses mystérieux desseins, peut, pour nous
« punir de nos péchés, accorder la victoire à nos enne-
« mis. Que je perde la vie en défendant votre cause,
« que ma brave armée succombe tout entière, la Suède.
« loin du théâtre de la guerre, défendue par une flotte

« nombreuse, et garantie de tous côtés contre une
« invasion étrangère, n'en restera pas moins un État
« indépendant, et tôt ou tard elle pourra même songer
« à venger son roi. Mais si nous perdons la bataille,
« quelles ressources, quel espoir vous restera-t-il à
« vous, mes frères, qui avez l'ennemi à vos portes? »

Ce fut ainsi que Gustave-Adolphe prouva par sa modération, que le sentiment de sa force ne l'aveuglait point sur l'étendue du danger. Mais Jean-Georges montra toute l'assurance irréfléchie d'un homme faible qui se sent soutenu par un héros. N'ayant point d'anciens lauriers à flétrir, tous ses vœux appelaient une bataille comme l'unique moyen de débarrasser ses États des Impériaux qui les ravageaient, et des Suédois qui les défendaient, mais qu'il fallait nourrir. Aussi déclara-t-il que, s'il le fallait, il marcherait sur Leipzig, et attaquerait Tilly avec ses seuls Saxons. Cette résolution détermina le roi, et l'on prit toutes les mesures nécessaires pour livrer bataille avant que l'ennemi pût recevoir les nouveaux renforts que les généraux Altringer et Tiefenbach devaient lui amener.

L'armée suédoise-saxonne passa la Mulda, et l'électeur de Brandebourg retourna dans ses États pour y attendre le dénoûment du drame sanglant dont il venait d'approuver le plan.

Dans la matinée du 7 septembre 1631, l'armée impériale et l'armée suédoise se trouvèrent enfin en face l'une de l'autre.

Pour réparer la faute qu'il avait commise en permettant la tranquille jonction de l'armée de Gustave-Adolphe avec celle de Jean-Georges, le général Tilly voulait attendre les troupes qui devaient lui arriver avant de livrer bataille; et, à cet effet, il s'était retranché non loin de Leipzig, dans une position très-avantageuse. Les instances réitérées de Pappenheim le décidèrent cependant à sortir de sa retraite pour occuper les collines qui s'étendent à la gauche de Leipzig, entre les villages de Wahren et de Lindenthal. Son armée était rangée sur une seule ligne au pied de ces collines, tandis que l'artillerie placée sur les sommets commandait la vaste plaine de Breitenfeld.

Ce fut à travers cette plaine que l'armée suédoise-saxonne s'avança sur deux colonnes; bientôt elle ne fut plus séparée des avant-postes de l'ennemi, que par la petite rivière de Lober. Tilly hésita longtemps avant de permettre au général Pappenheim d'aller défendre ce passage avec deux mille cuirassiers; mais il lui donna en même temps l'ordre positif d'éviter toute hostilité qui pourrait entraîner une bataille générale. Au mépris de cet ordre, Pappenheim ne tarda pas à en venir aux mains avec les Suédois, qui le forcèrent à leur céder le terrain. Pour les empêcher de le poursuivre, il incendia le village de Podelwitz. Malgré cette précaution cruelle, l'ennemi continua à s'avancer, et prit ses positions pour la bataille, qui dès lors devint inévitable.

Les Suédois formaient deux lignes dont les centres se composaient d'infanterie, divisée en petits bataillons faciles à mouvoir, et qui, sans causer le moindre désordre, pouvaient exécuter promptement les manœuvres les plus difficiles. La cavalerie, placée aux extrémités, était également composée de plusieurs escadrons entrecoupés de pelotons de mousquetaires, qui, par cet arrangement, paraissaient à l'ennemi beaucoup plus nombreux qu'ils ne l'étaient en effet. Le centre de cette armée ainsi rangée en bataille était commandé par le général Teufel; l'aile gauche, par Gustave Horn; et la droite, en face de Pappenheim, par Gustave-Adolphe.

Un long intervalle séparait les Suédois des Saxons, dont l'ordre de bataille avait été combiné par l'électeur et son feld-maréchal. Le roi avait exigé que les deux armées ne se confondissent point; car, sans douter précisément de la valeur des Saxons, il ne pouvait leur accorder la même confiance qu'à ses vaillants Suédois. L'expérience ne justifia que trop cette mesure.

Au pied des collines occidentales, l'armée de Tilly, rangée sur une seule ligne, s'étendait bien au delà de celle des Suédois, qu'elle débordait entièrement. Toutes les troupes, tant à pied qu'à cheval, formaient des masses difficiles à faire manœuvrer, et qui, par la disposition des batteries placées sur les hauteurs, se trouvaient dominées par ces batteries, car ce n'était qu'en passant au-dessus de leurs têtes que les boulets pouvaient aller atteindre l'ennemi.

Si les historiens qui rapportent la manière dont le généralissime impérial plaça son artillerie n'ont pas altéré la vérité, on pourrait conclure de cette disposition qu'il ne voulait pas attaquer, mais attendre les Suédois, puisqu'il s'était mis lui-même dans l'impossibilité d'enfoncer leurs rangs sans s'exposer au feu de ses propres canons.

Les troupes impériales, dont l'aile gauche était commandée par le général Pappenheim, l'aile droite par le comte de Furstenberg, et le centre par Tilly, ne se composaient, dans cette mémorable journée, que de trente-quatre à trente-cinq mille hommes; les Saxons et les Suédois réunis offraient à peu près le même nombre; mais, lors même que des millions de combattants se seraient trouvés en face les uns des autres, la bataille n'eût pas été plus terrible ni plus décisive. Ce fut pour obtenir les résultats qu'elle lui promettait, que Gustave-Adolphe avait traversé la Baltique, et confié aux chances de la guerre sa couronne et sa vie.

Dans cette journée célèbre, les deux plus grands capitaines de leur époque, regardés jusque-là comme invincibles, allaient enfin se mesurer dans une lutte où l'un ou l'autre ne pouvait manquer de perdre la moitié d'une gloire péniblement acquise. Les deux partis religieux qui divisaient l'Allemagne, attendaient avec des craintes et des espérances également passionnées le résultat de cette lutte; l'Europe entière s'apprêtait à en subir les conséquences, et la postérité la plus reculée ne s'en souviendra jamais, sans y trouver des sujets de regrets ou de bénédictions.

La fermeté qui caractérisait Tilly l'abandonna tout à coup. Ne pouvant se résoudre ni à livrer bataille ni à l'éviter à tout prix, il s'y laissa entraîner presque malgré lui par Pappenheim. Des doutes cruels, qu'il n'avait jamais éprouvés, oppressaient sa poitrine; de noirs pressentiments, qui lui avaient été inconnus jusqu'à ce jour, obscurcissaient son front; le génie vengeur de Magdebourg semblait planer au-dessus de sa tête.

Le combat commença par une canonnade qui dura deux heures; le vent soufflait de l'ouest et poussait vers les Suédois, d'épais nuages de fumée et de poussière qui les aveuglaient. Cette circonstance engagea le roi à ordonner une conversion au nord, et cette manœuvre s'exécuta avec tant de rapidité, que l'ennemi n'eut pas le temps de l'empêcher.

Ce fut alors seulement que Tilly se décida à quitter le pied des collines, où il semblait avoir pris racine. Sa première attaque fut repoussée par les Suédois. Exaspéré par cet échec, il se jeta sur les Saxons avec tant d'impétuosité, que leurs rangs s'ouvrirent, le désordre et la terreur furent tels, que l'électeur ne put rallier les fuyards qu'à Eilenbourg; quelques régiments cependant restèrent sur le champ de bataille, et sauvèrent par leur valeur héroïque l'honneur du nom saxon.

Dès le premier moment de la déroute, les Croates, toujours avides de butin, s'étaient précipités en avant pour se livrer au pillage, et Tilly expédia à Vienne et à Munich des courriers chargés d'y annoncer la victoire dont il se croyait déjà certain. Pendant ce temps, Pappenheim avait attaqué l'aile droite des Suédois, commandée par Gustave-Adolphe. Sept fois il revint à la charge, et sept fois il fut repoussé. Le grand nombre de soldats tombés autour de lui avait tellement éclairci ses rangs, qu'il se vit forcé d'abandonner le terrain au vainqueur. De son côté, Tilly, après avoir défait le reste des Saxons, se jeta avec toutes ses forces sur l'aile gauche de l'ennemi, espérant l'écraser par sa supériorité numérique; mais le roi, dont le génie veillait à tout, venait de renforcer de plusieurs régiments cette partie de l'armée, que la défaite des Saxons avait laissée à la merci des Impériaux.

Gustave Horn, chargé du commandement de l'aile gauche, opposa aux cuirassiers de Tilly une résistance héroïque, à laquelle l'infanterie qui entrecoupait les escadrons prit une part aussi utile que glorieuse. Surpris de tant de valeur, et fatigué d'une si longue lutte, les Impériaux commençaient à faiblir; mais la victoire était encore flottante, lorsque Gustave-Adolphe parut sur ce point, et décida du sort de la bataille par une manœuvre prompte et hardie. A peine avait-il fait fuir l'aile gauche, qu'il dirigea son corps d'armée et celui du général Teufel vers les collines où Tilly avait établi son artillerie, s'en empara après une courte lutte, et fit pointer les canons sur les troupes impériales.

Placée ainsi entre ses propres batteries et celles de l'ennemi, assaillie de tous côtés par les Suédois, dont la valeur tenait du prodige, l'armée surnommée *l'invincible* s'ébranla, ses rangs s'ouvrirent, le désordre et la terreur se propagèrent de bataillons en bataillons; et pour la première fois Tilly fut forcé d'ordonner la retraite, retraite terrible, car elle ne pouvait s'opérer qu'à travers les colonnes des vainqueurs, dont il était cerné de toutes parts.

N'écoutant plus que la terreur et le désespoir, l'armée impériale se débanda et s'enfuit au hasard. Quatre régiments d'élite, composés de vieux soldats qui n'avaient jamais tourné le dos à l'ennemi, se montrèrent seuls dignes de leur ancienne réputation. Se divisant en petits pelotons serrés, ils s'avancèrent en combattant, se firent jour à travers les rangs suédois, et arrivèrent armés et en bon ordre dans un petit bois où ils se réunirent de nouveau, firent face à l'ennemi et combattirent jusqu'à la nuit, en dépit des cris réitérés des Suédois, qui, touchés de tant de courage, les suppliaient de se rendre. Les ténèbres vinrent enfin mettre un terme à cette lutte terrible; les quatre régiments étaient réduits à six cents hommes. Persuadés enfin de l'inutilité d'une plus longue résistance, ils profitèrent de l'obscurité pour se retirer du champ de bataille, que dès ce moment rien ne disputait plus aux Suédois; leur victoire était complète.

Le premier mouvement de joie de Gustave-Adolphe s'exhala en une fervente prière, qu'il prononça à haute voix, entouré des siens et agenouillé au milieu des morts et des blessés.

Tandis que la cavalerie suédoise poursuivait les fuyards, le tocsin se propageait de village en village, et avertissait les paysans de la défaite de l'armée impériale. A ce signal, tous quittèrent leurs cabanes et se mirent à la recherche des fugitifs, dans lesquels chacun d'eux voyait un ennemi personnel. L'heure de la vengeance venait de sonner; elle fut horrible, car la haine des campagnards immola tout ce qui avait échappé au fer et au feu des bataillons suédois. Sept mille Impériaux avaient perdu la vie sur le champ de bataille; le nombre des blessés et des prisonniers se montait à plus de cinq mille; toute l'artillerie, les caissons, les bagages, les munitions, et plus de cent drapeaux ou étendards, étaient tombés au pouvoir des vainqueurs, qui n'avaient éprouvé que des pertes peu sensibles; car si cette journée avait coûté deux mille hommes aux Saxons, les Suédois n'avaient perdu que sept cents soldats et quelques officiers.

Pendant sa fuite vers Halle et Halberstadt, Tilly ne put réunir qu'environ six cents hommes; plus heureux, Pappenheim le rejoignit avec un petit corps de quatorze cents soldats. C'est ainsi qu'une seule bataille réduisit à deux mille combattants l'armée formidable qui, par une longue suite de victoires, avait mérité le surnom d'*invincible*, et répandu la terreur par toute l'Allemagne et même en Italie.

Le général Tilly ne dut la vie qu'à un caprice du hasard : poursuivi pendant les premiers moments de la déroute par un officier de la cavalerie suédoise, il refusa de se rendre, malgré les nombreuses blessures qu'il avait reçues. Épuisé par le sang qu'il perdait, il allait renoncer à une résistance inutile, lorsqu'un coup de pistolet, parti d'une main qu'il ne put jamais découvrir, abattit l'officier suédois, et lui rendit le moyen de se soustraire par une prompte fuite au danger de tomber au pouvoir de l'ennemi, le seul qu'il redoutait réellement, car la vie n'avait plus d'attraits pour lui.

Forcé de s'avouer qu'il avait survécu à sa réputation, et qu'une seule journée avait flétri sa longue et glorieuse carrière, il chercha en vain des consolations dans le souvenir de ses anciennes victoires : la bataille qui devait les couronner toutes s'était terminée par une défaite honteuse. Il savait que cette défaite ferait oublier au monde les triomphes qui l'avaient précédée, et qu'elle ne laisserait à la postérité que le souvenir de ses actes de cruauté et des malédictions qu'il avait accumulées sur sa tête.

Depuis ce jour mémorable, Tilly resta accablé de tristesse et de regrets; sa fortune l'avait abandonné pour toujours; elle ne lui laissa pas même l'espoir de la vengeance, car il ne tarda pas à recevoir de Ferdinand la défense formelle de s'engager à l'avenir dans un combat décisif contre le roi de Suède.

Les contemporains du général Tilly attribuèrent sa défaite à la manière dont il avait disposé son artillerie, à l'attaque inconsidérée par suite de laquelle il s'était trouvé exposé au feu de ses propres canons, et au peu d'attention qu'il donna aux mouvements de l'ennemi avant et pendant la bataille. Mais lors même que ces fautes eussent été graves et réelles, il aurait trouvé moyen de les réparer, si le génie supérieur de Gustave-Adolphe n'avait pas prévu et contrarié toutes ses opérations.

A peine arrivé à Halle, l'infortuné généralissime s'en vit de nouveau chassé par les Suédois. Halberstadt lui offrit enfin un asile assez sûr pour qu'il pût y attendre la guérison de ses blessures; mais elles n'étaient pas encore entièrement fermées lorsqu'il quitta cette ville pour se rendre sur le Weser, dans l'espoir de réorganiser une armée avec les garnisons impériales de la basse Saxe.

Dès que Jean-Georges eut acquis la certitude de la victoire des Suédois, il se rendit dans la tente de Gustave-Adolphe, pour excuser sans doute la conduite peu honorable de ses troupes; mais le roi ne lui en laissa pas le temps : il courut au-devant de lui, le pressa dans ses bras, et le remercia vivement d'avoir eu le courage d'insister pour le décider à attaquer l'armée impériale. Charmé de cet accueil, auquel il était loin de s'attendre, l'électeur s'abandonna à un élan de reconnaissance, dans lequel on prétend qu'il s'engagea à faire tous ses efforts pour placer la couronne impériale sur la tête du héros du Nord.

Laissant à Jean-Georges le soin de reprendre Leipzig, le roi de Suède se dirigea vers Mersebourg. Cinq mille Impériaux qu'il rencontra sur sa route furent pris ou tués ; la plupart des prisonniers s'enrôlèrent sous ses drapeaux, et Mersebourg se rendit à la première sommation. Halle ne tarda pas à imiter cet exemple ; et ce fut dans cette ville que l'électeur de Saxe, redevenu maître de Leipzig, dont le roi de Suède l'avait chargé de chasser les Impériaux, le rejoignit pour combiner avec lui de nouveaux plans d'opérations.

La victoire de Leipzig avait été complète et brillante ; il ne s'agissait plus que d'en tirer tous les avantages possibles. L'armée impériale était détruite, la Saxe n'avait plus d'ennemis sur son territoire, et Tilly, toujours fugitif, s'était retiré à Brunswick. Transporter le théâtre de la guerre sur ce point eût été une haute imprudence, car la basse Saxe était tellement épuisée, qu'on ne pouvait lui imposer de nouveaux sacrifices sans assurer sa ruine totale.

Les deux souverains se décidèrent donc à tourner leurs armes contre les riches provinces qui, restées sans défense, offraient au vainqueur une route facile et agréable jusque sous les murs de Vienne. A droite on pouvait envahir les États des souverains catholiques, à gauche les provinces héréditaires de l'Autriche. Il était indispensable de les soumettre toutes ; mais lesquelles étaient les plus importantes, et, par conséquent, celles dont la conquête ne pouvait être confiée qu'au roi lui-même ?

A la tête de son armée victorieuse, Gustave-Adolphe, sans doute, n'eût trouvé que de faibles obstacles depuis Leipzig jusqu'à Prague, Vienne et Presbourg. La Bohême, la Moravie, l'Autriche et la Hongrie, étaient dégarnies de troupes, et les protestants de ces pays n'auraient pas manqué de seconder efficacement le héros du

Nord défendant leur cause. Selon toutes les probabilités, il ne serait resté à Ferdinand d'autres ressources que la fuite; Vienne eût ouvert ses portes au vainqueur de Leipzig, et l'empereur, privé de ses États héréditaires, qui seuls lui fournissaient le moyen d'entretenir la guerre, eût été forcé de signer une paix telle qu'on eût jugé à propos de la lui dicter.

Ce projet hardi, dont le succès était presque certain, n'eût pas manqué de séduire un conquérant; mais Gustave-Adolphe était homme d'État avant tout. Il avait pris les armes dans un but plus noble que celui de ravager des provinces et d'y promener son étendard victorieux; aussi refusa-t-il de confier la réussite de ses vastes projets aux caprices de la fortune, que la valeur la plus intrépide ne dompte pas toujours. En s'avançant sur Vienne, il fallait abandonner la défense de la Franconie et du haut Rhin à l'électeur de Saxe, dont les troupes avaient prouvé, à la bataille de Leipzig, qu'elles étaient peu propres à lutter contre un général tel que Tilly.

Quel fruit aurait-il pu retirer de la conquête de la Bohême et de l'Autriche, si le généralissime, qui déjà était parvenu à réorganiser une armée sur les bords du Weser, redevenait le maître de tous les États des princes protestants de l'Empire, et les contraignait ainsi à abandonner les Suédois? Pouvait-il se flatter de réduire Ferdinand II à une position plus critique que celle où l'avait mis, douze ans plus tôt, l'insurrection de la Bohême? Et cette insurrection cependant ne semblait l'avoir abattu que pour lui fournir le moyen de se relever plus fort et plus redoutable que jamais. Envahir et occuper lui-même tous les États de la *Ligue* lui offrait des avantages moins brillants, mais plus certains.

Les clameurs générales provoquées par l'*Édit de restitution* avaient mis Ferdinand dans la nécessité de convoquer à Francfort une diète extraordinaire, dans laquelle il déploya toutes les ruses de sa politique perfide pour effrayer et tromper les princes protestants. L'approche du roi de Suède pouvait seule donner à ces princes la force de résister aux promesses et aux menaces. Ce n'était donc qu'en se rendant maître du centre de l'Allemagne, qu'il pouvait se flatter d'ébranler dans ses fondements la puissance impériale, qui n'était rien sans le secours de la *Ligue*. Par ce seul moyen, il pouvait en même temps surveiller la France, qu'il était autorisé à regarder comme une alliée équivoque. Au reste, ses secrets desseins lui rendaient indispensable, non-seulement l'amitié des souverains protestants, mais encore celle des Électeurs catholiques; et, pour gagner l'amitié de ces derniers, il avait besoin de devenir l'arbitre de leurs destinées, afin de se donner des droits à leur reconnaissance, en les traitant en vainqueur humain et généreux.

Toutes ces considérations décidèrent Gustave-Adolphe à prendre la route de la Franconie, et à confier à l'électeur de Saxe la conquête facile de la Bohême.

LIVRE TROISIÈME

Caractère de la campagne de Gustave-Adolphe après la bataille de Leipzig. — Prise d'Erfurt. — Entrée des Suédois en Thuringe. — Prise de Wartzbourg et de Marienberg. — Passage du Mein. — Défaite du duc Charles de Lorraine. — Duplicité de l'évêque de Bamberg. — Entrée des Suédois à Francfort. — Arrivée de l'électeur palatin dans le camp impérial. — Passage du Rhin près Mayence. — Prise d'Oppenheim. — Capitulation de Mayence (1631). — Craintes de Richelieu. — État de la Franconie. — Conquêtes des Suédois sur les bords du Rhin. — Entrée de Gustave-Adolphe à Nuremberg. — Combat du Lech (1632). — Mort de Tilly. — Les Suédois pénètrent en Bavière — Capitulation de Munich. — Les Saxons en Bohême. — Occupation de Prague. — Rentrée des proscrits. — Position critique de Ferdinand II. — Il rend le commandement à Wallenstein. — Conditions imposées par Wallenstein. — Il chasse les Saxons de la Bohême. — Sa jonction avec Maximilien de Bavière. — Les Suédois et les Impériaux en présence devant Nuremberg. — Bataille indécise. — Retraite des Suédois en Saxe. — Bataille de Lutzen (1632). — Mort de Gustave-Adolphe. — Mort de Pappenheim. — Le duc Bernard de Saxe-Weimar reste maître du champ de bataille. — Conduite suspecte du duc de Lauenbourg. — Appréciation de la politique de Gustave-Adolphe en Allemagne.

La bataille de Leipzig, si glorieuse pour Gustave-Adolphe, amena de grands changements dans la conduite de ce monarque, et dans l'opinion que l'Allemagne s'était formée sur son compte. Il venait de se mesurer avec le plus grand capitaine de l'époque; ses théories militaires et le courage de ses soldats s'étaient trouvés aux prises avec la tactique d'un guerrier mûri par l'expérience, et avec la valeur éprouvée de l'élite des troupes impériales; et il était sorti victorieux de cette lutte.

Aussi, dès ce moment, le vit-on montrer plus de confiance en lui-même; ses opérations militaires avaient une allure plus franche et plus hardie; et, dans les situations les plus critiques, il conserva cette noble assurance qui inspire toujours de grandes actions. Fier envers ses ennemis, digne envers ses alliés, sa bonté même, quoique toujours inépuisable, prit par degrés le cachet de la condescendance d'un homme supérieur qui se sent au-dessus de tout ce qui l'entoure. Sa piété instinctive donnait à son courage une teinte d'exaltation religieuse qui lui fit souvent confondre sa cause avec celle du ciel, et le poussa à se regarder comme l'instrument de la vengeance divine. Laissant toujours plus loin de lui et son trône et sa terre natale, il s'avança, sur les ailes de la victoire, jusqu'au centre de l'Allemagne, où, depuis plusieurs siècles, aucun conquérant étranger n'avait pu pénétrer.

Cette grande partie de l'Europe, que sillonnent des fleuves nombreux, où s'élevaient alors presque à chaque pas des villes fortifiées ou des châteaux entourés de remparts formidables, avait su se faire craindre et respecter de tous ses voisins, par la valeur de ses troupes, par le mérite et la vigilance des nombreux souverains qui la gouvernaient, et surtout par les savantes combinaisons de sa constitution fondamentale, qui ne faisait de tous ces petits États qu'un seul et même corps.

Plusieurs fois l'orage avait grondé sur les frontières de l'Empire; le centre avait jusque-là conservé le privilége équivoque de n'avoir d'autre ennemi que lui-même. Le fanatisme religieux avait seul pu rompre les liens qui, en unissant tous les membres de la diète, les rendaient invulnérables; et, sans cette circonstance, jamais Gustave-Adolphe n'aurait pu porter ses armes victorieuses jusqu'au sein de l'Allemagne. Il est vrai qu'il ne s'y maintint que parce qu'il était aussi habile au cabinet qu'intrépide sur le champ de bataille, et que parce que sa politique prudente, quoique loyale, brisait aussi promptement les piéges que lui tendait la perfidie de ses ennemis, que le feu de ses canons renversait les murailles de leurs villes. Poursuivant ses victoires d'un bout de l'Allemagne à l'autre, il sut toujours conserver le fil, qui seul pouvait le conduire à travers ce dédale sans l'isoler de ses propres États.

Si la nouvelle de la défaite de Tilly répandit la terreur dans le parti catholique, elle causa aux protestants moins de joie que de surprise et d'inquiétude. Les victoires du roi de Suède surpassaient toutes leurs prévisions et même toutes leurs espérances. Établi au sein de l'Allemagne, sans rival et sans adversaire capable de l'arrêter, il était désormais le maître d'abuser de sa position. Les justes alarmes que la trop grande puissance de l'empereur avait excitées, trouvèrent en lui des aliments nouveaux et mieux fondés. En effet, que ne devait-on pas redouter, non-seulement pour la religion catholique, mais encore pour la constitution de l'Empire, de la part d'un conquérant protestant et étranger?

Par son intrépidité et sa profonde sagesse, Gustave-Adolphe surmonta les obstacles que cette disposition des esprits lui fit rencontrer presque à chaque pas. Au reste, si le succès de ses armes inquiéta ses plus puissants amis, la France et la Saxe, ces mêmes succès inspirèrent aux petits souverains le courage d'embrasser ouvertement son parti; car trop faibles pour espérer d'arriver jamais à un premier rôle, ils n'avaient rien à craindre de l'ambition du héros du Nord, tandis qu'ils pouvaient tout espérer de sa puissante protection et de sa générosité.

N'étant presque rien par eux-mêmes, ils sentaient qu'en faisant cause commune avec lui, ils acquéraient quelque importance; aussi s'empressèrent-ils de lui faciliter l'entrée de l'intérieur de l'Allemagne, en approvisionnant ses troupes et en leur assurant, en cas de revers, des refuges dans leurs forteresses. Sa politique prudente, qui savait ménager à propos l'orgueil allemand, l'affabilité de ses manières, sa justice, son respect pour les lois du pays où il se trouvait, et la conduite humaine et sage à laquelle il savait contraindre ses troupes, ne tardèrent pas à lui gagner l'affection sincère de tous les protestants.

En transportant le théâtre de la guerre sur le territoire des souverains de la *Ligue*, il disposait à son gré de leurs trésors, attirait leurs jeunes gens sous son drapeau, et les contraignait à lui fournir eux-mêmes le moyen de les vaincre. Mais ce résultat, il ne l'obtint que parce que ces princes, divisés entre eux par des intérêts opposés, agissaient chacun pour leur compte; d'où il s'ensuivait naturellement que les généraux étaient sans pouvoir et les troupes sans discipline; et que le chef de l'armée voyait toujours dans le chef de l'État un adversaire ou un rival. Gustave-Adolphe, au contraire, réunissait en lui tout principe de pouvoir; il était l'unique but des opérations de ses généraux, l'âme de son parti, et le créateur du système de guerre, dont lui seul connaissait l'ensemble et dirigeait l'exécution; lui seul enfin donnait à la cause qu'il défendait, l'unité et l'harmonie qui manquaient à ses adversaires.

Tenant d'une main le glaive du conquérant, de l'autre la palme du pacificateur, Gustave-Adolphe parcourut tous les points de l'Allemagne en héros, en juge, en législateur. Les capitales et les places fortes s'ouvrent devant lui, et le reçoivent avec autant de respect et de soumission, que s'il eût été leur souverain légitime. L'Allemagne n'a pas de remparts assez élevés, de fleuves assez larges pour arrêter sa course triomphale; la terreur qu'il inspire suffit presque toujours pour lui frayer un passage. L'étendard suédois flotte sur les deux rives du Mein; le Palatinat est affranchi, les Espagnols et les Lorrains sont repoussés au delà du Rhin et de la Moselle. Semblables à un torrent impétueux, les Suédois et les Hessois envahissent le territoire des chapitres de Mayence, de Wurtzbourg, de Bamberg; et trois archevêques fugitifs expient loin de leurs sièges leur dévouement à la maison d'Autriche.

Bientôt le chef de la *Ligue*, Maximilien lui-même, apprend à connaître à son tour les calamités que, pendant si longtemps, il avait fait peser sur ses adversaires. La paix cependant lui a été offerte; mais ni la générosité de son ennemi ni la défaite de la plupart de ses alliés, n'ont pu triompher de son opiniâtreté.

En vain Tilly se place-t-il à la frontière des États bavarois, menaçant et terrible, comme le sombre séraphin dont le glaive flamboyant défend à tout mortel l'entrée du paradis terrestre; l'impitoyable génie de la guerre passe sur les restes inanimés du vieux général; les troupes suédoises s'étendent sur les deux rives du Lech et du Danube; et l'électeur, fuyant de forteresse en forteresse, abandonne ses États et ses infortunés sujets, qui, par leur aveugle fanatisme, augmentent le ressentiment des vainqueurs. Munich ouvre ses portes à l'invincible héros du Nord; et Frédéric V, cet électeur du Palatinat depuis si longtemps proscrit et fugitif, entre à la droite du vainqueur dans la capitale de son ennemi; et ce triomphe lui fait un instant oublier ses longs malheurs et la perte de sa couronne.

Pendant que Gustave-Adolphe étend ainsi ses conquêtes sur les limites méridionales de l'empire germanique, ses généraux et ses alliés obtiennent sur tous les autres points des victoires non moins décisives.

Toute la basse Saxe secoue le joug autrichien; les Impériaux sont chassés du Mecklembourg et des deux rives du Weser et de l'Elbe. Guillaume, landgrave de Hesse-Cassel, affranchit la Westphalie et le haut Rhin; les ducs de Weimar s'emparent de la Thuringe; l'électorat de Trèves tombe au pouvoir des Français; les Saxons se rendent maîtres de la Bohême; les Turcs envahissent la Hongrie; une insurrection, qui depuis longtemps fermentait sourdement, éclate au sein de l'Autriche; et Ferdinand II, tremblant et désespéré, demande à tous les souverains de l'Europe des secours contre tant de dangers réunis.

Mais c'est en vain qu'il appelle les troupes espagnoles; la valeur des Flamands les retient au delà du Rhin; c'est en vain qu'il réclame l'assistance de Rome et de toute l'Église catholique; le pape rit secrètement de l'embarras d'un monarque qui, dans l'enivrement de sa fortune, n'a pas craint de l'offenser. Les démonstrations de sa feinte pitié se bornent à de pompeuses processions, à de vains anathèmes; et, pour toute réponse aux secours d'argent que sollicite l'empereur, on lui montre les campagnes de Mantoue dévastées par ses soldats.

La vaste monarchie autrichienne est entourée de toutes parts d'ennemis qui, en pénétrant dans les États de la *Ligue,* ont renversé le dernier des remparts sur lesquels cette monarchie fondait sa force et sa durée. Ses plus zélés partisans sont vaincus; son plus ferme appui, l'intrépide et fier Maximilien de Bavière, est descendu si bas, qu'il ne peut pas même défendre ses propres provinces; et avec lui la puissance impériale est tombée au point, qu'un prodige semble seul pouvoir la relever.

Au milieu de cette position critique, tous les vœux appellent un capitaine habile et redouté; mais le seul homme qui possédât ce double mérite, avait été éloigné du service par l'intrigue et par l'envie. Le malheur a tellement dompté l'orgueil de Ferdinand, qu'il se décide sans peine à entrer le premier en négociations avec un sujet, un serviteur offensé. Le monarque naguère si arrogant et si terrible, pousse l'humilité jusqu'à supplier l'orgueilleux duc de Friedland, de vouloir bien reprendre le rang et les dignités qu'il lui avait si injustement enlevés.

Après une longue et feinte résistance, le duc accepte enfin ; et le changement subit de la marche des événements annonce qu'une main habile et ferme la dirige. Le pouvoir du roi de Suède est aux prises avec le pouvoir illimité du généralissime impérial ; un héros toujours triomphant se trouve en face d'un autre héros qui, lui aussi, semble avoir fait un pacte avec la victoire. Les deux principes opposés recommencent une lutte douteuse, et les chances de la guerre, que Gustave-Adolphe croyait avoir fixées, sont soumises à des épreuves nouvelles.

Semblables à des nuages destructeurs dont le moindre choc répandra sur la terre la mort et la désolation, les deux armées ennemies jettent leur camp en face de Nuremberg, s'observent dans un respectueux silence, et craignent et désirent en même temps le premier souffle de la tempête qui doit les mettre en contact. L'Europe entière a les yeux fixés sur Nuremberg, et Nuremberg attend, avec une anxiété mêlée d'orgueil, l'instant où elle donnera son nom à une bataille plus décisive encore que ne l'était celle de Leipzig.

Tout à coup l'horizon s'éclaircit, les sombres nuées de la guerre s'éloignent de la Franconie pour éclater dans les plaines de la Saxe ; la foudre qui menaçait Nuremberg tombe sur Lutzen, et la victoire, indécise et flottante, n'obéit qu'au dernier appel d'un roi expirant sur le champ de bataille. La fortune que ce roi avait su enchaîner à ses pas lui reste encore fidèle après sa mort ; elle sourit à ses restes inanimés, et leur donne pour linceul une gloire brillante et pure.

En rappelant sitôt Gustave-Adolphe d'un monde dont il était l'espoir et l'orgueil, son bon génie a voulu sans doute le soustraire à la destinée commune des mortels, à qui l'excès de la puissance et du bonheur fait toujours oublier la justice et la modération. Oui, il est permis de supposer, qu'en fournissant une plus longue carrière, le héros du Nord n'eût point mérité les larmes que l'Allemagne a versées sur sa tombe, et l'admiration que la postérité a vouée à sa mémoire.

Un parti quelconque, lorsqu'il perd son chef, peut se croire près de sa ruine ; mais pour la puissance suprême qui dirige l'univers, il n'y a point d'homme indispensable. Deux grands hommes d'État, Axel Oxenstiern en Allemagne, et Armand Richelieu en France, saisissent les rênes que la mort vient de faire tomber des mains du roi de Suède. L'inflexible destin continue sa marche en passant sur la tombe de ce héros ; et pendant seize années encore, le feu destructeur de la guerre s'élève au-dessus de ses cendres oubliées.

Qu'on nous permette maintenant de suivre pas à pas Gustave-Adolphe dans l'arène glorieuse où lui seul dirige et domine tout. Nous ne reviendrons à Ferdinand II, que lorsqu'une longue suite d'infortunes aura abattu l'orgueil autrichien, et réduit le chef de cette maison aux expédients les plus désespérés.

A peine le nouveau plan de campagne avait-il été arrêté à Halle, entre l'électeur de Saxe et le roi de Suède, que ce dernier se disposa à pénétrer dans l'intérieur de l'Empire : mais, dans cette partie de l'Allemagne toute catholique, Ferdinand était encore puissant et redouté ; ses troupes occupaient la Franconie, la Souabe et le Palatinat ; les Espagnols établis sur le Rhin rendaient le passage de ce fleuve impossible, et une armée lorraine était prête à se joindre à celle que Tilly était parvenu à réunir sous ses drapeaux.

Gustave-Adolphe connaissait tous ces obstacles, et son génie lui fit trouver le moyen de les surmonter.

Des négociations habiles lui ouvrent, sans coup férir, les portes d'Erfurt, dont une partie de la population était protestante. Là, comme dans toutes les places fortes dont il se rendit maître, il se fit prêter serment de fidélité, et y laissa une nombreuse garnison pour veiller à la religieuse observation de ce serment.

Après avoir confié la reine Marie-Éléonore à la garde de la ville d'Erfurt, et chargé son allié, le duc Guillaume de Weimar, du commandement du corps d'armée qui devait être recruté en Thuringe, il divisa les troupes suédoises en deux colonnes, qui traversèrent la forêt de Thuringe, enlevèrent en passant aux Impériaux le comté de Henneberg, et se réunirent après trois jours de marche à Kœnigshof, sur les frontières de la Franconie.

François, évêque de Wurtzbourg, ennemi passionné des protestants, et l'un des membres les plus zélés de la *Ligue* catholique, ressentit le premier les effets de la présence des défenseurs de la réformation. Quelques menaces suffirent pour faire tomber entre les mains des Suédois la forteresse de Kœnigshof, la clef des possessions de l'évêque. A la nouvelle de cette prompte conquête, une terreur panique s'empara de tous les souverains ecclésiastiques de la contrée. Tremblants dans leurs châteaux forts, ils voyaient déjà leurs siéges renversés, leurs églises profanées, leur culte foulé dans la poussière ; car les ennemis de Gustave-Adolphe avaient répandu sur ce monarque et sur ses soldats des calomnies si atroces, que, malgré sa clémence et son humanité, il lui fut impossible d'effacer entièrement l'effet qu'elles avaient produit sur l'esprit des catholiques : tant il est vrai qu'on est toujours porté à redouter, de la part d'un ennemi, le traitement qu'on lui ferait subir si l'on était dans sa position.

Persuadés que les Suédois n'épargneraient ni leurs

personnes, ni leurs consciences, ni leurs fortunes, les plus riches habitants de Wurtzbourg cherchèrent leur salut dans la fuite. L'évêque lui-même leur en avait donné l'exemple; car, abandonnant ses sujets aux désastres auxquels son aveugle bigoterie les avait exposés, il s'était réfugié à Paris, où il travailla à indisposer Richelieu contre l'ennemi de leur religion commune.

Gustave-Adolphe étendit ses conquêtes sur tout l'archevêché; les villes de Schweinfurt et de Wurtzbourg capitulèrent, et Marienberg fut prise d'assaut. Dans cette dernière place, réputée imprenable, les vainqueurs trouvèrent d'immenses provisions de vivres et de munitions, que les Impériaux y avaient entassées pour les mettre à l'abri de toutes les chances de la guerre. La bibliothèque des jésuites fut pour le roi une prise précieuse, qu'il s'empressa d'envoyer à l'université d'Upsal; ses soldats furent tout aussi satisfaits des vins délicieux qu'ils trouvèrent dans les caves du prélat. Quant aux trésors et aux caisses publiques, l'archevêque avait eu le temps de les emporter.

La soumission de la capitale fut suivie de celle de tout le territoire; Gustave-Adolphe reçut le serment de fidélité, et nomma, à cause de l'absence du souverain légitime, un gouvernement provisoire, dont la moitié des membres étaient protestants. Dans toutes les villes catholiques qui tombèrent successivement en son pouvoir, il ouvrit des églises au culte réformé; mais il ne gêna en rien celui de l'Église romaine, et ne vengea, par aucune représaille, la longue et cruelle oppression que l'on avait fait subir à ses coreligionnaires. Il ne connaissait d'autres ennemis que ceux qu'il combattait les armes à la main, et, dans ce cas encore, il s'était fait une loi d'épargner leur sang, presque autant que celui de ses soldats.

Immédiatement après l'invasion de son territoire par

les Suédois, l'archevêque de Wurtzbourg avait entamé des négociations avec le roi, dans le seul but de donner à Tilly le temps de venir à son secours. Ce généralissime, qui avait renforcé son armée par les garnisons de la basse Saxe et par sa jonction avec les troupes des généraux Altringer et Fugger, brûlait du désir d'effacer la honte de sa défaite par une victoire éclatante, aussi attendait-il avec une vive impatience la permission d'attaquer le roi de Suède; mais la *Ligue,* qui par des efforts pénibles venait de réorganiser une armée, sentait qu'il lui serait impossible de la remplacer une seconde fois si elle venait à être détruite. Maximilien persista donc à refuser de confier tout l'avenir de son parti au hasard d'une bataille.

En recevant l'ordre qui le condamnait de nouveau à l'inaction, le vieux général versa des larmes de honte et de désespoir, tandis que Gustave-Adolphe profita de la prudence craintive de la Bavière pour étendre et fortifier ses conquêtes. L'arrivée de douze mille Lorrains au camp impérial avait encore augmenté l'armée du généralissime, et il lui eût été facile de sauver du moins l'archevêché de Wurtzbourg; mais il ne reçut la permission de le secourir que lorsqu'il était déjà tombé au pouvoir des Suédois. La nécessité d'éviter une bataille paralysait d'avance toutes ses opérations, et il ne parvint que fort rarement à leur disputer momentanément la possession de quelques places fortes. Après avoir vainement essayé de jeter un renfort dans la ville de Hanau, il passa le Mein, près de Seligenstadt, et prit la route de Berg, afin de garantir le Palatinat d'une invasion suédoise.

Ce fut à cette même époque que le duc Charles de Lorraine osa attaquer Gustave-Adolphe. Ce prince, célèbre par l'inconstance de son caractère, la témérité de ses projets et les revers qu'il s'attirait sans cesse, ambitionnait depuis longtemps le titre d'électeur. Pour l'obtenir, il s'était fait le champion zélé de Ferdinand II, et avait poussé le dévouement à la cause de ce monarque jusqu'à s'attirer l'inimitié de la France. Aussi, pendant qu'il poursuivait sur une terre étrangère la couronne électorale, fantôme brillant qui fuyait sans cesse devant lui, les troupes françaises étaient venues prendre possession de ses États.

Mais cette catastrophe, loin de lui ouvrir les yeux sur ses véritables intérêts, augmenta son ardeur pour la cause de Ferdinand, qui lui accorda fort gracieusement, la permission d'imiter les autres princes de la *Ligue*, et d'achever sa ruine en épuisant ses dernières ressources pour travailler à la gloire et à la puissance de la maison d'Autriche. Enivré par les promesses dont l'empereur avait accompagné cette permission, il était parvenu à lever une armée de dix-sept mille hommes, qu'il conduisit lui-même contre Gustave-Adolphe.

L'expérience et la discipline manquaient entièrement à ces troupes; mais l'éclat de leur uniforme attirait tous les regards, et si jamais l'ennemi n'eut occasion de s'apercevoir de leur humeur belliqueuse, elles en donnèrent des preuves peu aimables aux paisibles bourgeois qu'elles étaient appelées à défendre. Une armée si bien parée et animée d'un pareil esprit ne pouvait lutter longtemps contre l'intrépide valeur des Suédois; une seule charge de cavalerie suffit pour dissiper plusieurs régiments; une terreur panique s'empara des autres, qui cherchèrent au delà du Rhin un refuge contre les indomptables guerriers du Nord. Honni par les Allemands, méprisé par tout le monde, le duc Charles s'enfuit en Lorraine en passant par Strasbourg.

Après l'avoir ainsi chassé du champ de bataille, Gustave-Adolphe lui fit demander le motif qui l'avait poussé à une entreprise aussi extravagante, et le pauvre duc de Lorraine s'estima heureux de pouvoir apaiser la colère du vainqueur, en lui écrivant une lettre fort humble, par laquelle il lui demandait pardon de l'erreur dans laquelle il avait été entraîné par la fougue de son caractère. On assure que, pendant sa fuite, il fut rencontré et reconnu par un paysan des bords du Rhin, qui frappa de son bâton le cheval qu'il montait, et lui cria en ricanant :

« Alerte, alerte, monseigneur ! il faut courir plus vite que ça quand on décampe devant le grand roi de Suède. »

Instruit par le funeste exemple de son voisin de Wurtzbourg, l'évêque de Bamberg se promit de le surpasser en adresse et en perfidie. Comme lui, il voulait gagner du temps, afin que les troupes impériales pussent venir à son secours. A cet effet, il affecta une soumission complète, et fit des propositions de paix, que Gustave-Adolphe, trop loyal pour deviner facilement les ruses de ses ennemis, accueillit avec bienveillance. Il se montra d'autant plus modéré dans ses prétentions, qu'il regardait le temps consacré à la conquête du Bamberg, comme pouvant être employé plus utilement dans les provinces des bords du Rhin, vers lesquelles il se dirigea aussitôt. Sa confiance en la sincérité du prélat lui fit perdre les contributions qu'il en aurait obtenues sans peine, pendant qu'il occupait ses villes et ses forteresses, qui, immédiatement après son départ, s'ouvrirent pour recevoir des garnisons impériales. Le triomphe de l'évêque fut de courte durée : un des généraux suédois resté en Franconie se chargea de le punir ; et son territoire, devenu le théâtre d'une lutte sanglante, éprouva toutes les horreurs de la guerre, car les amis et les ennemis le dévastèrent à l'envi.

Débarrassés de la contrainte que leur imposait la présence des troupes impériales, et rassurés surtout par la générosité et la justice du roi de Suède, la noblesse, la bourgeoisie, et les représentants des états de la Franconie se déclarèrent en sa faveur, et Nuremberg se plaça solennellement sous sa protection. Un manifeste adressé à l'ordre de la chevalerie, et dans lequel Gustave-Adolphe poussa la condescendance jusqu'à expliquer les motifs par lesquels il s'était cru autorisé à se permettre d'entrer à main armée en Franconie, acheva de lui gagner l'affection sincère de cet ordre; et la scrupuleuse probité de ses soldats dans leurs relations avec les bourgeois et les paysans, lui valut des dons volontaires qui firent régner l'abondance dans son camp. Enfin, l'estime et la confiance qu'il avait su inspirer furent telles, que toute la jeunesse accourait en foule sous son drapeau, au premier roulement de tambour d'un de ses recruteurs. Aussi fit-il la conquête de la Franconie en moins de temps qu'un voyageur n'en eût mis à la visiter.

Confiant à Gustave Horn, un de ses meilleurs généraux, le soin de veiller, avec huit mille hommes, à la conservation de ses conquêtes, il conduisit lui-même le gros de son armée sur les bords du Rhin, afin de garantir cette frontière de l'Empire contre les Espagnols, et de puiser dans ces riches contrées de nouvelles ressources pour la continuation de la guerre. Suivant le cours du Mein, il soumit Seligenstadt, Aschaffenbourg, Steinheim, et toutes les provinces des deux rives. Les garnisons autrichiennes l'attendaient rarement, et jamais elles ne lui résistaient au delà de quelques jours. Un colonel suédois réussit, par une ruse adroite, à s'emparer de la ville et de la citadelle de Hanau, dont la conservation était si importante pour le général Tilly. Le souverain de ce comté, heureux d'être débarrassé de la soldatesque frénétique qui se prétendait son alliée, se soumit aussitôt à la domination plus douce des Suédois.

Après ces divers succès, Gustave-Adolphe chercha à se rendre maître de Francfort-sur-le-Mein. Dès son arrivée en Saxe, il avait entamé des négociations avec cette ville, l'une des premières de l'Empire; se sentant assez fort pour tenir un langage plus déterminé, il la fit sommer de lui livrer passage et de recevoir une garnison suédoise. Cette sommation mit la ville dans une alternative cruelle. Toutes ses prospérités tenaient à ses franchises commerciales et à l'éclat de ses foires, avantages que Ferdinand II ne manquerait pas de lui enlever, si un revers quelconque mettait le roi de Suède dans l'impossibilité de la protéger; mais sa fidélité à la cause impériale pouvait aussi lui devenir funeste, en l'exposant à la vengeance d'un vainqueur prêt à venir camper sous ses remparts. Dans cette extrémité, elle envoya au-devant de Gustave-Adolphe une députation chargée de lui expliquer le véritable motif de ses hésitations. Ce monarque la reçut avec une surprise mêlée de dédain :

« Je suis très-étonné, dit-il, d'apprendre que la ville
« de Francfort tient beaucoup plus à ses richesses qu'aux
« devoirs que lui imposent la religion et la patrie; et il
« est fort peu honorable pour elle de parler de ses bou-
« tiques et de ses foires, quand il s'agit de la liberté de
« l'Allemagne et de l'avenir de la réformation. Au reste,
« depuis l'île de Rugen jusque sur les bords du Rhin,
« j'ai trouvé les clefs de toutes les forteresses; je saurai
« bien aussi trouver celles de Francfort. C'est pour le
« bonheur de l'Allemagne et pour l'indépendance de la
« religion protestante que je combats; aucun obstacle
« ne m'arrêtera, car j'ai la conscience de la justice et
« de la noblesse de ma cause. Je le vois bien, ajouta-t-il,
« les habitants de Francfort croient qu'il suffit de me
« tendre un doigt; mais il me faut la main tout entière :
« à cette condition seulement je les protégerai. »

Et suivant de près la députation, il arriva presque

aussitôt qu'elle aux portes de la ville, où, à la tête de son armée rangée en bataille, il attendit la dernière décision du conseil. Rassurés par cette attitude menaçante, qui, au besoin, ne pourrait manquer de leur servir d'excuse auprès de l'empereur, les magistrats de Francfort ouvrirent leurs portes, et le roi fit son entrée dans la ville impériale avec une pompe imposante et un ordre admirable. Le soir du même jour, il entra sur le territoire de Mayence, où, avant la nuit, il se rendit maître de la ville de Hœchst.

Pendant que Gustave-Adolphe faisait ainsi de brillantes conquêtes sur le Mein, ses généraux et ses alliés furent tous aussi heureux dans le nord de l'Allemagne. Dirigé par le général Tott, Jean-Albert, duc de Mecklembourg, reprit Rostock, Wismar et Doemitz, les seules places fortes du duché qui fussent encore restées au pouvoir des Impériaux. L'évêché de Halberstadt, dont les Suédois s'étaient emparés immédiatement après la bataille de Leipzig, resta en leur possession, malgré les efforts constants des ennemis pour les en chasser.

Le même succès les attendait sur le territoire de Magdebourg, où le général Banner vint s'établir avec huit mille hommes. Après avoir taillé en pièces les régiments impériaux envoyés au secours de Magdebourg, il cerna la ville de toutes parts, et la serra de si près que déjà le général Wolf, commandant de la place, songeait à capituler, lorsque le général Pappenheim vint le secourir et contraindre les assiégeants à diriger leurs armes sur un autre point. Bientôt cependant les Impériaux abandonnèrent volontairement Magdebourg, ou plutôt les misérables huttes qui s'élevaient tristement au-dessus des ruines de cette ville, naguère si riche et si belle, et les Suédois en devinrent paisibles possesseurs.

La basse Saxe, que Wallenstein et Tilly avaient si

cruellement punie de la part qu'elle avait prise à l'expédition malheureuse du roi de Danemark, était redevenue assez forte pour prendre de nouveau part à la guerre. Les représentants des états de cette contrée se réunirent à Hambourg, où ils décidèrent de lever trois régiments destinés à chasser les garnisons impériales. Ne trouvant pas cette mesure assez vigoureuse, l'évêque protestant de Brême, parent de Gustave-Adolphe, recruta pour son propre compte des troupes, avec lesquelles il attaqua des couvents sans défense, et pourchassa des moines inoffensifs; mais il ne tarda pas à être désarmé par le général impérial comte de Gronsfeld.

Georges, duc de Lunebourg, autrefois colonel au service de l'empereur, prit également le parti de Gustave-Adolphe, et leva un petit corps d'armée, qui contribua puissamment au succès des Suédois dans la basse Saxe. Guillaume, landgrave de Hesse-Cassel, leur rendit des services plus importants encore; car il soumit à lui seul, l'abbaye de Fuldes et une partie de la Westphalie : et ses exploits portèrent la terreur jusque dans le palais de l'électeur, archevêque de Cologne.

On n'a pas oublié, sans doute, qu'immédiatement après l'alliance que le landgrave de Hesse-Cassel contracta à Werben avec Gustave-Adolphe, Tilly chargea deux de ses généraux, Fugger et Altringer, de le punir de cette infidélité envers l'empereur, et que ce prince repoussa l'ennemi avec autant de fermeté que de courage, jusqu'au moment où la bataille de Leipzig le délivra entièrement de la présence des Impériaux. Profitant du repos que lui laissait cet heureux événement, le landgrave conquit rapidement Bach, Meuden, Hœxter, Fulde, Paderborn, et toutes les possessions ecclésiastiques limitrophes de la Hesse, qui se hâtèrent de se racheter du pillage par de fortes rançons. Après ces succès, il joignit son armée victorieuse à celle des Suédois, et se rendit à

Francfort pour arrêter avec Gustave-Adolphe de nouveaux plans d'opérations.

Pendant son court séjour dans cette ville, le héros du Nord ne cessait de recevoir les visites des princes et des ambassadeurs, qui venaient rendre hommage à sa gloire, apaiser sa colère ou implorer son assistance. L'infortuné Palatin Frédéric V, ce roi de Bohême d'un jour, ne pouvait manquer de se trouver au nombre de ces humbles solliciteurs. Accouru du fond de la Hollande pour remercier le vengeur de ses droits, il eut la satisfaction de se voir traité par lui en tête couronnée; mais aucune des espérances qu'il avait fondées sur la puissante protection et la générosité du roi de Suède ne se réalisa. L'inaction, et plus encore la fausse politique de l'Angleterre, avaient refroidi le zèle de ce monarque en faveur de Frédéric V; et, pour la première fois, il oublia la noble tâche de défenseur des opprimés, qu'il s'était hautement imposée dès son arrivée en Allemagne.

La terreur qu'inspiraient les armes suédoises avait décidé le landgrave Georges de Hesse-Darmstadt à une prompte soumission; mais il n'en continua pas moins à entretenir des relations secrètes avec l'empereur. Son intention était d'amener les deux partis à conclure la paix; car il s'était fait des idées aussi fausses de sa propre importance que de la situation des affaires. Aussi le roi de Suède lui donna-t-il par dérision le surnom de *pacificateur*. L'admettant dans sa société intime, il jouait souvent aux cartes avec lui; et lorsqu'il le gagnait, ce qui arrivait presque toujours, il lui disait en riant :

« Votre argent me fait d'autant plus de plaisir, que
« c'est de la monnaie impériale. »

Cette extrême indulgence envers un prince dont il connaissait les intentions hostiles, indulgence qu'il poussa jusqu'à se contenter d'une simple promesse de neutralité et de la permission de mettre une garnison suédoise dans la forteresse de Russelsheim, s'explique par la parenté du landgrave avec l'électeur de Saxe, que Gustave-Adolphe était forcé de ménager.

Les comtes de Westerwald et de la Watterau s'étaient également rendus à Francfort pour offrir au roi de Suède des secours, qui plus tard lui devinrent fort utiles contre les Espagnols.

La ville de Francfort ne tarda pas à se féliciter du parti qu'elle avait pris, de se placer sous la protection de la Suède. Ses relations commerciales, que la guerre avait interrompues, se renouèrent, et ses foires, rendues désertes par les excès des troupes impériales, devinrent plus florissantes que jamais.

Renforcé par les dix mille Hessois, que le landgrave Guillaume de Hesse-Cassel venait de lui amener, Gustave-Adolphe prit les forteresses de Kœnigstein, Kostheim et Fliershain. Devenu ainsi maître des deux rives du Mein, il se disposa à passer le Rhin avec des bateaux de transport, qu'il fit construire en hâte à Hœchst. Ces préparatifs donnèrent l'alarme à l'électeur Anselme-Casimir, archevêque de Mayence. Comme partisan zélé de l'empereur, et membre actif de la *Ligue,* ce prélat devait nécessairement s'attendre à être traité avec plus de sévérité que ne l'avaient été les évêques de Wurtzbourg et de Bamberg. La situation de cet électorat sur les rives du Rhin aurait fait à Gustave-Adolphe un devoir de s'en emparer, lors même que l'abondance qui y régnait n'eût pas été un attrait irrésistible pour son armée nécessiteuse.

Se faisant illusion sur ses moyens de résistance, l'Electeur archevêque fit réparer à la hâte les remparts de sa capitale, l'approvisionna de manière à soutenir un long siége, et en augmenta la garnison par deux mille Espagnols, commandés par don Philippe de Sylva. Pour empêcher l'approche des bateaux de transport des Suédois, il fit fermer le Mein, à son embouchure dans le Rhin, par des pieux énormes, entre lesquels on fit couler à fond de grands bateaux chargés de pierres. Mais, empressé avant tout de mettre en sûreté sa personne et ses trésors, l'archevêque, accompagné de l'évêque de Worms, s'enfuit à Cologne avec tout ce qu'il avait de plus précieux, et abandonna sa résidence, son pays et ses sujets, à la cupidité et au despotisme des soldats étrangers chargés de les défendre.

Tous ces préparatifs faits avec moins de vrai courage que de jactance, ne purent empêcher Gustave-Adolphe de s'approcher de Mayence et de s'apprêter à assiéger cette ville. Pendant qu'un corps d'armée envahissait le Rheingau, exterminait tous les soldats espagnols qu'il rencontrait et levait partout des contributions exorbitantes, un autre rançonnait les villes et les bourgs catholiques du Westerwald et de la Wetterau et l'armée principale établit son camp près de Cassel, en face de Mayence.

Le duc Bernard de Weimar avait poussé ses excursions plus loin encore; car il s'était rendu maître de la tour des Souris (Mœusethurm) et du château d'Ehrenfels, situés sur la rive opposée du Rhin. Déjà Gustave-Adolphe se préparait à passer ce fleuve, afin de cerner Mayence de tous côtés, lorsque les succès que Tilly venait d'obtenir en Franconie, le mirent dans la nécessité de suspendre le siége de cette ville pour aller au secours de Nuremberg; car, profitant de son absence, les Impériaux avaient sommé cette ville de se rendre, en lui déclarant que la plus légère tentative de résistance lui vaudrait un sort semblable à celui de Magdebourg.

Trop humain et trop politique en même temps, pour s'exposer une seconde fois au reproche d'avoir abandonné une ville alliée à la fureur d'un vainqueur impitoyable, il se porta à son secours à marches forcées; mais dès son arrivée à Francfort, il eut la satisfaction d'apprendre que, par leur courage héroïque, les bourgeois et la garnison avaient forcé Tilly à lever le siége et à quitter la contrée. Cette heureuse nouvelle lui permit de reprendre ses opérations contre Mayence. Après une vaine tentative pour passer le Rhin à Cassel, sous le feu des canons ennemis, il se décida à attaquer la ville sur un autre point. A cet effet il prit la route de la montagne, s'empara de toutes les places fortes situées sur cette route, et parut une seconde fois sur les rives du Rhin près de Stockstadt, entre Grensheim et Hoppenheim.

Sur la route de la montagne, les Espagnols avaient constamment fui devant lui; mais, voulant du moins défendre la rive opposée du Rhin, ils brûlèrent ou coulèrent à fond tous les bateaux des environs, et se retranchèrent sur les bords du fleuve, où ils prirent une attitude menaçante, annonçant l'intention de combattre à outrance, dans le cas où les Suédois réussiraient à effectuer leur passage.

N'écoutant que le désir de connaître au juste les positions que l'ennemi venait de prendre, le roi commit une imprudence qui l'exposa à tomber entre leurs mains. Monté seul sur une petite nacelle, il eut la témérité de passer ainsi le fleuve; mais, en mettant pied à terre, il fut assailli par une troupe de cavaliers espagnols, qui furent tellement stupéfiés de son audace et de l'intrépidité de sa résistance, qu'il eut le temps de rentrer dans sa nacelle et de regagner l'autre rive. A peine y fut-il arrivé, qu'avec le secours de quelques bateliers il parvint à se procurer deux bateaux de transport, sur lesquels il fit embarquer le comte de Brahe, avec trois cents soldats d'élite. Cette petite troupe débarqua sans obstacle sur le rivage que le roi venait de reconnaître; mais, avant d'avoir pu achever les retranchements qu'elle avait commencés pour s'y fortifier, elle fut attaquée par quatorze compagnies de dragons et de cuirassiers espagnols.

Malgré la grande supériorité numérique de l'ennemi, le comte de Brahe se défendit sans perte considérable jusqu'au moment où le roi lui-même vint le secourir avec un nouveau détachement. La lutte fut courte, mais terrible : plus de six cents Espagnols tombèrent sur le champ de bataille, le reste prit la fuite et se réfugia à Mayence. Soixante-dix ans plus tard, on voyait encore à cette même place une haute colonne surmontée d'un lion de marbre, coiffé d'un casque, et tenant dans sa patte droite un glaive nu. Ce monument avait été élevé pour apprendre aux passants que là, le héros du Nord s'était rendu maître du principal fleuve de l'antique Germanie.

Immédiatement après ce premier succès, Gustave-Adolphe embarqua son artillerie et le gros de son armée, afin d'assiéger la ville d'Oppenheim, qui fut prise d'assaut le 8 décembre 1631 ; la garnison, composée de cinq cents Espagnols, paya de sa vie la valeur avec laquelle elle avait défendu la place.

En apprenant que le roi de Suède était parvenu à passer le Rhin, les Espagnols et les Lorrains, stationnés dans les provinces de la rive gauche de ce fleuve, ne songèrent plus qu'à se soustraire par la fuite à la vengeance des vainqueurs. Les Espagnols s'enfermèrent dans la forteresse de Franckenthal ; les Lorrains abandonnèrent la ville de Worms, après avoir donné aux paisibles bourgeois une nouvelle et dernière preuve de leur cruauté et de leur esprit de rapine.

L'instant était venu enfin pour Gustave-Adolphe de réaliser ses desseins sur Mayence, qui venait de recevoir dans ses murs le noyau des troupes espagnoles. Il se disposa donc à attaquer cette ville du côté de la rive gauche du Rhin, tandis que le landgrave de Hesse-

Cassel s'avançait vers elle du côté de la rive droite, où il soumit, en passant, toutes les places fortes qui n'avaient pas encore reconnu l'autorité suédoise.

Quoique cernés de tous côtés dans la place, les Espagnols montrèrent d'abord beaucoup de courage et de résolution, et continuèrent pendant plusieurs jours une canonnade qui causa de grands ravages dans le camp suédois. Au milieu de ce feu destructeur, Gustave-Adolphe ne cessa de gagner du terrain, et parvint à faire avancer son armée si près des remparts, qu'il ne lui restait plus qu'à monter à l'assaut. Dès ce moment l'audace des assiégés disparut; la prise de Marienberg, près de Wurtzbourg, leur avait prouvé ce que pouvait la valeur suédoise; et tout les autorisait à craindre que si Mayence s'exposait à être prise d'assaut, le roi de Suède ne fît de cette riche et magnifique capitale d'un archevêque catholique, un holocauste expiatoire aux mânes des victimes de Magdebourg. Après quatre jours de résistance, ils demandèrent à capituler, moins pour sauver leur propre vie que pour épargner à la ville le sort horrible dont ils la croyaient menacée.

Toujours humain et généreux, Gustave-Adolphe permit à la garnison de se retirer à Luxembourg, et il lui accorda une escorte assez nombreuse pour la protéger pendant sa route. Un très-petit nombre profita de cette permission, le reste s'enrôla sous ses drapeaux. Le 13 décembre 1631, il fit son entrée solennelle dans la ville conquise, et établit son quartier général dans le palais de l'archevêque. La bourgeoisie s'était rachetée du pillage par une contribution de quatre-vingt mille florins; le clergé catholique et les juifs, qui n'étaient pas compris dans cette rançon, furent imposés plus fortement. La bibliothèque de l'archevêque fut donnée par le roi au chancelier Oxenstiern, qui en fit présent à son tour au collége de Westerachs; mais le vaisseau qui devait la transporter en Suède fit naufrage, et la Baltique engloutit ce trésor inappréciable.

Peu avant la prise de Mayence, le landgrave de Hesse-Cassel et le rhingrave Othon-Louis, un des généraux de Gustave-Adolphe, avaient taillé en pièces neuf escadrons espagnols qui voulaient aller renforcer la garnison de Franckenthal, et secourir les autres places fortes des bords du Rhin. Soutenus par les troupes suédoises, les comtes de la Wetterau étaient parvenus à en chasser les Espagnols, qui bientôt ne possédèrent plus dans cette contrée et dans tout le Palatinat, que Franckenthal et quelques autres villes peu considérables. Landau et Kronweissembourg se déclarèrent hautement pour les Suédois; Spire leur proposa des troupes, des armes et des munitions; Manheim fut pris, grâce à la présence d'esprit et à la valeur du jeune duc Bernard de Weimar, et à l'imprévoyance du commandant de cette place, qui expia chèrement sa faute, car il fut traduit devant un conseil de guerre impérial à Heidelberg et condamné à être décapité.

Les Suédois avaient continué à tenir la campagne en dépit de la saison dont la rigueur extrême avait beaucoup contribué aux défaites constantes des Espagnols, peu accoutumés à un pareil climat. Les troupes suédoises elles-mêmes commençaient à éprouver le besoin du repos. Le roi leur donna pour quartiers d'hiver les environs de Mayence, et s'établit dans la ville, dont il fit le centre des négociations qu'il entama avec tous les souverains de l'Europe, afin d'utiliser la suspension d'armes que les neiges et les glaces avaient rendue indispensable. Mais ni ces graves occupations, ni les rigueurs de l'hiver ne purent l'empêcher de faire réparer les fortifications de Mayence, et de construire, en face de cette ville et dans le coude que forme le Mein avant de se jeter dans le Rhin, une citadelle qui reçut le nom de Gustave-Bourg, mais qui est plus connue aujourd'hui sous celui de Pfaffenraub, qu'elle prit par la suite. Ces constructions et les préférences marquées que, dans toutes les occasions, Gustave-Adolphe accorda à la ville de Mayence, autorisèrent les souverains de l'Empire à l'accuser de nourrir, pour cette cité impériale, un penchant peu en harmonie avec le court séjour qu'il devait faire en Allemagne.

Tandis que Gustave-Adolphe se rendait maître du Rhin et des riches provinces qu'il arrose, ses ennemis faisaient jouer à Paris et à Saint-Germain tous les ressorts d'une politique perfide, afin de semer la désunion entre la France et la Suède; et malheureusement la conduite du roi, justifiait une partie des accusations que l'on faisait peser sur lui. Après avoir soumis l'archevêché de Wurtzbourg et presque toute la Franconie, il était le maître d'envahir la Bavière et l'Autriche. Tout le monde s'attendait à le voir prendre ce parti, que lui imposait l'humanité ; car, en attaquant Ferdinand et Maximilien au sein même de leurs États, en s'emparant de leurs capitales, il pouvait leur dicter les conditions d'une paix qui aurait assuré les libertés civiles et religieuses de l'Allemagne.

Ses partisans s'étaient flattés d'abord qu'il ne donnait ainsi, aux deux plus redoutables adversaires de la réformation, le temps de se relever de leurs défaites, que parce qu'il voulait rétablir, avant tout, le palatin Frédéric V dans ses États, dont l'injustice de l'empereur et le fanatisme des catholiques l'avaient dépouillé. Mais leur espoir fut déçu, car le roi continua ses conquêtes sur les bords du Rhin, et refusa de rendre le Palatinat à son souverain légitime. En vain l'Angleterre lui rappela-t-elle ses promesses formelles à ce sujet; il ne répondit aux représentations, aux prières et même aux menaces de cette puissance qu'en lui reprochant amèrement d'être toujours restée inactive pendant cette guerre, dès qu'il y avait eu quelque danger à courir; et de ne jamais élever la voix que lorsqu'elle pouvait le faire impunément. Et comme pour achever de lui prouver qu'il lui refusait le droit d'intervenir dans les démêlés où elle n'avait pas osé paraître les armes à la main, il se disposa à faire la conquête de la Lorraine et de l'Alsace.

En exploitant habilement cette dernière circonstance, il fut facile à ses ennemis d'indisposer le cardinal de Richelieu contre un monarque dont les entreprises sur les frontières françaises, ne pouvaient manquer de lui causer de l'inquiétude. En effet, la France, toujours déchirée par la guerre civile entre les protestants et les catholiques, avait lieu de craindre que le voisinage d'un héros défenseur de la réformation ne ranimât le fanatisme de ses calvinistes. Cependant, si le roi de Suède avait été capable de trahir le roi de France, son allié, en s'unissant avec la partie de ses sujets révoltés, il n'aurait pas eu besoin de s'établir sur les bords du Rhin pour obtenir ce résultat. Au reste, sa loyauté bien connue aurait dû suffire pour le mettre à l'abri d'un pareil soupçon; et, malgré sa défiance et sa timidité, Louis XIII ne l'aurait jamais conçu, s'il n'avait pas été constamment assiégé par les perfides machinations de l'archevêque de Wurtzbourg, toujours réfugié à Saint-Germain, par les clameurs des jésuites, et par les assurances positives de l'ambassadeur bavarois.

Bientôt tous les catholiques, même les plus modérés et les plus consciencieux, crurent fermement que Gustave-Adolphe était sur le point de pénétrer dans l'intérieur de la France, pour y renverser, d'accord avec les calvinistes, le culte de l'Église romaine; les fanatiques le voyaient déjà passer les Alpes, saccager l'Italie, et arracher de son siége sacré le représentant du Christ.

Forcé de céder aux rumeurs générales, le cardinal de Richelieu se décida enfin à faire une démarche qui devait convaincre le parti catholique de sa fidélité au culte romain, et lui prouver en même temps que l'intérêt personnel, guidait seul la conduite des souverains ecclésiastiques de l'empire germanique.

A cet effet, il promit aux princes de la *Ligue*, tant au nom de la France qu'en celui de la Suède, de leur accorder une neutralité inviolable, s'ils voulaient rompre leur alliance avec l'empereur. Cette promesse ne pouvait manquer d'avoir des résultats favorables; car, si les princes de la *Ligue* l'acceptaient, Ferdinand II se trouvait sans appui, et la maison de Habsbourg était perdue sans ressource; s'ils refusaient, la France avait du moins donné à l'Europe une preuve évidente de son zèle apostolique; les princes de la *Ligue* restaient seuls chargés de la responsabilité des maux que la continuation de la guerre pourrait faire éprouver à l'Allemagne. Par ce moyen aussi, Richelieu se débarrassait des importunités de la Bavière, qui ne cessait de demander l'assistance du cabinet français.

Ainsi que nous avons déjà eu occasion de le dire, il existait presque depuis le commencement de la guerre un traité secret entre la France et la Bavière, qui garantissait à cette dernière la possession du Palatinat, dans le cas où Ferdinand chercherait à l'en priver. Malgré la clarté du traité, qui ne donnait cette garantie que contre l'Autriche, Maximilien voulait l'étendre contre les Suédois. L'injustice de cette prétention était flagrante; mais l'alliance de son souverain avec deux monarques ennemis avait placé Richelieu dans une position si bizarre, qu'il ne lui restait d'autre alternative que d'amener ces deux souverains à observer une neutralité complète, tant que la guerre roulerait sur les intérêts de l'Autriche, et non sur ceux de leurs propres États.

Chargé de cette négociation délicate, le marquis de Brézé se rendit à Mayence auprès de Gustave-Adolphe. L'expérience avait prouvé à ce monarque que la haine des princes de la *Ligue* contre lui et contre le protestantisme était aussi invincible que leur attachement à la cause de l'Autriche et à celle de l'Église romaine; leur inimitié ouverte lui parut donc préférable à une neutralité équivoque. Au reste, sa position le mettait dans la nécessité de soutenir la guerre aux dépens des princes qui défendaient l'empereur et le catholicisme; et s'il diminuait le nombre de ces princes sans les obliger à s'allier à lui, il diminuait ses ressources sans aucune utilité réelle.

Il est donc bien naturel qu'il ne voulût accorder aux souverains de la *Ligue* le droit de neutralité qu'à des conditions fort dures. Exigeant avant tout une inaction complète, il leur demanda de retirer leurs troupes de l'armée impériale, d'évacuer les places fortes et les provinces conquises sur les protestants, de licencier une partie de leurs troupes, d'empêcher les Impériaux de passer et de séjourner sur leur territoire, et de ne leur fournir ni argent, ni vivres, ni munitions.

Pour faciliter les négociations que le plénipotentiaire français se flattait de mener à bien, malgré les difficultés qu'elles offraient, Gustave-Adolphe accorda aux catholiques une trêve de quinze jours. Pendant ce temps, le marquis de Brézé ne cessa de lui assurer que tout allait se terminer au gré de ses désirs; mais une lettre de Maximilien au général Pappenheim, qui tomba dans ses mains, lui prouva que l'électeur de Bavière n'avait feint d'écouter les propositions de la France et de la Suède, que pour achever ses préparatifs de défense. Ce fut ainsi que Richelieu se vit contraint d'abandonner son projet de neutralité, qui n'avait servi qu'à augmenter l'irritation et la haine des partis ennemis.

Les succès toujours croissants de Tilly, appelaient le roi de Suède en Franconie; mais, avant de s'y rendre, il voulait chasser les Espagnols des bords du Rhin, et les mettre dans l'impossibilité de troubler de nouveau les provinces allemandes qu'il était parvenu à pacifier. Pour hâter l'exécution de ce plan, il fit offrir à Philippe Zeltner, archevêque électeur de Trèves, de le traiter en puissance neutre, s'il voulait recevoir une garnison suédoise à Hermanstein, et laisser passer son armée à Coblentz. L'électeur voyait depuis longtemps avec regret ses États au pouvoir des Espagnols; mais leur protection équivoque lui parut préférable à celle d'un hérétique.

Trop faible cependant pour songer à se défendre, il chercha un refuge sous les ailes puissantes de la France, et Richelieu se hâta de profiter de cet incident pour s'assurer un allié dévoué sur les frontières de l'Allemagne. Une armée française devait occuper le territoire de Trèves, afin de le garantir contre toute invasion étrangère. Mais cette occupation ne réalisa point les espérances de l'archevêque, car il avait blessé la susceptibilité de Gustave-Adolphe, qui exigea et obtint des avantages égaux à ceux qu'il venait d'accorder aux Français.

Durant ces démêlés diplomatiques, les généraux suédois avaient chassé de l'archevêché de Mayence le peu de troupes espagnoles qui s'y étaient encore maintenues, et le roi acheva lui-même la conquête de l'électorat par la prise de Kreuznach. Voyant enfin qu'il ne restait plus qu'à conserver les brillantes conquêtes qu'il avait faites sur les bords du Rhin, il confia ce soin au chancelier Oxenstiern, et partit pour la Franconie avec son armée.

Le général Horn, resté en ce pays avec huit mille hommes, s'y était maintenu en dépit des efforts de Tilly pour l'en chasser. Le territoire de l'évêché de Bamberg avait été surtout le but et le théâtre de la lutte des deux généraux. Les sollicitations pressantes de l'évêque, dépossédé de ses États, avaient enfin décidé l'électeur de Bavière à permettre à Tilly de reprendre l'offensive, et le généralissime s'était aussitôt avancé jusque sous les murs de Bamberg avec un corps de vingt mille hommes.

Gustave Horn très-décidé à maintenir ses conquêtes, s'était enfermé dans Bamberg qu'il espérait défendre contre l'armée ennemie tout entière, et cependant il avait été obligé d'abandonner cette ville à une première attaque des avant-postes impériaux ; car une confusion inexplicable s'était mise tout à coup parmi ses troupes, et ni son courage personnel ni sa présence d'esprit n'avaient pu parvenir à les rallier. Au milieu de ce désordre frénétique, on avait ouvert les portes de la ville, et il lui avait fallu des efforts inouïs pour sauver son artillerie et ses bagages.

Bamberg resta donc au pouvoir des Impériaux ; mais le général suédois s'était retiré au delà du Mein, où Tilly n'avait pu le poursuivre. Tel était l'état de la Franconie lorsque le roi de Suède y reparut et força, par sa seule présence, le vieux généralissime à renoncer à ses projets de conquêtes pour ne s'occuper que de la conservation de l'armée qu'il avait eu tant de peine à réorganiser.

L'armée suédoise, augmentée par les troupes des généraux Horn et Banner, et par celles du duc Bernard de Weimar, se montait à plus de quarante mille hommes. Aucun obstacle ne s'opposait plus à sa marche à travers la Franconie ; car Tilly, se sentant trop faible pour attendre l'attaque d'une pareille armée, s'était retiré en hâte jusque vers le Danube.

La Bohême et la Bavière s'ouvraient également devant le vainqueur ; et comme il était impossible de prévoir qu'elle route il choisirait de préférence, Maximilien resta longtemps indécis sur la position qu'il fallait faire prendre à Tilly. Lui ordonner de se rapprocher de la Bavière, s'était y appeler les Suédois ; l'envoyer sur les frontières de la Bohême, s'était laisser ses propres États sans défense, en présence d'un ennemi aussi formidable que Gustave-Adolphe. Les craintes du souverain l'emportèrent enfin sur la prudence de l'homme d'État ; et le vieux généralissime reçut l'ordre de venir défendre les frontières de la Bavière.

Pendant ce temps, le roi de Suède était arrivé à Nuremberg, où il fut accueilli avec l'enthousiasme le plus exalté. La population tout entière se porta sur son passage pour lui témoigner son admiration et sa reconnaissance ; lui-même ne put maîtriser l'émotion qu'il éprouva en se voyant ainsi accueilli au milieu d'une des premières villes du centre de l'Allemagne, où il n'avait jamais espéré de voir flotter ses étendards. Les grâces de sa personne et la bonté affectueuse avec laquelle il répondit aux flatteuses démonstrations de la foule, achevèrent de lui gagner tous les cœurs. Renouvelant de vive voix l'alliance qu'il avait contractée avec cette ville avant de quitter les bords du Belt, il enflamma les magistrats et les bourgeois d'un courage héroïque, et leur fit comprendre la nécessité d'éviter tout malentendu qui pourrait troubler l'union fraternelle qui régnait entre eux.

Peu de jours après son départ de Nuremberg, il parut tout à coup devant Donawerth, défendue par une nombreuse garnison bavaroise. Rodolphe-Maximilien, duc de Saxe-Lauenbourg, commandant de cette forteresse, se promit d'en soutenir le siége jusqu'à ce que le général Tilly pût venir à son secours. Mais les Suédois l'attaquèrent avec tant d'impétuosité, que bientôt il ne lui resta plus d'autre espoir de salut qu'une prompte retraite, qu'il eut le bonheur d'effectuer au milieu du feu des batteries ennemies. Après la prise de Donawerth, le roi passa le Danube, et bientôt il ne fut plus séparé de la Bavière que par le Lech, rivière peu importante qui ne pouvait l'arrêter longtemps.

L'imminence du danger réveilla l'activité de Maximilien. Si jusque-là il semblait avoir pris à tâche de faciliter aux Suédois l'approche de ses États, il se montra tout à coup décidé à les empêcher, n'importe à quel prix, de faire un pas de plus. Tilly établit son camp près de Rain, petite ville très-forte et arrosée par trois rivières. Tous les ponts furent rompus, et de nombreuses garnisons furent jetées dans toutes les places fortes des bords du Lech jusqu'à Augsbourg ; mesure d'autant plus prudente qu'elle mettait cette ville dans l'impossibilité d'imiter l'exemple de Francfort et de Nuremberg, ainsi qu'elle en avait manifesté le désir : on poussa même la défiance à son égard jusqu'à désarmer la bourgeoisie, car on ne comptait que sur la garnison pour la défense de cette place importante. Quant à l'électeur Maximilien, il vint avec les troupes qu'il avait levées en hâte s'enfermer dans le camp de Tilly, fermement convaincu que ce camp serait l'écueil contre lequel la fortune de Gustave-Adolphe viendrait échouer.

Le roi de Suède avait commencé par s'emparer d'une partie du territoire d'Augsbourg, et ce ne fut qu'après avoir ainsi assuré des vivres à son armée qu'il la conduisit en face du camp bavarois.

On était alors à la fin de mars : la fonte des neiges accumulées sur les montagnes du Tyrol, avait converti le Lech en un torrent furieux, menaçant d'une mort certaine l'audacieux qui oserait braver les vagues écumantes qu'il roulait contre ses bords escarpés ; et, sur la rive opposée, les canons ennemis montraient leurs bouches meurtrières. Si, en dépit de la double résistance que lui opposaient l'eau et le feu, le roi de Suède parvenait à réaliser un passage presque impossible, ses troupes, épuisées par tant d'efforts, n'auraient pu manquer de tomber sous les coups de l'ennemi, qui les attendait sur l'autre rive. Au reste, dans cette position critique, la plus légère défaite devait nécessairement causer la perte de son armée; car le même torrent qui protégeait les Bavarois lui rendait la retraite impossible.

Le conseil de guerre que le roi de Suède avait assemblé fit valoir tous ces motifs pour le détourner d'une entreprise aussi périlleuse; et les plus illustres généraux vieillis au service de la Suède n'hésitèrent pas à manifester leurs craintes et leurs inquiétudes. Gustave Horn lui-même les appuya de toute l'autorité que lui donnaient ses triomphes récents. La résolution du roi resta inébranlable :

« Eh quoi! s'écria-t-il, nous avons traversé la Baltique, nous avons passé tous les grands fleuves de l'Allemagne, et nous nous arrêterions devant un misérable ruisseau! »

Ayant été lui-même, et au péril de sa vie, reconnaître le terrain, il s'assura que l'inégalité de hauteur des deux bords du Lech donnait à l'artillerie suédoise un très-grand avantage sur celle de l'ennemi. Immédiatement après cette découverte, il fit dresser trois batteries à la place où la rive gauche se courbe sur la rive droite; et pendant que le feu croisé et perpétuel des soixante-douze canons de ces batteries, portait le fer et la mort dans le camp ennemi, ses soldats construisaient un pont. L'épaisse fumée produite par les énormes amas de bois vert, de paille mouillée, entassés et allumés à cet effet, dérobait les travailleurs à la vue des Bavarois, tandis que les détonations de l'artillerie couvraient le bruit des marteaux et des scies. Pour exciter et entretenir l'ardeur de ses troupes, Gustave-Adolphe prit part à leurs fatigues, à leurs travaux; on le voyait sans cesse sur les points les plus dangereux, et plus de soixante-dix canons furent pointés et allumés de ses propres mains.

L'ennemi chercha, mais en vain, à démonter les batteries suédoises : elles leur étaient supérieures non-seulement par le nombre des canons, mais encore par leur situation ; car elles étaient placées sur la rive la plus élevée du Lech, qui dominait toutes les redoutes, et derrière laquelle les tirailleurs trouvaient un parapet naturel. Pendant cette journée terrible, Tilly fit des prodiges de valeur ; il commanda les troupes en personne, et aucune considération ne put l'éloigner du bord de la rivière, d'où l'on aperçut enfin le pont que les Suédois venaient d'achever. Cette vue porta le découragement et la terreur dans le camp bavarois. Le vieux Tilly redoubla d'ardeur, et finit par trouver la mort glorieuse que sans doute il était venu chercher sur ce rivage. Une balle de fauconneau lui brisa la cuisse, et presqu'au même instant un de ses plus vaillants compagnons d'armes, le général Altringer, reçut à ses côtés une blessure dangereuse à la tête.

Privés de leurs deux principaux chefs, les Bavarois abandonnèrent leurs postes, et Maximilien lui-même ne chercha plus à les retenir ; car Tilly mourant s'était efforcé de lui faire comprendre l'inutilité d'une plus longue résistance. D'un autre côté, Gustave-Adolphe venait de découvrir un point guéable par lequel il fit aussitôt passer une partie de sa cavalerie. Cette dernière circonstance triompha des hésitations de l'électeur, qui abandonna aussitôt un camp qu'il n'espérait plus pouvoir défendre.

A peine le premier cavalier suédois avait-il atteint la rive du Lech occupée par l'armée bavaroise, que cette armée, profitant de l'obscurité de la nuit qui déjà commençait à tomber, se retira avec autant de mystère que de précipitation et de désordre. Le lendemain, dès la pointe du jour, Gustave-Adolphe fit passer la rivière au reste de ses troupes ; mais quel fut son étonnement ! il ne rencontra pas un seul ennemi pour chercher à l'arrêter ; le camp était désert ! Les travaux d'enceinte et toutes les fortifications de ce camp, qu'il visita avec le plus grand soin, le frappèrent d'admiration, et la fuite de l'électeur lui parut inexplicable.

« Si j'avais été à la place de ce Bavarois, s'écria-t-il, jamais, non, jamais je n'aurais abandonné une pareille position, lors même qu'un boulet rouge serait venu m'y enlever la barbe et le menton. »

Dès ce moment, la Bavière se trouvait à la merci des Suédois. Mais avant de s'avancer dans ce pays florissant, qui jusque-là, avait été à l'abri de toutes les calamités de cette guerre, Gustave-Adolphe délivra Augsbourg du joug des Bavarois, et reçut le serment de fidélité de cette ville; et pour l'empêcher de trahir ce serment, il y jeta une forte garnison suédoise. Après cette sage précaution, il conduisit enfin son armée sous les murs d'Ingolstadt, où Maximilien s'était rendu après sa fuite, et que défendait l'élite de ses troupes.

C'était dans cette même forteresse que l'on avait transporté Tilly mourant, et qu'il avait trouvé le terme de sa longue et orageuse carrière. Vaincu par le génie plus vaste et le caractère plus noble de Gustave-Adolphe, il ne semblait être arrivé à la vieillesse que pour éprouver la douleur de voir lui-même se flétrir, un à un, les lauriers ensanglantés dont jadis il s'était couvert. Puisse cette expiation terrible l'avoir emporté dans la balance de la justice éternelle, sur les cruautés qui ont souillé sa vie! puisse-t-elle, surtout, avoir apaisé les mânes irrités de Magdebourg!

Avec Tilly, l'armée impériale et celle de la *Ligue* perdirent un général expérimenté; la religion catholique, un partisan zélé et actif; et Maximilien, le plus fidèle de ses serviteurs.

Animé par une assurance belliqueuse que tant de triomphes rendaient excusable, Gustave-Adolphe attaqua Ingolstadt avec la conviction que peu d'heures lui suffiraient pour s'en rendre maître; mais la solidité des remparts et la bravoure de la garnison lui opposèrent des obstacles qui firent croire à l'Europe qu'il venait enfin d'arriver à la limite que le destin avait fixé à ses conquêtes. Dans une des excursions qu'il fit pour reconnaître la forteresse, un boulet de vingt-quatre tua son cheval, tandis qu'un autre boulet frappait à mort son jeune ami le comte palatin de Bade, qui se tenait à ses côtés. En voyant tomber leur roi, les soldats le crurent mort et poussèrent des cris de désespoir; mais l'intrépide Gustave-Adolphe se releva avec précipitation, rassura ses troupes en les remerciant de la preuve d'attachement qu'elles venaient de lui donner, se fit amener un autre cheval, et continua la tâche périlleuse qu'il s'était imposée.

Surmontant les angoisses de l'agonie pour ne s'occuper que des intérêts de son maître, Tilly l'avait, peu d'instants avant sa mort, engagé à s'assurer la possession de Ratisbonne, afin de pouvoir rester maître du Danube et entretenir des communications faciles avec la Bohême. Pénétré de la justesse de ce conseil, Maximilien était parvenu à surprendre cette ville, et la nombreuse et vaillante garnison qu'il l'avait forcée de recevoir l'attachait malgré elle à sa cause. De son côté, le roi de Suède s'était flatté de se faire de cette cité impériale et protestante une alliée aussi fidèle que Nuremberg, Augsbourg et Francfort. La rapidité avec laquelle l'électeur venait de s'en emparer le força à ajourner la réalisation d'un projet si important pour lui.

Pour contraindre, en attendant, les Bavarois à retirer de Ratisbonne et des bords du Danube une partie des troupes qui les défendaient, il leva brusquement le siége d'Ingolstadt, où il perdait inutilement son temps et ses soldats, et s'avança vers Munich. Mosbourg, Landshut et tout l'archevêché de Freisingen se soumirent sans aucune résistance, car il ne trouva pas un soldat pour l'arrêter sur son passage. Mais si le pays était sans défense, le fanatisme religieux des habitants avait été tellement excité par les prêtres, qu'il rencontra dans chaque Bavarois un ennemi personnel et acharné. Voir sur leur territoire des soldats qui ne croyaient point à l'infaillibilité du pape, était pour tous les habitants de la Bavière une calamité aussi inouïe que terrible. Et, pour achever de les irriter, on leur répétait sans cesse, du haut des chaires et dans les confessionnaux, que ces soldats étaient des monstres, des suppôts de l'enfer; que leur roi était l'Antechrist, et que le plus léger acte d'humanité envers cette engeance satanique était une impiété.

Égarés par ces insinuations, ils firent subir à chaque Suédois qui tomba entre leurs mains toutes les tortures que la cruauté la plus raffinée put inventer. L'aspect de leurs corps mutilés, que leurs compagnons d'armes retrouvaient presque toujours, les poussait à des représailles terribles, malgré les représentations et les défenses de Gustave-Adolphe, qui, au milieu de ces scènes d'horreur, conserva pure et sans tâche sa réputation de héros. Loin de se croire autorisé à maltraiter des hommes qui voyaient en lui l'agent de Satan, il s'efforça de leur prouver, par sa douceur et sa modération, qu'il connaissait et pratiquait mieux qu'eux les préceptes de l'Évangile.

L'approche du roi de Suède avait répandu la consternation et la terreur dans la capitale. Espérant le fléchir par une soumission volontaire, elle envoya au-devant de lui une députation qui le rencontra à Freisingen, où elle déposa humblement à ses pieds les clefs de Munich. La conduite féroce des Bavarois envers son armée, et la haine que leur électeur lui avait vouée, auraient pu l'autoriser à exercer son droit de conquête dans toute son étendue; ses alliés, Allemands eux-mêmes, le conjuraient de venger les victimes de Magdebourg par la destruction de la capitale du souverain dont le généralissime avait ordonné le sac de cette ville infortunée. Le noble cœur de Gustave-Adolphe se refusa à un acte de vengeance inutile, et son juste ressentiment tomba devant un ennemi sans défense. Ce fut en vainqueur humain et clément qu'il fit son entrée solennelle à Munich. Et entourant le malheureux Palatin Frédéric V, de tout l'éclat d'un grand souverain, il le fit entrer à ses côtés en triomphateur dans la capitale de l'ennemi implorable qui l'avait dépouillé de ses États.

Maximilien avait eu soin de faire transporter la plus grande partie de ses trésors dans le couvent et dans la forteresse de Werfen; aussi le roi de Suède ne trouva-t-il à Munich qu'un palais dégarni de la plupart des objets qui en faisaient la richesse et le principal ornement. La magnificence de sa construction le frappa de surprise et d'admiration, et il demanda quel en avait été l'architecte. L'intendant des bâtiments, qui lui faisait visiter les appartements, l'assura que c'était l'électeur lui-même.

« En ce cas, dit le roi, je voudrais bien l'avoir à mon
« service, cet habile architecte; je l'enverrais à Stock-
« holm, où je lui donnerais de la besogne. »

« L'électeur architecte saura bien se garantir d'un
« pareil honneur, » répondit l'intendant. Et Gustave-Adolphe sourit de cette réplique hardie.

L'arsenal, où l'on avait espéré trouver une artillerie considérable, ne contenait plus que des affûts sans canons. Le roi, qui s'y était rendu en personne, s'arrêta tout à coup, et fixant ses regards sur le parquet, il s'écria :

« Vous qui reposez dans la terre, sortez d'entre les
« morts et comparaissez devant votre juge! »

Et ordonnant aussitôt d'enlever le plancher, on découvrit cent quarante canons de différents calibres qui avaient été enlevés en Bohême et dans le Palatinat. Trente mille ducats cachés dans la plus grosse de ces pièces achevèrent de le mettre de bonne humeur; car, s'il avait été averti par un agent subalterne de l'existence de ces canons, il était loin de s'attendre à y trouver un pareil trésor.

Gustave-Adolphe ne s'était avancé dans le cœur de la Bavière que pour y attirer l'armée bavaroise, et la forcer ainsi à affaiblir ses garnisons des bords du Danube et de Ratisbonne; mais pas un soldat ne parut. Ni les vives réclamations, ni les prières de ses sujets de venir à leur secours ne purent décider Maximilien à exposer les derniers restes de sa puissante armée aux chances d'une bataille. Renfermé dans Ratisbonne, il chercha à arrêter les opérations du roi de Suède, en renouant ses anciennes négociations de neutralité que la France avait protégées, espérant ainsi gagner assez de temps pour voir arriver de la Bohême les renforts demandés au duc de Friedland, que Ferdinand venait de rappeler au commandement en chef de son armée, et auquel il avait donné l'ordre de se porter immédiatement au secours de l'Électeur de Bavière. Mais les négociations échouèrent; car l'expérience avait appris à Gustave-Adolphe, à se défier des offres pacifiques de l'électeur; et les retards calculés de Wallenstein pour secourir la Bavière, livrèrent ce pays à la merci des Suédois.

Marchant de victoire en victoire, le héros du Nord était arrivé à un point où il ne pouvait plus rencontrer d'ennemis capables de lui résister. Laissant derrière lui, vaincus et soumis, une partie de la Bavière et de la Souabe, le bas Palatinat, tous les évêchés de la Franconie et l'archevêché de Mayence, la fortune l'avait conduit jusqu'à l'entrée de la monarchie autrichienne, et justifié ainsi le plan d'opérations qu'il s'était tracé après la victoire de Leipsig. S'il n'avait pas réussi à réunir dans une même alliance tous les princes protestants, il était parvenu du moins à désarmer ou à affaiblir les membres de la *Ligue* catholique, à soutenir la guerre à leurs dépens, à diminuer les ressources de l'empereur, et à inspirer aux membres de la diète le courage de manifester hautement leurs griefs contre le chef de l'Empire.

Là, où il n'avait pu obtenir une soumission complète, les villes impériales qu'il était parvenu à s'attacher par le double lien de la politique et de la religion, lui rendaient des services immenses, et il pouvait tout attendre de leur amitié, tant qu'il resterait victorieux sur les champs de batailles. Ses conquêtes sur le Rhin avaient mis les Espagnols dans l'impossibilité de se mêler des affaires d'Allemagne, et réduit le duc de Lorraine à s'estimer trop heureux d'avoir obtenu la permission de garder la neutralité. Malgré les combats qu'il avait livrés, et les nombreuses garnisons qu'il était forcé de laisser pour veiller à la conservation des places soumises, son armée, qui se recrutait sans cesse par des enrôlements volontaires, se trouvait au fond de la Bavière, et prête à envahir les États autrichiens, plus forte et plus déterminée qu'au commencement de la campagne.

La fortune, qui avait été si fidèle au roi de Suède, ne s'était pas montrée moins favorable à son allié, l'électeur de Saxe, chargé de la conquête de la Bohême. Le premier avantage personnel que ce prince avait tiré de la victoire de Leipsig, fut la reprise de cette ville. Bientôt après il eut le bonheur de soumettre les garnisons impériales qui occupaient le district, et qui presque toutes passèrent à son service. Fortifié par cette désertion, le feld-maréchal d'Arnheim avait conduit l'armée saxonne vers la Lusace. Mais déjà le général autrichien

Rodolphe de Tiefenbach, était venu occuper cette province, où, sous prétexte de punir Jean-Georges de son alliance avec Gustave-Adolphe, il avait mis tout à feu et à sang, conquis la plupart des villes, et répandu la terreur jusque sous les murs de Dresde. Un ordre de l'empereur de cesser toute hostilité contre les provinces saxonnes avait pu seul l'empêcher de mettre le siég devant cette ville.

Ferdinand II venait enfin de reconnaître qu'en dédaignant les justes réclamations d'un allié précieux, il l'avait poussé lui-même dans les bras du roi de Suède. Sa vanité lui fit espérer que quelques légères avances suffiraient pour réparer le mal que son injustice et son arrogance avaient causé. Pour se réconcilier avec l'électeur, il avait réclamé et obtenu l'intervention de l'Espagne; et comme les négociations à ce sujet ne marchaient pas assez vite, il s'était décidé à ordonner au général Tiefenbach de quitter le territoire saxon. Cette démarche cependant n'avait servi qu'à révéler à Jean-Georges la faiblesse de l'empereur, et à le fortifier dans la résolution de ne céder aucun des avantages que les victoires de Gustave-Adolphe lui avaient procurés. Il savait, au reste, qu'il n'aurait pu, sans se déshonorer aux yeux du monde, trahir un monarque auquel il devait la conservation de ses États et de sa couronne.

Après l'évacuation des troupes impériales, rien n'empêchait plus l'armée saxonne d'entrer en Bohême, où un concours de circonstances heureuses lui préparait des succès faciles. Dans ce malheureux royaume, premier théâtre de la guerre qui avait fini par se répandre sur toute l'Allemagne, le feu de la discorde couvait toujours sous des cendres mal éteintes, et les Impériaux semblaient avoir pris à tâche de le faire éclater de nouveau par des vexations et une tyrannie insupportables. Les plus grands domaines dont le fisc s'était emparé avaient

22.

été les uns donnés par l'empereur à ses partisans catholiques, et les autres acquis à vil prix par des aventuriers hardis qui savent toujours exploiter à leur profit les calamités publiques. Les vassaux se débattaient en vain sous le joug de fer de leurs nouveaux seigneurs, car les plus nobles défenseurs des libertés de la Bohême avaient péri sur l'échafaud ou erraient loin de leur pays, en proie à toutes les misères de la vie, tandis que les esclaves du despotisme impérial dissipaient les biens dont on les avait dépouillés.

Les persécutions religieuses les plus intolérables étaient exercées contre la partie protestante de la nation, sans distinction de rang, de sexe ou de fortune. Méprisant tous les dangers et dédaignant les leçons de l'expérience, l'esprit de prosélytisme des jésuites ne connaissait plus de frein; là où la persuasion était sans effet, ils avaient recours à la force des armes pour ramener les brebis égarées au bercail de l'Église romaine.

La vallée de Joachim, située dans les montagnes qui séparent la Bohême de la Misnie, était devenue surtout le théâtre des plus cruels excès que peut faire commettre le fanatisme religieux. Deux jésuites, accompagnés de deux commissaires impériaux et de quinze mousquetaires, avaient pénétré dans cette paisible vallée et s'étaient mis à prêcher la religion catholique aux hérétiques qui l'habitaient. Pour donner plus de poids aux paroles des missionnaires, les commissaires imposaient une forte amende à tous ceux qui refusaient d'aller les écouter; et les mousquetaires logés dans leurs cabanes avaient reçu l'ordre de *les mettre à la raison par tous les moyens possibles.*

Des arrêts de bannissement et de mort furent prononcés, et eussent été mis à exécution, si les habitants de cette vallée, poussés au désespoir, n'étaient pas parvenus à en chasser leurs oppresseurs, et à ouvrir ainsi les yeux de Ferdinand II, sur le danger du *mandat* qui autorisait les conversions par la violence. Ce mandat fut révoqué ; mais le parti protestant n'en resta pas moins exposé aux vexations des catholiques, qui pouvaient tout oser, parce qu'ils savaient qu'à la cour de Vienne leur conduite, sous ce rapport, ne paraîtrait jamais blâmable.

Telle était la situation de la Bohême lorsque les troupes saxonnes y entrèrent ; aussi les accueillit-on avec joie et enthousiasme, et dès qu'elles paraissaient devant une place forte, il ne restait plus aux garnisons impériales qu'à l'évacuer sans la plus légère tentative de résistance. Ce fut ainsi que les Saxons se rendirent maîtres de Schlœcknau, Tetschen, Aussig, Leutmeritz ; et partout les demeures et les domaines des catholiques furent livrés au pillage. Ces représailles leur inspirèrent une terreur panique : persuadés qu'il n'y avait plus pour eux d'autre moyen de salut que la fuite, ils se réfugièrent à Prague.

Alors seulement on se décida, à la cour de Vienne, à envoyer des troupes au secours de la Bohême ; mais déjà les Saxons étaient sous les murs de Prague, avant que le général Tiefenbach, qui stationnait en Silésie, pût recevoir l'ordre d'aller défendre cette ville. La faiblesse de la garnison et les dispositions hostiles des protestants, qui formaient la majeure partie de la population de cette capitale, ne permettaient pas d'espérer qu'elle se défendrait longtemps. Dans cette extrémité, les catholiques tournèrent toutes leurs espérances vers Wallenstein, qui résidait toujours à Prague ; mais l'ancien généralissime ne vit, dans le danger qui menaçait cette ville, qu'un acheminement au triomphe qui devait le venger de sa disgrâce.

Si Prague était hors d'état de soutenir un long siége,

la garnison pouvait du moins tenir tête à l'ennemi jusqu'à l'arrivée du général Tiefenbach. Le comte Maradas, colonel impérial, en était tellement convaincu, qu'il offrit de se charger de la défense de la place; mais, n'ayant d'autre pouvoir que son zèle et sa valeur, il ne trouva personne pour le seconder. Il se décida enfin à réclamer l'appui de Wallenstein, dont un seul mot, en ce moment, aurait eu l'autorité d'un ordre impérial, car le corps des généraux occupé en Bohême, venait de recevoir de Vienne, l'ordre de lui demander ses avis, et de les exécuter religieusement.

Mais ces avis, Wallenstein les refusa et au brave Maradas et au corps des généraux, sous prétexte qu'il avait été renvoyé du service, qu'il n'était plus qu'un simple particulier, et qu'on ne l'avait revêtu d'aucun grade qui l'autorisât à reparaître sur le théâtre de la guerre. Pour mettre le comble au découragement du parti impérial, il quitta presque aussitôt la ville avec toute sa cour, quoiqu'il sût fort bien qu'il n'avait rien à craindre de la part de l'ennemi.

On l'a calomnié peut-être en l'accusant d'avoir attiré les Saxons en Bohême; mais il est certain du moins qu'ils n'entrèrent à Prague que parce qu'en quittant cette ville il avait tacitement déclaré que sa perte était inévitable. La noblesse catholique, les généraux, le clergé, et les officiers de la couronne, se hâtèrent d'imiter l'exemple du duc de Friedland. Après avoir emballé pendant la nuit tout ce qu'ils avaient de plus précieux, ils prirent la fuite, et ne se remirent de leur terreur qu'en apercevant les clochers de Vienne. Le brave colonel Maradas lui-même quitta Prague avec sa petite troupe, qu'il conduisit à Thabor, résolu d'y attendre la marche des événements.

Le lendemain de cette retraite générale, le calme et le silence régnaient dans la capitale de la Bohême. Les

Saxons, qui s'étaient avancés pour attaquer les remparts, les trouvèrent déserts; pas un coup de canon ne partit des forts; les habitants sortirent des portes, s'attroupèrent autour des assiégeants avec une curiosité confiante, et leur apprirent que les autorités et la garnison étaient parties pendant la nuit.

Le général d'Arnheim, qui savait que des troupes impériales s'avançaient à marches forcées au secours de Prague, regarda ces révélations comme un piége; il redoubla de vigilance, et n'osa entrer dans la ville qu'on venait d'abandonner. Le maître d'hôtel du duc de Friedland sortit alors de la foule, au milieu de laquelle il s'était caché, et déclara solennellement que tout ce que les habitants venaient de raconter était l'exacte vérité. Ce témoignage triompha des doutes du général saxon.

« Puisque la ville peut nous appartenir sans coup férir, s'écria-t-il gaiement, profitons de notre bonheur! »

Et aussitôt il la fit sommer de se rendre. La résolution des habitants était prise d'avance : ils se bornèrent à demander qu'on respectât leur vie et leur fortune. D'Arnheim signa cette capitulation au nom de son souverain; les portes s'ouvrirent devant lui, et il fit son entrée solennelle à la tête de ses troupes, le 11 novembre 1631.

Bientôt l'électeur vint lui-même recevoir les hommages de ses nouveaux *protégés*; car ce n'était qu'à ce titre que les habitants de Prague s'étaient soumis à lui, ils n'avaient pas entendu rompre par cette démarche le lien qui les attachait à la monarchie autrichienne. Les catholiques s'étaient attendus à être traités avec rigueur par les Saxons; aussi furent-ils agréablement surpris de leur modération et de leur bonne conduite.

Le général d'Arnheim s'appliqua surtout à donner des preuves non équivoques de son profond respect pour le duc de Friedland ; pendant sa marche, il ne s'était pas permis une seule fois de passer sur ses domaines, et il en avait écarté les inconvénients de la guerre par tous les moyens possibles. A Prague, il plaça des sentinelles à toutes les portes du palais de l'ancien généralissime, et fit menacer de mort quiconque oserait en soustraire l'objet le plus insignifiant. Le culte romain continua à jouir d'une liberté complète ; et de toutes les églises enlevées aux protestants, quatre seulement leur furent rendues. Cette tolérance cependant ne pouvait s'étendre jusqu'aux jésuites, qui s'étaient attiré la haine de la nation entière ; ils furent bannis du royaume.

Quoique vainqueur, Jean-Georges ne put s'affranchir de la vénération que lui inspirait l'empereur, et il ne se permit à son égard aucune de ces humiliations que Tilly et Wallenstein lui auraient fait subir sans scrupule, si l'un ou l'autre s'étaient trouvés à Dresde dans la position où la fortune le plaçait à Prague. Faisant une distinction captieuse entre le roi de Bohême, qu'il venait de vaincre, et le chef de l'Empire, qu'en sa qualité de membre de la diète il regardait comme sacré, il n'osa se servir, pour son usage personnel, d'aucun objet appartenant à l'empereur, tandis qu'il fit conduire à Dresde les canons qui garnissaient les remparts de Prague.

Après avoir enlevé un royaume à Ferdinand II, il aurait cru lui manquer de respect en habitant son palais de Prague, et il choisit pour demeure l'hôtel de Lichtenstein. Une pareille conduite de la part d'un héros, d'un grand homme, eût été justement admirée comme une preuve de modestie ; mais le caractère bien connu de Jean-Georges autorise à croire que sa réserve, dans cette circonstance, n'était pas le résultat d'un sentiment louable, mais la conséquence naturelle de la faiblesse et de la timidité, qui, même au sein de la liberté, n'osent secouer les fers que l'habitude leur a appris à respecter.

Après la prise de Prague et la soumission des autres places fortes, qui se hâtèrent d'imiter l'exemple de la capitale, la situation de la Bohême subit de nouveau de brusques changements. Les seigneurs protestants qui avaient eu le bonheur de survivre aux souffrances de la proscription et de l'exil rentrèrent dans leur patrie; le célèbre comte de Thurn, principal auteur de l'insurrection bohémienne, eut la satisfaction de reparaître en vainqueur sur le théâtre de ses exploits et de ses infortunes.

Lorsqu'à l'époque de sa défaite il avait traversé en fugitif le pont de Prague, les têtes de ses complices, placées le long de ce pont sur une double rangée de piques, s'étaient offertes à ses regards comme pour l'avertir du sort qui l'attendait s'il venait à être reconnu. Au moment où il passa ce même pont en triomphateur, à la suite des Saxons, ces têtes, qui n'étaient plus que des crânes desséchés, s'offrirent encore à ses regards; mais il s'empressa de donner des ordres pour faire enlever ces horribles trophées.

Un grand nombre de proscrits étaient revenus avec lui, et tous obtinrent une satisfaction plus que complète; car ils rentrèrent dans leurs domaines, donnés par l'empereur à ses partisans, et même dans ceux qui avaient été loyalement acquis du fisc dans des ventes publiques. Personne ne songea à indemniser les acquéreurs de bonne foi ainsi dépossédés, quoique plus d'un proscrit eût touché dans l'exil le montant de la vente de ces biens, dont la plupart avaient été améliorés par une sage administration. Doutant de la durée de leur bonheur inattendu, ils se hâtèrent de vendre leurs terres et leurs châteaux qu'ils avaient quittés vides et presque délabrés, et qu'ils retrouvèrent réparés, garnis de meubles, de provisions, de bétail, etc. Les sommes d'argent qu'ils retirèrent de ces ventes quoique fort au-dessous de la valeur des objets vendus avaient du moins l'avantage d'être faciles à transporter en cas de revers.

L'enthousiasme religieux des protestants, ranimé par la présence des Saxons, tenait de près au fanatisme. Les habitants des villes et des campagnes accoururent en foule dans les églises que l'on venait de leur ouvrir, et tous ceux que l'on avait forcés de reconnaître l'Église romaine abjurèrent publiquement ce culte. Le nouveau gouvernement donna en vain l'exemple de la tolérance, et défendit sévèrement toute espèce de représailles ; il ne fut pas en son pouvoir d'empêcher ce peuple, qu'on avait si cruellement maltraité, de faire sentir le poids de sa colère à tous ceux qui s'étaient fait un jeu de le priver de la plus chère de ses libertés, celle d'adorer son Dieu selon ses propres convictions. Devenu le plus fort, il abusa à son tour de sa force ; et sa haine contre la religion qu'on lui avait imposée, le poussa à verser le sang des ministres et des partisans de cette religion.

Tandis que la Bohême brisait ainsi ses fers, les généraux Gœtz et Tiefenbach y arrivèrent avec les troupes impériales qui avaient occupé la Silésie, et avec les régiments que Tilly leur avait envoyés du haut Palatinat.

Pénétré de la nécessité de repousser cette armée avant l'arrivée de nouveaux renforts, d'Arnheim quitta Prague avec une partie de ses troupes, marcha au-devant de l'ennemi, l'attaqua près de Limbourg sur l'Elbe, le força de quitter ses retranchements, le repoussa au delà du fleuve, et détruisit le pont qu'il avait péniblement construit pour se maintenir sur les deux rives.

Malgré ce succès, le général saxon ne put empêcher les Impériaux de pénétrer en Bohême, et de l'inquiéter par des escarmouches continuelles. L'audace des Croates surtout ne connaissait pas de bornes : souvent ils poussaient leurs excursions jusque sous les murs de Prague, pillaient et ravageaient tout sur leur passage, et disparaissaient ensuite sans qu'il fût possible de les atteindre ni de prévoir leur retour.

Au reste, l'expédition des Saxons en Bohême ne réalisa en aucune façon les espérances que son heureux début avait fait naître. Au lieu d'achever la soumission de ce pays, et d'aller rejoindre les Suédois pour attaquer avec eux les États héréditaires de l'Autriche, ils affaiblirent leur armée et perdirent inutilement un temps précieux dans une petite guerre continuelle. On se demanderait en vain pourquoi Jean-Georges négligea ainsi les avantages qu'il venait de remporter, et pourquoi surtout, il refusa de seconder les projets du roi de Suède, si la conduite qu'il tint par la suite n'expliquait pas les motifs secrets qui le guidaient alors.

Menacé d'un côté par Gustave-Adolphe, qui s'était frayé une route à travers la Franconie, la Souabe et la Bavière jusque sur les États héréditaires de l'Empereur, et de l'autre par les Saxons, qui venaient de lui enlever la Bohême, la situation de Ferdinand II était d'autant plus critique, que les guerres précédentes avaient épuisé ses ressources, et que le souvenir de ses anciennes victoires venait d'être éclipsé par les brillants succès du roi de Suède. La confiance dans la valeur et l'excellente discipline de ses troupes s'était évanouie ; la plupart de ses alliés étaient vaincus, et, par conséquent, hors d'état de le défendre ; les autres, effrayés des dangers auxquels les exposait leur fidélité à sa cause, l'avaient abandonné.

Maximilien de Bavière lui-même, ce ferme appui de la maison d'Autriche, justifia les soupçons que son premier traité avec la France avait fait naître ; car il ne chercha plus à cacher son désir de rester désormais neutre dans une guerre où son secours était plus que jamais indispensable à l'empereur. L'archevêque électeur de Mayence, les archevêques de Wurtzbourg et de Bamberg, et le duc de Lorraine, étaient ou chassés de leurs États, ou soumis à Gustave-Adolphe. Trèves cherchait ouvertement à se placer sous la protection de la France ; les troupes espagnoles, repoussées des bords du Rhin, étaient sur le point de l'être également des Pays-Bas par la valeur hollandaise, et la trêve conclue avec la Suède réduisait la Pologne à l'inaction. Le prince Ragotzy, successeur de Bethlen Gabor, et héritier de son esprit actif et de sa haine contre l'Autriche, menaçait la Hongrie, tandis que la Porte s'apprêtait sérieusement à s'emparer de ce royaume, depuis longtemps l'objet de ses désirs et de son ambition. La plupart des princes protestants de l'Empire, enhardis par le succès des armes suédoises, avaient publiquement abandonné le parti impérial.

Pour contraindre le peu de pays restés fidèles et qui étaient ruinés, à s'imposer de nouveaux sacrifices, il fallait la cruauté d'un Tilly, d'un Wallenstein. Les sources où ces fléaux des nations avaient puisé s'étaient taries pour leurs successeurs ; et la guerre ne pouvait se continuer désormais qu'autant que les États héréditaires de l'Autriche consentiraient à en supporter les dépenses.

Pour mettre le comble aux embarras de Ferdinand, une révolte venait d'éclater dans la haute Autriche, sur les bords de l'Ens. L'intolérance du gouvernement avait abusé de la longanimité de la partie protestante des habitants de cette province. Dépassant à leur tour les bornes de la raison et de la justice, ils brandirent les torches du fanatisme au moment même où les ennemis de l'empereur menaçaient les frontières de ses possessions. Enfin, après une longue suite de victoires achetées aux dépens de la misère et du sang de tant de peuples, ce monarque se retrouva sur le bord du même abîme qui avait menacé de l'engloutir dès son avénement au trône.

Si en ce moment la Bavière avait réalisé son projet de neutralité, si l'électeur de Saxe avait résisté aux séductions par lesquelles on cherchait à le détacher de son nouvel allié, si la France s'était décidée à attaquer à la fois les Espagnols dans les Pays-Bas, en Italie et en Catalogne, l'orgueilleux édifice de la grandeur autrichienne se serait écroulé. Rien n'aurait plus empêché les puissances alliées de se partager les dépouilles de la maison de Habsbourg, et de réorganiser d'après un système nouveau, les rouages bouleversés, de l'empire germanique. Depuis longtemps déjà la monarchie autrichienne cachait les nombreuses plaies qui la condamnaient à une mort lente et certaine, sous l'éclat trompeur d'un grand nom; mais la victoire de Gustave-Adolphe sur le champ de bataille de Leipzig, et les brillants succès qui la suivirent, l'avaient dépouillée de ce prestige.

Si nous remontons aux sources qui assurèrent aux Suédois une si grande supériorité dans les combats, nous les trouvons principalement dans le pouvoir illimité de leur chef. Centre unique de toutes les forces de son parti, aucune autorité supérieure ne limitait la sienne; aussi pouvait-il profiter de toutes les chances favorables et prendre à l'instant même toutes les mesures nécessaires pour assurer le succès de ses vastes projets.

Depuis la destitution de Wallenstein et la défaite de Tilly, le parti impérial était dans une situation tout à fait opposée. Les généraux, revêtus de pouvoirs limités, se trouvaient hors d'état d'agir à propos et de gagner, par des mesures justes et promptes la confiance de leurs troupes. Les opérations des différents corps d'armée manquaient d'unité ; les soldats, de discipline et d'obéissance ; les membres de la diète, de bonne volonté ; les chefs des divers gouvernements, de promptitude pour prendre une résolution, et de fermeté pour l'exécuter.

En résumé, le parti impérial conservait encore assez de ressources ; mais, pour les employer à propos, il avait besoin d'un homme de génie revêtu d'un pouvoir discrétionnaire. Ferdinand l'avait senti depuis longtemps ; son conseil intime s'occupait secrètement du choix d'un pareil général ; mais il fut impossible aux membres de ce conseil de s'entendre sur un sujet aussi grave. Dans un moment d'enthousiasme, l'empereur avait eu l'idée de se placer lui-même à la tête de son armée, afin d'enflammer par sa présence le courage des soldats, et d'opposer au roi de Suède un monarque plus grand et plus illustre que lui. Il ne fut pas difficile de lui faire abandonner ce projet. La tâche dont il ne pouvait se charger semblait appartenir de droit à son fils, jeune prince plein de courage et d'activité.

Destiné par sa naissance à défendre une monarchie dont deux couronnes déjà, celle de la Bohême et celle de la Hongrie, ornaient sa tête ; ce prince qui régna plus tard sous le nom de Ferdinand III, joignait au respect qu'inspirait sa qualité d'héritier du trône impérial, l'estime des soldats et l'amour des peuples, sans le dévouement desquels la continuation de la guerre était impossible. Si son extrême jeunesse autorisait à douter de la maturité de son jugement, on pouvait l'entourer de généraux expérimentés qui agiraient sous son nom. D'autres considérations, et peut-être aussi les secrètes jalousies de l'empereur, firent abandonner ce nouveau plan.

Il eût été imprudent, en effet, de confier les destinées de l'Empire à un jeune prince qui, lui-même, avait encore besoin de guide et d'appui. De quel fardeau n'aurait-on pas chargé le peuple en le réduisant à fournir au luxe effréné que, d'après l'esprit du temps, le chef d'une armée, lorsqu'il appartenait à une maison royale, ne pouvait se dispenser d'étaler ! Pour le prince lui-même, il eût été fâcheux de commencer sa carrière politique par un rôle qui l'aurait mis dans la nécessité de rançonner les peuples sur lesquels il était appelé à régner un jour. Au reste, il ne suffisait pas de donner un chef à l'armée ; le plus difficile était de trouver une armée pour ce chef.

Depuis la destitution de Wallenstein, les troupes impériales avaient perdu toute leur importance, et la désertion et les combats les avaient tellement réduites, que l'empereur ne pouvait plus opposer à ses ennemis que les soldats de la *Ligue* et de la Bavière. La dépendance dans laquelle cette nécessité plaçait Ferdinand affectait péniblement son orgueil. Pour s'en affranchir il avait besoin d'une armée à lui ; mais pouvait-il la faire sortir du néant ? car, pour la créer, les deux principaux éléments lui manquaient entièrement : l'argent, et un général assez célèbre pour inspirer la confiance, assez ferme pour se faire obéir, et doué surtout des qualités supérieures et indispensables pour combattre avec succès les troupes victorieuses et aguerries du héros du Nord.

Il n'y avait en Europe qu'un seul homme qui remplît ces conditions, et cet homme avait été renvoyé du commandement d'une manière humiliante. L'instant où, pour la première fois, l'empereur regretta le duc de Friedland, fut aussi celui qui commença pour ce général, la réparation éclatante qu'il attendait. Le destin semblait s'être chargé de sa vengeance, car, depuis le jour de sa destitution, une longue suite de revers n'avait cesser d'accabler la maison d'Autriche.

A chaque défaite, à chaque place perdue, Ferdinand déplorait plus amèrement son ingratitude envers le grand général qui l'avait élevé si haut, et qui seul aurait pu le maintenir à cette hauteur. Bientôt il avoua hautement qu'avec Wallenstein, il avait perdu son bras droit. Il eût été heureux cependant pour Ferdinand, s'il n'eût perdu que le chef de son armée, le défenseur de ses États, mais en offensant cruellement Wallenstein, il s'en était fait un ennemi d'autant plus dangereux, qu'il était loin de soupçonner les projets de vengeance que cet ennemi méditait contre lui.

Loin du théâtre de la guerre et réduit aux tortures de l'inaction, pendant que ses rivaux pouvaient se couvrir de lauriers, l'orgueilleux duc feignait de regarder son changement de fortune avec indifférence, et cachait les sombres projets de son esprit audacieux sous les dehors brillants et la pompe affectée d'un héros de théâtre. Dévoré par un ardent besoin d'action, tandis qu'il s'efforçait de se donner les apparences d'une oisiveté insouciante, il mûrissait dans l'ombre et le mystère la plus noire création de la vengeance et de l'ambition.

Tout ce qu'il devait à l'empereur s'était entièrement effacé de sa mémoire; les services qu'il lui avait rendus y étaient seuls restés gravés en traits de feu. L'ingratitude de ce monarque, en rompant le seul frein qui aurait pu arrêter Wallenstein, celui de la reconnaissance, justifiait à ses yeux les projets qu'il avait formés, et qui ne lui paraissaient que de justes représailles. Plus le cercle de son activité s'était resserré, plus la sphère de ses espérances s'était élargie; et son imagination rêvait un avenir que la démence seule eût pu faire germer dans toute autre tête que dans la sienne.

S'il s'était élevé sans autre secours que son mérite et sa force morale, il était forcé de s'avouer que la fortune lui avait accordé tout ce qu'un grand citoyen peut espérer sans sortir des limites du devoir. Aucun obstacle ne s'était opposé à ses espérances jusqu'au moment de sa destitution; mais ce coup, qui était venu le frapper à l'assemblée des électeurs de Ratisbonne, lui avait enfin prouvé la différence qui existe entre le pouvoir *primordial* et le pouvoir *concédé*, entre le souverain et le sujet. Brusquement arraché par ce changement subit à l'enivrement des grandeurs, il s'était mis à comparer l'autorité dont il avait si complétement joui, avec celle qui avait pu la lui enlever sans autre motif qu'un caprice ou des soupçons injurieux ; et dès ce moment son génie téméraire compta les degrés qui lui restaient encore à monter sur l'échelle sociale pour n'avoir plus de chute à redouter.

Ce ne fut qu'après avoir appris, par une expérience cruelle, à connaître tout le prix du pouvoir suprême, qu'il s'était senti atteint de la soif de ce pouvoir ; la spoliation dont on l'avait rendu victime le rendit spoliateur. Si jamais aucune injustice n'était venue l'irriter, il aurait régulièrement suivi son orbe autour des rayons de la majesté impériale, satisfait d'être le plus brillant de ses satellites ; mais lorsqu'on vint l'arracher de sa sphère, il méconnut le système planétaire auquel il appartenait, et se précipita avec toute la violence d'une force destructive contre le soleil à qui il devait son éclat primitif.

Gustave-Adolphe avait traversé le nord de l'Allemagne en marchant de victoire en victoire ; celle de Leipzig avait enfin frappé la puissance impériale au cœur. Wallenstein, qui dans sa magnifique retraite de Prague étudiait la marche et les résultats de la guerre, apprit la nouvelle de cette victoire avec un vif plaisir, car les défaites qui désespéraient le parti impérial et portaient la terreur dans le parti catholique étaient pour lui des présages infaillibles de son prochain retour au pouvoir.

Il semblait en effet que Gustave-Adolphe ne triomphait sans cesse que pour rendre plus prompte et plus éclatante la vengeance de l'ancien généralissime de l'empereur.

Wallenstein avait cherché à établir des relations intimes avec l'heureux adversaire de la maison d'Autriche, afin de faire cause commune avec lui. Le comte de Thurn, depuis longtemps au service du roi de Suède, s'était chargé de cette négociation, dont le but était d'enlever à l'empereur la Bohême et la Moravie, de le chasser de Vienne et de le reléguer au fond de l'Italie. Pour réaliser ce projet colossal, Wallenstein ne demandait que quinze mille Suédois, afin de former le noyau de l'armée qu'il se faisait fort de lever à ses frais.

Cette offre inattendue et des promesses aussi brillantes excitèrent la défiance de Gustave-Adolphe, qui craignit de confier sa gloire aux téméraires entreprises d'une tête exaltée, et d'abandonner quinze mille de ses soldats à la loyauté d'un homme qui pouvait, sans scrupule, trahir son souverain légitime. Ne voulant pas cependant le refuser ouvertement, il lui fit dire que son armée était encore trop faible pour en détacher un corps aussi considérable. Cette prudence, outrée peut-être, l'avait privé du seul moyen possible de terminer promptement une guerre désastreuse. Il le comprit plus tard, mais ce fut en vain qu'il chercha à renouer des relations avec Wallenstein; l'orgueilleux duc ne lui pardonna jamais le peu de cas qu'il avait fait d'abord de ses offres.

Au reste, la conduite du roi de Suède dans cette circonstance n'avait fait que hâter une rupture que le caractère de ces deux hommes eût rendue inévitable. Nés l'un et l'autre pour dicter des lois, ils n'auraient jamais pu agir de concert dans une entreprise qui demandait des concessions et des sacrifices réciproques. Pour être utile, Wallenstein avait besoin d'une liberté illimitée; il devenait *nul* quand il ne pouvait être *tout*.

De son côté, Gustave-Adolphe avait une telle aversion pour toute dépendance, quelle qu'en pût être la nature, qu'il avait été souvent tenté de rompre le traité qui lui assurait l'assistance de la France, uniquement parce que ce traité gênait parfois son esprit actif et indépendant.

En un mot, Wallenstein était perdu pour le parti dont il n'était pas l'âme; Gustave-Adolphe repoussait d'avance toute autre direction que celle de son génie à lui. L'ambitieux duc de Friedland aurait pu se soumettre un instant aux exigences de son auguste allié, mais ce n'eût été qu'en se promettant d'avance de les braver dès qu'il se serait agi de partager les dépouilles du vaincu. L'orgueilleux monarque aurait pu se résoudre à accepter contre l'empereur le secours d'un de ses sujets rebelles et à le récompenser royalement, mais il n'aurait jamais consenti à ennoblir la trahison en la payant par une couronne.

C'était pourtant là le prix auquel aspirait Wallenstein, mais il avait fini par comprendre que non-seulement il ne l'obtiendrait jamais avec le secours de Gustave-Adolphe, mais que, dans le cas même où l'Europe entière se tairait, le roi de Suède, dans l'intérêt de la dignité royale, protesterait seul contre l'élévation au trône de la Bohême d'un serviteur du chef de l'empire germanique qui a trahi son maître. Et la hauteur à laquelle ce roi était parvenu à s'élever en Allemagne et même en toute l'Europe, faisait d'une pareille protestation un obstacle insurmontable au vœu que depuis longtemps Wallenstein nourrissait en secret. C'est à la conviction de l'ancien généralissime à cet égard, et non à une prétendue allusion au projet qu'aurait eu le roi de Suède de s'approprier le trône impérial, qu'il faut attribuer les paroles échappées au duc de Friedland lorsqu'on vint lui apprendre la mort de Gustave-Adolphe.

« C'est un bonheur pour lui et pour moi, dit-il, car « l'empire germanique n'est pas assez vaste pour con- « tenir deux têtes comme la sienne et la mienne. »

Persuadé que l'électeur de Saxe pouvait lui offrir plus d'avantages sans lui opposer les mêmes obstacles, il se servit de l'influence qu'il exerçait toujours sur son ancien ami, le feld-maréchal d'Arnheim, afin de décider Jean-Georges à contracter avec lui une alliance qui devait le rendre aussi redoutable à Ferdinand II qu'à Gustave-Adolphe.

Jean-Georges était trop faible et trop jaloux de la gloire du roi de Suède pour ne pas se laisser facilement entraîner dans une entreprise dont le but avoué était de diminuer l'influence de ce roi en Allemagne. Wallenstein le savait, aussi ne doutait-il point du consentement de l'électeur de Saxe à une alliance qui devait créer un troisième parti dans l'empire, et en faire l'arbitre des résultats de la guerre. Il était également convaincu qu'il dominerait toujours Jean-Georges, et que, par conséquent, il serait toujours le véritable chef de ce parti. Mais pour le créer il lui fallait avant tout une armée dévouée dont il pût offrir les services en échange de l'appui moral que devait lui donner l'allié ou plutôt le complice qu'il cherchait.

Organiser cette armée sans exciter les soupçons de la cour de Vienne eût été aussi impossible que de la recruter dans le but avoué de la conduire contre l'empereur. L'autorisation de ce monarque lui était donc indispensable, et cette autorisation, il ne pouvait l'obtenir qu'en ressaisissant la dignité de généralissime. Son orgueil ne lui permettait pas de la solliciter, et la prudence lui défendait même de l'accepter à titre de faveur, car alors elle aurait été resserrée dans des limites trop étroites. Pour obtenir l'autorité sans bornes dont il avait besoin, il fallait qu'il attendît que l'empereur, pressé de tous côtés par des ennemis triomphants, le contraignit pour ainsi dire à le sauver, en reprenant le commandement de ses armées.

Trop bon politique pour ne pas savoir que Ferdinand ne se déciderait qu'à la dernière extrémité, à une démarche à laquelle la Bavière et l'Espagne ne cessaient de s'opposer, il favorisa toutes les entreprises des ennemis de la maison d'Autriche, et il est presque certain que ce fut d'après ses conseils que les Saxons s'emparèrent de la Bohême. Tout porte à croire que dans l'entretien qu'il avait eu à Kaunitz avec d'Arnheim, sous prétexte d'entamer des négociations de paix, il avait fourni à ce général son plan de conquête. D'un autre côté, les succès des Suédois sur les bords du Rhin autorisaient les agents qu'il entretenait à Vienne, à soutenir hautement que toutes ces calamités ne seraient pas arrivées si Wallenstein eût conservé le commandement des armées; et bientôt des milliers de voix répétèrent ces propos, qui finirent par trouver des échos, même dans le conseil privé de l'empereur.

Alors seulement Ferdinand II crut pouvoir avouer que l'homme qui, six ans plus tôt, avait su créer et entretenir, comme par enchantement, une armée formidable; l'homme que sa fortune, son génie et sa haute renommée plaçaient au-dessus de tous ses contemporains, était le seul général capable de sauver la maison d'Autriche et la religion catholique d'une ruine totale. Après cet aveu humiliant, il ne lui restait plus qu'à solliciter le sujet qu'il reconnaissait avoir injustement offensé; et, malgré les représentations de la Bavière et de l'Espagne, il chargea les amis de Wallenstein de le préparer à son prochain rappel.

Instruit de tout ce qui se passait à Vienne, le duc de Friedland avait eu le temps d'étudier le rôle qu'il voulait jouer, pour augmenter son triomphe et compléter sa vengeance. Feignant de s'être pour toujours consacré aux douceurs de la vie privée, il déclara avec emphase, que rien ne saurait le décider à sacrifier au vain fantôme de la gloire et à l'inconstante faveur des rois le calme et le repos dont il jouissait dans sa retraite. Il refusa l'invitation qu'on lui fit de se rendre à Vienne; mais il alla s'établir à Znaim, petite ville de la Moravie, d'où il pouvait facilement communiquer avec la cour impériale.

Après avoir vainement essayé d'empêcher l'empereur de rappeler le duc de Friedland, l'électeur de Bavière exigea du moins qu'on limitât le pouvoir qu'on voulait lui confier. A cet effet, Werdenberg et Questenberg, que leur qualité d'amis de Wallenstein rendait aptes à traiter cette affaire délicate, reçurent l'ordre de lui faire pressentir que Ferdinand désirait que son fils, le roi de Hongrie, fît partie de l'armée, afin d'apprendre le métier des armes sous un aussi grand capitaine. Cette ouverture, quoique faite avec beaucoup d'adresse, fut si mal accueillie, qu'elle faillit rompre pour toujours les négociations à peine entamées. Le duc répondit brusquement :

« Je ne partagerai jamais le commandement d'une
« armée avec qui que ce soit, pas même avec Dieu en
« personne. »

Forcé de céder sur ce point, l'empereur chargea son premier ministre et son favori, le prince d'Eggenberg, d'aplanir les autres obstacles que Wallenstein opposait à son retour au pouvoir. Ce nouvel agent profita de l'amitié qui l'unissait au duc pour en appeler aux sentiments généreux dont il le croyait susceptible :

« L'empereur, lui dit-il, sait qu'en vous éloignant
« du service il a détaché la pierre la plus précieuse de
« sa couronne. Mais songez qu'on l'a forcé à cette démarche, qu'il s'en repent, et que jamais rien n'a pu

« altérer la haute opinion qu'il avait conçue de vous-
« Au reste, il vous en donne en ce moment une preuve
« irrécusable, puisqu'il en appelle à votre dévouement
« et à votre génie pour réparer les fautes qui ont été
« commises depuis votre éloignement de l'armée. Sa-
« crifiez au salut de la patrie votre juste ressentiment,
« et répondez aux calomnies de vos adversaires en re-
« doublant de zèle pour la gloire de votre maître. Si
« vous remportez sur vous-même cette noble victoire,
« elle couronnera dignement toutes celles qui vous
« illustrent déjà, et fera de vous le plus grand homme
« de notre époque. »

Malgré ces aveux humiliants et ces flatteries outrées, Wallenstein continua à se plaindre amèrement de l'ingratitude de Ferdinand. Trop profond politique pour accepter franchement des offres que ses vœux appelaient depuis longtemps, il fit une pompeuse énumération de ses anciens services, et des malheurs des armes impériales depuis sa retraite. Puis il feignit de céder à un mouvement de générosité, et permit au prince de retourner à Vienne pour y porter un rayon d'espérance. Il avait accepté le grade de général en chef pour trois mois seulement, et promis de recruter une armée et non de la commander.

Par cette conduite il voulait donner à l'empereur une nouvelle preuve de sa puissance et de son talent, en lui montrant de près toute l'étendue des secours qu'il pouvait lui offrir, mais qu'il était le maître d'accorder ou de refuser. Convaincu qu'une armée tirée par lui du néant y rentrerait dès qu'il cesserait de l'animer par sa présence, il fallait commencer par la créer, afin de décider l'empereur à accepter les conditions exorbitantes qu'il était résolu de lui imposer.

L'engagement qu'il venait de prendre d'organiser une armée imposante dans l'espace de trois mois, devint un objet de dérision pour l'Allemagne tout entière; Gustave-Adolphe lui-même ne supposa pas qu'il fût possible de le tenir; et cependant Wallenstein accomplit sa promesse, même avant l'époque qu'il avait fixée. C'est que depuis longtemps toutes ses mesures étaient prises, et qu'il ne lui restait plus qu'à faire mouvoir des ressorts tendus d'avance.

Au premier bruit de l'armement dont il venait de se charger, des hordes d'aventuriers arrivèrent de tous les points de l'Empire, attirés par la certitude que sous un pareil général, la fortune ne pouvait manquer de leur être constamment favorable. Les officiers et les soldats qui déjà avaient servi sous ses ordres et éprouvé les effets de sa munificence, quittèrent leurs retraites pour venir partager une seconde fois la gloire de cet illustre chef, et le riche butin que l'on était toujours sûr de faire en suivant son drapeau.

Les dépenses énormes de cette grande entreprise avaient obligé l'empereur à lever des contributions extraordinaires, et à soumettre tous les sujets de ses États héréditaires, sans distinction de rang et de dignité, à un impôt personnel. Les grands et les ministres augmentèrent le trésor public par des dons volontaires. Wallenstein fournit pour sa part, et de sa fortune personnelle, plus de deux cent mille thalers en espèces, sans compter les secours et les gratifications qu'il accordait aux officiers sans fortune; en outre, il excitait les riches, par son exemple et par des promesses brillantes, à lever des troupes à leurs frais.

Quiconque recrutait et armait une compagnie ou un régiment en était le chef. La fortune, mise ainsi à la disposition des besoins de l'armée, donnait des droits presque égaux à ceux de la valeur et du talent. Les croyances religieuses elles-mêmes ne comptaient pour rien, car les protestants étaient aussi bien reçus dans cette nouvelle armée que les catholiques les plus zélés. Au reste, dès le début de cet armement, il avait déclaré qu'il n'avait aucun rapport avec la religion; mesure prudente qui rassura les protestants, et les disposa à soutenir une guerre entreprise dans le seul but de défendre les droits de tous les membres de la diète. Mais sa politique ne se borna pas à se créer des ressources au dedans.

Plein de confiance au génie de Wallenstein, le duc de Lorraine consentit à s'armer une seconde fois pour combattre sous les ordres d'un tel chef; la Pologne lui envoya des Cosaques, et l'Italie lui fournit des munitions de guerre. Aussi les trois mois n'étaient-ils pas encore écoulés, que déjà une armée de quarante mille hommes, équipée avec luxe, et approvisionnée avec profusion s'était réunie sous le commandement de Wallenstein. Des officiers du plus grand mérite la commandaient, et l'enthousiasme qui animait cette armée prouvait qu'elle n'attendait qu'un mot de son chef pour se rendre digne de lui par des victoires éclatantes.

A peine Wallenstein avait-il ainsi réalisé sa promesse, qu'il annonça à l'empereur l'intention de retourner dans sa retraite. Il savait qu'il lui eût été plus facile de lever une seconde armée aussi brillante et aussi nombreuse, qu'à Ferdinand de la faire agir sous les ordres d'un autre que de son créateur. Cette armée, dernier espoir de l'Autriche, n'était, pour ainsi dire, que l'œuvre fantastique d'un charme trompeur, prédestinée à disparaître dès que le magicien qui lui avait donné l'existence cesserait de l'animer.

La plupart des généraux et des officiers étaient les amis, les parents ou les débiteurs de Wallenstein; il avait même eu l'adresse de réduire les autres à devenir ses créanciers, afin que tous fussent personnellement intéressés au maintien de sa puissance. Lui seul, au reste, pouvait réaliser les promesses exorbitantes par lesquelles il avait attiré tant de guerriers sous son étendard ; sa parole était leur unique garantie ; et leur confiance aveugle en son génie et en sa fortune, l'unique lien qui pouvait forcer tant d'intérêts divers à tendre vers un seul et même but.

En faisant avertir Ferdinand de donner un chef à l'armée qu'il venait de mettre sous les armes, il avait voulu le placer dans la nécessité d'acheter ses services au prix que son ambition voulait y mettre. Son attente ne fut point trompée, car le prince d'Eggenberg fut chargé de nouveau de se rendre près de son opiniâtre ami, et de ne reculer devant aucun sacrifice pour le décider à conserver le commandement des troupes impériales. Wallenstein reçut l'envoyé de son maître à Znaim, où il avait établi son quartier général, et étala à ses yeux tout le faste militaire d'un grand conquérant. Après avoir froidement écouté les sollicitations et les prières que le prince lui adressa au nom de Ferdinand, il répondit, avec l'orgueil dédaigneux d'un souverain irrité :

« Non, jamais je ne croirai à la sincérité d'une offre
« que je ne dois pas à la justice de Ferdinand, mais à la
« cruelle extrémité à laquelle il se trouve réduit. Il me
« recherche parce qu'il attend de moi des secours qu'il
« ne peut plus espérer de personne ; dès que le péril
« sera passé, il oubliera le bras qui l'aura sauvé. Oui,
« j'en ai la conviction, en redevenant tranquille et
« puissant, il redeviendra injuste et ingrat. Qu'ai-je à
« espérer en répondant à son appel ? Si le sort trahit
« mon courage et déjoue mes combinaisons, je perds à
« jamais la gloire que j'ai acquise par mes anciens et
« importants services ; si la victoire me reste fidèle,
« j'expose ma fortune et mon repos, car mes ennemis ne
« manqueront pas d'assiéger de nouveau le trône impé-
« rial par leurs clameurs ; et le faible monarque se
« croira une seconde fois forcé de leur sacrifier un ser-

« viteur qui, pour avoir trop noblement accompli son
« devoir, aura cessé d'être indispensable. Non, non, il
« vaut mieux pour lui et pour moi que je quitte à l'ins-
« tant, et de ma propre volonté, un poste que, tôt ou
« tard, l'intrigue et l'envie m'enlèveraient honteuse-
« ment. Je ne puis trouver le bonheur que dans la vie
« privée, et ce n'est que par égard pour la triste situa-
« tion de mon souverain que j'ai pu me résoudre à
« sortir momentanément de la douce obscurité qui est
« devenue un besoin pour moi. »

Fatigué de ces défaites, dont il commençait à soupçonner le but, le prince d'Eggenberg prit enfin un langage plus digne de l'envoyé d'un monarque.

« Si Sa Majesté impériale, dit-il, a bien voulu descen-
« dre avec vous jusqu'à la prière, c'est parce qu'elle s'é-
tait flattée que cette condescendance éveillerait dans
votre âme des sentiments nobles et généreux. Je le
vois maintenant, sa confiance n'a servi qu'à flatter
votre vanité et à augmenter votre obstination. Songez
« que l'empereur a le droit de vous parler en maître,
« et qu'il peut vous punir de l'avoir réduit à oublier un
« instant sa dignité, envers un sujet incapable d'apprécier un pareil sacrifice. Si Ferdinand a eu des torts
« envers vous, n'oubliez pas que le souverain n'en reste
« pas moins votre maître, et que vous lui devez respect
« et soumission ! Au reste, il n'est point de blessure
« faite par une main impériale, que cette même main
« ne puisse guérir. Demandez des garanties pour votre
« fortune, pour votre personne, pour la durée de votre
« commandement ; désignez les récompenses que vous
« croyez mériter, l'empereur vous accordera tout. Il a
« besoin de vos services, il a le droit de les exiger, et
« pourtant il vous permet de mettre un prix à votre
« obéissance ; mais obéissez, ou craignez la colère d'un
« maître qui, poussé à bout par l'opiniâtre résistance

24.

« d'un sujet orgueilleux, se verrait forcé de l'anéantir! »

Wallenstein savait qu'il n'était pas difficile de réaliser cette menace, car toutes ses immenses possessions étaient dans les États autrichiens ; mais il avait en même temps la conviction qu'on n'oserait jamais employer des mesures violentes contre lui. Le langage du prince ne fut donc à ses yeux que la preuve qu'il touchait enfin au but de ses désirs, puisque l'empereur acceptait d'avance toutes les conditions auxquelles il consentirait à conserver son poste.

Feignant de céder aux ordres exprès de son souverain, il se retira pour rédiger les clauses de leur traité de paix. Le prince d'Eggenberg ne fut pas sans inquiétude sur le contenu d'un document par lequel le plus fier des sujets allait dicter des lois au plus orgueilleux des monarques. Il avait une très-haute opinion du génie militaire de son ami, mais il lui était impossible de ne pas douter de sa modestie. Il s'attendait donc à des propositions outrées, et cependant elles surpassèrent encore ses prévisions et ses craintes.

Wallenstein demandait le commandement absolu de toutes les armées allemandes de la maison d'Autriche et d'Espagne, et le droit de punir et de récompenser sans contrôle ; il défendait à tous les princes du sang impérial, au roi de Hongrie, et à l'empereur lui-même, non-seulement d'exercer aucun acte d'autorité concernant ces armées, mais encore d'y paraître, ne fût-ce qu'à titre de spectateur. Les nominations, les avancements, enfin tous les actes concernant les récompenses et les punitions, devaient être revêtus de la signature de Wallenstein ; sans cette signature, l'empereur n'avait pas même le droit de faire grâce. Lui seul aussi voulait disposer à son gré, et sans l'intervention d'aucune cour de justice, qu'elle émanât de l'empereur ou de la diète, des conquêtes et confiscations auxquelles le succès de ses armes pourrait donner lieu sur toute l'étendue de l'Empire.

Pour assurer un refuge à ses troupes en cas de revers, il exigeait que Ferdinand ordonnât à toutes ses provinces héréditaires de les accueillir, de leur fournir tout ce dont elles pourraient avoir besoin, et d'ouvrir devant elles leurs villes et leurs forteresses dès que le généralissime le jugerait convenable. Comme récompense régulière, il demandait la concession d'une province des États héréditaires de l'Autriche, et d'une autre, à son choix, parmi celles qu'il pourrait conquérir en Allemagne, sans préjudice du duché de Mecklembourg, dont la possession devait lui être assurée par le traité de paix qu'on pourrait conclure par la suite. Prévoyant toujours la possibilité d'une seconde et brusque destitution, il imposait à l'empereur l'obligation de l'en prévenir d'avance authentiquement, et de lui accorder, en ce cas, le délai qu'il fixerait lui-même avant de déposer le commandement en chef, formalité sans laquelle il se réservait le droit de regarder comme non avenu tout ordre à ce sujet.

Le prince d'Eggenberg chercha en vain à faire modifier des conditions qui privaient l'empereur de tous ses droits de souveraineté sur l'armée, et le rendaient l'esclave couronné de son généralissime. On avait trop laissé voir à Wallenstein que ses services étaient indispensables pour songer à les marchander. Au reste, si un concours d'événements malheureux contraignit Ferdinand à se soumettre à de pareilles conditions, ce ne fut pas uniquement pour satisfaire son ambition et sa vengeance que Wallenstein crut devoir les imposer.

Le plan de sa future révolte était irrévocablement arrêté dans sa tête, et, pour sa réalisation, il ne pouvait se passer d'un seul des avantages que devait lui assurer son apparente réconciliation avec la cour impériale. L'usage qu'il se proposait de faire de l'armée qu'il venait de réorganiser le mettait dans la nécessité d'être le seul arbitre de la destinée de cette armée, et de lui faire oublier que l'autorité illimitée qu'il exerçait sur elle n'était pas sa propriété à lui, mais une concession révocable qui lui avait été faite par le chef de l'empire.

Cette considération explique suffisamment l'opiniâtreté avec laquelle il défendait le séjour de l'armée à l'empereur et à tous les princes de sa maison. En s'arrogeant le privilége exclusif de disposer de tous les biens confisqués ou conquis dans l'Empire, il s'assurait d'avance des partisans nombreux et dévoués, puisqu'il devenait, pour ainsi dire, le dictateur de l'Allemagne, autorité qu'aucun empereur n'avait osé s'arroger ouvertement. La clause qui lui permettait de chercher un refuge dans toutes les provinces autrichiennes, le mettait à même d'assiéger l'empereur dans ses propres États et avec sa propre armée, de dévaster ses possessions, de ruiner ses sujets et d'ébranler ainsi la monarchie dans ses fondements.

Enfin la nouvelle position qu'il était parvenu à se faire, lui assurait, dans toutes les conjonctures possibles, des avantages brillants. Si la marche des événements le mettait dans la nécessité de s'occuper sérieusement de ses projets audacieux, il avait à sa disposition tous les moyens nécessaires pour les réaliser; si au contraire elle lui permettait de jouir tranquillement du pouvoir acquis par ses conventions avec l'empereur, ce pouvoir était assez grand pour flatter son ambition. La seule et véritable faute qu'il commit dans cette circonstance, fut de regarder comme stables et légitimes les conventions arrachées à un maître réduit au désespoir. Comment pouvait-il espérer que Ferdinand II se croirait lié par un acte qui rendait celui qui le lui avait imposé coupable du crime de lèse-majesté, crime dont l'empereur, maître passé dans l'art de la dissimulation, feignit de ne pas s'apercevoir, parce que celui qui venait de s'en rendre coupable était en ce moment l'homme le plus indispensable de la monarchie?

L'armée impériale avait enfin un chef digne de ce nom, et devant lequel toute autre autorité, même celle de l'empereur, semblait être rentrée dans le néant. Depuis les rives du Danube jusque sur les bords du Weser et de l'Oder, tout se ranima à l'aspect de l'astre brillant qui venait de reparaître sur l'horizon; une période nouvelle recommença pour la guerre qui, depuis si longtemps déjà, désolait l'Allemagne. L'enthousiasme régnait parmi les soldats de l'empereur; les espérances des catholiques se réveillèrent, et les protestants attendirent avec inquiétude la réalisation des vœux et des craintes qui agitaient tous les partis.

A la cour de Vienne on se croyait autorisé à exiger du nouveau généralissime des services proportionnés au prix qu'il y avait mis; Wallenstein, cependant, ne parut nullement pressé de satisfaire ces exigences. Campé sur les frontières de la Bohême, un seul mouvement sérieux eût suffi pour en chasser les Saxons; mais il se borna à des escarmouches et à des affaires d'avant-postes; car il ne voulait pas les vaincre, mais les amener à s'allier avec lui; et Ferdinand, qui désirait toujours un rapprochement avec l'électeur de Saxe, seconda, sans le savoir, les secrets projets de son généralissime, en approuvant ses temporisations.

Le souvenir des bienfaits du roi de Suède était encore trop récent en Saxe pour que l'on songeât à le trahir ouvertement; et lors même qu'on aurait pu concevoir une pareille pensée, on eût craint de se confier à la politique du cabinet autrichien, dont la perfidie n'était plus un mystère pour personne. Le caractère équivoque de Wallenstein n'inspirait pas plus de confiance. On refusa donc de croire à la sincérité de ses offres, dans le seul cas peut-être où il était réellement de bonne foi. Sa position ne lui permit pas d'en donner la preuve, en révélant à Jean-Georges les véritables motifs qui lui faisaient rechercher son alliance.

Forcé à regret d'abandonner les négociations pour reprendre les armes, Wallenstein parut tout à coup devant Prague, dont la trahison d'un capucin lui fit ouvrir les portes; et la garnison, qui s'était réfugiée dans la citadelle, se rendit aux conditions les plus humiliantes. Ce succès lui permit de reprendre des négociations dont le feld-maréchal d'Arnheim était toujours l'intermédiaire. Mais, pendant que ce général négociait pour lui, il s'empara des passages entre Aussig et Pirna, afin de couper la retraite à l'armée saxonne, et ce ne fut que grâce à l'habileté et à l'activité dont d'Arnheim fit preuve dans cette circonstance, qu'elle parvint à rentrer dans son pays. Bientôt après, Éger et Leutmeritz, les deux seules forteresses de la Bohême encore occupées par les Saxons, se soumirent aux Impériaux, et le royaume fut rendu à son légitime souverain avec autant de rapidité qu'il lui avait été enlevé.

Beaucoup moins occupé des intérêts de son maître que des siens, le duc de Friedland voulait transporter le théâtre de la guerre en Saxe, et contraindre ainsi l'électeur à prévenir la dévastation de son pays en signant un traité avec l'Autriche, ou plutôt avec son général dictateur; mais la force des circonstances le contraignit à suspendre l'exécution de ce projet.

Pendant que Wallenstein bornait tous ses exploits à se rendre maître de la Bohême, les Suédois avaient remporté sur les rives du Rhin et du Danube les brillantes victoires que nous avons rapportées plus haut. Vaincu sur les bords du Lech, et resté sans appui par la mort de Tilly, Maximilien ne cessait de demander avec instance à l'empereur, de détourner l'orage prêt à fondre sur ses États héréditaires, en venant au secours de la Bavière. Il ne dédaigna même pas de s'adresser à Wallenstein lui-même; Ferdinand appuya cette démarche des recommandations les plus pressantes, et chaque jour un courrier partait pour la Bohême, chargé de dépêches qui priaient, suppliaient et ordonnaient tour à tour au généralissime de se diriger sur le Danube.

L'instant était venu enfin où l'empereur ne pouvait plus se dissimuler à quel prix cruel il avait acheté les services de Wallenstein; car, dédaignant les prières de Maximilien et les ordres formels de son maître, ce général refusa positivement de marcher au secours de la Bavière. Sa présence en Bohême, disait-il, était beaucoup plus nécessaire, et l'intérêt bien entendu de la maison d'Autriche, qu'il s'était chargé de défendre, lui faisait un devoir de laisser Gustave-Adolphe sacrifier ses meilleures troupes et diminuer toutes ses ressources, par la conquête de la Bavière et la prise des forteresses de ce pays. Ce fut ainsi qu'il châtia par les armes des Suédois l'infortuné électeur, qui, à la diète de Ratisbonne, avait été le principal instrument de sa disgrâce, et qui, tout récemment encore, s'était énergiquement opposé à sa réintégration.

Bientôt cependant l'entière soumission de la Bohême ne laissa plus de prétextes au duc de Friedland pour justifier son séjour en ce royaume, tandis que les succès toujours croissants de Gustave-Adolphe menaçaient sérieusement la sûreté de l'Autriche. Aussi comprit-il la nécessité de consentir enfin à la jonction de son armée avec celle de l'électeur Maximilien, événement que les catholiques attendaient avec impatience, comme devant décider du sort de la guerre.

Trop faible déjà pour se mesurer avec l'armée de Wallenstein seule, Gustave-Adolphe devait nécessairement craindre de la voir s'augmenter encore par celle de la Bavière, et pourtant il ne fit rien pour l'en empêcher. La haine bien connue qui existait entre le duc de Friedland et l'électeur lui avait fait croire que jamais ils ne consentiraient à agir de concert pour atteindre le même but; et lorsque l'événement lui prouva qu'il avait commis une erreur, il était trop tard pour la réparer. En vain se porta-t-il en hâte dans le haut Palatinat; le duc de Bavière l'avait prévenu; et les deux armées s'étaient jointes à Éger, ville que Wallenstein avait choisie pour être le théâtre de son triomphe et de sa vengeance.

Sourd à toutes les représentations, à toutes les prières, il avait imposé à son ennemi la loi d'abandonner ses États et de venir, avec ses troupes, solliciter en personne la protection que le malheur lui avait rendue indispensable; et l'orgueilleux Maximilien avait eu le courage de se soumettre à cette humiliation. Ce n'avait été qu'après de longs et pénibles combats qu'il avait pu se décider à devoir son salut à l'homme qui, s'il en eût été le maître, n'aurait jamais eu ce pouvoir; mais une fois cette résolution prise, il eut assez d'empire sur lui-même pour en supporter toutes les conséquences.

S'il avait été fort difficile de faire adopter à l'électeur de Bavière et au duc de Friedland l'idée d'une réconciliation, il fut plus difficile encore d'arrêter les conditions qui devaient la rendre sincère et durable. Le commandement suprême ne pouvait appartenir qu'à un seul, et cependant tous deux y prétendaient. Maximilien fit valoir l'éclat de sa naissance et de son rang, sa qualité de chef de la *Ligue*, et surtout celle du plus puissant des souverains de l'empire germanique; Wallenstein s'appuya sur sa gloire militaire et sur le pouvoir illimité dont le chef de cet empire l'avait revêtu. Si l'idée de se trouver sous les ordres d'un serviteur de l'empereur humiliait à juste titre la fierté du souverain, l'ambition de ce serviteur se rattachait avec force au privilége de dicter des lois à un aussi illustre rival.

Les contestations ne tardèrent pas à se terminer en faveur de Wallenstein. Il obtint le commandement des deux armées; l'électeur ne conserva pas même le droit de régler, pendant les jours de combats, les positions et les mouvements de ses propres soldats ; les récompenser, les punir, et en disposer à son gré toutes les fois qu'ils ne seraient pas incorporés dans l'armée impériale, fut tout ce que le duc de Friedland daigna lui accorder. Après ces stipulations, chacun d'eux promit solennellement d'oublier le passé, et il ne resta plus qu'à régler le cérémonial de la scène de réconciliation.

Cette dernière difficulté levée, les deux adversaires parurent enfin en face l'un de l'autre, et, pour se conformer aux conventions arrêtées d'avance, ils s'embrassèrent en présence de leurs troupes, et se prodiguèrent des protestations d'amitié, tandis que leurs cœurs battaient de haine et de colère. Maximilien, expert dans l'art de feindre, se posséda au point qu'il fut impossible de lire ses véritables sentiments sur son visage ; mais dans les yeux de Wallenstein brillait une joie satanique, et la contrainte qui régnait dans tous ses mouvements, trahissait les efforts pénibles qu'il faisait pour ne pas laisser éclater la violence des passions qui agitaient son âme altière.

Les troupes réunies de l'Autriche et de la Bavière se montaient à plus de soixante mille hommes, presque tous aguerris et accoutumés à vaincre. Le roi de Suède ne pouvait songer à braver une pareille armée en rase campagne; aussi se retira-t-il prudemment en Franconie, résolu d'y attendre les premiers mouvements de l'ennemi, afin de deviner ses plans d'opérations ; car, tant que le nouveau généralissime restait campé sur les frontières de la Saxe et de la Bavière, il était impossible de décider s'il commencerait par envahir la Saxe, ou par attaquer les Suédois pour les chasser de la Bavière.

Les États de Jean Georges étaient restés sans défense depuis que le général d'Arnheim s'était porté en Silésie, dans le but avoué d'en chasser les Impériaux; mais on l'accusa, avec raison peut-être, d'avoir pris ce parti pour faciliter l'entrée du duc de Friedland en Saxe, comme le seul moyen de décider l'électeur à revenir au parti impérial. Gustave-Adolphe lui-même était tellement convaincu que Wallenstein débuterait par l'invasion des provinces saxonnes, qu'il s'empressa d'y envoyer des renforts considérables, avec la promesse de s'y transporter avec son armée, dès que les circonstances le rendraient nécessaire. Mais le duc de Friedland, qui semblait avoir pris à tâche de déjouer toutes les combinaisons du roi de Suède, se dirigea brusquement vers le haut Palatinat, et l'avertit ainsi qu'il était temps de s'occuper de sa propre sûreté.

En effet, il ne s'agissait plus d'étendre ni même de conserver les conquêtes qu'il avait faites, mais de se maintenir en Allemagne. L'ennemi se préparait à l'attaquer sans lui laisser le temps d'appeler ses alliés et de rassembler ses troupes dispersées sur tous les points de l'Empire. Il ne lui restait donc plus qu'à se jeter dans la ville de Nuremberg, au risque d'y être enfermé par Wallenstein et vaincu par la famine, ou d'abandonner cette ville à la fureur des Impériaux, et d'attendre, sous la protection des canons de Donawerth, l'arrivée des renforts qu'il avait demandés à ses généraux et à ses alliés.

Les lois de l'humanité et de l'honneur avaient toujours parlé plus haut à Gustave-Adolphe que les considérations personnelles; aussi prit-il sans hésiter le parti de périr plutôt avec toute son armée sous les murs de

Nuremberg, que de devoir son salut à la ruine d'une ville qui avait loyalement embrassé sa cause.

Des milliers de bras furent aussitôt employés à entourer les faubourgs de retranchements derrière lesquels les Suédois établirent leur camp. Un fossé de huit pieds de profondeur et de douze pieds de largeur fut creusé autour de ces retranchements ; et l'on construisit des redoutes, des bastions et des demi-lunes pour protéger les lignes et les entrées de ces travaux. La Pegnitz, qui traverse Nuremberg, divisait le camp en deux parties égales, communiquant entre elles par un grand nombre de ponts, plus de trois cents canons garnissaient les remparts de la ville et les fortifications des faubourgs.

Animés par l'exemple des bourgeois, qui secondaien avec un zèle admirable les travaux des soldats suédois, les habitants des campagnes voisines vinrent à leur tour prêter le secours de leurs bras. Le septième jour toute l'armée fut réunie dans le camp ; et le quatorzième, ces immenses fortifications, qui semblaient demander plusieurs années pour arriver à leur fin, furent achevées.

Pendant que cette grande entreprise s'exécutait en dehors des murs de Nuremberg, les magistrats de cette ville remplissaient les magasins de tous les objets nécessaires pour soutenir un long siége et arrêtaient d'avance toutes les mesures sanitaires contre les épidémies, presque inévitables quand des populations nombreuses se trouvent resserrées dans des limites trop étroites. Ils augmentèrent la milice bourgeoise, armèrent un nouveau régiment, auquel ils donnèrent vingt-quatre noms, dont chacun commençait par une lettre de l'ancien alphabet, et organisèrent toute la jeunesse en bataillons de réserve, qui s'exerçaient au maniement des armes en attendant que l'heure du combat sonnât pour elle.

De son côté, Gustave-Adolphe expédia à ses généraux des bords du Rhin, de la Thuringe et de la basse Saxe, l'ordre de venir à marches forcées le rejoindre à Nuremberg ; il avertit en même temps le landgrave de Hesse-Cassel et le duc Guillaume de Weimar, qu'il avait besoin de leur secours, car son armée ne se montait qu'à seize mille hommes, ce qui ne faisait pas même le tiers de celle de l'ennemi.

Pendant ce temps, le duc de Friedland s'était avancé lentement jusque dans la nouvelle Marche, où il s'arrêta pour passer ses troupes en revue. L'aspect de cette force imposante, dont lui seul avait le droit de disposer, le rendit si heureux, qu'il laissa échapper une de ces exclamations fanfaronnes, que l'on pardonne à peine à l'effervescence irréfléchie de la première jeunesse :

« Avant quatre jours, s'écria-t-il, on verra lequel,
» du roi de Suède ou de moi, sera le maître du monde! »

Malgré cette bravade, il ne répondit point aux provocations des Suédois, qui sortirent de leur camp pour venir lui offrir le combat ; et lorsque tous les siens le supplièrent de profiter de cette occasion pour anéantir d'un seul coup un ennemi aussi faible que téméraire, il leur dit d'un air dédaigneux :

« Jusqu'ici on a livré assez de batailles ; il est temps
« enfin d'essayer d'une autre méthode. »

Sa conduite dans cette circonstance prouve combien il est heureux pour une armée d'être commandée par un chef célèbre et d'un mérite assez généralement reconnu pour qu'il puisse, sans nuire à sa renommée, rejeter les entreprises hasardées que d'autres sont forcés de saisir avec empressement, comme le seul moyen de se faire connaître. Persuadé que le courage des Suédois lui ferait chèrement payer une victoire qui peut-être ne serait pas décisive, et qu'une défaite serait pour lui un malheur irréparable, Wallenstein avait pris le parti d'épuiser la patience et les ressources de son ennemi par un long siége, et de le mettre dans l'impossibilité de se laisser entraîner par cette ardeur belliqueuse à laquelle Gustave-Adolphe devait ses plus belles victoires.

Dans cette intention, Wallenstein s'établit au delà de la Rednitz, en face de Nuremberg, dans un camp qu'il fit fortifier avec soin. Cette position était tellement heureuse qu'elle dominait toute la ville et les faubourgs, et qu'elle lui permettait d'empêcher les convois de la Saxe, de la Franconie et de la Thuringe d'arriver à l'ennemi, qu'il se flattait de dompter par la famine et par les calamités qu'elle engendre. Ignorant les ressources secrètes de Gustave-Adolphe, il était loin de prévoir que les maux qu'il voulait attirer sur l'armée suédoise assailliraient d'abord la sienne.

Les habitants des environs de Nuremberg avaient presque tous pris la fuite avec leurs bestiaux et leurs provisions, et le peu de vivres que les fourrageurs impériaux pouvaient trouver dans cette contrée abandonnée, leur était presque toujours enlevé par des détachements suédois; car le roi ne voulait avoir recours aux magasins de la ville, pour l'usage de son armée, qu'à la dernière extrémité. Dès qu'elle se présenta, ces magasins s'ouvrirent pour lui, tandis que Wallenstein fut obligé d'aller s'approvisionner dans des provinces éloignées.

Un immense convoi de vivres, escorté par mille soldats d'élite, devait arriver de la Bavière au camp impérial. Les Suédois en furent instruits; un régiment de cavalerie sortit aussitôt de Nuremberg, et, protégé par l'obscurité de la nuit, il s'empara non-seulement du convoi, mais de la ville où il s'était arrêté. Cette expédition valut à Gustave-Adolphe plus de quinze cents bêtes à cornes et une foule d'autres provisions. Mille chariots chargés de pain, qu'on n'avait pu transporter, furent livrés aux flammes. Les sept régiments, que le duc de Friedland avait envoyés au-devant de ce convoi pour le mettre à l'abri d'un coup de main, n'arrivèrent que pour constater son enlèvement et la perte de l'escorte, qui avait été taillée en pièces. Le roi de Suède, de son côté, avait pris les mêmes mesures pour protéger la prise que l'on venait de faire à l'ennemi. Les deux corps se rencontrèrent, et, après un combat opiniâtre, les Impériaux s'enfuirent en laissant plus de quatre cents morts sur le terrain.

Tant de revers firent regretter à Wallenstein d'avoir refusé la bataille que Gustave-Adolphe lui avait si audacieusement offerte; car le camp où il s'était retiré était si bien fortifié, qu'on pouvait le regarder comme imprenable; et la jeunesse de Nuremberg, qui s'était aguerrie, fournissait au roi tous les sujets nécessaires pour remplacer, à l'instant même, les vides que les combats faisaient dans ses rangs. Si le manque de vivres commençait à se faire sentir dans la ville et dans son camp, celui des Impériaux était déjà en proie à la famine, et il était probable que Wallenstein serait le premier forcé d'abandonner sa position.

Depuis quinze jours déjà, les deux armées, retirées dans leurs camps fortifiés, étaient restées en face l'une de l'autre, se bornant à des escarmouches téméraires et insignifiantes. Les privations et les maladies contagieuses avaient fait des deux côtés plus de ravages que le fer et le feu, et chaque jour augmentait la somme de ces maux, lorsque les renforts si impatiemment attendus par les Suédois arrivèrent enfin.

Au premier appel de Gustave-Adolphe, le duc Guillaume de Weimar s'était empressé de former un corps d'armée avec les garnisons de la basse Saxe et de la Thuringe. D'un autre côté, le chancelier Oxenstiern s'était chargé de conduire quatre régiments saxons, et les troupes que le landgrave de Hesse-Cassel et le comte palatin de Birkenfeld envoyaient des bords du Rhin. Ces deux corps d'armée se réunirent à Schweinfurt, en Franconie; à Windsheim, le duc Bernard de Weimar et le général suédois Banner vinrent se joindre à ces troupes, et toutes marchèrent ensemble jusqu'à Pruck et à Eltersdorf, où elles passèrent la Rednitz. Après avoir franchi ce dernier obstacle, cette armée, composée de cinquante mille hommes, suivie de soixante canons et de quatre mille chariots chargés de munitions et de bagages, entra en triomphe dans le camp suédois.

Dès ce moment, le héros du Nord se vit à la tête de plus de soixante-dix mille hommes, sans compter la milice et la jeunesse de Nuremberg, qui pouvaient, en cas de besoin, fournir trente mille combattants aguerris; force imposante, mais qui avait en face d'elle un ennemi presque aussi formidable. Cette longue et cruelle guerre semblait vouloir enfin se résumer en une seule bataille; et l'Europe entière, malgré les opinions diverses qui la divisaient, fixait, avec une inquiétude égale, le point où les deux forces ennemies s'étaient concentrées comme dans le foyer d'un miroir ardent.

La disette, dont on avait déjà éprouvé les funestes effets avant l'arrivée de ce renfort, ne tarda pas à causer des ravages affreux dans les deux camps; car Wallenstein aussi avait fait venir des troupes de la Bavière. L'espace étroit de quelques lieues était surchargé de plus de cent vingt mille soldats et de près de cinquante mille chevaux, sans compter la population de Nuremberg, plus nombreuse que l'armée suédoise. Quinze mille femmes et autant de charretiers et de valets encombraient le camp de Wallenstein; celui des Suédois en comptait un nombre plus considérable encore.

A cette époque, l'usage autorisait chaque soldat à se faire suivre par toutes les personnes qui voulaient s'attacher à sa destinée; et si l'armée impériale traînait à sa suite une foule de femmes appartenant à quiconque les désirait, presque chaque soldat suédois était entouré d'une nombreuse famille; car la sévérité avec laquelle Gustave-Adolphe veillait aux bonnes mœurs de son armée, lui faisait un devoir de protéger les unions légitimes. Les enfants qui provenaient de ces unions, et qui n'avaient, pour ainsi dire, d'autre patrie que le camp de leur père, où la sollicitude du roi avait créé pour eux des écoles militaires dirigées par des maîtres célèbres, devinrent pour l'armée une ressource précieuse qui lui permit de se recruter par elle-même pendant son long séjour en Allemagne.

Mais de pareilles nations ambulantes avaient le grave inconvénient d'affamer les provinces où elles s'arrêtaient; le camp suédois de Nuremberg en est une preuve incontestable. Tous les moulins d'alentour ne pouvaient suffire à moudre assez de grain pour la consommation de l'armée, et les cinquante mille livres de pain que la ville lui fournissait chaque jour ne faisaient qu'exciter la faim sans la satisfaire. Malgré la prévoyance et les soins infatigables des magistrats, une partie des chevaux mourait d'inanition, et la fureur toujours croissante de l'épidémie fit des milliers de victimes.

Après avoir supporté pendant cinquante-cinq jours le tableau de tant de misères, Gustave-Adolphe résolut enfin d'y mettre un terme. Sortant de ses retranchements, il se rangea en bataille en face de l'ennemi, et fit canonner son camp par trois batteries qu'il avait fait élever sur les rives de la Rednitz. Le duc de Friedland accueillit cette provocation par un feu de mousqueterie et une faible canonnade. Il s'était promis d'anéantir l'armée de Gustave-Adolphe par l'inaction, la famine et les maladies contagieuses, et ni les prières de Maximilien, ni l'impatience et la misère de ses troupes, ni les railleries des Suédois, ne purent le faire renoncer à sa résolution.

Trompé dans son espoir de réduire les Impériaux à accepter la bataille, et incapable de supporter plus longtemps les souffrances des siens, le roi voulut tenter l'impossible et prendre d'assaut une position que l'art et la nature avaient rendue imprenable. Le jour de la Saint-Barthélemy, le cinquante-huitième de son séjour à Nuremberg, il confia son camp à la garde de la milice de cette ville, et passa la Rednitz auprès de Furth, occupée par les avant-postes de l'ennemi, qui, après une légère résistance, prirent la fuite.

Le centre de l'armée impériale s'était retiré sur les hauteurs situées entre le Biber et la Rednitz. L'artillerie placée sur ces hauteurs, connues sous le nom de Veste et Altemberg, dominait et protégeait le camp, qui s'étendait à perte de vue dans la plaine. Des fossés profonds entouraient les retranchements; des fagots d'épines et des palissades hérissées de pointes de fer fermaient tous les passages qui conduisaient sur les monts escarpés où Wallenstein, tranquille et calme comme un dieu menacé par de simples mortels, lançait à travers un sombre nuage de fumée les foudroyants témoignages de sa puissance. Derrière les parapets, le feu perfide de la mousqueterie guettait ses victimes, et les gueules béantes de plusieurs centaines de canons vomissaient le fer et la mort sur les audacieux assaillants.

Ce fut vers ce point imposant et terrible que le héros du Nord dirigea l'attaque. Cinq cents mousquetaires à cheval, soutenus par un peloton d'infanterie, car le terrain était trop étroit pour un plus grand nombre de combattants, reçurent l'ordre honorable et sans doute peu envié de se jeter les premiers dans le gouffre de la mort.

L'attaque et la résistance furent furieuses. Rien ne

garantissait les assiégeants contre le feu des Impériaux protégés par leurs retranchements, et cependant ils se précipitent vers les hauteurs, qui au même instant se transforment en volcans, lançant de tous côtés des torrents de flammes et de fer. La grosse cavalerie impériale profite des jours que la mort fait dans les rangs serrés des assaillants; elle pénètre au milieu d'eux et les force à abandonner le champ de bataille, où déjà plus de la moitié des leurs ont perdu la vie.

Les soldats à qui Gustave-Adolphe avait accordé le dangereux honneur de la première attaque étaient des Allemands. Indigné de leur retraite, le roi envoie ses Finlandais chéris à l'assaut, afin de réparer, disait-il, la lâcheté allemande par la valeur des hommes du Nord; mais les Finlandais reculent à leur tour. Un autre régiment les remplace sans être plus heureux. Enfin tous les régiments de l'armée suédoise arrivent successivement, et quittent le lieu du combat couverts de sang et de blessures. Des monceaux de cadavres mutilés s'élèvent autour du roi; mais il n'est pas vaincu et continue l'attaque. Wallenstein continue la défense.

Sur un autre point, la cavalerie impériale en était venue aux mains avec l'aile gauche des Suédois, appuyée sur les bords boisés de la Rednitz. Pendant ce combat, où le vainqueur perdait presque aussitôt les fruits de sa victoire pour les ressaisir et les perdre de nouveau, les deux partis rivalisèrent de valeur au point que la fortune n'osa se décider ni pour l'un ni pour l'autre. Wallenstein, qui commandait en personne, eut un cheval tué sous lui. Presque au même instant, le duc Bernard de Weimar perdit le sien de la même manière, et un boulet de canon enleva la semelle d'une des bottes du roi. Mais la lutte durait toujours; la nuit seule put y mettre un terme.

Cependant les Suédois s'étaient avancés si loin, que

le retour au camp offrait de grands dangers; Gustave-Adolphe le savait, et ses yeux cherchaient autour de lui un officier assez expérimenté pour qu'il pût le charger de cette tâche importante, lorsqu'il aperçut le colonel Hebron, vaillant Écossais qui partageait comme volontaire les périls de la journée, car il avait fait le vœu irréfléchi de ne plus tirer l'épée pour le service du roi, qui l'avait offensé en chargeant un jeune officier d'une expédition périlleuse qu'il avait sollicitée pour lui-même. Ce fut à lui cependant que Gustave-Adolphe s'adressa pour diriger la retraite.

« Sire, répondit le hardi Écossais, Votre Majesté a
« bien fait de me demander ce service, car c'est le seul
« que je ne puisse lui refuser, puisqu'il expose cent fois
« ma vie au lieu d'une. »

Et il partit aussitôt pour aller accomplir une mission qui demandait autant de courage que de prudence.

Le duc Bernard de Weimar s'était emparé d'une hauteur au-dessus de l'ancien Veste, et d'où l'on pouvait flanquer la montagne et toute l'étendue du camp ennemi; mais une averse tombée pendant la nuit avait rendu le penchant de cette montagne si glissant, qu'il fut impossible d'y transporter les canons, et il fut forcé d'abandonner ce poste important dont la conquête avait coûté si cher. Ce dernier revers poussa le roi à se défier de la fortune, qui l'avait trahi pendant cette cruelle journée, et au lieu de ramener ses troupes épuisées au combat, il les fit passer par la Rednitz le lendemain. Deux mille Suédois étaient restés sur le champ de bataille, tandis que le duc de Friedland n'avait perdu que peu de monde et pas un pouce de terrain.

Pendant quinze jours encore les deux armées conservèrent leurs positions respectives, sans qu'aucune d'elles pût se décider à donner l'exemple du départ. En proie à des privations intolérables, les soldats cherchaient à les adoucir en dévastant les contrées voisines; car le désespoir et la faim avaient rompu les liens de la discipline, même dans le camp suédois. Les troupes allemandes surtout pillaient et maltraitaient avec une fureur égale les amis et les ennemis. L'autorité du roi ne suffisait plus pour arrêter des ravages encouragés par le silence et souvent même par l'exemple des chefs. Cet oubli des lois de l'humanité et de la discipline affligea d'autant plus vivement Gustave-Adolphe, que jusqu'ici il avait eu le droit d'être fier de la conduite de son armée; et il exprima son mécontentement aux généraux et aux officiers allemands dans des termes fort durs.

« Et c'est vous, leur dit-il, vous, malheureux Alle-
« mands, qui ravagez votre propre patrie et poussez
« vos coreligionnaires au désespoir! Je vous hais, je
« vous déteste, je vous ai en horreur! j'en atteste le ciel.
« Oui, à votre seul aspect mon cœur se soulève de dé-
« goût! Vous enfreignez mes ordres, vous violez mes
« lois, vous êtes la cause que le monde me maudit, que
« les pauvres me poursuivent de leurs larmes et de leurs
« cris de détresse, et que je suis réduit à m'entendre
« dire : Le roi, notre ami, nous fait plus de mal que
« le plus implacable de nos ennemis! C'est pour vous
« que j'ai dépeuplé mon royaume et vidé mes caisses ;
« je vous ai prodigué plus de quarante tonnes d'or [1],
« et votre empire d'Allemagne ne m'a pas seulement
« donné de quoi m'acheter un méchant pourpoint. J'ai
« disposé en votre faveur de tout ce que Dieu m'avait
« accordé, et j'aurais continué à le faire si vous aviez
« été soumis et obéissants à mes commandements ;
« mais, vous venez de me le prouver, vous êtes des gens
« malintentionnés, des vauriens, et je vous le dis, quoi-

[1] Chaque tonne vaut environ 300,000 fr. de notre monnaie.

« que vous m'ayez donné plus d'une fois de bonnes raisons pour admirer votre valeur. »

Les deux grandes armées qui depuis onze semaines vivaient sur le territoire de Nuremberg l'avaient tellement épuisé, qu'il leur devint tout à fait impossible d'y séjourner plus longtemps. La ville avait perdu plus de dix mille de ses habitants ; les campagnes, naguère si fertiles, ressemblaient à des landes arides ; les villages n'étaient plus que des monceaux de cendres, et leurs malheureux habitants mouraient de faim et de désespoir sur les grandes routes, qu'ils encombraient pour aller ailleurs chercher un asile et du pain.

Les exhalaisons des deux camps et la décomposition des cadavres, hâtée par les chaleurs de la canicule, avaient rempli l'air de miasmes pestilentiels, avec lesquels les hommes et les animaux respiraient une mort aussi cruelle que certaine. Ces affreuses misères et l'opiniâtreté du duc de Friedland à rester dans ses retranchements, décidèrent enfin le roi de Suède à partir le premier. Le 8 septembre 1632, il leva le camp et quitta Nuremberg, où il laissa une garnison suffisante pour mettre cette ville à l'abri d'un coup de main. Rangé en bataille, il passa lentement devant le camp de Wallenstein, qui ne fit aucun mouvement pour troubler sa marche, et se dirigea vers Neustadt, sur l'Aich, et vers Windsheim, où il s'arrêta pendant cinq jours, non-seulement pour donner à ses troupes le temps de se remettre, mais pour être à la portée de Nuremberg, si l'ennemi osait l'attaquer.

De son côté Wallenstein, qui n'avait attendu que la retraite des Suédois pour opérer la sienne, donna l'ordre de lever le camp et d'y mettre le feu, ainsi qu'à tous les villages qui étaient encore restés debout. De tous côtés des colonnes de flammes et de fumée s'élevaient vers le ciel, et cet adieu horrible jeté à travers la contrée était pour la ville de Nuremberg une preuve certaine du sort qu'elle aurait éprouvé si elle fût tombée au pouvoir de l'impitoyable duc de Friedland, qui continuait à marquer chaque pas de sa retraite par l'incendie, le meurtre et le pillage.

Le juste désir de protéger Nuremberg avait empêché le roi de chercher à troubler la marche des Impériaux, et le pays où il se trouvait était trop épuisé pour nourrir plus longtemps une armée telle que la sienne. Il se décida donc à en envoyer une partie en Franconie pour y maintenir son autorité et conduisit lui-même l'autre en Bavière, afin d'achever la conquête de ce pays.

Wallenstein, qui venait d'arriver dans l'évêché de Bamberg, y passa son armée en revue. De soixante mille hommes dont elle se composait d'abord, les combats et les maladies contagieuses l'avaient réduite à vingt-quatre mille, dont les Bavarois formaient le quart. Les pertes des Suédois s'élevaient à près de vingt mille hommes. Le camp de Nuremberg avait donc épuisé les deux armées plus que n'auraient pu le faire plusieurs batailles; et ce qui était plus malheureux encore, la guerre n'avait pas fait un pas vers sa solution. Les conquêtes des Suédois en Bavière et l'invasion qui menaçait les États autrichiens avaient été suspendues; mais Gustave-Adolphe venait de retrouver la liberté de reprendre cette expédition.

Peu touché du sort de la Bavière, et fatigué de la contrainte que lui imposait la présence de Maximilien à l'armée, Wallenstein saisit avec empressement le prétexte que lui offrait la situation des affaires, pour se débarrasser de ce prince et travailler de nouveau à l'accomplissement de ses projets sur la Saxe. Convaincu que sa présence et celle de ses troupes serait le meilleur argument possible pour décider l'électeur à s'allier avec lui, il choisit les États de ce prince pour quartier d'hiver. L'instant était favorable pour une pareille entreprise.

Secondée par les Suédois et les troupes de l'électeur de Brandebourg, l'armée saxonne avait remporté de grands avantages en Silésie. Le plus sûr moyen de sauver cette province était d'inquiéter Jean-Georges chez lui; ce qui était d'autant plus facile, que pour conquérir ce pays il avait laissé la Saxe à découvert. Le duc de Friedland ne pouvait craindre d'être blâmé en sacrifiant les intérêts de la Bavière à la nécessité de conserver à l'Autriche une de ses provinces héréditaires. Il lui fut donc facile de cacher ses véritables intentions sous le masque d'un dévouement à toute épreuve à la cause de l'empereur. En abandonnant au roi de Suède l'électeur de Bavière, il avait le droit d'espérer qu'il lui abandonnerait à son tour celui de la Saxe, pour lequel, au reste, ce monarque n'avait plus cette vive amitié qui, dans les premiers temps de leur alliance, l'avait poussé à tout quitter pour voler à son secours.

Délaissé par son perfide protecteur, l'infortuné Maximilien se sépara de lui à Bamberg, et retourna dans son pays avec les faibles débris de ses troupes, et l'armée impériale entra dans la forêt de Thuringe, en passant par Bareith et par Cobourg. Le général Holk avait été envoyé dans la Voigtland avec six mille hommes et l'ordre de tout ravager sur son passage. Bientôt après Gallas, autre général de Wallenstein, et l'un des plus ardents exécuteurs de ses ordres barbares, reçut la même mission, ainsi que le général Pappenheim, rappelé de la basse Saxe pour mettre le comble aux dévastations des États de Jean-Georges.

Des temples renversés, des villages incendiés, des maisons saccagées, des familles entières sans asile et sans moyens d'existence; des vieillards, des femmes, des enfants égorgés dans leurs demeures détruites, marquaient la route que ces barbares avaient suivie à travers la Thuringe, la Voigtland et la Misnie.

Tant de désastres cependant n'étaient que le prélude de calamités plus terribles, dont la Saxe était menacée par le gros de l'armée que Wallenstein commandait en personne. Après avoir tout mis à feu et à sang pendant sa marche cruellement lente et mesurée, l'impitoyable généralissime s'arrêta sous les murs de Leipzig, dont il s'empara. Son but était de pénétrer jusqu'à Dresde, et de ne renouveler les négociations avec l'électeur qu'après s'être rendu maître de son pays.

Déjà il s'apprêtait à passer la Mulda, afin d'attaquer et de disperser l'armée saxonne, qui s'était avancée à sa rencontre jusqu'à Torgau, lorsque la nouvelle de l'arrivée du roi à Erfurt le mit dans la nécessité de suspendre ses projets de conquête et de reculer jusqu'à Mersebourg, où il fit sa jonction avec le corps d'armée de Pappenheim, dont le secours lui était devenu indispensable pour résister à la fois aux Saxons et aux Suédois, entre lesquels il se trouvait placé; situation d'autant plus fâcheuse, que le duc Georges de Lunebourg ne tarda pas à leur amener un renfort considérable de la basse Saxe.

Gustave-Adolphe observait depuis longtemps les perfides machinations de l'Espagne et de l'Autriche pour lui enlever ses alliés; l'électeur de Saxe était sans doute pour lui le plus important; mais plus d'un motif l'autorisait à douter de sa fidélité. Ce prince, accoutumé à se voir le chef de son parti, ne supportait qu'à regret l'intervention d'un étranger dans les affaires de l'Empire, et sa répugnance à seconder les succès de cet étranger avait été plutôt assoupie que vaincue par le danger dont il l'avait sauvé.

L'autorité toujours croissante du roi de Suède, son influence prédominante sur les princes protestants, et ses brillantes victoires, suffisaient sans doute pour inquiéter les membres de la diète ; mais l'électeur de Saxe surtout s'abandonna à des soupçons que les agents de l'Autriche ne manquèrent pas d'exploiter. A chaque démarche que son auguste allié se permettait sans l'avoir préalablement consulté, à chaque demande ou réclamation qu'il adressait à la diète, il éclatait en plaintes amères qui faisaient présager une rupture prochaine ; et les généraux des deux partis, lorsqu'ils étaient forcés d'agir de concert, imitaient les soupçons et la malveillance de leur maître.

Au reste, Jean-Georges avait une répugnance innée pour la guerre, et rien n'avait pu l'affranchir entièrement de sa soumission respectueuse pour la maison d'Autriche, que l'habitude avait, pour ainsi dire, convertie en culte. Ces dispositions autorisèrent le général d'Arnheim à espérer que, tôt ou tard, il déciderait son maître à conclure une paix particlle et secrète avec l'empereur. Si ses efforts restèrent longtemps sans succès, la suite prouvera qu'ils ne furent du moins jamais entièrement inutiles.

La Bavière était si mal défendue, que Gustave-Adolphe pouvait espérer de s'emparer en fort peu de temps de tout cet électorat ; et la révolte qui venait d'éclater dans la haute Autriche lui ouvrait le chemin de Vienne, dont il ne pouvait manquer de se rendre maître avant que le duc de Friedland pût venir à son secours. Ces brillantes espérances, il fallait les sacrifier à un allié qui ne lui avait rendu aucun important service, et qui jamais ne chercherait à se montrer reconnaissant d'un pareil sacrifice.

Tout le monde savait qu'au milieu des calamités publiques l'électeur de Saxe n'écoutait que ses intérêts personnels ; et si l'on recherchait son alliance, c'était moins pour obtenir les secours dont il pouvait disposer, que pour éviter le mal qu'il était toujours prêt à faire Pressé en ce moment par l'armée imposante à la tête de laquelle Wallenstein venait renouveler ses perfides propositions, et qui, en attendant qu'il les acceptât, ravageait son pays, il avait un prétexte suffisant pour justifier son infidélité.

Cette circonstance, jointe au mauvais effet que produirait sur tous ses alliés en Allemagne la ruine de la Saxe, s'il la laissait s'accomplir pour achever la conquête de la Bavière, décida le roi de Suède à renoncer à des victoires certaines, pour aller délivrer un allié équivoque. Sa conduite en cette occasion excite une admiration mêlée de douleur, quand on songe surtout que, par ce respect religieux pour des engagements pris, il marchait au-devant du terme de son héroïque carrière.

Après avoir rassemblé ses troupes en Franconie, il suivit l'armée de Wallenstein à travers la Thuringe. Près d'Arnstadt, le duc Bernard de Weimar, qu'il avait envoyé au-devant de Pappenheim, se joignit à lui. Après cette jonction, l'armée qu'il conduisait au secours de la Saxe se montait à vingt mille hommes de troupes aguerries. La reine Éléonore était venue l'attendre dans la ville d'Erfurt, et leurs adieux eurent quelque chose de si déchirant, qu'ils semblaient présager une séparation éternelle. En effet, la malheureuse Éléonore ne devait revoir le héros qu'elle adorait que dans le cercueil royal qui l'attendait à Weissenfels.

Ce fut le 1er novembre 1632, que Gustave-Adolphe fit son entrée à Naumbourg, avant l'arrivée du corps d'armée que Wallenstein avait envoyé pour s'emparer de cette place. Les habitants de toute la contrée étaient accourus en foule pour contempler le héros, l'ange tutélaire, qui un an plus tôt avait paru en sauveur sur le même sol. Des cris de joie précédèrent son arrivée, et dès qu'on put l'apercevoir, on se prosterna à ses pieds, on se disputa l'honneur de toucher le fourreau de son épée, le bas de ses vêtements. Ce tribut public d'admiration et de reconnaissance blessa sa modestie.

« Ne dirait-on pas, dit-il aux officiers de sa suite, que
« ce peuple me croit un dieu ! Nos affaires sont en bon
« train ; mais j'ai bien peur que le ciel ne me fasse
« expier ces coupables adulations, et qu'il ne prouve
« que trop tôt à tous ces insensés que je ne suis qu'un
« homme comme eux. »

C'est ainsi que Gustave-Adolphe, prêt à quitter le monde pour toujours, se montra à lui plus aimable et plus touchant que jamais. Arrivé au sommet de la gloire, il redoute encore la justice divine ; il repousse des hommages qui n'appartiennent point à un simple mortel, et double ainsi les droits qu'il s'était déjà acquis aux larmes et aux regrets de la postérité, au moment même où il allait exciter les regrets et faire couler les larmes de ses contemporains.

Le duc de Friedland s'était avancé jusqu'à Weissenfels, résolu d'établir ses quartiers d'hiver en Saxe, et d'accepter une bataille s'il ne pouvait s'y maintenir qu'à ce prix. Sa conduite près de Nuremberg l'avait exposé au soupçon de ne pas oser se mesurer en rase campagne avec le héros du Nord ; il se vit donc dans la nécessité de prouver le contraire, s'il voulait conserver intacte son ancienne gloire.

La supériorité numérique de son armée lui permettait de compter sur la victoire, surtout s'il parvenait à engager le combat avant la jonction des troupes saxonnes avec celles de la Suède. La certitude avec laquelle il comptait sur un triomphe tenait cependant beaucoup moins à ses calculs rationnels qu'aux prédictions de Seni, son astrologue, qui prétendait avoir lu dans les astres que l'étoile, qui jusqu'ici avait été si favorable au roi de Suède, s'éclipserait dans le mois de novembre.

La position de l'armée impériale était protégée par la chaîne de montagnes située entre Cambourg et Weissenfels, et par la Saale, qui coule à travers ces montagnes, dont les divers passages sont si étroits, qu'un petit nombre d'hommes suffit pour en défendre l'entrée. Le duc de Friedland se flatta donc qu'en choisissant cette position il avait réduit le roi de Suède à chercher à forcer ces défilés, au risque d'y sacrifier en vain une partie de ses meilleurs troupes, ou de ramener son armée en Thuringe, où la famine ne pouvait manquer de la décimer. Mais, n'ayant pu l'empêcher de s'emparer de Naumbourg, il perdit une partie de ces avantages, et il ne lui restait plus qu'à se préparer au combat.

Le roi de Suède cependant ne réalisa point cette attente ; car, au lieu de s'avancer vers Weissenfels, il se retrancha dans les environs de Naumbourg, résolu d'y attendre le renfort que le duc de Lunebourg devait lui amener. Dans cette situation critique, Wallenstein assembla un conseil de guerre composé de ses généraux les plus expérimentés, pour décider s'il fallait passer le défilé et offrir la bataille aux Suédois, ou attendre qu'ils vinssent l'attaquer dans son camp. Le premier plan fut rejeté à l'unanimité. Cependant le soin avec lequel Gustave-Adolphe fortifiait son camp, annonçait l'intention de s'y fixer ; et l'approche de l'hiver ne permettait pas de fatiguer l'armée impériale par des campements pénibles et inutiles. La majorité du conseil décida donc que le parti le plus prudent était de terminer la campagne dans cette contrée, et de se porter en Westphalie et sur les bords du Rhin pour y arrêter les progrès des Suédois, et secourir Cologne, menacée par les Hollandais.

Le duc de Friedland se rendit à ces puissantes considérations, et, persuadé que le roi de Suède était également décidé à ne recommencer la guerre sur le territoire saxon qu'au printemps prochain, il détacha de son armée un corps considérable qui, sous les ordres de Pappenheim, devait aller délivrer Cologne et s'emparer en passant de la forteresse de Moritzbourg, près de Halle. Le reste de ses troupes établit ses quartiers d'hiver dans les villes voisines; le comte Kolloredo occupa la citadelle de Weissenfels; Wallenstein s'établit non loin de Mersebourg, entre le canal et la Saale, prêt à saisir la première occasion favorable pour s'avancer au delà de Leipzig, afin de couper toute communication entre les Saxons et les Suédois.

A peine Gustave-Adolphe fut-il instruit du départ de Pappenheim, qu'il leva le camp, et s'avança à marches forcées sur Weissenfels. La nouvelle de ce mouvement répandit la surprise et la consternation dans l'armée impériale, qui ne se composait plus que de douze mille hommes, tandis que celle des Suédois en comptait plus de vingt mille. Malgré cette infériorité numérique, le duc de Friedland se disposa à accepter la bataille, persuadé qu'il la soutiendrait avec honneur jusqu'au retour de Pappenheim, qui ne pouvait être éloigné de plus d'une dizaine de lieues.

Pendant que les courriers chargés de le rappeler partaient d'heure en heure, Wallenstein déboucha dans la plaine, et se rangea en bataille entre le canal et la petite ville de Lutzen, position qui séparait entièrement les Suédois des Saxons. Trois coups de canon que le comte Kolloredo fit tirer du fort de Weissenfels annoncèrent l'approche de l'ennemi.

A ce signal convenu, les avant-postes impériaux, commandés par le général croate Isolani, se replièrent pour prendre possession des villages situés sur la Rippach. Leur faible résistance ne put arrêter l'ennemi, qui passa la rivière près du village du même nom, et se rangea en bataille au-dessous de Lutzen, en face des Impériaux.

Le canal qui s'étend depuis Zeitz jusqu'à Mersebourg, et réunit l'Elster à la Saale, traverse la grand'route de Weissenfels à Leipzig, entre Lutzen et Markranstadt. Ce fut sur ce canal que Wallenstein appuya l'aile gauche de son armée, et Gustave-Adolphe l'aile droite de la sienne; la cavalerie impériale et la cavalerie suédoise s'étendaient bien au delà de ce canal. Vers le nord, derrière Lutzen, stationnait l'aile droite des Impériaux, et au sud l'aile gauche des Suédois; les deux armées faisaient front à la grand'route qui les séparait l'une de l'autre.

Dès la veille de la bataille, Wallenstein s'était emparé de cette route, et avait fait creuser des deux côtés de profonds fossés dans lesquels il fit cacher plusieurs pelotons de mousquetaires. Une batterie de sept canons de gros calibre avait été dressée pour protéger le feu de ces mousquetaires. Plus près de Lutzen, sur une hauteur où il y avait plusieurs moulins à vent, une autre batterie de quatorze pièces de campagne dominait une partie de la plaine. L'infanterie, divisée en cinq brigades trop fortes pour se mouvoir facilement, était postée à environ trois cents pas de la route. La cavalerie couvrait les flancs de ces brigades; les caissons formaient la dernière ligne, et les fourgons et les bagages avaient été envoyés à Leipzig, afin de ne pas gêner les manœuvres. Pour faire paraître l'armée plus nombreuse, les charretiers et les valets avaient reçu l'ordre de monter à cheval et de se placer à la queue de l'aile gauche jusqu'à l'arrivée du corps de Pappenheim. Toutes ces mesures avaient été prises pendant les ténèbres de la nuit, et dès les premiers rayons du jour, l'armée de Wallenstein était prête à soutenir l'attaque de l'ennemi.

Gustave-Adolphe aussi avait profité de la nuit pour prendre ses positions d'après le système qui, un an plus tôt, lui avait assuré la célèbre victoire de Leipzig. De petits escadrons divisaient l'infanterie, et entre la cavalerie étaient placés çà et là des détachements de mousquetaires. L'armée entière était rangée sur deux lignes faisant face à la grand'route; derrière elle et à sa droite coulait le canal, et devant elle, à sa gauche s'élevait la petite ville de Lutzen. L'infanterie, commandée par le général comte de Brahe, occupait le centre; la cavalerie formait les deux ailes, et l'artillerie le front. A l'aile gauche, un héros allemand, le duc Bernard de Weimar, commandait la cavalerie allemande; à l'aile droite, Gustave-Adolphe était lui-même à la tête des cavaliers suédois, disposition qui ne pouvait manquer d'exciter les deux nations à rivaliser de valeur et d'héroïsme. Derrière la seconde ligne, rangée dans le même ordre de bataille que la première, se tenait le corps de réserve, commandé par le général irlandais Henderson.

Ce fut dans ces positions respectives que les deux armées attendirent l'aurore pour commencer un combat, qui devait donner enfin à l'Europe la solution du grand problème qu'elle avait vainement demandée à l'expédition de Nuremberg. Deux capitaines égaux en gloire et en capacité allaient enfin se mesurer en rase campagne. Jamais encore, depuis le commencement de cette guerre, aucune bataille n'avait excité tant de craintes et tant d'espérances, et jamais la victoire n'avait promis des résultats plus importants. Le jour, dont on attendait les premiers rayons avec tant d'impatience, devait faire connaître à l'Allemagne son plus grand capitaine, et donner un vainqueur à celui qui jusque-là avait été invincible.

Ce jour aussi allait prouver en même temps si Gustave-Adolphe devait à la supériorité de son génie, ou à la maladresse de ses adversaires, les brillantes victoires remportées dans la plaine de Leipzig et sur les rives de la Lech.

Pour le duc de Friedland, ce même jour était l'unique moyen de justifier le choix de l'empereur, puisqu'il lui fournissait l'occasion de se montrer plus grand encore que le prix qu'il avait osé mettre à ses services. Chaque soldat, jaloux de la gloire de son chef, partageait ses émotions. Il était impossible de deviner laquelle des deux armées remporterait la victoire; mais tout le monde sentait qu'elle coûterait aussi cher au vainqueur qu'au vaincu. On connaissait l'ennemi qu'on avait tant désiré voir en face, et l'inquiétude qui accélérait les battements des cœurs les plus héroïques, était un témoignage involontaire, mais glorieux, rendu à la valeur de cet ennemi.

Le jour parut enfin. Un épais brouillard enveloppe le champ de bataille, et ne permet pas encore de commencer l'attaque. Pour s'y préparer dignement, le roi de Suède s'agenouille et fait sa prière à la tête de son armée; aussitôt chaque soldat se prosterne, et tous entonnent en chœur un chant religieux que la musique des régiments accompagne et rend plus imposant encore. La prière achevée, le roi se relève et monte à cheval; une blessure récente, et qui n'est pas encore fermée, ne lui a pas permis de se couvrir d'une armure; vêtu d'un justaucorps de buffle et d'un surtout de drap, il parcourt tous les rangs et parle à chaque soldat. Son éloquence simple et énergique porte, même dans les cœurs timides, une assurance que les sombres pressentiments qui oppressent sa poitrine ne lui permettent pas de partager. Vers onze heures, le brouillard se dissipe, l'ennemi devient visible, et avec lui la ville de Lutzen, en proie aux flammes allumées par l'ordre de Wallenstein, qui par cette mesure barbare avait mis les Suédois dans l'impossibilité de le cerner sur ce point et de l'attaquer par le flanc.

A peine les deux armées se sont-elles aperçues,

qu'elles remplissent l'air de leur cri de guerre respectif: *Jésus! Maria!* hurlent les Impériaux; *Dieu est avec nous!* répondent les Suédois; et la cavalerie se précipite à la charge, et l'infanterie court vers les fossés qui défendent le passage de la route. Malgré le feu de mousqueterie, malgré la canonnade qui les accueille, les intrépides bataillons suédois franchissent les fossés, repoussent les mousquetaires qui les défendent, s'emparent de la batterie, et la tournent aussitôt contre l'ennemi.

Rien ne peut plus arrêter leur impétuosité; la première des cinq brigades de l'infanterie impériale est renversée, la seconde éprouve le même sort; déjà la troisième plie, quand le duc de Friedland accourt avec la rapidité de l'éclair, et s'oppose à sa fuite. La présence d'esprit, la parole puissante et terrible de ce grand général rétablissent l'ordre; la troisième brigade s'arrête, les deux premières, dont la déroute avait été complète, se rallient; soutenues par trois régiments de cavalerie, elles font de nouveau face à l'ennemi, et pénètrent bientôt dans ses rangs éclaircis par la mort.

Une lutte acharnée s'engage; mais l'espace manque pour se servir des armes à feu : cet obstacle irrite la fureur des combattants; l'arquebuse et le mousquet, devenus inutiles, sont remplacés par le sabre et par la pique; la valeur personnelle supplée à l'art, et le champ de bataille n'est plus qu'une arène de gladiateurs.

Écrasés par le nombre et accablés de fatigue, les Suédois reculent au delà des fossés, la batterie conquise retombe au pouvoir des Impériaux; des milliers de cadavres mutilés couvrent le sol, mais pas une des deux armées n'a cédé un pouce de terrain à l'autre.

Pendant que le centre luttait ainsi, l'aile droite, commandée par Gustave-Adolphe, était aux prises avec l'aile gauche de l'ennemi. Au premier choc des cuirassiers finlandais, la cavalerie croate et polonaise, plus légèrement armée, s'est dispersée, et sa fuite a jeté le désordre dans toute cette partie de l'armée impériale; mais au même instant on avertit le roi que son infanterie recule, et que l'aile gauche, incapable de soutenir plus longtemps le feu des batteries placées sur la hauteur, près des moulins à vent, commence à plier.

Confiant aussitôt au général Horn le soin de poursuivre l'ennemi qu'il vient de mettre en déroute, il vole au secours des siens, à la tête du régiment de Stenbock. Son noble coursier le porte au delà des fossés avec la rapidité de l'éclair; le passage du régiment s'effectue plus lentement, quelques cavaliers et le duc François-Albert, le plus jeune des fils du duc de Lauenbourg, sont seuls assez bien montés pour le suivre.

Au milieu de sa course impétueuse, le héros du Nord voit son infanterie qui recule toujours, et cependant il cherche du regard un point vulnérable dans les rangs de l'ennemi vers lequel il puisse ramener ses bataillons. L'ardeur qui l'anime, et peut-être aussi la faiblesse de sa vue, naturellement très-basse, le conduisent si près des Impériaux, qu'un des sous-officiers, qui le voit passer au galop, dit à un des mousquetaires placés sous ses ordres:

« Ajuste celui-là; il faut que ce soit un grand sei-
« gneur, car tous les siens se rangent pour le laisser
« passer. »

Le mousquetaire obéit, et sa balle fracasse le bras gauche du roi. Le régiment, qui n'avait pu le suivre de plus près, le rejoint enfin. A la vue de son sang, le cri terrible et mille fois répété:

« Le roi est blessé ! le roi est mort ! » porte la consternation et l'effroi dans tous les rangs.

En vain l'intrépide Gustave-Adolphe rassemble ses forces, assure que sa blessure est légère, et excite ses

Suédois à le suivre au combat ; la douleur, et surtout la perte de son sang qui coule avec abondance, le rendent incapable d'avancer. C'est alors qu'il demande au duc de Lauenbourg, mais en français, afin de n'être compris que par lui, de le conduire sans bruit hors de la mêlée. Le duc obéit ; et, peut-être pour épargner aux Suédois le spectacle cruel de leur roi blessé, il prend la route la plus longue pour le conduire à l'aide droite et victorieuse de son armée. Pendant ce trajet, un second coup lui traverse le dos ; le reste de ses forces l'abandonne, il se sent défaillir, et tendant la main au duc de Lauenbourg, il lui dit d'une voix mourante :

« J'en ai assez, frère, va-t'en, laisse-moi, et sauve tes jours ! »

A peine a-t-il prononcé ces mots, qu'il tombe à bas de son cheval ; une grêle de balles le crible de nouvelles blessures, et il expire, abandonné par l'homme qu'il croyait son ami, ignoré des siens, et enveloppé par les pillards et sanguinaires Croates.

La vue de son cheval couvert de sang, fuyant seul et au hasard, révèle bientôt à la cavalerie suédoise le coup horrible qui vient de la frapper ; elle demande le cadavre de son roi, et pour ses restes mutilés s'engage un combat plus furieux que tous ceux qui l'avaient précédé. Bientôt l'armée entière sait qu'elle n'a plus de chef, mais cette affreuse nouvelle, loin d'abattre son courage, l'exalte jusqu'à la fureur. Qui oserait encore attacher quelque prix à sa vie, quand la plus glorieuse, la plus utile de toutes, vient d'arriver à son terme ? Comment l'homme sans importance aurait-il pu redouter les coups de la mort, quand elle venait de frapper une tête couronnée, une tête qui pensait pour toutes les autres et veillait à tous les intérêts ?

Les Uplandais, les Smalandais, les Finlandais, les Ostrogoths et les Visigoths, se jettent avec la rage de lions altérés de sang sur l'aile gauche de l'ennemi, et la mettent en déroute complète; mais en vain tout fuit devant eux, ils ne savent pas profiter de leur victoire. Tout à coup le duc Bernard de Weimar paraît à leur tête, et dirige leur haine pour le bien de tous.

Le génie de Gustave-Adolphe semble planer au-dessus de son armée victorieuse. L'aile gauche s'empare des batteries des moulins à vent, et les Impériaux essuient le feu de leurs propres canons. Le centre repasse les fossés, se rend maître de la batterie qui les défendait, et se précipite sur les lourdes brigades de l'ennemi, qui résiste toujours plus faiblement. Le hasard se ligue avec la valeur suédoise, car le feu prend aux caissons des Impériaux, qui, à l'aspect des bombes et des grenades éclatant au milieu d'un épais nuage de fumée, se croient cernés de toutes parts et leur artillerie au pouvoir des Suédois.

Le combat touche à sa fin : un seul instant encore, et la défaite des Impériaux est complète. Un nouveau caprice de la fortune retarde cette décision : Pappenheim vient d'arriver sur le champ de bataille avec huit régiments de dragons et de cuirassiers. Ce renfort considérable, auquel on ne s'attendait plus, répare et annule toutes les pertes que les Impériaux ont essuyées jusqu'ici, et la lutte recommence.

La présence d'esprit de Pappenheim arrête les fugitifs, sa valeur les ramène au combat. Entraîné par son héroïsme sauvage et par le désir de rencontrer Gustave-Adolphe, qu'il cherche à la place la plus périlleuse, il charge la cavalerie suédoise, qui, fatiguée de vaincre, recule devant ce nouveau torrent d'ennemis qui se renouvelle sans cesse, comme s'il sortait des entrailles de la terre. L'arrivée inattendue de Pappenheim a ranimé le courage de l'infanterie impériale, et le duc de Friedland profite aussitôt de cet instant favorable pour le rallier et former un nouvel ordre de bataille.

A sa première attaque, les bataillons suédois sont rejetés au delà des fossés, et perdent pour la seconde fois la batterie dont la double conquête leur avait coûté si cher. Le régiment jaune, le plus vaillant de tous ceux qui dans cette journée ont donné tant de preuves d'héroïsme, est étendu tout entier sur le sol, dans le même ordre admirable qui l'a distingué pendant le combat. Le régiment bleu, aux prises avec le comte Piccolomini, éprouve le même sort, après une résistance qui tient du prodige; car sept fois le célèbre et vaillant général autrichien revient à la charge, sept fois, il a un cheval tué sous lui, et déjà six balles de mousqueterie l'ont atteint; mais il ne quitte le champ de bataille que lorsqu'il se trouve entraîné malgré lui par la fuite de l'armée entière.

Pendant toutes ces luttes terribles, et au milieu d'une grêle de balles et de boulets, Wallenstein, calme et impassible sur son cheval de bataille, a parcouru tous les rangs à pas mesurés, comme s'il s'était agi d'une simple revue. D'un geste il a fait distribuer des secours aux blessés; ici son regard a gourmandé le timide et lui a rendu le courage; là ce même regard applaudit à un trait de valeur et donne de la bravoure à tous. Son manteau est percé à jour par une pluie de balles; des régiments entiers tombent autour de lui, et il reste debout et sans blessures; le dieu de la vengeance veille sur ses jours, car déjà il aiguise le fer qui doit lui donner une mort moins glorieuse. Wallenstein n'était pas digne d'exhaler son âme coupable sur le champ d'honneur sanctifié par le noble sang de Gustave-Adolphe.

Dans cette cruelle journée, Pappenheim, le Télamon de l'armée impériale, le champion le plus terrible de la maison d'Autriche et de l'Église catholique, fut moins heureux que son chef. N'écoutant que le besoin de se mesurer personnellement avec le roi de Suède, il s'était précipité au milieu des mêlées les plus acharnées. Au reste, Gustave-Adolphe avait manifesté le même désir; lui aussi avait cherché sur le champ de bataille le général ennemi dont il admirait la valeur. La mort s'était réservé le privilége d'accomplir ce vœu ; elle a réuni ces deux héros, et les a réconciliés sans doute ; car elle éteint toutes les haines, toutes les rivalités de la terre.

Le sein percé de deux balles, Pappenheim fut entraîné de force loin du champ de bataille. Lorsque l'on pansa ses blessures, il entendit murmurer autour de lui que l'adversaire qu'il avait cherché avec une ardeur si imprudente, avait depuis longtemps cessé de vivre; et quand on lui confirma cette nouvelle son visage s'épanouit, et une étincelle de joie ranima ses yeux éteints.

« Maintenant, s'écria-t-il, je ne vous empêche plus
« d'aller dire au duc de Friedland que je suis blessé à
« mort! Ajoutez que je meurs avec bonheur, puisque
« je sais que l'irréconciliable ennemi de ma religion est
« tombé avant moi. »

La fortune de Wallenstein semblait avoir quitté le champ de bataille avec le général qui y avait paru d'une manière si inattendue. A peine la cavalerie de l'aile gauche, déjà vaincue deux fois, s'aperçut-elle de l'absence de Pappenheim, qu'elle crut tout perdu, et chercha son salut dans la fuite. La même terreur s'empara de l'aile droite, à l'exception de quatre régiments que la valeur des colonels Gœtz, Terzky, Kolloredo et Piccolomini força à conserver leurs positions. Profitant de la consternation de l'ennemi, l'infanterie suédoise combla les vides que la mort avait faits dans ses rangs, en se reformant sur une seule ligne; elle se précipita sur les fossés, qu'elle franchit de nouveau, et pour la troisième fois elle s'empara de la batterie.

Depuis longtemps déjà le soleil descendait vers l'horizon, le jour et avec lui cette lutte terrible vont finir; mais des deux côtés les derniers efforts ont toute la fureur d'une première attaque; des deux côtés le désespoir, la valeur et l'adresse se disputent les dernières minutes qui doivent rendre décisive une journée perdue en combats aussi sanglants qu'inutiles. Vain espoir! personne ne sait fuir, mais personne aussi ne sait vaincre! Le courage enfante des prodiges qui se surpassent sans cesse; et quand la tactique semble s'être épuisée en merveilles, elle en produit de plus surprenantes encore. Le brouillard et les ténèbres amènent enfin le résultat que l'égalité du courage des combattants n'avait pu obtenir. Le carnage cesse parce qu'on ne peut plus distinguer son ennemi. Les trompettes sonnent, les deux armées se séparent d'un accord tacite, et chacune d'elles, se proclamant non vaincue, disparaît du champ de bataille.

Lorsque le général Pappenheim reçut la dépêche qui le rappelait à Lutzen, il venait d'entrer à Halle, et ses troupes étaient tellement occupées du pillage de cette ville, qu'il lui fut impossible de les réunir toutes avec la promptitude qu'exigeait la gravité des circonstances. Leur laissant l'ordre de le suivre au plus vite, il était parti avec les huit régiments de cavalerie qui avaient répondu à son premier appel. Arrivé sur le champ de bataille au moment de la déroute de l'aile gauche de l'armée impériale, il s'y était trouvé enveloppé un instant; mais sa présence d'esprit et sa valeur étaient parvenues à rallier les fuyards et à les ramener au combat.

Si son infanterie était venue le rejoindre à temps, elle eût peut-être changé le sort de la journée, et en tout cas elle eût épargné à Wallenstein la honte d'une défaite, constatée par l'abandon du champ de bataille et de toute son artillerie. Mais ce renfort si impatiemment attendu n'arriva que plusieurs heures après la retraite des deux armées, et il ne trouva dans la plaine de Lutzen que des chevaux égarés, et les canons que, dans sa fuite précipitée, Wallenstein avait laissés sur le champ de bataille.

Les troupes de Pappenheim se bornèrent à contempler ce spectacle, sans pouvoir deviner quel avait été le résultat du combat. Sans ordres pour diriger leur conduite, et surtout sans chef assez hardi pour se charger de la responsabilité d'une entreprise quelconque, elles prirent la route de Leipzig, où elles espéraient retrouver le généralissime et l'armée. C'était en effet dans cette ville que le duc de Friedland avait cherché un refuge. Le lendemain, les restes épars de ses troupes l'y rejoignirent, sans armes, sans artillerie et sans drapeaux.

De son côté, le duc Bernard de Weimar fit reposer l'armée suédoise entre Weissenfels et Lutzen, afin de pouvoir repousser l'ennemi s'il songeait à s'emparer du champ de bataille, couvert de plus de neuf mille morts de chaque côté, ce qui formait plus de vingt mille cadavres. Le nombre des blessés était beaucoup plus considérable; et de l'armée impériale surtout, pas un homme n'était sorti entièrement sain et sauf de cette bataille acharnée. Des deux côtés, une partie de la haute noblesse avait péri.

Convaincu d'avance de la victoire de Wallenstein, qui devait nécessairement entraîner la ruine de la réformation, l'abbé de Fuldes avait voulu être présent à ce combat d'une si haute importance pour lui, et il paya de sa vie son fanatisme curieux. L'histoire ne fait aucune mention des prisonniers, preuve nouvelle de la fureur des combattants, qui ne voulaient ni accepter ni accorder merci.

Pappenheim, qu'on avait transporté mourant à Leipzig, ne survécut que vingt-quatre heures à ses blessures. Sa mort fut une perte irréparable pour l'armée impériale, qu'il avait tant de fois conduite à la victoire. La bataille de Prague, où il avait combattu à côté de Wallenstein, en qualité de colonel, avait été son début dans la carrière militaire. Malgré la blessure grave qu'il reçut à cette bataille et le petit nombre de soldats restés debout autour de lui, il avait mis en fuite un régiment entier. Tombé à son tour, il était resté pendant plusieurs heures au milieu des morts et sous le poids de son cheval. Des pillards impériaux, venus pour dépouiller les morts, le reconnurent et lui sauvèrent la vie.

Plus tard, il soumit avec très-peu de troupes les rebelles de la haute Autriche; sa valeur retarda la défaite de Tilly près de Leipzig, et l'empereur lui dut ses plus importants succès sur l'Elbe et sur le Weser. Son ardeur sauvage, qui ne reculait devant aucun danger, le faisait regarder comme l'instrument le plus terrible d'un général en chef, mais elle le rendait en même temps incapable de remplir lui-même ce poste. S'il faut en croire le témoignage de Tilly, l'intrépidité de Pappenheim, qui lui avait été si utile au début de la bataille de Leipzig, causa, quelques heures plus tard, la perte de cette même bataille. Lui aussi prit une part sanglante au sac de Magdebourg; car la vie des camps lui avait fait perdre par degrés tous les principes de morale et tous les sentiments d'humanité et de véritable honneur, qu'il devait à une éducation distinguée et à ses nombreux voyages dans les pays les plus civilisés de l'Europe.

Dès sa naissance, au reste, la nature semblait l'avoir destiné au métier des armes; car elle l'avait marqué au front d'une tache rouge, de la forme de deux sabres en croix. L'âge affaiblit cette marque; mais à chaque émotion qui accélérait le cours de son sang, elle reparaissait plus éclatante que jamais. Faut-il s'étonner si la superstition, si puissante à cette époque, vit dans ce phénomène la preuve que le comte de Pappenheim était prédestiné à exterminer, par le fer et par le feu, les ennemis de l'Église romaine? Sa vie entière fut consacrée à justifier cette croyance, et les deux branches de la maison d'Autriche lui donnaient à l'envi des témoignages de leur satisfaction; mais la seule récompense qu'il ambitionnait depuis si longtemps arriva trop tard : le courrier qui devait apporter au comte de Pappenheim la décoration de l'ordre de la Toison d'or, partit de Madrid le jour même où ce général expirait à Leipzig.

Wallenstein avait pour ainsi dire proclamé lui-même sa défaite, en abandonnant toute son artillerie sur le champ de bataille, et en évacuant immédiatement la Saxe, malgré la résolution qu'il avait prise d'y établir ses quartiers d'hiver; mais on n'en chanta pas moins des *Te Deum* dans toutes les villes de l'Autriche et de l'Espagne, pour célébrer son triomphe. La victoire cependant ne pouvait être douteuse; le duc Bernard de Weimar était resté maître de la plaine de Lutzen, malgré les régiments de Croates que Wallenstein avait envoyés le lendemain pour s'en emparer; et peu après ce prince reprit toutes les autres places fortes de la Saxe.

Mais cette victoire avait coûté cher aux Suédois, et les cris de joie et de triomphe firent bientôt place à un morne désespoir; car il n'était pas revenu avec eux du combat, le héros qui les avait accoutumés à vaincre; il était resté au milieu des cadavres mutilés, sur le sol où son nom seul avait suffi pour gagner la bataille. Et on se mit à le chercher, et on le trouva enfin près d'une énorme pierre, qui depuis plus d'un siècle gisait entre le canal et Lutzen, et à laquelle ce funeste événement a fait donner le nom de *pierre des Suédois*.

Le corps de Gustave-Adolphe, enfoui sous un monceau de morts, était couvert de sang et de blessures, mutilé par les pieds des chevaux et dépouillé de ses vêtements. Ce fut dans cet état déplorable qu'on le transporta à Weissenfels, où il fut accueilli par les gémissements de ses soldats et par les cris de désespoir de la reine. L'armée avait compris que, pour payer le premier tribut qu'elle devait à la mémoire de son roi, il fallait vaincre ses ennemis, abreuver de leur sang et joncher de leurs cadavres la terre où il avait rendu le dernier soupir; mais, dès que la vengeance due au monarque fut satisfaite, les tendres sentiments reprirent leurs droits, et l'on se mit à pleurer l'homme. Plongés dans une muette douleur, les chefs entouraient son cercueil et ne comprenaient pas encore toute l'étendue de leur perte.

Khevenhiller rapporte que lorsqu'on présenta à Ferdinand II le justaucorps de buffle que Gustave-Adolphe portait pendant la bataille, et qui était encore couvert de sang, ce monarque témoigna un sentiment *convenable* de tristesse et de regret.

« Le malheureux! dit-il, je lui aurais volontiers sou-
« haité une longue existence et un joyeux retour dans
« son royaume, si seulement il avait voulu laisser l'Al-
« lemagne en paix. »

Ce mouvement d'humanité équivoque, que les bienséances exigeaient, que l'amour-propre arrache aux cœurs les plus insensibles, et que la férocité même oserait à peine refuser à la mémoire d'un ennemi glorieusement tombé sur un champ de bataille, a été loué avec emphase par un auteur catholique dont le mérite est généralement reconnu. Dans son exagération, cet écrivain va jusqu'à comparer la conduite de l'empereur, dans cette circonstance, à celle d'Alexandre lorsqu'on lui apprit la mort de Darius. Faire ainsi un trait d'héroïsme d'une démonstration simple et naturelle, c'est prouver que cette démonstration est le plus haut degré de générosité auquel l'homme dont on parle puisse atteindre, ou donner une triste opinion de ses propres idées sur la grandeur et l'élévation de l'âme humaine. Mais des louanges même aussi douteuses sont encore d'une haute importance lorsqu'elles s'adressent à un monarque qu'on se croit forcé de justifier du soupçon d'un régicide.

Les hommes ont un tel penchant pour l'extraordinaire, qu'on ne pouvait guère s'attendre qu'ils attribueraient à la marche naturelle des événements la catastrophe qui avait si brusquement terminé la glorieuse carrière de Gustave-Adolphe. Sa mort était pour Ferdinand un bonheur immense, auquel il n'avait nullement le droit de s'attendre; l'idée qu'il l'avait préparée lui-même devait nécessairement se présenter à l'esprit de ses ennemis.

Pour réaliser ce crime, il avait eu besoin d'un complice, et bientôt l'opinion publique désigna comme tel, le duc François-Albert de Lauenbourg. Son rang, qui aurait dû le mettre à l'abri d'un pareil soupçon, le rendit plus vraisemblable, car il lui donnait un libre accès auprès du roi. Examinons maintenant si le caractère de François-Albert était assez vil pour le rendre capable d'un pareil forfait, et s'il avait des motifs assez puissants pour le commettre.

Ainsi que nous l'avons dit, ce prince était le plus jeune des quatre fils de François II, duc de Lauenbourg. Allié par sa mère à la maison de Wasa, il avait été dans sa jeunesse accueilli avec distinction à la cour de Suède. Un jour qu'il se trouvait avec Gustave-Adolphe dans l'appartement de la reine sa mère, il se permit une inconvenance que ce prince, trop jeune encore pour maîtriser sa colère, punit aussitôt d'un soufflet. Mais il se repentit à l'instant même de son emportement, et s'empressa d'accorder à François-Albert toutes les satisfactions qu'il pouvait exiger.

On prétend cependant que le cœur vindicatif du duc n'oublia jamais cet affront, et qu'il jura de s'en venger tôt ou tard. Depuis cet événement, on le perdit de vue jusqu'au moment où il entra au service de l'Autriche, et se lia intimement avec le duc de Friedland, pour lequel il remplit à la cour de Saxe une mission secrète, indigne non-seulement d'un homme de son rang, mais de tout homme d'honneur.

Tout à coup, et sans motifs apparents, il quitta le drapeau de l'empereur, et se présenta au camp de Nuremberg, où il s'offrit à Gustave-Adolphe en qualité de volontaire. Son zèle vrai ou affecté pour la cause protestante, ses manières aimables et insinuantes, ses flatteries adroites, qui se cachaient sous le voile d'une affection respectueuse, lui valurent les bonnes grâces du roi. Le chancelier Oxenstiern cependant ne cessait de le supplier, mais toujours en vain, de ne pas prodiguer son amitié et sa confiance à ce nouveau venu, que ses antécédents rendaient suspect.

A la bataille de Lutzen, François-Albert s'attacha aux pas de Gustave-Adolphe, et, semblable à son mauvais génie, il ne le quitta qu'au moment où il le vit blessé à mort par les balles ennemies, dont pas une ne l'avait frappé; bonheur inouï, dont on chercha la cause dans la ceinture verte (couleur impériale) qu'il portait ce jour-là afin de se distinguer des autres officiers au service de la Suède. Ce fut lui encore qui, même au milieu de la mêlée, instruisit son ami, le duc de Friedland, de la mort de Gustave-Adolphe; et immédiatement après la bataille de Lutzen, il quitta le service de la Suède pour entrer à celui de la Saxe.

Après la chute de Wallenstein, il fut convaincu de complicité avec ce général, et n'échappa au glaive du bourreau qu'en abjurant le protestantisme pour embrasser la religion catholique. Quelques années plus tard, il fut nommé commandant en chef d'une armée impériale en Silésie, et mourut au siége de Schweindnitz, à la suite d'une blessure.

Pour défendre l'innocence d'un tel homme, il faut être bien accoutumé à vaincre les impressions que les probabilités peuvent faire sur notre esprit; mais si toutes les présomptions morales et physiques nous prouvent que François-Albert était capable d'un lâche assassinat, il serait injuste d'en conclure qu'il l'a commis en effet. Tout le monde sait que Gustave-Adolphe s'exposait aux mêmes dangers que le dernier de ses soldats, et là où tombaient des milliers de victimes lui aussi pouvait tomber. Comment et par qui a-t-il été frappé? La réponse à cette question est douteuse, et nous éprouvons plus que jamais la nécessité de nous rappeler cet axiome de morale universelle, qui défend de déshonorer la dignité humaine en supposant l'intervention d'un crime dans une catastrophe qui peut s'expliquer par le cours ordinaire des événements[1].

Quelle que soit, au reste, la main perfide qui ait frappé Gustave-Adolphe, sa mort doit être regardée comme un arrêt admirable de la justice éternelle. L'historien se trouve trop souvent réduit à décrire les luttes mesquines et monotones des intérêts des hommes, et c'est pour lui une bien douce compensation quand sa pensée peut s'arrêter sur un fait inattendu qui, semblable à une main invisible sortant tout à coup des nuages pour déjouer les combinaisons humaines, nous rappelle qu'il est une puissance au-dessus de toutes les puissances de la terre.

La mort de Gustave-Adolphe est un de ces faits, car

[1] Samuel Puffendorff dit positivement, dans son Histoire de Suède, que Gustave-Adolphe fut tué de deux coups de pistolet par la main de François-Albert, duc de Lauenbourg, l'un de ses chefs, gagné par les Impériaux. (Note du Traduct.)

elle bouleversa le jeu de tous les rouages politiques et dépassa toutes les craintes, toutes les espérances ! Hier encore son génie donnait la vie et l'action au vaste cercle d'activité dont il s'était fait le centre; un jour à peine s'est écoulé, et une puissance irrésistible arrête le vol d'aigle de ce génie à travers l'infini de ses projets audacieux ! Il tombe au milieu de la riche moisson que l'espérance avait semée pour lui, que le temps a mûrie, mais qu'il ne doit point récolter. Il a disparu de la terre; son parti n'est plus qu'un orphelin délaissé; et avec son dernier souffle s'est évanoui l'édifice orgueilleux de sa vaine grandeur !

La perte de son chef invincible fut pour le monde protestant un malheur d'autant plus grand qu'il le regardait comme irréparable; et cependant ce ne fut pas le bienfaiteur de l'Allemagne qui tomba dans les plaines de Lutzen. Gustave-Adolphe avait terminé la plus belle moitié de sa vie, et le plus grand, le dernier service qu'il pouvait encore rendre à la liberté civile et religieuse de l'empire germanique, c'était de mourir !

Le propre du pouvoir illimité d'un seul est d'absorber tous les autres pouvoirs; pour que tous puissent essayer leurs forces, il faut que le principe d'absorption disparaisse. Sous la protection équivoque d'un chef absolu, les représentants des peuples deviennent les instruments passifs de ses projets d'élévation; abandonnés à leurs propres ressources, ils sont forcés de trouver en eux-mêmes des secours qu'il est toujours dangereux de recevoir d'une main étrangère au pays dont ils sont chargés de défendre les intérêts. Aussi la mort de Gustave-Adolphe ne tarda-t-elle pas à rendre aux souverains de l'Allemagne l'énergie qui convient à des États indépendants, et à réduire la Suède à reprendre le rôle modeste d'une simple alliée, rôle que son roi était près d'abandonner ouvertement pour celui d'oppresseur.

Déjà il ne cherchait plus à cacher qu'il ambitionnait une autorité peu compatible avec les priviléges des membres de la diète; les moins clairvoyants s'apercevaient qu'il voulait arriver au trône impérial. Revêtu d'une pareille dignité, il se fût nécessairement permis plus d'actes arbitraires que tous les princes de la maison d'Autriche. Doué d'un génie supérieur et d'un courage héroïque, accoutumé aux formes d'un gouvernement absolu, protestant exalté et par conséquent ennemi ardent des catholiques, étranger à l'Allemagne par sa naissance, il était moins que tout autre propre à conserver intact le dépôt sacré des constitutions de l'Empire.

Les hommages plus que suspects que plusieurs villes impériales furent forcées de lui rendre ne permettaient pas de douter qu'il cherchait à s'établir en Allemagne, non comme protecteur, mais comme conquérant. Déjà la ville d'Augsbourg se vantait hautement d'avoir été choisie pour capitale de la monarchie nouvelle, et se montra plus fière du titre de résidence royale qu'elle espérait obtenir, qu'affligée de la perte des priviléges dont elle avait joui si longtemps.

Les projets du roi sur l'archevêché de Mayence, dont il avait voulu faire d'abord la dot de sa fille, et qu'il destina plus tard à son ami, le chancelier Oxenstiern, étaient un augure fâcheux des violations qu'il était capable de se permettre contre les lois fondamentales de l'Empire. D'un autre côté, les princes protestants ses alliés élevaient des prétentions qu'il n'aurait pu satisfaire qu'aux dépens des souverains ecclésiastiques et de tout le parti catholique en général. Il est donc permis de supposer qu'à l'exemple des hordes barbares qui jadis avaient inondé l'empire romain, il se proposait de partager les provinces conquises de l'Allemagne entre les chefs de son armée.

Quant à sa conduite envers l'infortuné palatin Frédéric V, elle est indigne d'un héros et d'un protecteur : le Palatinat était entre ses mains, la justice et l'honneur lui faisaient un devoir de le rendre à son souverain légitime; pour s'en dispenser, il eut recours à des subtilités dont on est forcé de rougir pour lui. Parce qu'il avait arraché cet électorat aux ennemis par lesquels Frédéric en avait été chassé, il feignait de le considérer comme une conquête dont il pouvait disposer à son gré. S'il le lui rendit enfin, ce ne fut point comme une juste restitution, mais comme une grâce spéciale, et à titre de fief de la couronne suédoise ; ce qui faisait d'un membre indépendant de la diète germanique un vassal du roi de Suède.

Le palatin et tous les princes allemands ses alliés avaient été forcés de s'engager à contribuer, même après la conclusion de la paix générale, à l'entretien de l'armée suédoise. Cette condition seule nous fait deviner quel eût été le sort de l'Allemagne si la fortune avait continué à favoriser Gustave-Adolphe.

Sa mort prématurée sauva donc et les libertés germaniques et la mémoire de ce héros; peut-être même lui épargna-t-elle la douleur de voir ses alliés s'armer contre lui pour le contraindre à renoncer par une paix honteuse, à toutes les brillantes espérances que ses victoires lui avaient fait concevoir. Avant sa mort déjà, la Saxe songeait à l'abandonner; le Danemark voyait ses conquêtes avec inquiétude et envie, et la France, effrayée de l'agrandissement continuel de son pouvoir en Allemagne, et offensée du ton hautain qu'il prenait avec elle, cherchait des alliés pour l'aider à mettre un terme aux triomphes du *Goth*, et à rétablir l'équilibre des puissances européennes.

LIVRE QUATRIÈME

Le parti protestant en Allemagne est privé de direction. — État de la Suède. — Minorité de la reine Christine. — Politique ferme du chancelier Oxenstiern. — Restitution du Palatinat aux héritiers de Frédéric V. — Cupidité des souverains protestants de l'Allemagne. — Conquêtes du général Horn sur le Rhin. — Prise de Ratisbonne par le duc Bernard de Weimar. — Inaction de Wallenstein en 1633. — Ses négociations secrètes avec l'électeur de Saxe. — L'empereur lui retire le commandement des troupes italiennes. — Le comte de Thurn, fait prisonnier, est mis en liberté par Wallenstein. — Conspiration de Wallenstein. — Il est trahi par Piccolomini. — Assassinat de Wallenstein à Éger (1634). — Portrait de Wallenstein. — Jugement de sa conduite.

Gustave-Adolphe était parvenu à établir un lien d'unité entre les souverains protestants de l'Allemagne : sa mort rompit ce lien, et les princes se virent dans la nécessité ou de reprendre leurs positions respectives et isolées, ou de contracter une alliance nouvelle. Le premier parti devait nécessairement leur faire perdre les avantages achetés par tant de sacrifices, car seuls, ni la Suède, ni aucun prince de l'Empire ne pouvait espérer de résister aux forces réunies de la *Ligue* et de l'empereur. Demander la paix dans une pareille position eût été se soumettre d'avance aux conditions les plus humiliantes.

Une alliance nouvelle était donc aussi nécessaire pour obtenir la paix que pour continuer la guerre. L'instant, au reste, était peu propre aux négociations pacifiques : la mort du roi de Suède avait ranimé toutes les espérances du parti impérial, en dépit de la défaite de Lutzen, dont il espérait prendre bientôt une revanche éclatante, puisque le héros du Nord n'existait plus, et que, pour l'instant du moins, les protestants se trouvaient sans chef et sans principe d'union.

Fiers de ces avantages, les catholiques n'étaient nullement disposés à les sacrifier à l'amour de la paix, à moins que cette paix ne leur procurât la réalisation complète de tous leurs désirs; et, en ce cas, les protestants ne pouvaient l'accepter sans signer leur perte. Il était donc bien naturel que des deux côtés on se préparât à continuer la guerre. Mais, pour le parti de la réformation surtout, ces préparatifs étaient difficiles, presque impossibles.

Gustave-Adolphe n'avait dû qu'à son influence personnelle les ressources immenses qu'il s'était procurées de tous côtés; et ce qui n'avait été possible que pour lui s'était évanoui avec lui. La plupart des membres de la diète, que la crainte de l'empereur avait poussés à subir la loi d'un étranger, s'empressèrent de secouer un joug qui ne pouvait plus leur offrir les mêmes avantages; d'autres cherchèrent à s'emparer de l'autorité suprême, qu'ils n'avaient accordée à Gustave-Adolphe, que parce qu'ils se sentaient trop faibles pour la lui disputer; d'autres encore cédèrent aux promesses séduisantes de l'empereur, et embrassèrent sa cause en trahissant la leur.

Le reste, écrasé sous le poids d'une guerre qui déjà s'était prolongée pendant quatorze ans, soupirait après une paix quelle qu'elle fût. Les généraux de l'armée protestante, presque tous souverains de l'Empire, n'avaient plus de chef reconnu, et pas un d'eux ne voulait se résigner à recevoir les ordres d'un inférieur, ni même d'un égal. La même discorde régnait dans le conseil.

La Suède n'était pas dans une situation plus avantageuse : une fille de six ans était devenue l'héritière du trône de Gustave-Adolphe, et les embarras inséparables d'une longue régence ne permettaient guère d'espérer que le sénat déploierait l'énergie qu'exigeait la gravité des circonstances. Le génie actif du roi avait tiré la Suède de sa sphère étroite et obscure, et l'avait élevée à une hauteur d'où elle ne pouvait plus descendre sans avouer qu'elle n'avait jamais été rien par elle-même, et que son éclat politique n'avait été que le reflet de l'éclat du grand homme qui l'avait gouvernée un instant.

La guerre d'Allemagne avait épuisé ses caisses et diminué sa population, et la nation succombait presque sous un fardeau dont rien ne la dédommageait; car elle n'avait aucune part au butin qui enrichissait la noblesse et quelques soldats privilégiés. Tant que Gustave-Adolphe vivait, elle pouvait regarder les contributions extraordinaires qu'on lui imposait comme un prêt fait à ce monarque, que sa reconnaissance restituerait avec usure, puisqu'il ne pouvait manquer de prospérer entre ses mains habiles. Cet espoir s'évanouit à sa mort, et le peuple, fatigué de ses souffrances, refusa de les supporter plus longtemps.

Cependant l'âme de Gustave-Adolphe semblait animer les hommes à qui il avait confié l'administration de son royaume. La conduite du sénat suédois, dans cette circonstance solennelle, rappelle celle des sénateurs de la vieille Rome, quand Brennus ou Annibal menaçaient l'existence de la patrie. La gloire de la Suède avait coûté trop cher au peuple pour que ses nobles représentants pussent consentir à y renoncer; ils ne voulaient pas avoir perdu pour rien le plus grand et le meilleur des rois. Forcé de choisir entre les calamités d'une guerre douteuse et les avantages matériels d'une paix honteuse, le sénat vota courageusement pour les périls et pour l'honneur; et le peuple ne put s'empêcher d'admirer cette assemblée de vieillards, qui, pour défendre la gloire nationale, retrouvèrent toute l'énergie de la jeunesse ; et il se sentit vaillant et grand comme ses sénateurs.

Entouré d'ennemis au dehors et au dedans, le sénat s'arma contre tous avec autant de sagesse que d'héroïsme, et travailla à l'agrandissement d'un royaume dont l'existence était menacée sur tous les points.

La mort de Gustave-Adolphe et la minorité de sa fille avaient réveillé les prétentions du roi de Pologne au trône de Wasa ; et Ladislas, fils de Sigismond, ne négligea rien pour se créer un parti au sein même de la Suède. Ce motif décida le sénat à proclamer la jeune Christine, et à prendre la régence telle que le roi lui-même l'avait réglée avant son départ.

Tous les fonctionnaires du royaume furent convoqués à Stockholm pour prêter serment à la nouvelle reine. Des mesures sévères rendirent toute correspondance avec la Pologne impossible ; une loi spéciale remit en vigueur les arrêts de proscription que les rois précédents avaient prononcés contre les héritiers de Sigismond ; et pour s'assurer à tout événement une alliance puissante contre la Pologne, on resserra les liens d'amitié qui unissaient la Russie et la Suède.

La jalousie du Danemark s'était évanouie avec le grand roi qui l'avait excitée, et l'union entre ces deux États voisins devint d'autant plus intime et plus sincère, qu'elle favorisait les secrets projets de Christian IV sur la jeune reine, qu'il voulait marier avec son fils Ulric. L'Angleterre et la Hollande renouvelèrent au sénat l'assurance de leur amitié, et l'engagèrent à continuer une guerre si glorieusement commencée.

Le cabinet français, à qui son propre intérêt faisait un devoir de maintenir l'autorité suédoise en Allemagne, se montra plus que jamais disposé à la soutenir ; car Gustave-Adolphe, qui lui portait ombrage, et qui l'aurait toujours empêché de réaliser ses secrets desseins sur l'Alsace, n'existait plus. Au reste, la politique éclairée de Richelieu lui faisait comprendre qu'en abandonnant la Suède à ses propres forces, elle ne manquerait pas de se trouver réduite à conclure la paix avec la maison d'Autriche, ce qui annulerait tout ce que l'on avait fait pour affaiblir la puissance dangereuse de cette maison.

Ainsi fortifié par des alliances puissantes, le sénat de Stockholm persista dans la noble résolution de continuer, autant qu'il était en son pouvoir, les vastes desseins du roi. Il serait injuste cependant de louer sans réserve une résolution à laquelle l'intérêt personnel n'était pas resté entièrement étranger. Il est grand et beau sans doute de préférer les périls de la guerre, quand l'honneur national l'exige, aux douceurs d'une paix incompatible avec cet honneur; mais, en définitive, ce n'était ni le sénat ni la noblesse suédoise, mais le peuple et l'empire germanique, qui devaient supporter le poids de la lutte.

Éloignée du théâtre de la guerre et soumise à des formes administratives toujours lentes et minutieuses, la régence était peu propre à surveiller et à diriger elle-même la part active qu'elle voulait continuer à prendre dans les affaires de l'empire germanique. Les intérêts du royaume en Allemagne ne pouvaient être bien défendus que par un seul homme, digne de remplacer, pour ainsi dire, Gustave-Adolphe. Le chancelier Oxenstiern, le premier ministre, l'ami intime, le confident des plus secrètes pensées de ce monarque, et qui seul connaissait la nature et le degré de ses relations avec toutes les cours d'Europe, devait nécessairement fixer le choix du sénat.

Le chancelier Oxenstiern était à Hanau, dans la haute Allemagne, lorsqu'il apprit la mort du roi. Cette nouvelle fut plus terrible pour lui que pour tout autre; car il perdait l'unique objet des plus tendres affections de son cœur, et le seul homme capable de réaliser les vœux de gloire et de prospérité qu'il avait formés pour son pays. Il eut pourtant la force de maîtriser sa douleur; car sa conscience lui disait que lui seul pouvait détourner une partie des maux que ce malheur allait attirer sur la Suède. Son esprit pénétrant devina les obstacles que lui opposeraient le découragement de la diète germanique, les intrigues des cours, les irrésolutions des alliés de Gustave-Adolphe, la jalousie des chefs de l'armée suédoise, et la répugnance des souverains allemands à reconnaître l'autorité d'une puissance étrangère. Mais ce même esprit qui lui montrait toute l'étendue du danger, lui indiqua le moyen de le détourner.

La consternation que la mort de leur protecteur avait causée aux protestants pouvait les pousser soit à conclure une paix onéreuse avec l'empereur, soit à resserrer leur alliance avec la Suède. Pour les amener à prendre ce dernier parti, il fallait, avant tout, déployer une noble confiance en soi-même et les éclairer sur leurs véritables intérêts. Malheureusement les formalités indispensables pour revêtir Oxenstiern des pouvoirs que le sénat venait de lui confier avaient fait perdre un temps précieux, que le parti impérial exploita à son profit.

C'en était fait de l'autorité suédoise en Allemagne, si Ferdinand II avait voulu suivre les sages conseils que Wallenstein lui donna dans cette circonstance. Mais ce fut en vain que le généralissime l'engagea à proclamer une amnistie générale, afin de rallier tous les princes protestants à sa cause, en leur offrant lui-même des conditions favorables. Cette mesure aurait certainement produit l'effet que le duc de Friedland en attendait; Malheureusement pour l'empereur, la mort de Gustave-Adolphe avait tellement exalté ses espérances, qu'il repoussa toute négociation pacifique; et l'Espagne le fortifia dans le funeste projet de s'agrandir par les conquêtes que la continuation de la guerre semblait lui promettre.

Enrichi par la dîme des biens ecclésiastiques que le pape venait de lui accorder, le cabinet de Madrid avança à Ferdinand des sommes considérables, traita pour lui avec l'électeur de Saxe, et leva en Italie des troupes destinées à fortifier le parti catholique en Allemagne. L'électeur de Bavière aussi avait trouvé moyen de réorganiser une armée, et le duc de Lorraine, trop aventureux pour ne pas chercher à profiter du changement survenu dans les affaires, se prépara à rentrer en campagne.

Oxenstiern, qui redoutait beaucoup moins les hostilités ouvertes du parti impérial que les hésitations et la perfidie de ses alliés, s'empressa de quitter la haute Allemagne, dont il s'était assuré la fidélité par des traités et des garnisons, pour se rendre dans la basse Allemagne, afin de rompre par sa présence les trames perfides qu'on y ourdissait contre la Suède. L'électeur de Saxe surtout lui était suspect.

Ce prince en effet avait été tellement offensé de l'autorité que le sénat venait d'accorder à Oxenstiern, et qui donnait à un simple gentilhomme le droit de lui dicter des ordres, qu'il n'avait plus besoin d'autres conseils que de ceux de son amour-propre pour regarder comme nul le traité conclu avec Gustave-Adolphe; mais il balançait encore sur le choix de l'un des deux partis qu'il voulait prendre, celui de se réconcilier avec l'empereur, ou de se mettre à la tête des protestants contre l'Autriche et contre la Suède. Le duc Ulric de Brunswick nourrissait des projets à peu près semblables, qu'il ne se donnait pas même la peine de cacher; car il refusa aux Suédois le droit de recruter sur son territoire, et convoqua les représentants protestants des états de la basse Saxe à Lunebourg pour conclure une alliance avec eux. L'électeur de Brandebourg seul montra encore quelque zèle pour l'honneur de la couronne suédoise ; car il se flattait de la voir un jour sur la tête de son fils.

Malgré les dispositions malveillantes de la cour de Saxe, le chancelier y fut accueilli avec beaucoup de distinction ; mais il ne put obtenir que des promesses équivoques sur la durée de leur alliance. A Brunswick, où il tint un langage plus ferme, il fut plus heureux. A cette époque, l'archevêché de Magdebourg était encore au pouvoir des Suédois, et l'archevêque avait seul le droit de convoquer les états de la basse Saxe. Grâce à cette circonstance, qu'il soutint avec autant d'adresse que de fermeté, il empêcha l'assemblée convoquée par le prince Ulric de se réunir ; mais il lui fut impossible de remplir le principal but de son voyage, celui de former une alliance générale avec tous les princes protestants de l'Empire.

Forcé de se borner à l'assistance des quatre cercles de la haute Allemagne, il invita leurs représentants à une conférence qui devait avoir lieu à Ulm ; mais ne se sentant pas assez fort dans cette partie de la Bavière, il changea d'avis, et désigna la ville d'Heilbronn pour cette réunion. Douze villes impériales, la France, l'Angleterre et la Hollande, y envoyèrent des représentants, et un grand nombre de princes, de comtes de l'Empire, et les docteurs de toutes les universités, y assistèrent comme spectateurs.

Oxenstiern parut à cette assemblée avec tout l'éclat de la couronne dont il voulait faire respecter la majesté. Il s'était réservé le droit exclusif de faire des motions : lui seul aussi dirigeait les délibérations. Après avoir reçu le serment de fidélité de tous les députés présents, il leur demanda de se déclarer ouvertement et par un acte authentique les ennemis de l'empereur et de la *Ligue*. Tous se refusèrent à une démarche qui, en leur ôtant l'espoir de se réconcilier, au besoin, avec le parti impérial, lierait à jamais leur destinée à celle de la Suède. Pour adoucir leur refus, ils assurèrent qu'un pareil acte serait une déclaration de guerre en forme et tout à fait inutile, puisque les faits parlaient assez haut pour constater l'état de guerre.

Une opposition plus vive encore s'éleva contre les secours d'hommes et d'argent que le chancelier demandait à ses alliés. Le principe de cet homme d'État consistait à obtenir le plus possible, et celui des députés à donner le moins possible. Aussi Oxenstiern éprouva-t-il en cette circonstance ce que trente empereurs avaient éprouvé avant lui, c'est-à-dire que rien au monde n'est plus difficile que d'arracher de l'argent aux représentants des états de l'Allemagne. Pour toute réponse à ses réclamations, on lui fit le compte des sommes et des troupes qu'on avait déjà fournies; on se plaignit amèrement des excès que se permettaient ses soldats; et, loin d'accepter de nouvelles charges, ils demandèrent unanimement la diminution des anciennes.

Oxenstiern n'avait jamais eu occasion de se familiariser avec les obstacles que les constitutions démocratiques opposent à la volonté d'un seul. Toujours prêt à agir, et inébranlable dans ses résolutions, fondées sur la justice ou sur les lois impérieuses de la nécessité, il ne comprenait rien à l'inconséquence de ces hommes, qui voulaient obtenir un résultat et repoussaient le seul moyen possible d'y arriver. Quoique naturellement emporté et violent, il savait se contenir; mais, dans cette circonstance, il laissa éclater sa colère. Persuadé qu'un langage modéré ferait croire que la Suède se sentait faible, il parla en maître.

Au reste, en se trouvant au milieu de députés e

docteurs allemands, il se sentait dans une sphère inconnue, et les lenteurs et les hésitations qui caractérisaient toutes les délibérations publiques de l'Empire ne pouvaient manquer de le désespérer. Dédaignant un usage consacré par le temps, auquel les plus grands empereurs ont été forcés de se soumettre, et qui convient si bien au flegme allemand, il refusa d'accorder aux députés les dix jours de délai qu'ils exigeaient pour achever l'examen de ses propositions par des discussions écrites. Il ne lui était pas donné de comprendre comment on pouvait avoir besoin d'un pareil laps de temps pour délibérer sur une demande qui, selon lui, devait être accordée dès qu'il l'avait faite.

La dureté de sa conduite avec les députés ne les empêcha pas cependant de lui donner un éclatant témoignage de confiance, lorsqu'il leur représenta la nécessité de choisir un chef et protecteur de l'alliance protestante en Allemagne. Ce protectorat fut unanimement accordé à la Suède, et ils le supplièrent humblement de la représenter parmi eux. Poussés par les conseils de l'agent du cabinet français, qui voulait limiter le pouvoir du chancelier, les députés ajoutèrent à l'offre qu'ils venaient de lui faire la proposition de lui associer un certain nombre de commissaires, qui, sous prétexte de lui aider à supporter le fardeau des affaires, seraient chargés de la caisse et de surveiller le recrutement, la marche et le mouvement des troupes. Oxenstiern protesta vivement contre cette surveillance, et finit par obtenir une autorité illimitée en tout ce qui concernait les opérations militaires.

La question des dédommagements que la Suède pouvait, à la fin de la guerre, attendre de la reconnaissance de ses alliés, ne fut pas résolue à l'entière satisfaction d'Oxenstiern. Il avait demandé la concession formelle de la Poméranie; mais les états se bornèrent à lui promettre de proportionner les récompenses et les indemnités aux services que son gouvernement leur rendrait.

Cette circonspection ne prenait sa source que dans la crainte de rendre la Suède trop puissante. Si elle eût été inspirée par le respect dû aux constitutions de l'Empire, qui en défendent le démembrement, les députés ne se seraient pas montrés si prodigues envers le chancelier, qu'ils comblèrent de dons magnifiques; et si l'agent français n'avait pas mis tout en œuvre pour arrêter les élans de leur générosité, aussi imprudente que peu patriotique, ils auraient fait présent au ministre suédois de l'archevêché de Mayence, qu'au reste il occupait déjà par droit de conquête. Enfin, si les déterminations de ce congrès ne réalisaient pas toutes les espérances d'Oxenstiern, il avait obtenu du moins, pour lui et pour son gouvernement, la direction de la guerre, l'alliance des quatre cercles de la haute Allemagne, et un subside annuel de deux millions et demi de reichsthalers. Pendant cette même réunion, le chancelier trouva moyen de récompenser les députés des concessions qu'ils lui avaient faites.

L'électeur palatin Frédéric V, réduit depuis si longtemps à une vie errante et à marcher humblement à la suite de Gustave-Adolphe, où il avait dépensé le reste de sa fortune personnelle, venait de le suivre dans la tombe. Ce malheureux prince avait regardé la mort du roi de Suède comme un dernier revers qui le livrait de nouveau à la haine de ses ennemis, et cette mort cependant fit à ses héritiers une position bien au-dessus de toutes leurs espérances. Le héros du Nord seul avait pu se permettre de refuser d'abord la restitution du Palatinat, et de l'accorder ensuite comme le don d'un suzerain à son vassal.

Oxenstiern, qui devait avant tout donner une haute opinion à ses amis, et même à ses ennemis, de sa probité politique, ne pouvait se dispenser d'être juste. Il rendit donc aux héritiers de Frédéric l'électorat du Palatinat, à l'exception de Manheim, qu'il se réserva d'occuper jusqu'à l'entier remboursement des frais occasionnés par la conquête de ce pays sur l'ennemi qui s'en était emparé. Il continua ainsi à donner à ses alliés plusieurs autres preuves de sa reconnaissance et de sa justice, qui, au reste, ne coûtaient rien à son gouvernement.

L'impartialité est le premier devoir de l'historien; nous nous croyons donc forcé de faire ici un aveu peu honorable pour les souverains protestants de l'Allemagne. Tout en parlant sans cesse de la justice de leur cause et de la pureté de leur zèle, la plupart de leurs actions étaient inspirées par l'intérêt et par les haines personnelles; et la crainte de se voir enlever leurs États et leurs privilèges avait beaucoup moins de part à leurs opérations guerrières que le désir d'anéantir les priviléges et de s'approprier les États de leurs voisins. Gustave-Adolphe s'était aperçu de ces dispositions peu patriotiques, et les avait utilisées. Chacun de ses alliés allemands devait recevoir une ou plusieurs des provinces allemandes déjà conquises ou à conquérir. La mort l'empêcha de réaliser cette promesse.

Ce que le roi avait fait par politique, le chancelier le fit par nécessité; c'est ainsi que le landgrave de Hesse-Cassel obtint, à titre de fief de la couronne de Suède, les abbayes de Paderborn, de Corvey, de Munster et de Fuldes; le duc Bernard de Weimar devait recevoir, aux mêmes conditions, tous les archevêchés et évêchés de la Franconie, et le duc de Wurtemberg, tous les biens ecclésiastiques et les comtés autrichiens enclavés dans ses États. En partageant ainsi les dépouilles des souverains allemands à d'autres souverains de la même nation, Oxenstiern ne put maîtriser l'indignation que lui causait la lâche cupidité de ses alliés.

« Qu'on dépose ces documents dans nos archives, dit-il aux siens ; je veux qu'ils apprennent à la postérité la plus reculée que les princes de l'Empire n'ont pas eu honte de demander de pareilles choses à un gentilhomme suédois, et que ce gentilhomme suédois était assez puissant pour accorder de pareilles choses, sur le territoire allemand, à des souverains allemands. »

Immédiatement après la victoire de Lutzen, les troupes de la Saxe et de Lunebourg s'étaient jointes aux Suédois, et les Impériaux avaient été chassés de toute la Saxe en fort peu de temps par cette armée réunie. D'après les nouvelles dispositions du parti protestant, il lui devint indispensable de porter ses forces sur différents points ; les Saxons se dirigèrent donc vers la Lusace et la Silésie, où le comte de Thurn devait diriger leurs opérations contre l'Autriche. Une partie des troupes suédoises, commandée par le duc Bernard de Weimar, retourna en Franconie, et le duc Georges de Brunswick conduisit l'autre dans la basse Saxe et en Westphalie.

Lorsque Gustave-Adolphe s'était vu forcé de quitter les bords du Danube et du Lech pour marcher au secours de la Saxe, il avait confié la défense de ces postes importants au comte palatin de Birkenfeld et au général suédois Banner ; mais ces deux chefs, harcelés par les Bavarois, et surtout par le général impérial Altringer, s'étaient bientôt vus réduits à demander des renforts ; et le général Horn, quoique occupé en Alsace, s'empressa de venir à leur secours. Ces troupes réunies se montaient à plus de seize mille hommes, et cependant elles ne purent empêcher l'ennemi de prendre pied sur les frontières de la Souabe, de s'emparer de la ville de Kempten, et de recevoir de Bohême un renfort de sept régiments.

Pour conserver, après ces revers, les conquêtes faites

en Bavière, il fallait découvrir l'Alsace, que le général Horn avait soumise, et où il était parvenu à imposer des garnisons suédoises aux villes de Benfeld, Schelestadt, Colmar et Haguenau. Après son départ, le rhingrave Othon-Louis, chargé de la défense de cette contrée, où il ne se soutenait qu'avec peine, reçut l'ordre de marcher sur le Danube. Malgré ce nouveau renfort, le général Banner se vit encore forcé d'appeler à son secours le duc Bernard de Weimar. Ce général, qui depuis l'ouverture de la campagne de 1633 occupait le territoire de Bamberg, se mit aussitôt en route, défit en passant un corps bavarois commandé par le général Jean de Werth, et effectua sa jonction avec Banner près de Donawerth.

Cette armée, devenue imposante par le nombre, et surtout par le talent et la valeur des généraux qui la commandaient, menaçait la Bavière d'une invasion complète. Déjà elle s'était emparée de l'évêché d'Eichstadt; Ingolstadt était sur le point d'éprouver le même sort : et le général Altringer ne pouvait opposer à ces progrès qu'une résistance faible et indécise, car les ordres exprès de Wallenstein lui défendaient toute action décisive. Tant de circonstances favorables autorisaient l'armée suédoise à compter sur un triomphe prochain et éclatant, lorsqu'elle se trouva tout à coup paralysée par une révolte du corps des officiers.

La Suède devait tout ce qu'elle était à la bonne discipline, à la persévérance et à la valeur de son armée; ses fatigues s'augmentaient avec la témérité des entreprises des généraux et des combinaisons du cabinet, qui, sans son bon vouloir, n'eussent été que de vains projets. Tous les grands résultats de cette guerre n'avaient en effet été obtenus que par le sacrifice de la vie des soldats dont Gustave-Adolphe n'était point avare; car il avait pour principe qu'il ne faut jamais désespérer d'une victoire, quand elle ne doit *coûter que des hommes.*

L'expérience ayant appris aux soldats à connaître leur importance, ils se crurent autorisés enfin à demander leur part des conquêtes si chèrement achetées aux dépens de leur sang. Mais les besoins de l'État, et plus encore la cupidité des chefs, absorbaient tout; et l'armée, qui ne recevait pas même régulièrement sa solde, n'avait d'autre récompense que le pillage et l'espoir d'un avancement qu'à cette époque déjà l'intrigue obtenait souvent au mépris des droits acquis.

Le respect mêlé de crainte qu'inspirait Gustave-Adolphe avait réduit au silence leur juste mécontentement; mais, après sa mort, des murmures s'élevèrent de toutes parts et éclatèrent en réclamations impérieuses au moment même où l'État avait plus que jamais besoin du zèle et du dévouement de l'armée. Pfuhl et Mitschefal, deux officiers qui depuis longtemps s'étaient fait remarquer par leur esprit inquiet et séditieux, soulevèrent le camp suédois des rives du Danube.

« Tous les jours, disaient-ils à leurs camarades, on
« rançonne les princes allemands, et nous ne voyons
« jamais rien de ces sommes immenses que nos chefs se
« partagent entre eux. Tandis qu'on nous pousse à travers les neiges et les glaces, et que pas une voix ne
« s'élève pour plaindre nos fatigues et célébrer notre
« courage, on déclame au congrès de Helbornn contre
« les excès de l'armée, sans songer que, puisqu'on n'a
« pas honte de la laisser mourir de faim et de froid, il
« faut bien qu'elle cherche à se nourrir et à se réchauffer. Les savants, dans des écrits que le monde
« entier lira, parlent à tort et à travers du génie et de
« la valeur de nos généraux; pas un d'eux ne dit que ce
« n'est qu'à la force de nos bras et à notre intrépidité
« qu'ils doivent tous leurs succès. »

Ces discours entraînèrent la plupart des officiers,

tous prêtèrent le serment solennel de n'obéir à aucun ordre supérieur avant que la solde arriérée ne fût payée aux troupes, et qu'on n'eût accordé à chacun d'eux une gratification convenable, soit en argent, soit en terres conquises. Les sages représentations du duc Bernard de Weimar ne produisirent aucun effet; et la sévérité des généraux suédois ne servit qu'à augmenter l'irritation des mutins. Ils exigèrent qu'on désignât à chaque régiment une ville allemande chargée d'acquitter les arriérés dans un délai fixé, et déclarèrent que si, au bout d'un mois, le chancelier n'avait pas rendu justice pleine et entière à cette demande, ils trouveraient le moyen de se payer par leurs propres mains, et ne tireraient plus jamais l'épée pour le service de la Suède.

Cette réclamation impérieuse, faite dans un moment où toutes les caisses étaient vides, inquiéta sérieusement Oxenstiern; il comprit qu'en la dédaignant, l'esprit de rébellion pourrait gagner l'armée tout entière, et le réduire à se trouver tout à coup sans soldats au milieu d'un pays ennemi; et cependant il était dans l'impossibilité matérielle de faire droit à cette réclamation. Le duc Bernard de Weimar, qui s'était acquis la confiance et l'affection des troupes par son courage, ses talents et la douceur de son caractère, exerçait seul assez d'influence sur leur esprit pour apaiser cette sédition. Le chancelier le savait, aussi le chargea-t-il de cette tâche; mais, avant de l'accepter, le duc profita de l'importance momentanée qu'elle lui donnait pour obtenir des avantages que, dans toute autre occasion, il n'aurait pas osé demander.

Gustave-Adolphe lui avait promis un duché qui devait se composer des évêchés réunis de Bamberg et de Wurtzbourg; il exigea non-seulement la réalisation immédiate de cette promesse, mais encore le titre et l'autorité de généralissime des armées suédoises en Allemagne. Cet abus d'une position avantageuse qu'il ne devait qu'au hasard indigna tellement Oxenstiern, que dans le premier mouvement de sa colère il lui fit dire que la Suède n'avait plus besoin de ses services. Se repentant presque aussitôt de cette démarche impolitique, il se borna à refuser au duc Bernard, sous un prétexte convenable et pour l'instant seulement, le commandement en chef; mais il lui céda, à titre de fief suédois, les évêchés promis, et que ses troupes occupaient déjà. Il s'engagea en même temps, au nom de son gouvernement, à le maintenir dans la possession de ces États, à la condition que les forteresses de Wurtzbourg et de Kœnigshof seraient occupées par les troupes suédoises.

Satisfait de cet arrangement, le duc Bernard harangua les mutins, fit des promesses brillantes à l'armée, et finit par apaiser entièrement la révolte, en distribuant lui-même parmi les officiers de fortes sommes d'argent, ainsi que des terres dont la valeur se montait à plus de cinq millions de reichsthalers, et sur lesquelles la Suède n'avait d'autres droits que celui de conquête.

Ce fut par de pareils sacrifices qu'on parvint à rétablir la discipline et à ranimer le zèle de l'armée. Mais le moment de l'employer utilement en Bavière était passé; on se sépara donc, et chaque général conduisit ses troupes dans les provinces, où de nouveaux dangers lui promettaient de nouveaux succès. Le général Horn surprit le haut Palatinat, fit la conquête de la nouvelle Marche, et s'avança sur les frontières de la Souabe, où les Impériaux avaient réuni des forces considérables dans l'intention d'envahir le Wurtemberg. A l'approche des Suédois, ils se retirèrent aussitôt jusque sur les bords du lac de Constance, et montrèrent ainsi à l'ennemi une route qui jusque-là lui était restée inconnue.

Gustave Horn comprit la nécessité de posséder une place forte à l'entrée de la Suisse, afin de pouvoir établir des relations avec les différents cantons de cette république. La ville de Kostnitz lui parut propre à remplir ce but, et il se disposa à l'assiéger. N'ayant pas avec lui d'artillerie de siége, il fut obligé d'en faire venir de Wurtemberg, ce qui donna le temps aux Impériaux de secourir Kostnitz, qui avait en outre l'avantage de s'approvisionner facilement du côté du lac. Après quelques tentatives inutiles, le général Horn quitta cette contrée pour se rendre sur les bords du Danube, où l'appelait un péril inattendu.

Cédant aux instantes prières de l'empereur, le cardinal infant, frère de Philippe IV, et gouverneur de Milan, avait levé une armée de quatorze mille hommes, entièrement indépendante de Wallenstein, et qui devait défendre les intérêts de l'Autriche sur les bords du Rhin et protéger l'Alsace. Cette armée, commandée par le duc de Feria, général espagnol, venait d'entrer en Bavière. Voulant l'y utiliser à l'instant contre les Suédois, Ferdinand viola pour la première fois ouvertement l'engagement qu'il avait pris avec Wallenstein, et par lequel il s'était interdit tout acte d'autorité concernant l'armée; car il ordonna au général Altringer de se joindre aux Italiens avec toutes les troupes placées sous son commandement.

Instruit de ces dispositions, le général Horn rappela le comte palatin Birkenfeld des bords du Rhin, où il était en station; les deux armées firent leur jonction à Stockach, et s'avancèrent hardiment au-devant de l'ennemi. Celui-ci, fort de plus de trente mille hommes, avait déjà passé le Danube, et en traversant la Souabe il était si près des Suédois qui l'attendaient pour lui offrir la bataille, que les deux armées se trouvaient à peine séparées par une demi-lieue. Le duc de Feria cependant continua sa marche, passa par les Waldstetten, et entra dans le Brisgau et dans l'Alsace, où il arriva assez tôt pour faire lever le siége de Brissac, et arrêter le cours des victoires du rhingrave Othon-Louis, qui, secondé par le comte palatin de Birkenfeld, avait fait la conquête des Waldstetten, soumis le bas Palatinat et battu le duc de Lorraine.

Forcé de céder à la supériorité numérique de l'ennemi qui vint le surprendre, le rhingrave s'en vengea bientôt; car, avec les renforts que les généraux Horn et Birkenfeld ne tardèrent pas à lui amener, il reconquit l'Alsace et reprit tous ses avantages. Pendant leur retraite, les Italiens furent surpris par les premiers froids de l'hiver, qui causèrent tant de ravages parmi eux, qu'ils périrent presque tous; et leur général, le duc de Feria, fut tellement affligé du mauvais succès de sa campagne, qu'il en mourut de chagrin.

De son côté, le duc Bernard de Weimar, à la tête de dix-huit régiments d'infanterie et de cent quarante cavaliers porte-enseignes, avait pris sur les bords du Danube une position d'où il pouvait protéger la Franconie, et observer tous les mouvements des Autrichiens. Aussi s'était-il empressé de profiter de la faute que le général Altringer avait commise, en quittant son camp pour aller au-devant des Italiens. N'ayant plus rien à redouter de son adversaire, il avait aussitôt passé le Danube, et s'était avancé jusque sous les murs de Ratisbonne.

Le général Tilly et Gustave-Adolphe avaient tous deux senti l'importance de cette ville; car le premier, à son lit de mort, avait recommandé à son souverain de la conserver à tout prix, et le second avait toujours regretté de n'avoir pu s'en emparer. En apprenant que le duc Bernard s'apprêtait à l'assiéger, Maximilien fut saisi d'une vive terreur. Quinze compagnies nouvellement recrutées composaient toute la garnison de cette ville, et suffisaient à peine pour maintenir ses habitants, qui voyaient dans les Bavarois les ennemis de leur religion et de leurs franchises. La présence du duc Bernard sous leurs murs leur causa une joie prête à éclater en révolte ouverte, et qui ne pouvait manquer de faciliter à ce général la reddition de la place.

Dans cette extrémité, l'électeur demanda un renfort de quinze mille hommes, que l'empereur lui accorda sans difficultés. A cet effet, la cour de Vienne expédia successivement sept courriers au duc de Friedland, qui promit d'envoyer sans délai les troupes demandées, et écrivit à l'électeur de Bavière pour l'avertir que le général Gallas venait de se mettre en route avec un corps d'armée de douze mille hommes. Ce général reçut en effet l'ordre officiel de marcher sur le Danube; mais Wallenstein lui expédia en même temps une dépêche secrète, par laquelle il lui défendait de quitter son poste sous peine de mort.

Plein de confiance dans le secours promis, le commandant de Ratisbonne fit en hâte ses préparatifs de défense. A cet effet, il désarma la bourgeoisie protestante, pour la mettre hors d'état d'empêcher les mouvements de la garnison; fit venir tous les paysans catholiques des environs, et les incorpora dans ses troupes. Le renfort cependant n'arrivait point, et l'artillerie suédoise battit si vivement les remparts déjà endommagés en plusieurs endroits, que la garnison se vit forcée de demander une capitulation honorable. Elle l'obtint sans peine pour elle, mais à condition d'abandonner les fonctionnaires bavarois et le clergé catholique à la discrétion des vainqueurs.

La prise de Ratisbonne donna un nouvel essor à l'esprit actif du duc Bernard, et bientôt la Bavière lui parut un cercle trop étroit pour renfermer ses projets audacieux. Résolu de pénétrer jusqu'au sein de l'Autriche, où il espérait soulever contre l'empereur les populations protestantes, il confia à un général suédois le soin d'achever la soumission des rives septentrionales du Danube, et s'avança sur les frontières de l'Autriche. Bravant avec ses intrépides Suédois les rigueurs de la saison, il prit la ville de Straubingen, et passa la rivière de l'Isar presque sous les yeux du général bavarois de Werth. Frappés de terreur, Passau et Lintz s'apprêtaient à ouvrir leurs portes aux premières sommations de l'ennemi, et l'empereur redoubla ses prières et ses ordres pour décider Wallenstein à venir au secours de la Bavière et de l'Autriche.

Heureusement pour Ferdinand, le duc Bernard mit lui-même un terme à ses conquêtes. Au point où il s'était avancé, il avait devant lui la rivière de l'Inn, défendue par une foule de châteaux forts, et derrière lui deux armées ennemies, des populations hostiles, et la rivière de l'Isar, sur laquelle il ne possédait aucun point fortifié. Le sol, gelé à une profondeur considérable, ne lui permettait pas d'élever des retranchements, et l'armée de Wallenstein, qui venait enfin de faire un mouvement vers le Danube, achevait de rendre sa position très-périlleuse. Aussi se décida-t-il à une prompte retraite.

Après avoir passé l'Isar et le Danube, il s'arrêta dans le haut Palatinat, bien décidé à empêcher Wallenstein d'y pénétrer, lors même qu'il faudrait en venir à une bataille rangée. Mais le généralissime autrichien n'avait jamais eu l'intention de défendre la Bavière, et il quitta ce pays pour retourner en Bohême. Son départ permit au duc Bernard de terminer la campagne qui avait été si glorieuse pour lui, et de laisser reposer ses troupes dans les quartiers d'hiver qu'il leur assigna dans les provinces conquises.

Pendant que le général Horn, le comte palatin de Birkenfeld, le général Baudissen, le rhingrave Othon-Louis, et le duc Bernard de Weimar, continuaient la guerre avec tant de bonheur sur les bords du Rhin et du Danube, la gloire des armes suédoises avait été soutenue avec non moins de succès dans la basse Saxe et en Westphalie, par le duc George de Lunebourg et le landgrave de Hesse-Cassel. Le duc George s'était emparé de la forteresse de Hameln, et le général impérial de Gronsfel, qui commandait sur les rives du Weser, avait été mis dans une déroute complète, près d'Oldendorf, par les troupes réunies de la Suède et de la Hesse.

Le comte de Wasabourg, fils naturel de Gustave-Adolphe, s'était montré digne de son origine à cette bataille, qui avait coûté aux Impériaux plus de trois mille morts, presque autant de prisonniers, seize canons, tous les fourgons et les bagages, et soixante-quatorze drapeaux ou étendards. Bientôt après, le colonel suédois Kniephausen s'était emparé d'Osnabruck, et le landgrave de Hesse-Cassel avait forcé Paderborn à capituler. Au milieu de tous ces triomphes, les Suédois n'avaient perdu que Puckeburg, place assez importante. Enfin, durant la première année qui suivit la mort de Gustave-Adolphe, la gloire de la Suède resta intacte.

En récapitulant les faits les plus remarquables de la campagne de 1633, on a lieu de s'étonner du rôle insignifiant qu'y joue volontairement, l'homme dont l'Europe suivait chaque mouvement avec une attente inquiète. Wallenstein était à juste titre le plus grand capitaine de son époque, et c'est précisément lui qu'on perd entièrement de vue. La mort de Gustave-Adolphe l'avait pour ainsi dire rendu l'unique maître du vaste domaine de la gloire, et l'on s'était attendu à le voir effacer sa défaite de Lutzen par des victoires éclatantes. Mais, au lieu de justifier ces espérances, il resta inactif et spectateur tranquille de la défaite des troupes impériales en Bavière, dans la basse Saxe et sur le Rhin. Par cette conduite, il était devenu une énigme impénétrable pour ses amis comme pour ses ennemis, et Ferdinand voyait toujours en lui un objet de terreur, et en même temps le plus puissant et le dernier appui de son trône chancelant.

Immédiatement après la bataille de Lutzen, il s'était retiré en Bohême, où il avait ordonné une enquête pour examiner la conduite des officiers pendant cette bataille. Le conseil de guerre avait puni de mort tous ceux qui avaient été reconnus coupables de lâcheté; le duc de Friedland s'était réservé pour lui-même la tâche de récompenser royalement les officiers et même les soldats qui avaient donné des preuves de talent, de courage et de dévouement, et il avait fait élever des monuments superbes à la mémoire des morts tombés avec honneur. Au lieu de choisir des quartiers d'hiver pour son armée en pays conquis, il s'était établi dans les provinces autrichiennes, qu'il semblait avoir pris à tâche d'épuiser, non-seulement en leur imposant ce fardeau, mais en les surchargeant de contributions extraordinaires. Enfin, loin d'ouvrir le premier la campagne de 1633 et de se montrer dans tout l'éclat de sa grandeur, il avait été un des derniers à se mettre en mouvement, et avait choisi pour théâtre de la guerre le territoire autrichien.

Parmi toutes les provinces héréditaires de l'empereur, la Silésie était la plus malheureuse. Assaillie par trois armées; celle de la Suède commandée par le comte de Thurn, celle de la Saxe commandée par le maréchal d'Arnheim et le duc de Lauenbourg, et celle du Brandebourg sous les ordres du général Borgsdorf, la Silésie s'était vue enlever par les chefs de ces armées presque toutes ses places fortes, et la capitale elle-même avait embrassé la cause des alliés. Ce beau pays eût été à jamais perdu pour l'Autriche, si les haines nationales et les jalousies des généraux leur avaient permis d'agir de concert.

Mais d'Arnheim et le comte de Thurn perdaient leur

...mps à se disputer le commandement en chef, tandis que les Saxons et les Brandebourgeois ne voyaient dans les troupes suédoises que des étrangers importuns, qu'ils tenaient à tâche de contrecarrer et d'humilier; les Saxons surtout témoignaient ouvertement leur préférence pour les Impériaux. Les officiers de ces deux camps ennemis se rendaient des visites et se donnaient des fêtes; les partisans de l'empereur se trouvaient toujours avertis de la reprise des hostilités, assez tôt pour en éviter le danger, et plus d'un officier avouait, sans scrupule, que des avis de cette nature lui avaient été fort généreusement payés par la cour de Vienne.

D'Arnheim ne pouvait réprimer ces trahisons, car il avait abandonné son armée pour aller auprès de son souverain défendre d'autres intérêts, et il ne reparut en Silésie qu'au moment où Wallenstein passa la frontière de ce pays à la tête de quarante mille hommes. Les forces réunies des alliés ne se montaient qu'à vingt-quatre mille combattants, au plus; cette infériorité ne les empêcha pas de chercher à consolider leurs conquêtes par une bataille, et ils s'étaient avancés à cet effet jusqu'à Munsterberg, où les Impériaux avaient établi leur camp. Wallenstein resta pendant huit jours immobile derrière ses retranchements, puis il sortit tout à coup, et défila avec une fierté insultante devant les alliés, qui le suivirent pendant longtemps, mais en vain; car il était décidé à refuser le combat qu'ils s'obstinaient à lui offrir. Leur vanité attribua cette conduite à la peur; mais cette accusation tomba d'elle-même.

Il était facile de voir que, dans cette circonstance, le duc de Friedland se jouait de l'humeur belliqueuse des alliés, et qu'il voulait leur faire grâce d'une défaite totale, parce qu'elle eût été inutile au grand projet qui l'occupait exclusivement. Pour leur prouver cependant que s'il restait dans l'inaction, ce n'était pas parce qu'il les redoutait, il fit fusiller le commandant d'une forteresse dont il s'était emparé, uniquement parce que cet officier ne lui avait pas rendu la place à sa première sommation.

Depuis huit jours déjà, l'armée impériale et celle des alliés stationnaient à une portée de fusil de distance l'une de l'autre, lorsque le comte de Terzky sortit du camp de Wallenstein, précédé d'un trompette, et demanda à parler au général d'Arnheim, à qui il proposa une trêve de six semaines au nom du duc de Friedland, qui, étant le plus fort, n'en avait nullement besoin. Terzky n'hésita pas à donner l'explication de cette conduite extraordinaire :

« Le but de ma mission, dit-il, ne se borne pas à une
« suspension d'armes. Je suis venu pour conclure une
« paix éternelle avec les Suédois et avec tous les princes
« de l'Empire, pour payer l'arriéré de vos troupes et
« pour rendre justice à tout le monde; car le duc de
« Friedland est le maître de réaliser les promesses que
« je vous fais en son nom. Si l'on refusait à Vienne de
« ratifier le traité qu'il veut conclure avec vous, il
« embrasserait ouvertement votre cause, et enverrait
« l'empereur à tous les diables. »

En prononçant cette dernière phrase, il baissa cependant la voix de manière à n'être entendu que par d'Arnheim. Dans un second entretien qu'il eut avec le comte de Thurn, il s'expliqua plus ouvertement encore :

« La Bohême n'a qu'à le vouloir, lui dit-il, et la Bo-
« hême recouvrera tous ses anciens priviléges; et ses
« nobles défenseurs, proscrits aujourd'hui, rentreront
« dans leur patrie et dans la possession de leurs do-
« maines; le duc sera le premier à leur rendre la part
« que l'empereur lui avait faite dans le partage de ces
« domaines si injustement confisqués; les jésuites, qui
« par leurs criminelles intrigues ont allumé cette lon-

« gue guerre qu'ils voudraient rendre éternelle, seront
« chassés du royaume ; les Suédois recevront à des
« époques déterminées des indemnités qui les dédom-
« mageront amplement de tous leurs sacrifices ; et pour
« occuper les soldats de tous les partis que la paix ren-
« dra inutiles, on les conduira contre les Turcs ; en un
« mot, si Wallenstein devient roi de Bohême, les con-
« damnés politiques éprouveront les effets de sa géné-
« rosité illimitée. Le pays jouira de toutes les libertés
« civiles et religieuses possibles ; la maison du Palatinat
« rentrera dans tous ses droits, et le Mecklembourg
« sera pacifié, car le duc renoncera à ce duché, si on
« lui donne la Moravie en échange. Que les alliés signent
« ce traité, lui-même se charge de le faire ratifier par
« Ferdinand II ; car, s'il le fallait, il l'y contraindrait
« les armes à la main. »

Ces dernières propositions déchirèrent enfin le voile mystérieux dont Wallenstein avait depuis tant d'années enveloppé ses projets, et la situation des affaires était telle, qu'il ne pouvait plus tarder à les réaliser.

Une confiance aveugle dans le génie du duc de Friedland avait pu seule donner à l'empereur la fermeté nécessaire pour confier le commandement de ses armées à un général que l'Espagne et la Bavière repoussaient, et dont il avait été obligé d'acheter les services aux dépens de sa propre autorité. La longue inaction de ce général et surtout sa défaite à Lutzen, avaient ébranlé cette confiance, et ses ennemis osèrent l'accuser de nouveau. Ils rappelèrent adroitement à Ferdinand, si jaloux d'un pouvoir dont il ne savait pas faire un digne usage, que, dans les plus graves circonstances même, Wallenstein s'était fait un jeu de braver ses ordres ; et, avec toutes les apparences d'un patriotisme désintéressé, ils appuyèrent les plaintes des sujets autrichiens, que le généralissime réduisait, sans aucune nécessité, à supporter une part énorme dans les frais de la guerre.

Ces insinuations produisirent d'autant plus d'effet sur l'esprit de l'empereur, que chaque démarche du duc de Friedland semblait les justifier. Mais le pouvoir sans bornes dont il avait eu l'imprudence de le revêtir le rendait si puissant, qu'on ne pouvait rien contre lui avant d'avoir diminué ce pouvoir, entreprise que le traité fait entre l'empereur et son généralissime rendait presque impossible.

En donnant à la lettre de ce traité un sens forcé, l'autorité du duc de Friedland ne s'étendait que sur les armées allemandes, et devenait nulle à l'égard des armées étrangères qui voudraient défendre la cause de l'Autriche. Ce fut à l'aide d'une pareille subtilité que l'empereur lui enleva le commandement des troupes italiennes amenées en Allemagne par le général espagnol duc de Feria.

Averti par cette démarche imprudente qu'il avait cessé d'être indispensable, et que Ferdinand cherchait à s'assurer un autre appui dont, en cas de besoin, il pourrait se servir contre lui, Wallenstein se plaignit en vain de cette infraction à son traité, et finit par travailler lui-même à la destruction de l'armée italienne, en refusant de secourir la Bavière. A la même époque, il éloigna de son armée tous les officiers suspects, et récompensa généreusement ceux dont la fidélité était à l'abri de tout soupçon. Telle est l'inconséquence de la nature humaine, qu'il fondait l'édifice de sa grandeur sur la reconnaissance des hommes qui lui devaient leur fortune, et cela au moment même où il était sur le point de donner à l'auteur de sa fortune à lui une preuve de la plus noire ingratitude.

Les chefs de l'armée alliée qui occupait la Silésie n'avaient pas de pouvoirs assez étendus pour accepter ou refuser des offres aussi importantes que celles que le duc de Friedland venait de leur faire faire, et une trêve de quinze jours fut tout ce que le comte de Terzky put obtenir. Pour utiliser ce délai, le comte Kinsky fut envoyé à Dresde, afin de s'entendre avec le chargé d'affaires de France sur les secours que ce cabinet avait fait espérer au généralissime impérial.

Feuquières, qui avait en effet reçu de son gouvernement l'ordre de promettre à Wallenstein une avance d'argent aussi forte que ses besoins pourraient l'exiger, n'osa exécuter cet ordre; car il venait d'apprendre l'imprudence qu'on avait commise en révélant à l'armée alliée un projet qui demandait le plus grand mystère. Le dévouement bien connu du ministère saxon à la cause de l'empereur ne permettait pas d'espérer qu'il pût jamais approuver un pareil projet, et la part que ce même projet faisait aux Suédois n'était pas assez brillante pour les décider à concourir à son succès. Feuquières confia ses inquiétudes sur l'inconcevable conduite de Wallenstein au chancelier Oxenstiern. Cet homme d'État, qui n'avait jamais eu aucune confiance dans la loyauté du généralissime impérial, trouva les propositions qu'il venait de faire à la Suède fort au-dessous de ce qu'elle avait le droit de prétendre. Il n'ignorait pas que naguère il avait entamé des négociations semblables avec Gustave-Adolphe; mais la promesse de pousser l'armée impériale tout entière à trahir son souverain ne lui parut pas moins impossible à réaliser, et il douta qu'elle eût été faite de bonne foi. En comparant le caractère circonspect et mystérieux de Wallenstein avec la démarche qui avait été faite en son nom en Silésie, il finit par croire qu'il avait voulu tendre un piége à l'armée alliée.

D'Arnheim lui-même ne tarda pas à partager cette opinion : c'est qu'il était plus naturel de douter de la probité que de la haute raison de cet homme extraordinaire, qui semblait tout à coup avoir pris à tâche d'entasser contradictions sur contradictions. Tout en recherchant l'alliance des Suédois, il disait aux Saxons qu'il fallait au plus vite chasser ces audacieux étrangers de tous les points de l'Empire; et presque au même moment il profita de la sécurité que la trêve inspirait aux officiers saxons pour s'emparer de leurs personnes et les retenir prisonniers dans son propre palais, où ils étaient venus lui rendre visite. Lui-même aussi rompit le premier cette trêve qu'il avait demandée, et qu'il ne tarda pas à solliciter de nouveau. C'est ainsi qu'il repoussa par degrés la confiance de ses plus zélés partisans, qui finirent par ne plus voir dans sa conduite qu'un tissu de perfidies pour augmenter son armée aux dépens de celle des alliés; et ce résultat, il l'obtint en effet. Chaque jour un grand nombre de soldats quittaient le drapeau de la réformation pour s'enrôler sous le sien; mais cet avantage important ne le rendit pas plus empressé à réaliser les espérances de la cour de Vienne. Au moment où elle avait lieu de s'attendre à une affaire décisive, elle apprenait qu'il venait de renouveler les négociations de paix; et quand une trêve protégeait l'ennemi, il reprenait brusquement les hostilités.

Ces contradictions apparentes avaient cependant un but profond, mais difficile à atteindre; il voulait perdre en même temps l'empereur et les Suédois, et conclure avec la Saxe une alliance dans son intérêt personnel. Fatigué de la marche trop lente des événements et des plaintes réitérées du cabinet impérial, il prit enfin la résolution de réaliser ses projets par la force ouverte. Avant la dernière trêve déjà, il avait envoyé le général Holk en Misnie avec l'ordre positif d'y mettre tout à feu et à sang. Ces horreurs furent un instant suspendues par la mort de ce général, qui périt par suite de ses débauches; mais, immédiatement après l'expiration de la trêve, Wallenstein fit un nouveau mouvement vers la Saxe, et répandit le bruit que Piccolomini le précédait pour envahir et saccager ce pays. Trompé par ce bruit, d'Arnheim quitta aussitôt la Silésie pour aller au secours de la Saxe, sans songer qu'il abandonnait à la merci de l'ennemi le petit corps d'armée suédois stationné sur l'Oder, près de Steinau, sous les ordres du comte de Thurn.

Wallenstein, qui s'était attendu à cette faute, se hâta d'en profiter. Laissant les Saxons s'éloigner de trente lieues environ, il envoya tout à coup le général Schafgotsch en avant, avec l'ordre de surprendre la cavalerie suédoise. Peu préparée à une attaque, elle fut mise en déroute, et l'infanterie cernée par le gros de l'armée impériale. Après cette manœuvre, Wallenstein fit dire au comte de Thurn qu'il lui accordait une demi-heure pour décider si avec deux mille cinq cents hommes il voulait essayer de résister à une armée de vingt mille, ou s'il préférait se rendre à discrétion. Dans une pareille circonstance, le choix n'était pas douteux, et les Suédois déposèrent les armes. Les soldats furent incorporés dans l'armée impériale, et les officiers faits prisonniers de guerre. L'artillerie, les armes, les bagages, les drapeaux et étendards restèrent au pouvoir de l'ennemi. Cette victoire, qui n'avait pas coûté une goutte de sang, causa d'autant plus de joie au parti impérial et surtout aux jésuites, qu'elle avait enfin fait tomber au pouvoir du vainqueur le célèbre comte de Thurn, le chef de la première révolte de la Bohême, et la cause principale, quoique involontaire, de cette guerre désastreuse.

La cour de Vienne attendait avec une vive impatience ce grand criminel, à qui on préparait déjà un supplice entouré de la pompe effrayante que le fanatisme religieux et les haines politiques aiment à donner à leurs vengeances. Mais le duc de Friedland haïssait trop les jésuites pour leur procurer lui-même ce triomphe; et d'ailleurs le comte de Thurn savait sur ses secrets projets beaucoup plus qu'on n'en devait apprendre à Vienne. Ces considérations le décidèrent à lui rendre la liberté. Le parti catholique aurait pardonné au duc de Friedland une bataille perdue; mais sa vengeance frustrée l'irrita au point qu'il l'accusa hautement de trahison. N'opposant à ces reproches qu'une moquerie dédaigneuse, il répondit au cabinet de Vienne :

« Que voulez-vous donc que je fisse de ce frénéti-
« que ? nous serions trop heureux si l'ennemi n'avait que
« de pareils généraux, et je vous réponds qu'il rendra
« de plus grands services à la tête d'une armée suédoise
« qu'au fond d'un cachot. »

La prise de Liegnitz, de Gross-Glogau et de Francfort-sur-l'Oder suivit de près la victoire de Steinau. Le général Schafgotsch bloqua Breslau, mais sans succès, car cette ville libre et jalouse de ses priviléges était sincèrement attachée aux Suédois. Les colonels Illo et Gœtz relevèrent l'honneur des armes impériales sur la Baltique, et s'emparèrent de la ville de Landsberg, qu'on regardait comme la clef de la Poméranie.

De son côté, Wallenstein entra avec son armée dans la Lusace, où il prit Gœrlitz d'assaut et força Bautzen à se rendre. Son intention cependant n'était pas de poursuivre ses conquêtes, mais de contraindre l'électeur de Saxe à accepter l'alliance qu'il lui offrait sans cesse, et que ce prince refusait plus fortement que jamais, depuis les imprudentes révélations faites en Silésie à l'armée alliée par le comte de Terzky. En dirigeant toutes ses forces contre la Saxe, il aurait sans doute fini par arracher à Jean-Georges un consentement que toutes les intrigues de cabinet n'auraient pu obtenir, s'il ne s'était pas vu contraint d'aller au secours des États autrichiens, sérieusement menacés par le duc Bernard de Weimar.

La retraite de ce général lui permit de revenir promptement en Bohême, sous prétexte que les Suédois méditaient une attaque contre ce pays du côté de la Lusace. En vain l'empereur le rappela sur les rives du Danube pour empêcher le duc de Weimar de s'y établir; il resta immobile, en assurant que, de tous les États héréditaires, la Bohême était celui qu'il lui importait le plus de garantir d'une invasion étrangère. Il veilla en effet sur ce royaume comme s'il en eût déjà été le souverain, et y établit ses quartiers d'hiver. Ce fut ainsi qu'il termina le premier, de la manière la plus inattendue et la moins favorable pour l'empereur, la campagne de 1633.

Depuis longtemps des bruits fâcheux circulaient par toute l'Allemagne sur le compte du duc de Friedland, qui, par sa conduite inexplicable, finit par leur donner de la consistance. Pour s'assurer jusqu'à quel point ces bruits pouvaient être fondés, Ferdinand envoya des agents secrets au camp du généralissime; mais leur adresse échoua contre la prudence de Wallenstein, et ils ne rapportèrent à la cour de Vienne que des renseignements vagues et confus. Cependant les ministres, qu'il avait eu l'imprudence de blesser en surchargeant leurs domaines de contributions de guerre, se déclarèrent ouvertement contre lui; l'électeur de Bavière menaça de s'allier avec la Suède, et l'Espagne déclara qu'elle ne fournirait plus ni hommes ni argent si Wallenstein restait à la tête des troupes impériales.

Vaincu par tant de considérations puissantes, l'empereur promit de révoquer une seconde fois son généralissime, et préluda à cet acte hardi en prenant la direction des mouvements de l'armée. Un des généraux du duc de Friedland, à qui il avait défendu sous peine de mort d'obéir à la cour de Vienne, reçut de l'empereur lui-même l'ordre de se joindre à l'électeur de Bavière, et une autre dépêche impériale somma Wallenstein d'envoyer des renforts à ce prince. Suffisamment averti, par toutes ces mesures, que l'on avait décidé sa ruine, il se crut obligé, par le plus sacré des droits, celui de la défense personnelle, de réaliser des projets que l'ambition seule lui avait suggérés d'abord, et qui sans cette circonstance ne seraient peut-être jamais sortis du domaine des rêveries. Il en avait toujours retardé l'exécution, et lorsque ses amis lui demandaient la cause de ses lenteurs, il répondait que la constellation favorable à une telle entreprise n'était pas encore montée à l'horizon, ou *que le temps n'était pas venu.*

Ce temps en effet n'était pas venu, mais sa position ne lui permettait plus de l'attendre. Avant tout cependant il fallait s'assurer du concours des chefs de l'armée et de la soumission des soldats, deux points encore douteux, malgré l'assurance qu'il affectait à cet égard. Les colonels Kinsky, Terzky et Illo, seuls, étaient depuis longtemps les dépositaires de ses projets, et il pouvait compter sur leur dévouement sans bornes. Les deux premiers lui étaient attachés par les liens de la parenté; pour gagner le colonel Illo, il n'avait pas eu honte de recourir à une basse intrigue; car, après l'avoir engagé à demander le titre de comte, il écrivit secrètement au cabinet impérial pour lui dire de refuser cette faveur, parce qu'il y avait à l'armée beaucoup d'officiers d'un mérite égal à celui de ce colonel, qui se croiraient autorisés à réclamer la même récompense. En apprenant à Illo le rejet de sa demande, il éclata en plaintes amères contre l'empereur :

« Voilà donc comment Ferdinand reconnaît nos
« loyaux services ! s'écria-t-il : jamais je n'aurais pensé

« qu'il oserait refuser à ma recommandation et à votre
« mérite une aussi modique récompense. Serve désor-
« mais qui voudra ce maître ingrat, moi je suis dès ce
« moment l'ennemi irréconciliable de la maison d'Au-
« triche ! »

Enhardi par ce discours, Illo exhala à son tour son mécontentement, et devint aussitôt le complice et l'instrument des secrets desseins de son général.

Pour travailler ouvertement à leur exécution, il fallait dans l'armée un appui plus nombreux et surtout plus influent. Dans cette conviction, Wallenstein s'adressa d'abord au comte Piccolomini, qu'il préférait à tous ses autres généraux, parce qu'il était né sous la même constellation que lui.

« L'ingratitude de Ferdinand, lui dit-il, et le nouvel
« affront qu'il me prépare, m'ont irrévocablement dé-
« cidé à abandonner la maison d'Autriche; d'accord
« avec ses ennemis, je l'attaquerai sur tous les points,
« jusqu'à ce qu'elle soit tombée pour ne plus jamais se
« relever. J'ai compté sur votre concours, et je vous
« destine des dignités et des richesses qui surpasseront
« tout ce que vous pouvez espérer de ma reconnaissance
« et de ma générosité. »

Saisi d'effroi à cette confidence inattendue, Piccolomini balbutia quelques observations sur les difficultés et les dangers d'une pareille tentative; Wallenstein se moqua de sa timidité.

« Allons donc ! lui dit-il, dans les entreprises témé-
« raires, les commencements seuls sont difficiles. Ras-
« surez-vous, les astres nous sont favorables ; et puis
« ne faut-il pas donner quelque chose au hasard? Ma
« résolution est prise, et, s'il le fallait, je tenterais la
« fortune seul avec un millier de mes cavaliers. »

Craignant d'éveiller les soupçons du duc par une plus longue résistance, Piccolomini promit de le secon der de tout son pouvoir, et il sut lui inspirer une confiance si aveugle, que, malgré les avertissements réitérés du comte Terzky, il ne voulut jamais douter de la fidélité de ce général, qui, à peine devenu son confident, s'était hâté d'instruire la cour de Vienne de tout ce qu'il venait d'apprendre.

L'empereur avait ordonné à Wallenstein de quitter ses quartiers d'hiver dans les États héréditaires de l'Autriche, de reprendre Ratisbonne, malgré les rigueurs de la saison, et d'envoyer six mille cavaliers au secours de la Bavière. Ces prétentions étaient assez exagérées pour être soumises à l'examen des chefs de l'armée; aussi le duc de Friedland saisit-il ce prétexte pour les réunir tous à Pilsen, dans une assemblée générale qu'il fixa au mois de janvier 1634. Il invita en même temps la Saxe et la Suède à lui envoyer des agents secrets dans cette ville pour arrêter les clauses d'un traité d'alliance. Vingt généraux se rendirent à Pilsen; mais les plus influents de tous, Gallas, Kolloredo et Altringer, ne parurent point. Wallenstein leur réitéra son invitation d'un ton plus impérieux, et chercha, en attendant leur arrivée, à disposer les esprits à la révélation la plus téméraire et la plus dangereuse que jamais le chef d'une armée ait pu faire à ses subordonnés. Il s'agissait de proposer une basse trahison à une noblesse aussi fière de ses privilèges que dévouée à son souverain légitime. Le chef dans lequel elle avait respecté jusque-là le représentant de la majesté impériale, le gardien des lois, le juge des actions et des hauts faits de cette noblesse, allait tout à coup se dépouiller de ce caractère inviolable, pour n'être plus qu'un rebelle, abusant de son autorité jusqu'à chercher à entraîner dans son crime les hommes qu'il était chargé de conduire sur le chemin de l'honneur.

La puissance que le duc de Friedland voulait renverser avait été cimentée par les siècles et s'appuyait sur la religion et sur les lois. Attaquer ces gardiens magiques que l'imagination et l'habitude placent au pied des trônes, et vouloir arracher du cœur des sujets le respect aveugle que ces gardiens y ont gravé, sera toujours une des entreprises les plus dangereuses que puisse tenter l'ambition humaine ; mais l'éclat d'une couronne avait tellement fasciné Wallenstein, qu'il ne vit point l'abîme qu'il creusait sous ses pas ; et comme il arrive à tous les caractères ardents et audacieux, la confiance en sa force l'empêcha de voir les obstacles qu'elle pourrait rencontrer.

Prenant les injures grossières qu'une soldatesque brutale se permettait contre l'empereur, et qu'excusait la licence des camps, pour les véritables sentiments de l'armée, il en conclut qu'elle trahirait sans scrupule le souverain dont elle blâmait hautement la conduite et injuriait le caractère. Accoutumé à être aveuglément obéi et bassement flatté, il ne pouvait supposer la possibilité de rencontrer un obstacle dans le dévouement des troupes pour un autre que pour lui. Jamais personne n'avait osé lui dire qu'on ne lui obéissait ainsi que parce que son pouvoir émanait du trône ; que la puissance par elle-même peut inspirer l'admiration et la crainte, mais que la puissance légale seule a le droit d'imposer le respect et la soumission.

Le général Illo s'était chargé de sonder les intentions de ses collègues, et de les décider à la démarche dangereuse que Wallenstein attendait de leur dévouement. Avant d'aborder ce point délicat, il leur fit connaître les exigences de la cour de Vienne, qui, au point de vue exagéré sous lequel il les présenta, enflammèrent la colère de tous les officiers supérieurs. Après les avoir ainsi irrités, il s'étendit longuement et avec une éloquence chaleureuse sur le mérite des troupes et de leurs chefs, et sur l'ingratitude de l'empereur.

31.

« Mais comment pourrait-il en être autrement? con-
« tinua-t-il; c'est l'Espagne qui gouverne à Vienne; le
« ministère lui est vendu, et Ferdinand lui-même trem-
« ble devant cette puissance. Wallenstein seul a osé ré-
« sister à cette tyrannie honteuse; aussi s'est-il attiré sa
« haine qui ne cessera de le poursuivre que lorsqu'elle
« lui aura une seconde fois enlevé le commandement
« de l'armée dont la gloire et la valeur excitent l'envie
« et la terreur de ce cabinet. C'est pour affaiblir l'ar-
« mée qu'on veut envoyer six mille hommes en Bavière;
« c'est pour l'anéantir qu'on exige qu'elle aille re-
« prendre Ratisbonne au milieu des neiges et des gla-
« ces de l'hiver; c'est pour la déshonorer qu'on veut
« mettre à sa tête le roi de Hongrie, ce jouet de l'é-
« tranger, qui la fera errer au hasard à travers l'Alle-
« magne, jusqu'à ce que les Espagnols y aient établi
« leur toute-puissance. En attendant, on la laisse man-
« quer de tout, et les ministres et les jésuites se par-
« tagent les sommes destinées à son entretien. Le gé-
« néralissime ne peut plus rien pour nous; il sera forcé
« de nous abandonner comme l'empereur l'a aban-
« donné lui-même. Pour prix de vingt-deux années de
« glorieux services, de fatigues et de périls, et en
« échange des sommes immenses qu'il a sacrifiées à
« l'État, on lui prépare une destitution honteuse. Mais
« il n'attendra pas ce nouvel affront; ce pouvoir qu'on
« veut lui enlever, il le dépose de son plein gré; voilà
« ce qu'il m'a chargé de vous dire. Que chacun de nous
« se demande maintenant ce qu'il deviendra après la
« perte d'un pareil général? Qui nous rendra l'argent
« avancé dans l'intérêt du service? qui nous récom-
« pensera des fatigues que nous avons supportées, des
« périls que nous avons bravés, quand il ne sera plus
« là celui qui fut le témoin et l'unique appréciateur de
« notre conduite? »

Un cri unanime, qu'il ne fallait pas laisser partir Wallenstein, interrompit l'orateur, et quatre généraux reçurent la mission de se rendre près de lui pour le supplier humblement de ne pas abandonner l'armée. Le duc résista à leurs instances, et ne se rendit que lorsqu'on lui eut envoyé une seconde députation. Charmés de sa condescendance à leurs désirs, ils s'estimèrent heureux de pouvoir à l'instant même lui donner un éclatant témoignage de dévouement. En leur promettant de ne jamais quitter le service sans leur consentement, il avait exigé en échange une déclaration écrite, par laquelle ils s'engageaient à lui être toujours fidèles, et à ne quitter son drapeau que dans le cas où il les congédierait lui-même, quels que fussent les ordres que tout autre que lui pourrait leur donner à ce sujet.

D'après cette même déclaration, celui qui la violait se déclarait coupable de perfidie et de trahison, et devenait justiciable des membres restés fidèles. La phrase : *Tant que le généralissime fera servir l'armée pour le bien et l'honneur de l'empereur*, qui terminait cette déclaration, éloignait toute espèce de soupçon, et pas un des généraux ne crut trahir son maître légitime en signant un acte qui lui conservait le meilleur de ses généraux.

La lecture de cet acte se fit à la suite d'un grand repas que le général Illo avait fait préparer à cette occasion, et pendant lequel il ne négligea rien pour troubler la raison de ses convives par des boissons spiritueuses. La plupart griffonnèrent leur signature sans savoir ce qu'ils faisaient ; quelques-uns seulement, plus curieux ou plus défiants, le parcoururent des yeux, et s'aperçurent que la phrase qui seule empêchait ce pacte d'être une rébellion ouverte contre l'empereur, avait été supprimée. Illo avait en effet substitué, avec l'adresse d'un escamoteur, à la pièce qui contenait cette phrase, une copie où elle avait été volontairement omise. Piccolomini, qui assistait à cette réunion afin de pouvoir mieux en rendre compte à la cour, troublé par les fumées du vin, oublia la prudence nécessaire à son rôle, et porta un toast à l'empereur. Au même instant le comte Terzky se leva indigné, et déclara infâme quiconque oserait reculer. Ces menaces, et surtout l'éloquence d'Illo, triomphèrent des scrupules et des hésitations, et tous les convives signèrent l'acte qui les liait à Wallenstein.

Le duc de Friedland avait atteint son but; mais l'opposition inattendue de quelques généraux lui fit comprendre enfin qu'il s'était fait illusion sur l'obéissance passive de l'armée. Une autre circonstance augmentait encore ses inquiétudes : la plupart des signatures étaient tellement illisibles, qu'on pouvait les renier sans danger; mais ce revers, au lieu de lui présager tous ceux que l'avenir lui réservait, ne servit qu'à irriter son orgueil. Faisant appeler tous les généraux, il leur répéta lui-même ce qu'Illo leur avait dit la veille, les accabla de reproches, et déclara qu'après la preuve d'ingratitude, de défiance et d'insubordination qu'ils venaient de lui donner, il regardait comme nul l'engagement qu'il avait pris avec eux de conserver le commandement de l'armée, et que tout ce qui s'était passé à cet effet devait être regardé comme non avenu. Les généraux se retirèrent muets d'effroi; mais, après une courte délibération, ils retournèrent dans l'appartement du duc, s'excusèrent humblement de l'événement de la veille, l'attribuèrent aux fréquentes libations qui avaient jeté le désordre dans leur esprit, et signèrent avec connaissance de cause et d'une manière très-lisible une nouvelle copie de l'acte que, dans sa colère, Wallenstein venait de déchirer.

Pendant ce temps, les généraux absents avaient reçu

l'ordre d'arriver sans délai, et toutes les mesures étaient prises pour s'emparer de leurs personnes s'ils refusaient de sanctionner par leur signature la conduite de leurs collègues. Accoutumés à obéir sans observation, ils s'étaient mis en route; mais, à quelque distance de Pilsen, ils apprirent une partie de ce qui venait de se passer dans cette ville. A cette nouvelle, qui les remplit d'inquiétude et de crainte, Altringer prétexta une maladie subite, et s'enferma dans la citadelle de Frauenbourg; Gallas, plus entreprenant et plus déterminé, rejoignit Wallenstein pour s'assurer de la vérité des accusations qui pesaient sur lui, afin d'en informer le gouvernement. Les dépêches qu'il ne tarda pas à expédier à la cour, d'accord avec Piccolomini, éclairèrent l'empereur sur l'imminence du danger dont il était menacé, et le décidèrent à y porter un prompt remède.

Pour observer autant que possible les formes de la justice, Ferdinand II ordonna aux dénonciateurs de s'emparer de Wallenstein ainsi que de ses deux complices principaux, Illo et Terzky, et de les envoyer à Vienne pour y être entendus avant de prononcer leur condamnation. Il ajouta cependant que, dans l'intérêt de la sûreté de l'État, il fallait les saisir morts ou vifs, dans le cas où une arrestation légale deviendrait impossible. Gallas reçut en même temps une patente ouverte dont le but était d'instruire l'armée et ses chefs des mesures que l'on venait de prendre, et de les dégager de tout devoir envers l'ancien généralissime. Cette même patente l'investissait de l'autorité illimitée qui avait été confiée à Wallenstein, et assurait une amnistie complète et l'oubli total de leur faute à tous les militaires, quel que fût leur grade, qui la rachèteraient par un prompt retour au devoir et à l'honneur.

La haute dignité, et surtout la tâche périlleuse que l'on venait de lui confier, mirent le général Gallas dans un cruel embarras. Placé sous les yeux d'un homme qu'il était chargé de perdre, et sur lequel veillaient des amis dévoués que les dangers de leur position rendaient soupçonneux, la plus légère indiscrétion pouvait le faire deviner et lui attirer une vengeance horrible. Au reste, comment et par quel moyen pouvait-il s'acquitter d'une mission si périlleuse déjà, quand elle se cachait encore sous le voile du mystère? Les chefs de l'armée s'étaient trop avancés sur le chemin de la rébellion, pour accepter, en échange du sort brillant que leur assurait le triomphe de Wallenstein, une *promesse* d'amnistie faite par un souverain connu pour violer sa parole sans scrupule, dès qu'il pouvait prétexter des exigences politiques ou l'intérêt de la religion.

Et dans le cas même où les officiers généraux accepteraient ce pardon, lequel d'entre eux oserait mettre la main sur l'homme que jusque-là ils avaient regardé comme inviolable, qu'entouraient le prestige de la puissance et l'éclat du trône; sur l'homme enfin dont l'aspect inspirait la terreur, et qui depuis si longtemps disposait à son gré de la destinée de tous! Saisir un pareil homme au milieu de ses gardes et d'une ville qui lui paraissait entièrement dévouée; traiter tout à coup comme un criminel ordinaire l'objet d'une si longue et si juste vénération, c'était une de ces tentatives capables de faire reculer le courage le plus intrépide.

N'osant se charger seul de la tâche qu'on lui avait imposée, Gallas voulut s'assurer le concours d'Altringer, dont il connaissait les véritables sentiments. Feignant de blâmer le peu d'empressement de ce général à se rendre à Pilsen, il offrit à Wallenstein d'aller le chercher à Frauenbourg, et de l'amener, quel que fût l'état de sa santé. Charmé de cette proposition, qu'il prit pour un excès de zèle, le duc de Friedland lui donna un de ses équipages, afin qu'il pût voyager plus commodément et avec plus d'éclat.

A peine parti de Pilsen où il laissa à Piccolomini le soin de surveiller Wallenstein, Gallas fit connaître aux différents corps d'armée qu'il rencontra, les pouvoirs qu'il avait reçus de Vienne, et qu'on accepta avec plus de soumission qu'il n'avait osé l'espérer. Il est inutile sans doute d'ajouter que, loin d'engager Altringer à se rendre à Pilsen, lui-même se garda bien d'y retourner. Il conduisit un renfort dans la basse Autriche, que le duc Bernard de Weimar menaçait d'une invasion, et Altringer se rendit à la cour pour y donner de nouveaux renseignements sur Wallenstein. Budweiss et Thabor, deux villes importantes de la Bohême, reçurent des garnisons dévouées à l'empereur, et furent chargées d'opposer une résistance ouverte aux ordres que Wallenstein pourrait leur donner.

Après le départ de Gallas, Piccolomini exploita à son tour la crédulité du duc, et pour se mettre à l'abri de sa vengeance, il lui offrit d'aller chercher Gallas et Altringer. L'orgueil démesuré de Wallenstein ne lui permettait pas de revenir sur une opinion une fois énoncée, et de convenir ainsi qu'il pouvait se tromper. Aussi ne douta-t-il point de la bonne foi de Piccolomini, et il le fit partir dans une de ses voitures, qui le conduisit à Lintz, d'où il se rendit à Vienne.

Piccolomini lui avait promis de revenir : il tint sa promesse, mais ce fut à la tête d'une armée destinée à le combattre. Tandis qu'il se dirigeait vers Pilsen, un autre corps commandé par le général Suys s'avançait vers Prague pour maintenir cette ville dans le devoir et la protéger contre une attaque des rebelles. De son côté, Gallas signifia à l'armée la patente impériale qui le nommait successeur de Wallenstein, et fit afficher partout la sentence qui mettait hors la loi l'ancien généralissime et ses quatre principaux complices. Ces mesures firent éclater les haines que le duc de Friedland s'était attirées, et un concert de malédictions s'éleva contre lui. Forcé enfin de croire à la trahison de Piccolomini et des deux autres généraux, il fit publier la défense d'obéir à tout ordre qui ne serait pas signé par lui ou par Terzky et Illo.

Croyant avoir prévenu ainsi les dangers que l'abandon des chefs les plus influents de son armée ne pouvait manquer d'attirer sur lui, il se disposa à réunir toutes ses troupes pour les conduire à la conquête de l'Autriche; et le duc Bernard de Weimar qu'il était parvenu à mettre dans ses intérêts, devait seconder cette entreprise. Déjà Terzky s'était mis en route pour Prague, où il l'aurait suivi, si le manque de chevaux ne l'avait pas forcé à retarder son départ. Ce fut en ce moment qu'il apprit que le parti impérial s'était rendu maître de la capitale; qu'à l'exception des troupes dont il était entouré, l'armée entière l'avait abandonné, et que Piccolomini s'avançait vers lui avec des forces imposantes.

C'est dans les positions exceptionnelles que les grands caractères paraissent dans tout leur éclat. Trompé dans ses espérances, trahi par ceux-là mêmes qu'il avait comblés de bienfaits, Wallenstein tenait plus que jamais à la réalisation de ses audacieux projets; à ses yeux rien n'était perdu encore, car il s'était resté fidèle à lui-même. En effet, si la sentence qui le déclarait coupable de haute trahison, et le mettait hors la loi, lui enlevait une partie de ses partisans, elle lui valait du moins l'avantage de ne plus laisser à la Suède et à la Saxe aucun doute sur la sincérité de sa haine pour l'empereur, et de tout ce qu'il pourrait faire pour anéantir la puissance de ce monarque.

D'Arnheim et Oxenstiern comprirent cette vérité, et

se préparèrent à secourir efficacement l'homme qui désormais avait au moins autant d'intérêt qu'eux-mêmes au renversement de la maison d'Autriche. Le duc François-Albert de Lauenbourg devait lui amener quatre mille Saxons, et six mille Suédois venaient de se mettre en route pour la même destination, sous les ordres du duc Bernard et du comte palatin de Birkenfeld. Pour hâter la réunion de ce double renfort avec le peu de troupes qui lui étaient restées fidèles, et surtout pour mettre sa personne à l'abri des atteintes de ses ennemis, il quitta Pilsen pour se rendre à Éger, forteresse située sur les frontières de la Bohême et de la Saxe.

Le projet colossal de détrôner l'empereur l'occupait sans cesse, et, même pendant sa fuite à Éger, il en parlait à tous les siens, et leur communiquait les mesures qu'il se disposait à prendre, et les espérances qui lui restaient. Quoique mis hors la loi par l'empereur, il croyait n'avoir rien à redouter de cette sentence, puisqu'il pouvait compter sur l'appui de la Saxe et de la Suède, car il avait la conviction que, dès que cet appui serait officiellement connu, le général Schafgotsch, qui stationnait en Silésie avec un corps d'armée considérable, et qui ne s'était pas encore déclaré, viendrait le rejoindre, et que tous les autres généraux et les officiers supérieurs qui l'avaient abandonné s'empresseraient de venir solliciter leur pardon.

Enhardi par la franchise avec laquelle Wallenstein parlait de sa rébellion et des résultats qu'il en attendait, un homme de sa suite sollicita la permission de lui donner quelques avis. Cette permission lui fut accordée, et il parla avec une assurance que l'on montrait rarement en présence du duc de Friedland :

« En restant fidèle à l'empereur, lui dit cet homme,
« Votre Altesse est sûre d'être toujours un haut et puis-
« sant seigneur; en passant à l'ennemi, elle ne sera ja-

« mais qu'un roi douteux, et il n'est pas sage de quitter
« le certain pour l'incertain. L'ennemi vous servira en
« ce moment, parce qu'il y trouve son intérêt; mais il
« se défiera toujours de vous, car il craindra que vous
« ne lui fassiez un jour ce que vous faites maintenant à
« Ferdinand. Revenez donc sur vos pas, puisque vous
« le pouvez encore. »

« Et comment le pourrais-je? interrompit vivement le
« duc.

« Votre Altesse a dans ses coffres-forts quarante mille
« *armites* [1]. Allez-vous-en avec cela tout droit à la cour
« impériale, et dites que l'affaire de Pilsen n'était
« qu'une épreuve que vous avez voulu faire subir aux
« généraux et aux officiers supérieurs de l'armée, afin
« de pouvoir distinguer les sujets fidèles de ceux qui
« seraient disposés à trahir leur souverain. Ajoutez
« qu'ayant reconnu que la plupart penchaient du côté
« de la trahison, vous êtes venu dire à Sa Majesté de
« se débarrasser des suspects, et de châtier les coupa-
« bles. Par ce moyen, vous désignerez comme traîtres
« tous ceux qui ont voulu faire de vous un rebelle, et
« vos amis passeront pour des sujets loyaux et dévoués.
« Vos quarante mille armites feront le reste, et bientôt
« vous redeviendrez l'immortel, le tout-puissant Fried-
« landais [2].

« Le conseil est bon, répondit Wallenstein après un
« moment de réflexion; mais que le diable s'y fie! »

Pendant que le duc de Friedland, réfugié à Éger, con-
sultait les astres, et hâtait la conclusion de ses traités

---

[1] Ce mot veut dire *armés*, nom que l'on donnait, à cette époque, aux ducats, à cause de l'effigie que portait cette monnaie d'or, et qui représentait un homme armé de pied en cap.
(*Note du traducteur.*)

[2] C'est par ce nom que l'armée avait l'habitude de désigner le duc de Friedland.

avec l'ennemi, on aiguisait presque sous ses yeux le fer destiné à le frapper. La sentence impériale qui le mettait hors la loi avait produit son effet, et la justice éternelle permit que le plus ingrat des sujets tombât sous les coups de ses plus ingrates créatures.

Un Irlandais nommé Lesslie, qu'il avait particulièrement comblé de ses faveurs, et qu'il regardait comme un de ses partisans les plus dévoués, se décida à devenir l'assassin de son bienfaiteur, parce que des récompenses brillantes étaient promises à celui qui oserait débarrasser l'empereur de cet ennemi redoutable. A peine arrivé à Éger, le perfide Irlandais communiqua tous les secrets que Wallenstein lui avait confiés pendant la route à Buttler et à Gordon, tous deux colonels commandants de la place d'Éger, Irlandais comme lui et bientôt ses complices. Ces hommes, courageux jusqu'à la férocité, reculèrent cependant à l'idée de tremper leurs mains dans le sang de leur général; ils résolurent de le livrer vivant, projet que facilitait la confiance de leur victime.

En effet, Wallenstein ne supposait pas même la possibilité qu'il pût avoir quelque chose à craindre de la garnison d'Éger, et dans toutes les éventualités possibles il croyait avoir en elle des défenseurs dévoués. Lesslie surtout redoubla tellement de soins et d'attentions pour lui, affecta des craintes si vives pour sa sûreté, que le duc poussa la condescendance et la bonté jusqu'à chercher à le rassurer, en lui confiant qu'il venait de recevoir l'avis de la prochaine arrivée des Saxons et des Suédois. Cet aveu imprudent prouva aux trois conjurés qu'ils n'avaient pas un instant à perdre; car dès le lendemain Éger pouvait être occupé par les Suédois, à qui le généralissime voulait en confier la garde comme la clef de la Bohême. Sa mort et celle de ses plus fidèles amis fut donc arrêtée pendant la nuit même, et fixée à la nuit suivante.

Pour faciliter l'exécution de ce crime, le colonel Buttler fit préparer en hâte un grand festin, sous prétexte de célébrer les heureuses nouvelles que le généralissime venait de recevoir. Trop préoccupé pour vouloir paraître à une réjouissance publique, Wallenstein s'excusa; ses amis seuls promirent d'assister au banquet. Cette circonstance força les assassins à changer de mesures à son égard; pour les autres victimes, elles restèrent les mêmes. Avant leur arrivée, on avait introduit secrètement dans la citadelle tous les soldats de la garnison qu'on avait pu entraîner dans le complot, et cinquante dragons du régiment de Buttler, cachés dans une pièce communiquant à la salle du festin, devaient s'y précipiter à un signal convenu, et frapper les officiers qu'on leur avait désignés d'avance.

Tout se passa comme on s'y était attendu. Les amis de Wallenstein, sans aucun pressentiment du piège infernal qu'on leur avait tendu, s'abandonnèrent aux plaisirs de la table, et portèrent des toasts exaltés au grand homme qui, disaient-ils, avait cessé d'être le jouet de la perfidie de l'empereur, pour devenir un souverain indépendant. Le vin délia tellement leur langue, qu'Illo s'écria avec emphase :

« Avant trois jours, Wallenstein se trouvera à la tête
« d'une armée plus formidable que toutes celles que
« jusqu'ici il a conduites à la victoire.

« Et alors, ajouta imprudemment le capitaine Neu-
« mann, nous laverons dans le sang autrichien la tache
« de trahison dont ces vils esclaves ont osé nous salir. »

S'il était encore resté quelques doutes aux conjurés sur la sincérité des confidences que Wallenstein leur avait faites, ces discours les eussent détruits. On servit enfin le dessert; Lesslie donna le signal convenu, les soldats placés dans la citadelle levèrent le pont-levis et fermèrent toutes les issues; les dragons de Buttler se précipitèrent dans la salle aux cris inattendus de : Vive Ferdinand II! et se placèrent derrière les convives le sabre à la main. Soupçonnant enfin une partie de l'affreuse vérité, les amis de Wallenstein se levèrent avec précipitation; Kinsky et Terzky tombèrent baignés dans leur sang; Neumann, qui au milieu du tumulte s'était échappé de la salle, fut massacré dans la cour par les soldats. Illo seul avait conservé assez de présence d'esprit pour saisir ses armes; réfugié dans l'embrasure d'une fenêtre, il reprocha amèrement à Gordon sa lâche trahison :

« Viens! viens! s'écria-t-il; sauve du moins l'hon-
« neur de ta famille et de ton grade : combattons comme
« il convient à de loyaux chevaliers; que le sort des
« armes décide entre nous. »

Au lieu de répondre à ce défi, Gordon excita la fureur de ses agents contre l'infortuné général, qui étendit à ses pieds deux de ses assassins, et après une lutte désespérée tomba enfin percé de dix coups de poignard.

Enhardi par ce premier succès, Lesslie, qui craignait un mouvement dans la ville, se hâta de sortir de la citadelle. Au moment où il passa la porte en courant de toutes ses forces, une sentinelle, le prenant pour un des amis de Wallenstein, fit feu sur lui, mais sans l'atteindre. Le bruit d'une arme à feu jeta l'alarme dans tous les postes, et Lesslie profita de la consternation de la garnison pour lui apprendre qu'une justice mystérieuse venait de frapper les quatre principaux complices de Wallenstein, et qu'un sort semblable était réservé à ce grand criminel. Pas une voix n'osa s'élever contre cette terrible exécution, et Lesslie réussit même à faire prêter aux soldats le serment de le soutenir dans tout ce qui lui restait à faire pour punir les rebelles, et de vivre et de mourir pour la défense de l'empereur. Sûr enfin du concours de la garnison, il fallait réduire à l'inaction et au silence les habitants de la ville, parmi lesquels Wallenstein comptait un grand nombre de partisans. A cet effet, on fit descendre de la citadelle cent dragons du régiment de Buttler, avec l'ordre de parcourir toutes les rues au galop et d'empêcher les bourgeois de sortir de leurs demeures. De forts détachements d'infanterie gardèrent les portes de la ville et toutes les rues conduisant au palais de Wallenstein, afin que personne ne pût ni l'instruire de ce qui venait de se passer, ni lui fournir le moyen de s'échapper.

Malgré ces mesures de précaution, les conjurés hésitaient encore sur le sort qu'ils destinaient au duc de Friedland, et ils se réunirent à la citadelle pour décider s'il fallait respecter ou sacrifier sa vie : le traître venait de disparaître à leurs yeux pour faire place au grand capitaine, au chef terrible d'une armée formidable que son génie avait créée, que sa puissance faisait vivre et que son héroïsme avait tant de fois conduite à la victoire ; mais ce fantôme évoqué par les dernières étincelles d'un respect instinctif s'évanouit devant l'idée du danger auquel il les exposait. Le souvenir des imprudents discours d'Illo et de Neumann pendant le festin leur montra les Saxons et les Suédois maîtres de la ville d'Éger, et vengeant par des représailles terribles l'assassinat des meilleurs amis de leur allié. La mort immédiate de Wallenstein pouvait seule les sauver, et le capitaine Deveroux, autre Irlandais qui avait vendu son bras pour ce meurtre, reçut l'ordre de gagner la récompense promise.

Pendant qu'à la citadelle d'Éger on décidait ainsi de son sort, le duc de Friedland était occupé dans son château à lire dans les astres, sous la direction de Seni. Ce célèbre astrologue ne cessait de lui dire que des dangers imminents l'entouraient de toutes parts, et il ne répondait aux pressantes questions de son maître que par ces lugubres paroles prononcées d'un ton de prophète :

« L'étoile menaçante n'a pas encore quitté l'horizon. »

Elle l'a quitté, répondit le duc, qui ne voulait pas même accorder au ciel le droit de contrarier ses desseins. Et, prenant à son tour un ton prophétique, il ajouta :

« Sous peu tu seras jeté en prison ! Voilà, ami Seni, « ce que je viens de lire dans ta constellation. »

L'astrologue se retira en silence, et Wallenstein entra dans sa chambre à coucher. Presque au même instant Deveroux, accompagné de six hallebardiers, se présenta à la porte du château. Les gardes, accoutumés à voir les officiers de la garnison entrer et sortir à toute heure, le laissèrent passer sans difficulté. Un page qui les rencontra sur l'escalier conçut des soupçons et allait donner l'alarme, mais un coup de pique l'étendit aussitôt sans vie. Dans une des premières pièces les assassins se trouvèrent en face d'un valet de chambre qui venait de sortir de l'appartement de son maître. A leur aspect il posa un doigt sur sa bouche pour les engager à garder le silence, parce que le duc venait de s'endormir.

« Tu n'y es pas, ami ! s'écria Deveroux ; l'heure du « tapage a sonné. »

Et tout en prononçant ces mots il se précipita contre la porte, qu'il enfonça d'un coup de pied, car elle était fermée en dedans. Wallenstein, réveillé par le bruit d'une arme à feu tirée dans sa cour par imprudence, avait sauté à bas de son lit et s'était approché de la fenêtre pour appeler ses gardes ; au même instant il avait entendu dans les appartements en face du sien les cris des comtesses de Terzky et de Kinsky, qui venaient enfin d'apprendre l'assassinat de leurs maris ; mais avant qu'il eût eu le temps de comprendre la cause de ces cris, Deveroux et ses complices parurent devant lui.

Sans autre vêtement que sa chemise, il était encore près de la fenêtre, les coudes appuyés sur une table. Le féroce capitaine lui cria ces mots terribles :

« Es-tu bien le scélérat qui veut livrer à l'ennemi
« l'armée impériale, et arracher la couronne de la tête
« sacrée de Sa Majesté? En ce cas, ton heure est venue;
« tu vas mourir! »

Puis il se tut comme s'il attendait une réponse ; mais l'indignation et la colère enchaînaient la langue de Wallenstein ; étendant les bras par un mouvement inexplicable et involontaire sans doute, il reçut dans la poitrine un coup de pertuisane, et tomba baigné dans son sang, sans avoir proféré un seul gémissement.

Le lendemain de ce jour sanglant, un courrier du duc François-Albert de Lauenbourg vint à Éger pour annoncer à Wallenstein la prochaine arrivée de ce prince. On s'empara de lui ; un agent des conjurés endossa la livrée du duc de Friedland, et alla au-devant de François-Albert pour l'engager à venir sans délai prendre possession de la ville. La ruse réussit, et le prince se livra pour ainsi dire lui-même. Un sort semblable était réservé au duc Bernard de Weimar ; mais il y échappa, parce qu'il avait eu le bonheur d'apprendre la mort de Wallenstein, assez tôt pour pouvoir ramener ses troupes au delà des frontières de la Bohême.

Ferdinand pleura la mort tragique de son généralissime, et fit dire trois mille messes pour le repos de son âme ; mais il distribua en même temps à ses assassins des chaînes d'honneur, des clefs de chambellan, des titres, de hautes charges et des domaines considérables.

Ce fut ainsi que Wallenstein termina, à l'âge de cinquante ans, son active et brillante carrière. L'ambition l'avait élevé au sommet des grandeurs ; l'ambition aussi causa sa perte. Malgré les taches qui ternissent l'éclat de sa gloire, il excite l'admiration ; et jamais aucun grand homme n'eût été plus digne de respect et de vénération, s'il avait su modérer son orgueil. Parmi les principaux traits de son caractère, la justice, la fermeté et la valeur se dessinent en dimensions colossales ; mais on y chercherait en vain les douces vertus qui embellissent le héros et font aimer le maître.

La crainte qu'il inspirait était le talisman de sa puissance ; ses punitions et ses récompenses surexcitaient toujours le zèle de ses subordonnés, et il se faisait obéir comme ne le fut et ne le sera jamais aucun général. A ses yeux, la soumission à sa volonté était préférable même au courage ; car la première qualité faisait sa force à lui, et la seconde celle du soldat qui la possédait. Aussi exerçait-il continuellement la soumission de ses troupes par les ordres les plus bizarres, et il récompensait avec une générosité royale l'empressement à lui obéir, même dans les circonstances les plus insignifiantes ; l'importance de la cause n'était rien pour lui, il ne voyait que celle de l'effet.

Un jour il avait fait signifier à tous les officiers de l'armée de ne plus porter que des ceintures rouges. A peine instruit de cet ordre, un de ses capitaines détacha sa ceinture verte brodée en or et la foula à ses pieds, Wallenstein, à qui on rapporta ce fait, l'éleva aussitôt au grade de colonel. Sa pensée embrassait toujours l'ensemble des choses et des événements, et toutes ses mesures les plus capricieuses en apparence ne s'écartaient jamais de ce point de vue. Pour mettre un frein à l'esprit de rapine des troupes, il avait fait menacer de la corde tous ceux qui se rendraient coupables d'un vol. Dans une excursion à travers la campagne, il rencontra un soldat qu'il soupçonna d'un larcin, et il le fit saisir en prononçant ces mots terribles et sans appel :

Qu'on me pende cette canaille !

Le soldat protesta de son innocence ; il fit plus, il la prouva.

« Eh bien, dit froidement Wallenstein, qu'on le pende « innocent ; sa mort du moins fera trembler les coupa- « bles. » Se voyant perdu, le soldat prit la résolution désespérée de ne pas mourir sans vengeance ; il se précipita sur son juge inhumain ; mais on l'arrêta assez tôt pour l'empêcher de réaliser son projet, et on le traîna au supplice.

« Laissez-le courir maintenant où il voudra, dit le « duc ; sa vue excitera plus de terreur que n'en cause- « rait sa mort. »

Son immense fortune, qui s'élevait à plus de trois millions de reichsthalers de revenu (douze millions de francs environ), et que les contributions qu'il imposait à toutes les provinces conquises augmentaient sans cesse, lui permettait de pousser la libéralité et la magnificence plus loin qu'aucun des souverains de son époque. Sa haute raison et son esprit éclairé l'élevaient au-dessus des préjugés religieux, et les jésuites ne lui pardonnèrent jamais de ne voir dans le pape que l'évêque de Rome, et surtout d'avoir deviné le principe sur lequel ils fondaient la durée de leur puissance.

Depuis le prophète Samuel, l'expérience nous a prouvé que tous ceux qui ne vivent pas en paix avec l'Église finissent toujours par des catastrophes tragiques ; comment Wallenstein aurait-il pu échapper à cette destinée commune ? Des intrigues de moines préparèrent l'arrêt de Ratisbonne, qui lui enleva le commandement de l'armée ; c'est à la suite d'intrigues de moines qu'il fut assassiné à Éger. Il est même probable que des intrigues de moines lui firent perdre la confiance de ses contemporains et l'estime de la postérité.

Notre respect pour la justice nous force d'avouer que de tous les historiens de son époque qui nous ont laissé des renseignements sur cet homme extraordinaire, aucun n'était entièrement indépendant; on peut donc douter de l'exactitude rigoureuse de leurs récits et de la justesse de leurs jugements. Rien ne prouve positivement sa trahison et ses projets sur la couronne de Bohême. Toutes les accusations à ce sujet ne s'appuient que sur de fortes présomptions, des apparences et des probabilités. Personne jusqu'ici n'a pu trouver des documents qui expliquent le secret motif de sa conduite avec la clarté et l'authenticité que demandent les vérités historiques.

Parmi tous les actes de sa vie privée, il n'en est pas un qui ne soit susceptible d'une interprétation favorable. Ses démarches les plus équivoques peuvent s'expliquer par le désir de terminer une guerre désastreuse, par une juste défiance des dispositions de l'empereur, qu'il avait réduit à le craindre, et par le désir très-excusable de conserver ses hautes fonctions et l'immense influence politique qu'elles lui donnaient. Sa conduite envers l'électeur de Bavière prouve qu'il était implacable dans sa haine et insatiable dans sa vengeance; mais rien ne nous autorise à le regarder comme ayant été légalement reconnu coupable de haute trahison. Si, poussé au désespoir par une condamnation non méritée, il finit par devenir réellement coupable, cette condamnation n'en était pas moins injuste lorsqu'elle fut prononcée, et l'on peut dire que Wallenstein ne tomba pas parce qu'il fut rebelle, mais qu'il devint rebelle parce qu'il ne voulait pas tomber[1]. Au reste, ce

---

[1] On dirait que Schiller avait le pressentiment de ce qui devait arriver un jour. Lorsqu'en 1845 j'ai entrepris l'exploration du Danube, depuis ses sources jusqu'à ses embouchures, j'ai passé par Vienne, et là, j'ai appris que l'empereur Ferdinand, qui régnait alors, avait authentiquement reconnu l'innocence de Wallenstein et réhabilité sa mémoire. Cet acte de justice selon les uns, deval-

fut un malheur pour lui pendant sa vie de s'être attiré l'inimitié d'un parti victorieux ; ce fut encore un malheur pour lui après sa mort, car ce parti lui survécut et écrivit son histoire.

blessé selon les autres, attira au gouvernement autrichien un procès pour la restitution des biens immenses du duc de Friedland, injustement confisqués, puisqu'il n'était pas coupable du crime qui avait autorisé cette confiscation. J'ai même eu occasion de voir à Presbourg un jeune comte de Wallenstein, arrière-neveu du duc et au nom duquel se faisait ce procès qui occupait toute la noblesse du pays. J'en ignore le résultat, mais le fait de la réhabilitation légale de Wallenstein par l'empereur d'Autriche m'a paru mériter d'être signalé ici. *(Note du Traduct.)*

LIVRE CINQUIÈME

L'archiduc Ferdinand succède à Wallenstein dans le commandement de l'armée. — Il reprend Ratisbonne. — Siége de Nordlingue. — Défaite des Suédois à Nordlingue. — Terreur du parti protestant. — Négociations d'Oxenstiern avec Richelieu. — La France déclare la guerre à l'Autriche et à l'Espagne (1635). — Défection de l'électeur de Saxe. — Paix séparée de Pirna. — Désolation de l'Allemagne. — Paix de Prague (1635). — Protestation de la Suède. — Prolongation de la trève entre la Suède et la Pologne. — Traité de Stumsdorf. — Victoire de Banner sur les Saxons. — Dévastation de la Saxe par les Suédois. — Nouvelle victoire de Banner sur les Saxons à Wittock (1636). — Entrevue du duc Bernard et de Richelieu à Saint-Germain-en-Laye. — Conquêtes de Bernard de Weimar en Alsace. — Expédition de Jean de Werth en Champagne. — Victoire de Banner à Rhinfeld (1638). — Prise de Brisach. — Joie de Richelieu. — Mort prématurée du duc Bernard de Weimar (1639). — Richelieu achète son armée. — Occupation de l'Alsace par la France. — Avénement de Ferdinand III. — Renouvellement à Hambourg des anciens traités entre la France et la Suède. — Expulsion des Suédois de la Bohême (1640). — Diète de Ratisbonne. — Tentative de Banner pour surprendre Ratisbonne. — Mort de Banner (1641). — Torstensohn prend le commandement de l'armée suédoise. — Ses succès. — Il s'empare de Leipzig. — Son expédition en Bohême. — Mort de Richelieu (1642). — Bataille de Rocroi (1643). — Mort de Guébriant à Rottweil. — Défaite des Français à Tuttlingue. — Exploits de Turenne et de Condé. — Guerre entre la Suède et le Danemark. — Paix de Bremsebro (1645). — Expédition de Torstensohn en Bohême. — Fuite de Ferdinand III à Vienne. — Trève entre la Saxe et la Suède. — Victoire des Français à Nordlingue (1645). — Jonction de Wrangel et de l'armée française. — Dévastation de la Bavière. — Maximilien sépare sa cause de celle de l'empereur (1647). — Dernière campagne dirigée par Wrangel et Turenne (1648). — Surprise de Prague par Kœnigsmark. — Paix de Westphalie.

Après la mort de Wallenstein il était devenu indispensable de nommer un nouveau généralissime, et l'empereur confia cette dignité à son fils Ferdinand, roi de Hongrie ; mais le comte Gallas, chargé du commandement en second, exerçait réellement ces hautes fonctions, dont le prince n'avait que le titre. Des forces imposantes ne tardèrent pas à se réunir sous les drapeaux de l'Autriche; le duc de Lorraine amena une armée qu'il commandait en personne, et le cardinal infant arriva d'Italie avec un corps de dix mille hommes. Avec ces troupes réunies, le nouveau généralissime se flatta de chasser les Suédois des bords du Rhin et du Danube, et il commença ses opérations par le siège de Ratisbonne, qu'on avait tant de fois vainement demandé à Wallenstein.

Pour contraindre l'ennemi à lever le siége, le duc Bernard s'avança jusqu'au fond de la Bavière, le roi de Hongrie persista dans son entreprise, et, après une longue et vaillante résistance, la ville impériale lui ouvrit enfin ses portes. Bientôt Donawerth subit le même sort, et Nordlingue, une des principales forteresses de la Souabe, se vit à son tour condamnée aux calamités d'un siége. L'assistance des villes libres de l'Empire, qui avaient puissamment contribué aux succès des Suédois en Allemagne, leur était plus que jamais indispensable, et leur propre intérêt leur faisait un devoir de les secourir, lors même qu'ils n'auraient pas craint de s'attirer le reproche honteux d'abandonner leurs alliés au moment du péril, et de les exposer à la vengeance d'un vainqueur irréconciliable.

Ces considérations décidèrent le duc Bernard à appeler le général Horn à son secours, et à marcher avec lui à la délivrance de Nordlingue, résolu de risquer même une bataille s'il le fallait. Cependant les forces impériales étaient très-supérieures à celles de la Suède, mais elles étaient au moment de se diviser sur différents points, et la prudence faisait un devoir aux Suédois d'attendre cette division pour les attaquer, et de prendre en attendant des positions propres à garantir Nordlingue de toute tentative sérieuse de la part des assiégeants.

Le général Horn fit valoir tous ces motifs dans le conseil de guerre assemblé par le duc Bernard de Weimar pour délibérer sur les mesures à prendre. Malheureusement de longs et brillants succès avaient accoutumé les généraux suédois à confondre les conseils de la prudence avec les inspirations de la peur; le duc Bernard surtout était sous l'empire de cette illusion dangereuse, et le général Horn fut contraint de consentir à livrer une bataille dont il pressentait le résultat funeste. Le succès du combat dépendait de l'occupation d'une hauteur qui dominait le camp impérial; les Suédois cherchèrent donc à s'en emparer avant la nuit; mais les difficultés éprouvées pour faire passer l'artillerie par des chemins creux et des forêts sans route tracée, avaient retardé la marche de l'armée. Lorsque vers minuit elle arriva auprès de ce poste important, il était déjà au pouvoir de l'ennemi, qui s'y était fortement retranché, et il fallut se décider à l'enlever d'assaut.

Dès le point du jour on donna le signal de l'attaque, les Suédois se frayèrent vaillamment une route à travers les obstacles et les périls; mais, en franchissant de deux côtés à la fois les demi-lunes et les redoutes impériales, les brigades suédoises se rencontrèrent et se confondirent. L'explosion inattendue d'un tonneau de poudre mit le comble à ce désordre; la cavalerie ennemie en profita pour pénétrer dans les rangs ouverts des Suédois, que cette manœuvre mit en déroute. L'assaut fut renouvelé par des bataillons nouveaux, mais leur valeur échoua contre l'héroïsme des régiments espagnols qui étaient venus au secours des Impériaux. Un régiment du duc Bernard revint sept fois à la charge, et fut sept fois repoussé sans avoir pu gagner un pouce de terrain.

Les Suédois ne tardèrent pas à apprendre combien il avait été malheureux pour eux de n'avoir pu s'emparer de ce poste; le feu des canons que l'ennemi y avait établis força l'aile gauche, commandée par le général Horn, à se replier, et le duc Bernard, qui aurait pu protéger cette retraite en arrêtant l'ennemi, fut lui-même repoussé dans la plaine, où sa cavalerie entraîna dans sa fuite les troupes du général Horn et rendit la déroute générale. Presque toute l'infanterie périt dans cette défaite, qui coûta aux Suédois douze mille morts, quatre-vingts canons, quatre mille chariots et trois cents drapeaux ou étendards. Horn et trois autres généraux furent faits prisonniers, et le duc Bernard sauva avec peine quelques débris de son armée, qu'il ne parvint à rallier qu'à Francfort.

La défaite de Nordlingue fut d'autant plus funeste aux Suédois, qu'elle leur fit perdre la confiance de leurs alliés, qu'ils ne devaient qu'à leurs succès constants dans les combats. Une terreur panique s'empara du parti protestant, et le parti catholique se releva de sa chute profonde, plus cruel et plus audacieux que jamais. La Souabe et le Wurtemberg ressentirent les premiers les funestes effets de la bataille de Nordlingue; l'armée victorieuse envahit et saccagea ces deux États et s'étendit toujours plus loin. Tout tremblait, tout fuyait devant elle, et demandait asile et protection à la ville de Strasbourg; mais cette ville libre de l'Empire attendait elle-même avec effroi le sort que lui préparaient les vainqueurs.

Avec un peu de modération et de clémence, il eût été facile à l'empereur de rattacher tous les princes protestants à sa cause; mais la dureté qu'il déploya, même envers ceux qui se soumettaient sans résistance, poussa tout le parti au désespoir, et lui prouva qu'il ne lui restait plus d'autre chance de salut que celle d'un combat à mort. Dans cette cruelle extrémité, les princes protestants recherchèrent le conseil et l'appui du chancelier Oxenstiern, et le chancelier Oxenstiern leur demanda des secours et des sacrifices nouveaux. L'armée était détruite ou dispersée, et l'on manquait de fonds non-seulement pour en organiser une nouvelle, mais même pour payer l'arriéré de l'ancienne.

Le chancelier s'adressa à l'électeur de Saxe, et apprit que ce prince était sur le point de signer un traité de paix avec l'empereur ; il demanda des subsides aux députés de la basse Saxe, et ces députés, fatigués du fardeau qu'ils supportaient depuis longtemps, refusèrent tout secours, en déclarant que, désormais, ils ne s'occuperaient plus que des intérêts de leurs provinces ; le duc Georges de Lunebourg, qu'on avait chargé de marcher au secours de la haute Allemagne, assiégea Minden, dans le but avoué de conquérir cette ville pour lui.

Délaissé ainsi par tous ses alliés en Allemagne, Oxenstiern demanda des subsides à l'Angleterre, à la Hollande, à Venise ; et, poussé par l'urgence de ses besoins, il se décida enfin à se jeter dans les bras de la France, parti extrême devant lequel il avait reculé jusque-là. Depuis longtemps Richelieu attendait et espérait cet événement. Une nécessité impérieuse pouvait seule décider les membres protestants de la diète germanique à seconder les vues du cabinet français sur l'Alsace ; cette nécessité venait de se présenter : la France allait désormais prendre une part active à la guerre d'Allemagne, et Richelieu parut avec éclat et grandeur sur ce nouveau théâtre politique. Déjà Oxenstiern, qui ne s'était jamais montré avare des possessions allemandes, lui avait cédé Philisbourg et plusieurs autres forteresses importantes ; renchérissant sur ces concessions, les princes protestants lui envoyèrent une ambassade chargée de confier l'Alsace et toutes les places fortes du haut Rhin à la protection française.

Et certes pas un de ces princes n'a pu se tromper sur le véritable sens des mots *protection française*; il était suffisamment expliqué par l'exemple des évêchés de Metz, de Tulle et de Verdun, que depuis plus d'un siècle la France *protégeait* ainsi, même contre leurs souverains légitimes. Le territoire de Trèves était déjà occupé par des troupes françaises; la conquête de la Lorraine pouvait être regardée comme un fait accompli, puisqu'il ne s'agissait que d'y entrer pour en prendre possession; et, d'après la nouvelle marche des affaires, la France ne pouvait manquer d'être bientôt maîtresse de l'Alsace et de reculer ainsi ses frontières du côté de l'Allemagne jusque sur les rives du Rhin. Ce honteux démembrement de l'empire germanique fut l'ouvrage des souverains de cet empire, que la peur poussa à trafiquer lâchement avec une puissance qui, sous le masque de l'amitié et à titre de protectrice, ne songea qu'à profiter des calamités générales pour agrandir ses États, déjà si riches et si étendus.

En échange des sacrifices qu'on venait de lui faire Richelieu s'engagea à entretenir sur les bords du Rhin une armée de douze mille hommes qui, en cas de rupture ouverte avec l'empereur, s'unirait aux Suédois et aux Allemands pour marcher contre l'Autriche. Pour l'instant il promit de faciliter le succès des armes protestantes, en occupant l'armée espagnole sous un prétexte qu'il se proposait de faire naître, et que le hasard ne tarda pas à lui offrir.

Les Espagnols venaient de surprendre Trèves, dont ils avaient fait passer la garnison française au fil de l'épée; et, contrairement au droit des gens, ils avaient fait l'électeur prisonnier et le retenaient en Flandre, en dépit des réclamations de ce prince, qui s'était placé sous la sauvegarde de la France. Après avoir vainement demandé satisfaction au cardinal infant, gouverneur du Brabant espagnol, Richelieu lui fit, selon l'usage du temps, solennellement déclarer la guerre par un héraut d'armes, qui à cet effet se rendit à Bruxelles. Bientôt après, trois armées françaises soutinrent cette déclaration, l'une dans le Milanais, l'autre dans la Valteline, et la troisième en Flandre. La guerre contre l'empereur, qui offrait plus de dangers et moins de profit, ne paraissait pas autant du goût du cabinet français; ce ne fut qu'après de longs pourparlers qu'il se décida enfin à envoyer le cardinal de la Valette sur les bords du Rhin, avec une armée qui se joignit à celle du duc Bernard pour attaquer les Impériaux, mais sans déclaration de guerre préalable.

L'électeur de Saxe, depuis longtemps jaloux de l'influence suédoise en Allemagne, et fatigué des demandes de secours qu'Oxenstiern se voyait sans cesse contraint de lui faire, céda enfin aux intrigues de l'Espagne et aux brillantes promesses de l'Autriche. Sa réconciliation avec l'empereur eut lieu à Pirna en 1634 et amena, l'année suivante, une paix complète entre la Saxe et l'Autriche. Le traité de cette paix partielle qui fut signé à Prague, porta à la cause protestante un coup plus terrible que ne l'avait été la défaite de Nordlingue; car l'électeur avait entièrement sacrifié la cause de la réformation à ses intérêts personnels et au repos de ses États.

Au reste, la situation de l'Allemagne était si cruelle, que chaque jour des milliers de voix s'élevaient vers le ciel pour demander la paix, qui, même aux conditions les plus dures et les plus humiliantes, aurait paru un bienfait. Les contrées où naguère s'agitaient des populations nombreuses n'étaient plus qu'un désert aride; et si parfois, au milieu de ce triste tableau, se dessinait une verte prairie, une moisson dorée, le passage subit d'une troupe amie ou ennemie détruisait en peu d'instants le fruit d'une année de travail, et le dernier espoir d'un peuple affamé. Partout l'œil découvrait, comme autant de témoins des calamités publiques, des châteaux en ruine et des villages en cendres, dont les habitants, privés de toutes ressources, étaient allés grossir les rangs des auteurs de leurs maux, et qui faisaient à leur tour subir à leurs concitoyens encore assez heureux pour avoir conservé un asile, tous les mauvais traitements dont eux-mêmes avaient été victimes.

C'est qu'en effet il n'y avait alors d'autre moyen possible d'échapper à l'oppression que celui de se faire oppresseur. Les villes gémissaient sous le joug de fer des garnisons, qui se croyaient le droit de disposer de la liberté, de l'honneur et de la vie des citoyens. Si le passage des armées, les quartiers d'hiver et les contributions de guerre dévastaient et appauvrissaient les campagnes, le travail et la fertilité du sol pouvaient réparer ces désastres ; mais il ne restait aucun espoir aux habitants des villes dont les murs servaient de refuge à des garnisons permanentes. Pour eux une victoire était aussi funeste qu'une défaite ; car le vainqueur venait prendre la place du vaincu, et les amis étaient souvent aussi féroces et toujours aussi exigeants que les ennemis.

L'abandon de la culture et la destruction des moissons avaient élevé les produits de la terre à des prix exorbitants, et le manque de vivres avait engendré des maladies contagieuses qui enlevaient plus de victimes que le fer ou le feu des combattants. Au milieu des infortunes publiques et des souffrances individuelles, tous les liens de la vie sociale s'étaient relâchés. L'obéissance aux lois, la morale, la bonne foi, l'humanité et la confiance dans la parole reçue ou donnée, avaient fait place au droit du plus fort ; les vices et les crimes se développaient à l'ombre du malheur et grandissaient sous l'égide de l'anarchie ; en un mot, les peuples étaient devenus incultes et sauvages comme leur pays.

Pour peindre d'un trait toutes les misères de cette époque, il suffit de dire que le soldat régnait en maître, lui dont le despotisme surpasse en brutalité et en exigence tous les despotismes possibles. Le commandant d'un petit corps d'armée se croyait bien au-dessus du souverain dont il occupait le pays, et il l'était en effet par la puissance et par la force; et l'Allemagne tout entière se trouvait à la merci de ces petits tyrans, qui répandaient la terreur dans les provinces qu'ils défendaient comme dans celles qu'ils attaquaient. Mais ce qui devait nécessairement mettre le comble à tant de maux, c'est qu'on était forcé de reconnaître qu'on ne les supportait que pour satisfaire la cupidité des cours étrangères.

C'était pour consolider sa gloire et étendre sa puissance que la Suède prolongeait la guerre d'Allemagne; c'était pour agrandir la France que Richelieu entretenait le feu de la discorde dans l'empire germanique. L'intérêt personnel poussait ces deux cabinets et plusieurs princes allemands à rejeter la paix; mais ils pouvaient, du moins en apparence, justifier cette conduite en l'attribuant à une politique sage et prudente. Après la défaite de Nordlingue, il était impossible d'espérer une paix équitable; et devait-on, après dix-sept années de luttes et de sacrifices, renoncer non-seulement à tous les avantages si chèrement achetés, mais encore à ceux dont on jouissait avant le commencement de la guerre? N'était-il pas plus rationnel de souffrir encore quelque temps, afin de ne pas avoir inutilement souffert pendant de si longues années? En effet, une paix avantageuse était certaine dès que les protestants allemands et les Suédois agiraient loyalement et d'un commun accord au cabinet comme sur le champ de bataille ; leurs divisions seules faisaient la force de l'ennemi ; elle était donc pour eux le plus grand des malheurs, et ce malheur, l'électeur de Saxe venait de le rendre éclatant et authentique en traitant séparément avec Ferdinand.

Pressentant les reproches que son parti ne manquerait pas de lui adresser, ce prince crut les prévenir en faisant convoquer tous les souverains de l'Empire, et la Suède elle-même, à un congrès qui devait se tenir à Prague, afin d'arrêter en commun les clauses de la paix entre l'Autriche et la Saxe, paix à laquelle l'Allemagne entière était invitée à prendre part. Ce congrès eut lieu au mois de mai 1635. Les droits et les demandes des États protestants furent mis en délibération ; mais Ferdinand et Jean-Georges, qui s'étaient arrogé le droit de les juger en dernier ressort, décidèrent ces graves intérêts d'après leurs vues personnelles, et la question religieuse même fut résolue sans la participation des représentants de la réformation.

Voulant faire de cette paix une loi de l'Empire, elle fut proclamée comme telle, et une armée impériale était prête à la faire exécuter : privilège que les constitutions de l'Empire n'accordaient qu'aux décisions d'une diète régulière. Et comme si l'arbitraire de cette mesure n'était pas encore assez criant, on y mit le comble en déclarant que tout prince allemand qui refuserait de s'y soumettre serait déclaré ennemi de son pays. Cette clause anéantissait d'un seul trait le droit le plus sacré des membres de la diète, puisqu'elle les réduisait à obéir à un acte à la rédaction duquel ils n'avaient point contribué. La paix de Prague fut donc, par la forme et par le fond, une œuvre du *bon plaisir*, et non un traité légal.

L'*Édit de restitution* avait été la cause de la rupture entre la Saxe et l'empereur ; pour amener une réconcitiation, il fallait l'annuler, ou au moins le modifier. Le traité de paix régla ce point délicat en décidant que tous les biens immédiats de l'Église catholique, et parmi les biens médiats ceux dont les protestants s'étaient emparés avant le traité de Passau, resteraient encore pendant quarante ans dans l'état où ils étaient lors de la promulgation de cet édit, mais sans donner toutefois à leurs possesseurs le droit de voter à la diète, droit qui était inhérent à ces biens. A l'expiration du terme fixé une commission, composée d'un nombre égal de représentants des deux Églises, devait juger, selon sa conscience, les intérêts communs ; et dans le cas où cette commission ne pourrait prononcer un arrêt définitif chaque parti rentrerait dans les droits dont il jouissait avant l'*Édit de restitution.*

Loin d'étouffer le germe des discordes civiles et religieuses, cette clause ne semblait vouloir les contenir pendant un certain nombre d'années que pour leur donner plus de force et d'énergie ; et le traité de Prague, qui devait pacifier l'Allemagne, préparait les éléments d'une nouvelle guerre. Ce même traité conserva au prince Auguste de Saxe l'archevêché de Magdebourg, dont on détacha cependant une partie au profit de l'électeur. L'administrateur de cet archevêché, Christian-Guillaume de Brandebourg, fut dédommagé ailleurs de la perte de sa dignité; l'évêché de Halberstadt resta à l'archiduc Léopold-Guillaume ; les ducs de Mecklembourg devaient, s'ils consentaient à cette paix, rentrer dans leurs États, qu'au reste Gustave-Adolphe leur avait rendus depuis longtemps, et Donawerth redevenait ville impériale avec toutes les franchises attachées à ce titre.

L'électeur de Saxe n'agita pas même la question si importante concernant les héritiers du palatin Frédéric V, par la raison très-chrétienne qu'un prince luthérien n'est pas tenu d'être juste envers un prince calviniste. Les souverains protestants, la *Ligue* et l'empereur, s'engageaient à se rendre mutuellement les provinces qu'ils s'étaient enlevées pendant la guerre, et d'agir d'un commun accord pour obtenir une pareille restitution de la part de la Suède et de la France. Les troupes des parties contractantes ne devaient plus former qu'une seule armée, qui, entretenue aux frais de l'Empire, serait chargée de veiller au maintien de cette paix et à l'exacte observation de toutes ses clauses.

Le traité de Prague devait être considéré comme une loi de l'Empire; les points qui ne concernaient pas immédiatement les intérêts de cet empire furent réglés dans un traité spécial, par lequel la Lusace était cédée à la Saxe, à titre de fief de la Bohême. La paix de Prague accordait en même temps une amnistie qu'on appelait générale, et qui pourtant exceptait les sujets immédiats de l'Autriche qui avaient pris les armes contre leur souverain, les membres du conseil de la haute Allemagne, présidé par Oxenstiern, et les ducs de Wurtemberg et de Bade, dont on occupait encore les États. On n'avait cependant pas l'intention de continuer la guerre avec eux, mais on voulait leur faire acheter la paix à des conditions plus dures que celles qu'on imposait aux autres souverains de l'Allemagne.

Si cette paix, dictée par la cupidité, le fanatisme et l'esprit de vengeance, avait été basée sur des sentiments de justice et d'équité, elle aurait pu rétablir la confiance et la bonne harmonie entre le chef et les membres de l'Empire, entre les catholiques et les protestants, les luthériens et les calvinistes; et les Suédois, délaissés par tous leurs alliés, eussent été forcés d'abandonner leurs conquêtes en Allemagne et de retourner dans leur pays. S'ils parvinrent à maintenir leur crédit et à reprendre les hostilités, c'est parce que cette paix, au lieu de rapprocher les partis, n'avait servi qu'à augmenter leur haine et leur mécontentement. Les protestants se plaignaient d'avoir été sacrifiés aux catholiques, et les catholiques soutenaient que les hérétiques avaient été favorisés à leurs dépens, et qu'on avait trahi les intérêts de la véritable Église, en accordant pour quarante ans encore la jouissance des biens ecclésiastiques à ceux qui les avaient usurpés. L'Église protestante se croyait également trahie, parce qu'on n'avait pas permis la liberté des cultes dans les États héréditaires de l'Autriche.

Quant à l'électeur de Saxe, il était devenu l'objet d'une haine spéciale; dans les écrits comme dans les discours publics, on le traita hautement de transfuge, de traître, et on l'accusa d'avoir lâchement vendu à l'empereur sa religion et les libertés de l'Empire. Ce prince cependant se crut le droit de mépriser orgueilleusement ces accusations passionnées; car presque tous ceux qui se les étaient permises se virent successivement forcés d'accepter la paix dont il était le principal auteur. Le landgrave Guillaume de Hesse-Cassel résistait encore, car il ne se sentait nullement disposé à rendre, sans aucune compensation, les belles provinces qu'il avait conquises, et il cherchait à gagner du temps, afin de prendre conseil des événements.

Le duc Bernard de Weimar, dont les États n'existaient encore que sur le papier, et qui, par conséquent, ne pouvait être rangé parmi les souverains intéressés au maintien de la guerre ou de la paix, n'en était pas moins un personnage très-important comme chef des armées du parti protestant. Sans autre fortune que sa valeur et ses talents militaires, son épée était la seule clef des provinces qu'Oxenstiern lui avait données, en lui laissant toutefois le soin de les conquérir. La guerre seule pouvait donc lui conserver son crédit et réaliser ses espérances; aussi rejeta-t-il avec dédain toutes les clauses de la paix de Prague. Mais de toutes les réclamations qui s'élevèrent contre cette paix, celles des Suédois étaient les plus violentes, et, il faut en convenir, les plus justes.

Attiré sur le territoire allemand par les supplications des princes protestants, ils avaient défendu la religion et les droits de ces princes aux dépens de leur sang et des jours sacrés de leur roi. Pouvaient-ils voir sans indignation qu'on voulût tout à coup les livrer à la vengeance, et, ce qui était pire encore, à la risée de l'ennemi qu'ils avaient tant de fois vaincu? Aucun dédommagement, aucune récompense n'avaient été stipulés pour eux dans le traité de Prague, où l'on se bornait à les renvoyer sans égard pour leurs bons et loyaux services, et s'ils ne se soumettaient pas à cet arrêt inique, les princes qui naguère avaient tendu vers eux des mains suppliantes pour leur demander secours et protection, devaient s'armer pour les chasser honteusement des pays où ils les avaient appelés. L'électeur de Saxe lui-même avait paru sentir cette injustice, car il s'était engagé à leur faire obtenir une indemnité de deux millions et demi de florins. Les sommes avancées par la Suède pour soutenir cette longue guerre s'élevaient bien au-dessus de ce chiffre, et le chancelier Oxenstiern repoussa avec indignation une offre qui blessait les intérêts matériels et l'honneur de sa nation.

« La Bavière et la Saxe, répondit-il, se sont fait payer
« par de riches provinces des services que, comme leur
« suzerain, l'empereur avait le droit de leur demander;
« et nous autres Suédois, nous qui ne devions rien à
« tous ces princes de l'Empire, et qui avons payé par
« la vie de notre roi la protection qu'ils nous ont humi-
« blement demandée, on veut nous renvoyer avec une
« misérable indemnité de deux millions de florins! »

Sa colère fut d'autant plus grande, que la Poméramie, sur laquelle il avait toujours compté pour son gouvernement, avait été assurée à l'électeur de Brandebourg par le traité de Prague. Jamais, au reste, la situation des Suédois en Allemagne n'avait été aussi critique qu'après ce traité. La plupart de leurs alliés les avaient abandonnés, dominés par le besoin de repos, et par la peur que les menaces de l'empereur leur inspiraient. Augsbourg, domptée par la faim, venait d'accepter une capitulation humiliante; Wurtzbourg, Cobourg, et presque toute la haute Allemagne étaient rentrées sous la domination de l'empereur; la Saxe réclamait l'évacuation de la Thuringe, d'Halberstadt et de Magdebourg; Philisbourg, dont les Français avaient fait leur place d'armes, était tombée au pouvoir des Autrichiens avec toutes les munitions qu'on y avait amassées, et cette perte considérable avait refroidi le zèle de Richelieu pour la guerre d'Allemagne.

Pour mettre le comble aux embarras du gouvernement suédois, la trêve qu'il avait conclue avec la Pologne touchait à sa fin. Lutter en même temps contre la Pologne et contre l'Allemagne était une entreprise tellement au-dessus des forces de ce gouvernement que c'eût été folie d'y songer. Il fallait donc choisir entre ces deux ennemis; et l'orgueil national vota pour la continuation de la guerre avec l'Empire, dans l'espoir qu'il serait facile de décider la Pologne à une prolongation de la trêve.

La constance, la fermeté inébranlable, et le génie si fécond en ressources du célèbre Oxenstiern, firent face à tant de dangers, à tant de calamités réunies, qui étaient venues fondre en même temps sur la Suède. Ce grand homme d'État comprit que si les alliés qui l'avaient abandonné diminuaient ses troupes, ils le dispensaient en même temps de tout ménagement à leur égard, et qu'avec le nombre de ses ennemis s'agrandissait celui des provinces aux dépens desquelles il pouvait nourrir et payer son armée. Le déplorable traité de Prague pouvait, au reste, lui servir d'excuse dans toutes les éventualités possibles, car il avait réduit les Suédois à une position plus fâcheuse que n'aurait pu le faire la perte de vingt batailles ; et s'il fallait absolument évacuer l'Allemagne, il valait mieux s'y laisser contraindre par la force que de s'y résigner lâchement. Dans cette cruelle extrémité, il tourna ses regards vers la France, qui le prévint par des offres avantageuses. L'intérêt des deux cabinets était si étroitement lié, que Richelieu ne pouvait laisser tomber l'autorité de la Suède en Allemagne, sans nuire aux projets d'agrandissement de son gouvernement.

Depuis le traité de Beerwalde, conclu en 1632, le cabinet français s'était servi des armes de Gustave-Adolphe pour abaisser la maison d'Autriche, son ancienne et irréconciliable ennemie. Effrayé par la fortune rapide du héros du Nord, il avait oublié un instant le but constant de sa politique, pour veiller au maintien de l'équilibre européen, troublé par la trop grande puissance des Suédois. Mais la mort du roi, et surtout l'abandon d'une partie de leurs alliés, avaient dissipé les jalousies et les craintes de Richelieu. Aussi le vit-on tout à coup, et au moment où l'Allemagne épuisée demandait la paix, entrer dans la lice et y jeter un défi dont l'audace frappa l'Europe entière de surprise et de stupeur. Sa armées françaises parurent à la fois sur différents points, deux flottes sillonnèrent les mers, et ce fut avec de l'argent français que les Suédois et les princes protestants soldèrent leurs troupes. Un agent français, le comte d'Avaux, négocia une nouvelle trêve entre la Suède et la Pologne, et réussit à faire signer aux deux partis une suspension d'armes de vingt-six années.

Ce traité, qui fut conclu à Stummsdorf, en Prusse, enleva aux Suédois, d'un seul trait de plume, toute la Pologne prussienne, dont la conquête avait coûté si cher à Gustave-Adolphe; mais il leur valut en échange l'avantage qu'ils plaçaient au-dessus de tous les autres, celui de pouvoir continuer la guerre en Allemagne. La déclaration de guerre que Richelieu avait fait faire à l'Espagne ne permettait plus à cette puissance de soutenir l'Autriche; et pour achever de mettre le parti suédois et protestant à même d'étendre ses conquêtes sur les bords du Danube et de l'Elbe, et d'empêcher ainsi l'empereur de défendre les bords du Rhin, on envoya des troupes françaises au secours du landgrave de Hesse-Cassel et du duc Bernard de Weimar.

Ce fut ainsi que la paix de Prague, dont le premier résultat fut d'intimider et d'enchaîner la plupart des adversaires de l'empereur en Allemagne, ranima les haines et l'activité de ses ennemis étrangers. Loin de se douter de cette calamité nouvelle, et se sentant redevenu le maître de l'Empire, quoique par des moyens illégaux, il se hâta de profiter de ce retour à la puissance suprême pour assurer à son fils la succession de la couronne impériale. Mais la joie que lui causa ce triomphe s'évanouit bientôt à l'aspect des dangers dont il était menacé par la Suède et par la France, désormais si étroitement unies avec le peu d'alliés qui leur étaient restés fidèles, qu'ils semblaient ne plus former qu'une seule et même puissance.

Les Suédois surtout se sentaient plus libres et plus forts que jamais; l'ingratitude des Allemands les dispensait de combattre pour les intérêts de l'Allemagne, et leur permettait de ne s'occuper que de ceux de leur pays. Affranchis de la nécessité pénible de consulter sans cesse leurs alliés, ils pouvaient enfin agir avec hardiesse et promptitude; aussi les verrons-nous bientôt livrer des batailles plus sanglantes, mais moins décisives, et

34.

exciter notre admiration par des traits d'héroïsme et des preuves de génie; et pourtant toutes ces grandes et belles actions se réduiront aux mesquines proportions de vertus individuelles; elles feront la gloire de quelques hommes, sans hâter la conclusion de la guerre, car il manquera à ces grandes et belles actions un chef pour les diriger dans un but d'utilité générale.

La Saxe s'était engagée, dans le traité de Prague, à chasser les Suédois de l'Allemagne. Pour tenir cet engagement, elle se vit forcée de donner à l'Europe le spectacle peu édifiant d'un allié infidèle prenant, sans autre motif que celui de son intérêt personnel, les armes contre une puissance amie qui l'avait loyalement sauvée deux fois d'une ruine certaine.

L'archevêché de Magdebourg, accordé à un prince saxon par le traité de Prague, et qui se trouvait encore occupé par les Suédois, devint le prétexte du commencement des hostilités. Jean Georges débuta par le rappel de tous les soldats et officiers encore au service de la Suède dans le corps d'armée du général Banner, qui stationnait sur l'Elbe. La promptitude avec laquelle il fut obéi, et surtout la marche de plusieurs régiments saxons vers le Meklembourg, où ils assiégèrent Dœmnitz, dont la perte devait priver les Suédois de toute communication avec la Poméranie et la Baltique, les força à quitter leur position sur l'Elbe, pour aller au secours de Dœmnitz.

Banner sauva non-seulement cette ville, mais il remporta une victoire complète sur le général saxon Baudissen, dont le corps d'armée se montait à plus de sept mille hommes; près de mille restèrent sur le champ de bataille, et un plus grand nombre fut fait prisonnier. Dès l'année suivante, 1636, l'artillerie et les troupes suédoises qui étaient occupées dans la Pologne prussienne, et que le traité de Stummsdorf y rendait inutiles, vinrent se joindre au corps d'armée de Banner. Ce vaillant général profita aussitôt de ce renfort pour envahir la Saxe, et, n'écoutant que le besoin de la vengeance, il fit expier aux malheureux Saxons la trahison de leur maître.

Occupés sur les bords du Rhin et en Westphalie par le duc Bernard et par le landgrave Guillaume de Hesse-Cassel, les Impériaux ne purent venir au secours de leur allié, et la Saxe fut ravagée par une armée furieuse, dont chaque soldat se faisait gloire de venger l'insulte qui avait été faite à son drapeau par la lâche perfidie de l'électeur. Les Suédois n'avaient pas encore eu le temps d'oublier qu'ils avaient combattu pour défendre les Saxons, et l'expérience prouva de nouveau que de toutes les haines celle qui succède à une ancienne amitié est la plus irréconciliable.

Le général autrichien de Hatzfeld vint enfin se joindre à l'électeur, et les deux armées réunies s'avancèrent jusque sous les murs de Magdebourg, dont Banner, qui les suivait de près, chercha en vain à faire lever le siége. Après ce succès, les Saxons et les Impériaux envahirent la Marche de Brandebourg, enlevèrent aux Suédois plusieurs villes importantes, et se disposaient déjà à les repousser sur les rives de la Baltique, lorsque tout à coup le général Banner, qu'ils croyaient perdu sans ressources, les surprit près de Wittock, le 24 septembre 1636. L'ennemi opposa une résistance terrible, et dirigea toutes ses forces contre l'aile droite des Suédois, que Banner commandait en personne.

La lutte sur ce point fut longue et acharnée; plus de dix fois déjà chaque escadron suédois était revenu à la charge, et Banner se vit forcé enfin à continuer la bataille avec l'aile gauche de son armée jusqu'à l'entrée de la nuit. Le corps de réserve, qui n'avait pas encore donné, devait renouveler l'attaque le lendemain matin;

mais l'électeur n'avait pas envie de l'attendre. La première journée avait épuisé ses troupes, et les soldats du train, ayant pris la fuite avec les chevaux, l'avaient mis hors d'état de se servir de son artillerie. Cette circonstance le décida, ainsi que le général de Hatzfeld, à profiter des ténèbres pour opérer leur retraite.

Plus de cinq mille Saxons et Autrichiens étaient tombés sur le champ de bataille, sans compter ceux qui furent massacrés pendant la fuite, tant par les Suédois qui les poursuivaient, que par les paysans, dont ils s'étaient fait des ennemis acharnés par leurs excès. Deux mille prisonniers, cent cinquante drapeaux et étendards, vingt-trois canons, toutes les munitions et les bagages de l'armée, sans en excepter les effets personnels et la vaisselle plate de l'électeur, tombèrent au pouvoir des Suédois. Cette brillante victoire, remportée sur un ennemi très-supérieur en nombre, rétablit tout à coup la haute renommée des héros du Nord; leurs ennemis tremblèrent, leurs amis reprirent courage, et Banner, profitant de ce brusque changement de fortune, poursuivit les Impériaux à travers la Thuringe et le pays de Hesse jusque dans la Westphalie, puis il revint sur ses pas, et établit ses quartiers d'hiver sur le territoire saxon.

Tout en rendant justice au mérite et à la valeur de Banner, nous sommes forcés de convenir qu'il devait une partie de ces succès éclatants aux heureuses opérations des Français, et surtout à celles du duc Bernard de Weimar sur les bords du Rhin. Immédiatement après la défaite de Nordlingue, l'intrépide Bernard était parvenu à réunir les débris de son armée dans la Wetterau; mais, délaissé par les Allemands, et même par les Suédois, toute grande entreprise lui était devenue impossible. La paix de Prague venait de lui enlever non-seulement le duché de Franconie, dont il n'avait encore joui qu'en espérance, mais encore le moyen de conquérir ce duché, ou toute autre partie de l'Allemagne, sans la protection suédoise, protection que le ton impérieux d'Oxenstiern lui avait rendue odieuse. La France seule pouvait venir à son aide; il réclama son assistance, et l'obtint sans difficulté.

Depuis longtemps Richelieu cherchait à diminuer l'influence de la Suède dans la guerre d'Allemagne, qu'il voulait diriger lui-même sous un nom emprunté, et le duc Bernard lui paraissait plus que tout autre propre à lui en fournir le moyen; car, réduit à se jeter dans ses bras sans aucune condition, il ne pouvait jamais s'élever assez haut pour devenir indépendant. Trop prudent pour s'engager dans des négociations écrites, il l'avait invité à se rendre près de lui, et le duc avait été le trouver à Saint-Germain-en-Laye, où il signa, dans le mois d'octobre 1635, non en qualité de général suédois, mais en son propre nom, un traité par lequel la France s'engageait à lui payer une pension d'un million cinq cent mille livres pour ses besoins personnels, et quatre millions de livres pour l'entretien de l'armée qu'il devait commander sous la direction du cabinet français.

Pour l'engager à hâter la conquête de l'Alsace, on lui avait promis cette province à titre de récompense, à la fin de la guerre. Le duc Bernard feignit d'être dupe de cette générosité, qui était loin de la pensée de Richelieu; mais il sentait la nécessité d'opposer la dissimulation à la perfidie. Plein de confiance en sa bonne épée, il espérait que, s'il parvenait à arracher ce pays à l'ennemi qui en était le maître, il saurait bien aussi le défendre contre les amis qui voudraient le lui disputer. Jamais, au reste, il n'avait eu l'intention de rompre avec les Suédois; aussi avait-il commencé ses opérations en conduisant l'armée levée avec l'argent de la France sur les bords du Rhin, où il avait mis les Impériaux dans l'impossibilité d'envoyer des renforts contre le général Banner.

Tout en secondant ainsi les Suédois, il n'avait pas été moins utile au cardinal La Valette, qui, dès l'année précédente, avait été repoussé jusqu'à Metz par le général Gallas. Ce vaillant général avait également repris aux Suédois les villes de Mayence et de Franckenthal, et il aurait réalisé son audacieux projet d'établir ses quartiers d'hiver sur le territoire français, si le duc Bernard, en venant au secours du cardinal La Valette, ne l'avait pas forcé de se replier sur la Souabe.

Dès la campagne suivante, Gallas passa le Rhin près de Brissac, et chercha de nouveau à jeter le théâtre de la guerre en France; il réussit même à s'emparer du comté de Bourgogne pendant que les Espagnols envahissaient la Picardie par les Pays-Bas, et que Jean de Werth, un des plus célèbres généraux de la *Ligue*, pénétrait en Champagne, et menaçait Paris d'une prochaine invasion ; mais la vaillance française arrêta l'audace des Autrichiens, et une défaite éprouvée devant une forteresse insignifiante de la Franche-Comté les força de renoncer une seconde fois à leurs projets de conquêtes.

Une nécessité impérieuse avait seule pu contraindre le duc Bernard à plier sous les ordres d'un chef tel que La Valette, plus propre à porter fièrement le chapeau de cardinal qu'à manier avec honneur le bâton de maréchal de France. Si, en dépit de ce joug si contraire à ses vastes desseins, il avait fait la conquête de Saverne, en Alsace, le mauvais succès des armes françaises dans les Pays-Bas ne l'en avait pas moins mis dans l'impossibilité de se soutenir sur le Rhin, pendant les campagnes de 1636 et 1637. Mais lorsqu'en 1638 il parvint à se débarrasser du lien qui l'avait retenu jusque-là, et à devenir enfin le seul maître de son armée, il donna tout à coup à la guerre des allures différentes.

Quittant dès les premiers jours du mois de février ses quartiers d'hiver, qu'il avait établis dans l'évêché de Bâle, il vint camper sur les bords du Rhin, malgré les neiges et les glaces qui semblaient rendre impossible la reprise des hostilités. Après s'être emparé par surprise des trois Waldstetten, Laufenbourg, Waldshut et Seckingen, il mit le siège devant Rheinfeld. Mais le général autrichien duc de Savelli vint au secours de cette ville avec des forces tellement supérieures en nombre, que le duc Bernard fut obligé de se retirer, après avoir essuyé des pertes considérables. Pour réparer cet échec, il profita de la sécurité que sa retraite avait inspirée à l'ennemi; et, déjouant toutes les prévisions humaines, il l'attaqua trois jours après (le 21 février 1638), et le battit complétement.

Cette brillante victoire coûta aux Impériaux non-seulement une partie de leur armée, artillerie, bagages et munitions, mais les quatre généraux qui la commandaient : Savelli, Jean de Werth, Enkeford et Sperreuter, furent faits prisonniers avec deux mille officiers ou soldats. Richelieu fit venir ces deux derniers généraux en France, afin de flatter la vanité nationale par la vue de ces illustres captifs; et, pour achever d'étourdir le peuple sur les sacrifices qu'on lui imposait pour soutenir la guerre d'Allemagne, une procession solennelle porta à Notre-Dame de Paris les drapeaux et les étendards conquis sur les Impériaux, et fit trois fois le tour du maître-autel en inclinant devant lui ces trophées, que l'on finit par confier à la garde du sanctuaire.

Immédiatement après cette victoire, le duc Bernard s'empara de Rheinfeld, de Ræteln et de Freibourg; et les enrôlements volontaires qui venaient renforcer son armée ne tardèrent pas à la rendre formidable.

La forteresse de Brissac, sur le haut Rhin, passait à juste titre pour la clef de l'Alsace; aussi les Autrichiens la gardaient-ils avec un soin tout particulier. C'était pour la garantir de toute surprise, que, dans les années précédentes, on avait exposé à une perte certaine l'armée italienne du duc de Feria. La solidité de ses remparts et les avantages naturels de sa position lui permettaient de défier les attaques réitérées d'un ennemi intrépide; et cependant tous les généraux de l'empereur, stationnés dans la contrée, avaient pour mission principale de protéger cette place, et de tout abandonner pour la sauver, si jamais elle se trouvait menacée.

La fortune avait si visiblement protégé le duc Bernard, qu'il se crut autorisé à ne plus rien voir d'impossible pour lui, et il prit la résolution de s'emparer de Brissac, non par la force, mais par la famine. Ce projet téméraire lui avait été inspiré par l'imprudence du commandant de cette place, qui, persuadé qu'on n'oserait jamais l'attaquer, venait de convertir en argent les immenses provisions de vivres entassés depuis longtemps dans les magasins.

Instruit de cette circonstance et des préparatifs du duc Bernard pour assiéger Brissac, le général autrichien de Gœtz vint en hâte à la tête de douze mille hommes et trois mille chariots chargés de vivres pour approvisionner la place; mais le duc attaqua ce convoi près de Wittewyer, mit l'escorte en déroute, et s'empara des chariots. Le duc de Lorraine, qui vint à son tour pour faire lever le siège avec six mille hommes, éprouva le même sort sur le *Champ des Bœufs* (Ochsenfeld), près de Thann; et le général Gœtz, à peine remis de sa défaite, essaya de nouveau, mais en vain, de secourir la ville. Elle se rendit enfin le 7 décembre 1638, après un siége de quatre mois, qui lui avait fait éprouver toutes les horreurs de la famine.

En prenant possession de Brissac, le duc Bernard déploya autant d'humanité et de générosité qu'il avait montré de valeur et de fermeté pendant le siége. Le premier résultat de ce brillant succès fut de ranimer toutes ses anciennes espérances; car, dès ce moment, elles commencèrent à sortir du domaine des illusions pour entrer dans celui de la réalité. Au reste, à une époque où tout se donnait à la valeur, où les qualités personnelles élevaient celui qui les possédait, où les grands capitaines étaient plus puissants que les souverains, où les vaillantes armées avaient plus d'importance que les vastes pays, il était permis à un héros tel que le duc Bernard de Weimar de se croire capable de réussir dans les entreprises les plus difficiles, et digne d'arriver à la plus haute fortune. L'enivrement de la gloire le poussa peut-être à trahir trop tôt ses véritables intentions; car ce ne fut pas au nom de la France, mais au sien, qu'il reçut les hommages et le serment de fidélité des habitants de Brissac.

Pressentant toutefois le danger qu'il venait de se créer, il chercha autour de lui une alliance qui pût seconder ses projets sans blesser son orgueil, et ses yeux s'arrêtèrent sur la princesse Amélie de Hesse-Cassel, devenue veuve par la mort récente du landgrave Guillaume. Cette princesse, aussi remarquable par les charmes de son esprit que par la fermeté de son caractère, pouvait ajouter au don de sa main une vaillante armée, le landgraviat de Hesse-Cassel et toutes les belles provinces enlevées par son mari au parti catholique. En joignant cette armée à la sienne, et les États de la princesse à l'Alsace qu'il venait de conquérir, le duc Bernard devenait une puissance en Allemagne, qui, en se posant entre les deux partis, déciderait à son gré de la paix ou de la guerre. Malheureusement la mort vint l'arrêter au milieu de ce vaste et téméraire projet.

La nouvelle de la prise de Brissac causa une telle joie au cardinal de Richelieu, qu'il courut à l'instant même chez son ancien confident; et, sans s'apercevoir que le pauvre capucin était à l'agonie, il lui cria à l'oreille, « Courage, père Joseph! Brissac est à nous. »

Cette ville assurait en effet à la France la possession de l'Alsace, car le ministre regardait comme non avenue la promesse qu'il avait faite au duc Bernard. Lorsque la conduite de ce dernier lui prouva que lui, du moins, l'avait prise au sérieux, il mit tout en œuvre pour l'attacher immédiatement aux intérêts de la France. Une invitation de se rendre à la cour, et d'honorer de sa présence les fêtes par lesquelles on y célébrait ses victoires, lui fut expédiée; mais il devina le piége, et sut l'éviter. Ne se tenant pas encore pour battu, le cardinal lui offrit la main d'une de ses nièces. Le fier prince de l'Empire la refusa, en déclarant qu'il ne voulait pas souiller, par une mésalliance, le noble sang saxon.

Après cette insulte, Richelieu ne vit plus en lui qu'un ennemi dangereux, et il le traita en conséquence. Lui retirant d'abord sa pension et ses subsides, il entama des négociations secrètes avec le gouverneur de Brissac et ses principaux officiers, qui finirent par vendre la place à la France, mais dans le cas seulement où le duc Bernard viendrait à mourir. Ce prince ne tarda pas à deviner les intrigues qu'on ourdissait contre lui; mais elles ne lui en furent pas moins funestes, car elles le mirent dans la nécessité de diviser son armée; et le manque de subsides retarda ses opérations militaires. Son intention était de passer le Rhin, afin de faciliter au général Banner, avec lequel il s'était entendu à cet effet, les attaques qu'il projetait contre la Bavière, et surtout contre l'Autriche.

Ce fut en ce moment que la mort vint frapper le duc Bernard, au mois de juin 1638, à Neubourg sur le Rhin, avant même qu'il eût atteint sa trente-sixième année. La maladie pestilentielle qui, dans l'espace de deux jours, enleva plus de quatre cents victimes dans le camp de Neubourg, suffit sans doute pour justifier la mort prématurée de ce prince; mais elle fut si favorable à la France, qu'on l'attribua au poison venu de ce pays. Le duc lui-même en était persuadé, s'il faut en croire les dernières paroles qu'on prétend lui avoir entendu prononcer. Ces paroles, et surtout les taches noires qui couvraient son cadavre convertirent en certitude des soupçons contre lesquels protestera toujours l'épidémie qui régnait dans l'armée.

Quelles que soient au reste les causes de la mort du duc Bernard, elle fut un malheur irréparable pour le parti protestant. Formé à l'école de Gustave-Adolphe, il avait choisi ce héros pour modèle, et l'avait imité de si près, qu'il se serait peut-être élevé à la même hauteur, si le destin lui avait accordé une plus longue carrière. Son caractère offrait un mélange heureux de la valeur du soldat intrépide et de la pénétration profonde et calme du chef expérimenté, de la prévoyance de l'âge mûr et de la vivacité de la jeunesse, de l'ardeur un peu sauvage du guerrier et de la dignité du souverain, de la douce modération du sage et de la justice scrupuleuse de l'homme d'honneur. Doué d'une fermeté à toute épreuve, le malheur glissait sur lui, ou plutôt il augmentait ses forces. Son esprit, noble et fier, tendait vers un but inaccessible peut-être; mais n'oublions pas que les hommes de cette trempe sont régis par d'autres lois que celles qui dirigent les actions et les jugements des masses, et que les qualités supérieures qui les poussent vers des entreprises que personne n'oserait tenter, les autorisent à espérer ce que personne ne se permettrait de désirer.

En un mot, le duc Bernard de Weimar nous apparait dans l'histoire moderne, comme pour nous rappeler une des plus belles figures de ces temps d'action, où le mérite personnel comptait encore pour quelque chose dans la balance politique, où la valeur conquérait des royaumes, et où des vertus héroïques élevaient un simple chevalier allemand sur le trône impérial [1].

Le duc Bernard avait légué à son frère Guillaume, duc régnant de Weimar, ses prétentions sur l'Alsace, et son armée, qui composait la partie la plus importante de sa succession; mais la France, la Suède, plusieurs souverains d'Allemagne, et l'empereur lui-même, lui disputèrent cet héritage sous différents prétextes. Tous les prétendants commencèrent par chercher à gagner les officiers et les soldats, en leur faisant des offres et des promesses brillantes; car, à cette époque, les hommes qui faisaient le métier de la guerre ne s'occupaient pas de la justice de la cause qu'il s'agissait de défendre, mais du prix que l'on mettait à leurs services; et la valeur était une marchandise qui ne se distinguait de toutes les autres que par sa cherté et par la facilité avec laquelle on trouvait à la vendre.

La France, plus riche et moins lente dans ses négociations, l'emporta sur ses concurrents, car elle acheta à des prix exorbitants d'abord le général Erlach, gouverneur de Brissac, puis tous les autres chefs qui lui livrèrent cette forteresse, et bientôt après l'armée tout entière.

Le jeune palatin Charles-Louis, qui dès l'année précédente s'était engagé dans une guerre malheureuse contre l'empereur, donna à cette occasion une nouvelle preuve de son imprudence. Espérant s'emparer par la force de l'armée du duc Bernard, à laquelle il croyait avoir des droits héréditaires, et dont il voulait se servir

---

[1] Schiller fait allusion ici à Rodolphe de Habsbourg, qui de simple chevalier suisse devint empereur d'Allemagne, en 1273, et fut le fondateur de la maison d'Autriche.

(*Note du traducteur.*)

pour achever de reconquérir ses États, il se jeta follement sur le territoire français, où le cardinal de Richelieu s'empara de sa personne et le retint prisonnier à Moulins, contre le droit des gens, jusqu'à la conclusion des affaires de la succession du duc Bernard de Weimar.

Devenue propriétaire d'une armée aguerrie et établie en Allemagne, la France se décida à attaquer l'empereur ouvertement et en son propre nom. Cependant ce n'était plus contre Ferdinand II qu'elle allait entrer en campagne. Depuis le mois de février 1637, ce monarque, alors âgé de cinquante-neuf ans, avait cessé de vivre, laissant après lui la guerre terrible qu'il avait allumée. Pendant tout le cours de son règne, il n'avait pas un seul instant déposé l'épée; et sur dix-huit années de luttes et de combats, il n'avait pas eu un jour de paix. Il possédait pourtant une partie des qualités nécessaires à un grand monarque, et presque toutes les vertus qui font le bonheur des peuples; mais les fausses idées qu'il s'était faites sur ses véritables devoirs le rendirent l'instrument et la victime des passions qui s'agitaient autour de lui; et quoique naturellement humain et doux, il devint l'oppresseur de l'Allemagne, l'ennemi de la paix et le fléau de son époque. Aimable dans les relations de la vie privée, juste et clément pour ce qui concernait l'administration de ses États, faible, partial et passionné comme homme politique, il réunit sur sa tête les bénédictions de ses sujets catholiques et les malédictions du monde protestant.

L'histoire nous peint des despotes plus odieux que ne le fut jamais Ferdinand II; mais aucun d'eux n'alluma une guerre de trente ans. Pour amener un pareil résultat, il fallait que l'aveuglement et l'ambition d'un seul se trouvassent en contact avec les antécédents funestes et les germes de discorde que le passé lui avait légués. A une époque de paix, les défauts de cet empereur se seraient évanouis faute d'aliment; la tranquillité des peuples et l'uniformité des croyances n'auraient rien laissé à faire à son ambition et à son fanatisme; mais les étincelles de ces deux cruelles passions, en tombant sur un immense amas de matières inflammables, ne pouvaient manquer d'allumer l'incendie qui gagna l'Europe tout entière.

Son fils, le roi de Hongrie, devint, sous le nom de Ferdinand III, l'héritier de ses trônes, de ses principes et de sa guerre. Ce prince avait vu de près les misères des peuples; moins dépendant des jésuites et de l'Espagne que ne l'avait été son père, et déjà accoutumé à l'idée que les protestants aussi avaient le droit de participer aux bienfaits de la constitution germanique, il pouvait écouter les conseils de la justice et de la modération. Et pourtant il ne les écouta qu'après une résistance de douze années, et il ne consentit à donner la paix à l'Europe, que parce que la loi impérieuse de la nécessité l'y contraignit. Son avénement au trône impérial avait été signalé par plusieurs avantages contre les Suédois, qui, sous la direction énergique de Banner, étaient venus, après la victoire de Wittstock, prendre leurs quartiers d'hiver en Saxe, pour ouvrir la campagne de 1637 par le siége de Leipzig. La vaillante défense de la garnison et l'approche des troupes impériales et bavaroises avaient contraint Banner à se retirer à Torgau, d'où il fut chassé de nouveau, et réduit à opérer à travers la Poméranie une retraite dont la hardiesse et les heureux résultats tiennent du prodige.

Resserré entre l'armée impériale et l'Oder, trop peu nombreux pour essayer de se frayer un passage les armes à la main, et dépourvu de tous les objets nécessaires pour jeter un pont ou seulement quelques bateaux sur la rivière, Banner avait cherché et trouvé, près de Furstenberg, un passage à peu près guéable, s'y était jeté le premier, et tous ses soldats avaient imité son exemple. Marchant dans l'eau jusqu'au cou, et traînant après eux les canons que les chevaux, réduits à nager, ne pouvaient plus faire avancer, ils étaient arrivés sur l'autre rive, où le général espérait trouver le corps d'armée de Wrangel, à qui il avait expédié l'ordre de quitter la Poméranie pour venir à son secours.

Mais, à la place de ce renfort, une nouvelle armée impériale s'était présentée devant lui pour lui barrer le chemin, et lui prouver qu'il était tombé dans un piége d'où il n'était pas au pouvoir humain de le retirer. En effet, il avait derrière lui le général autrichien de Buchheim et un pays affamé; à gauche, l'Oder, gardé par les Impériaux, à droite, la Pologne, à laquelle il eût été imprudent de se confier malgré la trêve; devant lui, une autre armée ennemie et les forteresses de Landsberg, de Custrin et de Lawarta. Banner ne put s'empêcher de reprocher amèrement cette cruelle position au commissaire que la France avait placé auprès de lui :

« Votre cabinet, lui dit-il, peut s'applaudir de tout ce
« que nous souffrons ici, car c'est son ouvrage; au lieu
« de faire, ainsi que nous en étions convenus, une di-
« version à l'empereur sur les bords du Rhin, il y laisse
« ses armées inactives, et permet ainsi à l'ennemi de
« réunir toutes ses forces contre la Suède. Ah! si
« jamais les Allemands s'unissaient franchement avec
« nous pour envahir la France, vous apprendriez bien-
« tôt qu'il ne faut ni tant de temps ni tant d'apprêts
« pour passer ce Rhin que vous regardez comme une
« barrière infranchissable. »

Banner cependant n'était pas homme à perdre son temps en reproches stériles : la force et l'adresse n'avaient plus de chances à lui offrir; la ruse seule pouvait le sauver encore, et il eut recours à la ruse. Feignant de vouloir se jeter en Pologne, il avait envoyé dans cette direction une partie des chariots de l'armée et toutes les femmes des officiers, sans en excepter la sienne. Trompés par cette mesure, les Impériaux ne songèrent qu'à lui couper la route qu'ils le croyaient décidé à prendre; ils découvrirent l'Oder, et Banner profita de l'obscurité de la nuit pour passer cette rivière sans ponts et sans bateaux, comme il l'avait fait quelques jours plus tôt près de Furstenberg. Après ce passage, qui ne lui avait pas coûté un seul homme, il lui fut facile de pénétrer en Poméranie, où le général Wrangel l'attendait avec impatience, car une autre armée impériale, commandée par le général Gallas, avait pénétré dans ce duché.

Ce motif était plus que suffisant pour l'excuser aux yeux de Banner de n'avoir pu venir à son secours. Tous deux réunirent aussitôt leurs efforts contre l'ennemi commun, qui s'était emparé d'Usedom, de Wolgast et de Demmin, et avait repoussé les Suédois jusqu'au fond de la Poméranie. Cependant il leur importait plus que jamais de se maintenir en ce pays, et de faire valoir leurs droits à sa possession; car son souverain, le duc Bogisla XIV, venait de mourir.

Pénétrée de cette nécessité, la régence redoubla d'efforts en envoyant des secours d'hommes et d'argent aux généraux Wrangel et Banner, en stimulant le zèle de la France, et en cherchant à renouer ses anciennes alliances avec les princes protestants. Son crédit en Allemagne était tombé plus bas que jamais, car l'inaction de la France avait fait perdre aux Suédois les places les plus importantes de la haute Saxe. Le duc Georges de Lunebourg, désespérant de leur fortune, commençait à les traiter en ennemis. Ehrenbreitstein, domptée par la famine, avait ouvert ses portes au général bavarois de Werth; les Impériaux s'étaient emparés de toutes les fortifications élevées sur les bords du Rhin par leurs ennemis; les ducs de Mecklembourg se montraient disposés à embrasser la cause impériale; et malgré l'ostentation que la France avait déployée en déclarant la guerre à l'Espagne, elle avait essuyé plusieurs défaites.

En un mot, la Suède avait perdu tout ce qu'elle possédait dans l'intérieur de l'Allemagne; en Poméranie même, il ne lui restait plus que les places principales, lorsqu'elle fut tirée de cet abaissement par une seule campagne, et surtout par la diversion que les victoires du duc Bernard sur les bords du Rhin avaient faite aux forces impériales. Pendant ce temps, la France et la Suède avaient renouvelé à Hambourg leurs anciens traités, avec des avantages nouveaux pour cette dernière puissance. D'un autre côté, la princesse Amélie, veuve du landgrave de Hesse-Cassel, avait pris, du consentement des représentants des états, les rênes du gouvernement, où elle se maintint avec fermeté malgré les intrigues et les hostilités ouvertes de l'empereur et des princes de la ligue de Hesse-Darmstadt, qui lui contestaient ses droits à l'héritage de son mari.

Par des négociations habiles, cette princesse sut résister jusqu'au moment où une alliance secrète avec la France la mit à l'abri de tout danger; et bientôt les victoires du duc Bernard, si favorables à la cause protestante, qui était aussi la sienne, lui permirent de bannir toute contrainte et de se déclarer ouvertement en faveur de la Suède. Le jeune prince palatin avait levé une armée contre l'ennemi commun avec l'argent de l'Angleterre. Le général autrichien de Hatzfeld avait, il est vrai, mis cette armée en déroute près de Flotha; mais cette expédition manquée eut du moins l'avantage d'avoir occupé les Impériaux, et de faciliter ainsi les opérations des Suédois sur d'autres points. Plusieurs de leurs anciens amis commençaient à leur redevenir favorables, et les États de la basse Saxe avaient consenti à rester neutres.

Ce fut sous ces auspices favorables, et fortifié par quatorze mille hommes qu'on lui avait envoyés de la Suède et de Livonie, que Banner avait ouvert la campagne de 1638. Chaque jour son armée s'était grossie par la désertion des Impériaux, qui, pressés par la faim, leur plus cruelle ennemie, s'enrôlaient sous le drapeau suédois, où le manque de vivres se faisait moins cruellement sentir; car la Poméranie, quoique déjà épuisée, pouvait encore passer pour riche en comparaison des provinces allemandes.

Tous les pays entre l'Elbe et l'Oder étaient tellement dévastés, que Banner n'aurait pu les traverser avec son armée sans l'exposer à y mourir de faim. Aussi, lorsqu'il fut redevenu assez fort pour quitter la Poméranie et tenter une expédition contre la Saxe et la Bohême, prit-il un long détour pour arriver dans ces provinces. En s'approchant du territoire de Halberstadt, tout l'électorat de Saxe avait été saisi d'un tel effroi, qu'on s'était empressé d'envoyer au-devant de lui des provisions de vivres pour le décider à rester dans les environs de Magdebourg. L'envoi de ces vivres était un sacrifice d'autant plus cruel qu'on avait déjà été réduit par la famine à vaincre l'horreur qu'inspire l'idée de se nourrir de chair humaine. Mais Banner n'avait nulle envie de séjourner dans ces provinces affamées; son intention était de s'emparer des États héréditaires de l'empereur.

Après avoir battu le général autrichien de Salis devant Elsterbourg, défait l'armée saxonne près de Schemnitz, et pris possession de Pirna, il pénétra en Bohême, passa l'Elbe, menaça Prague, soumit Brandels et Leutmeritz, mit le général Hofkirchen en déroute, et répandit la terreur et la consternation par toute la Bohême. Dans ce malheureux royaume, qu'on avait laissé sans défense, tout ce qui pouvait se transporter devint la proie des vainqueurs; pour se faire des provisions de grains, les soldats coupaient les épis dans les champs, où les chevaux venaient manger et gaspiller le reste. Plus de mille châteaux ou villages furent réduits en cendres, et souvent on en vit, dans une seule nuit, des centaines dévorés par les flammes. De la Bohême, ces vainqueurs furieux s'étendirent en Silésie, d'où ils menaçaient d'un sort semblable la Moravie et l'Autriche, lorsqu'ils furent arrêtés dans leurs sanglants succès par les généraux Hatzfeld et Piccolomini, sous les ordres de l'archiduc Léopold, que l'empereur avait chargé de réparer la défaite de Gallas.

Chassés de leurs quartiers d'hiver en Bohême dès le commencement de 1640, les Suédois ne songèrent qu'à sauver leur butin, et se retirèrent avec tant de précipitation à travers les montagnes de la Misnie, qu'ils y furent surpris et battus par les Saxons. Ce revers les réduisit à chercher un refuge en Thuringe. Si une seule campagne avait suffi pour rétablir la gloire de leurs armes, une seule aussi suffit pour la leur faire perdre; mais une suivante la relèvera de nouveau, et c'est ainsi que nous les verrons sans cesse passer d'une extrémité à l'autre.

Fatigués enfin des chaînes que leur imposait la paix de Prague, les ducs de Lunebourg' conduisirent au secours de Banner les troupes avec lesquelles, quelques années plus tôt, ils l'avaient combattu. La Hesse lui envoya des auxiliaires, et le duc de Longueville, général en chef de l'ancienne armée du duc Bernard, devenue la propriété de la France, vint avec ses vaillantes troupes le rejoindre devant Erfurt, où il était campé et menacé d'une ruine totale.

Redevenu assez fort pour braver de nouveau les Impériaux, Banner leur offrit la bataille près de Saafeld; mais leur chef Piccolomini l'évita, et la position qu'il avait prise ne permit pas de l'y contraindre. Forcé de chercher ailleurs des conquêtes à faire, il voulut attaquer les Bavarois, qui venaient de se séparer des Impériaux et dirigeaient leur marche vers la Franconie. Mais la prudence du général bavarois Mercy et l'approche d'un corps autrichien firent échouer ce projet. Les deux armées de la Bavière et de l'Autriche entrèrent dans le pays de Hesse, où elles s'enfermèrent, non loin l'une de l'autre, dans des camps fortifiés, d'où le froid et la famine ne tardèrent pas à les chasser. Piccolomini choisit pour ses quartiers d'hiver les riches bords du Weser ; mais, devancé par Banner, il fut obligé de les lui céder, et d'aller désespérer par sa désastreuse présence les évêchés de la Franconie.

Au milieu de ces événements, une diète s'était réunie à Ratisbonne, afin de décider en dernier ressort de la paix ou de la guerre. L'empereur Ferdinand III la présidait en personne ; mais la plupart des membres protestants étaient absents, et les catholiques, et surtout les évêques, dirigeaient seuls les délibérations ; aussi le parti de la réformation soutint-il avec raison que l'Empire n'était pas représenté à cette diète. Les protestants allèrent jusqu'à dire qu'ils ne voyaient dans cette diète qu'une conspiration de l'empereur et de ses partisans contre leurs intérêts et leurs droits. Persuadé qu'en troublant cette assemblée et qu'en la dispersant avant qu'elle eût eu le temps de prendre une décision, il acquerrait des droits à la reconnaissance de tous les ennemis de l'empereur et réparerait sa gloire militaire, compromise par le mauvais succès de son expédition en Bohême, Banner se proposa de surprendre la ville de Ratisbonne.

Ne confiant à personne son audacieux projet, il quitta brusquement, et au milieu de l'hiver de 1641, ses quartiers de Lunebourg. L'épaisse couche de neige qui couvrait toutes les routes lui facilita le moyen de transporter ses troupes avec une vitesse extrême, et les glaces profondes qui enchaînaient le cours des rivières lui permirent de les franchir sans ponts et sans bateaux. Traînant après lui le maréchal de Guébriant, un des chefs de l'armée de France et de Weimar (nom sous lequel on désignait l'ancienne armée du duc Bernard), Banner traversa avec la rapidité de l'éclair la Thuringe et la Voigtland, et parut en face de Ratisbonne avant que dans cette ville on eût pu recevoir la nouvelle de son départ de Lunebourg.

Il serait impossible de décrire la consternation de la diète : les représentants des puissances étrangères prirent la fuite ; tous les souverains allemands se disposèrent à imiter cet exemple : l'empereur seul eut le courage de déclarer qu'il ne quitterait point la ville, quel que fût le sort qui lui était réservé, et sa fermeté inspira du courage aux plus timides. Malheureusement pour les Suédois, un dégel inattendu rompit les glaces du Danube, et ce fleuve, encore immobile la veille, et qu'on pouvait passer à pied sec, devint tout à coup si furieux, que la démence seule aurait pu songer à y jeter un pont ou seulement quelques bateaux..

Vaincu par l'inconstance de la saison, Banner qui voulait du moins avoir fait quelque chose pour humilier l'empereur et effrayer Ratisbonne, ne se retira qu'après avoir tiré cinq cents coups de canon dans les rues de cette ville, où ils firent beaucoup de fracas, mais fort peu de mal. Pour se dédommager de cette entreprise échouée, et assurer à ses troupes de bons quartiers d'hiver et un riche butin, il prit la résolution de pénétrer en Moravie par la Bavière; mais le général français refusa de le suivre plus longtemps, dans la crainte qu'il ne cherchât ainsi à éloigner l'armée de France et de Weimar pour en disposer à son gré. Il retourna donc vers le Mein, laissant Banner exposé aux attaques de toute l'armée impériale, qui s'était réunie en hâte entre Ratisbonne et Ingolstadt.

Risquer une bataille contre un ennemi si supérieur en nombre eût été assurer sa perte; la retraite à travers une contrée ennemie, sillonnée de fleuves et couverte de forêts, paraissant également impossible; mais rien ne l'était pour l'esprit si fertile en expédients et le courage indomptable de Banner. La route qui, à travers le *Wald* [1] conduit en Saxe, était la seule qui lui restait à prendre; pour s'y jeter il avait besoin d'arrêter l'ennemi pendant quelques jours du moins, et il confia cette tâche importante à trois régiments suédois, qui, sans autres remparts que les murs à moitié écroulés de Neubourg, occupèrent par leur valeur spartiate toute l'armée impériale durant quatre jours, dont Banner profita pour s'échapper par Éger et Annaberg. Mais Piccolomini le poursuivit sur une route plus courte, et s'il n'eût pas eu le bonheur de le devancer d'une demi-heure près du passage de Prisnitz, c'en eût été fait pour toujours de l'autorité suédoise en Allemagne. A Rwickau, Banner rejoignit de nouveau le général de Guébriand, et tous deux se dirigèrent vers Halberstadt, après avoir vainement essayé d'empêcher les Autrichiens de passer la Saale.

Ce fut à Halberstadt, au mois de mai 1641, que le général Banner termina sa glorieuse carrière; et cette fois du moins on ne peut attribuer la mort prématurée d'un grand homme à un autre poison qu'à celui de la débauche.

Si la fortune n'avait pas permis au général Banner de soutenir la gloire des armes suédoises avec un éclat constant, il ne cessa jamais de se montrer digne du héros

---

[1] C'est par ce mot, qui signifie *forêt*, qu'on désigne la partie de *Boehmerwald* (forêt de Bohême) qui appartient à la Bavière.
(*Note du traducteur.*)

sous lequel il s'était formé au métier des armes. Aussi prudent qu'intrépide, son secret n'était jamais qu'à lui; et il exécutait avec promptitude les vastes et téméraires conceptions de son esprit inépuisable en ressources. Inaccessible à la crainte, il aimait le danger; plus grand dans l'adversité que dans la fortune, ses ennemis ne le redoutaient jamais davantage que lorsqu'il paraissait toucher à sa perte. Mais à ces hautes qualités il joignait tous les travers, tous les vices que la vie des camps engendre souvent, et qu'elle excuse toujours.

Aussi absolu au conseil qu'à la tête d'une armée, rude comme son métier, fier comme un conquérant, il désespéra les princes allemands ses alliés, plus encore par l'arrogance de ses manières, que par les contributions dont il surchargeait leurs États. Ami des plaisirs de la table et de toutes les jouissances des sens, il s'y abandonnait sans réserve, comme le seul moyen de se dédommager des fatigues et des privations de la guerre; et il en usa avec si peu de modération, que sa mort fut généralement attribuée à sa vie déréglée.

Mais s'il fut sensuel, dissolu et somptueux comme Alexandre et Mahomet II, il savait comme eux passer tout à coup de l'enivrement des voluptés et du luxe, aux fatigues et aux périls de la guerre; et ce fut presque toujours au moment où ses soldats l'accusaient d'étouffer ses vertus guerrières dans une mollesse honteuse et efféminée, qu'on le voyait reparaître à la tête de son armée avec toute l'austérité sévère, le courage infatigable et le calme imposant d'un grand capitaine. Les diverses batailles qu'il livra sur le sol allemand coûtèrent la vie à plus de quatre-vingt mille hommes, et les six cents drapeaux et étendards qu'il envoya à Stockholm immortalisèrent son nom, en constatant ses nombreuses victoires.

La perte de ce grand général fut d'autant plus cruelle

pour la Suède, que tout l'autorisait à la regarder comme irréparable. L'énergie de Banner avait seule pu contenir la licence effrénée et l'esprit de révolte qui depuis longtemps s'étaient introduits dans l'armée. Aussi, à peine les officiers furent-ils instruits de sa mort, qu'ils demandèrent leur solde arriérée d'un ton d'autorité et de menace; et des quatre généraux qui s'étaient partagé le commandement de l'armée aucun ne put les faire rentrer dans le devoir.

Tous les liens de la discipline se relâchèrent; le défaut de vivres, et les circulaires de l'empereur qui appelaient sous ses drapeaux les soldats de toutes les nations, occasionnèrent une désertion considérable. L'armée de France et de Weimar montrait peu de zèle; celle de Lunebourg se sépara des Suédois; la maison de Brunswick se réconcilia avec l'empereur après la mort du duc Georges, et les Hessois se dirigèrent vers la Westphalie pour se reposer de leurs fatigues. L'ennemi, malgré les deux grandes batailles qu'il avait perdues pendant la campagne, profita du désordre occasionné par la mort du général Banner pour prendre pied dans la basse Saxe. Mais tout à coup un généralissime, Bernard de Torstensohn, arriva de la Suède avec des troupes nouvelles et toutes les ressources nécessaires pour recommencer la guerre.

Torstensohn était un élève de Gustave-Adolphe, qu'il avait d'abord servi en qualité de page, et sous les ordres duquel il avait fait la première campagne de la Pologne. Malheureusement la goutte, en paralysant ses membres, l'avait enlevé à une carrière à laquelle il paraissait prédestiné; mais, malgré son infirmité, il parvint en peu de temps à changer complétement les affaires de la Suède en Allemagne. Réduit à commander l'armée dans une chaise à porteurs, il surpassa tous ses adversaires par la rapidité de ses manœuvres, et les défit tantôt par la sagesse et tantôt par l'audace de ses opérations. Si des souffrances cruelles enchaînaient les mouvements de son corps, les créations de son génie avaient des ailes.

Jusque-là, les États autrichiens étaient restés exempts des ravages qui depuis longtemps désolaient l'Allemagne : Torstensohn s'était promis de les leur faire éprouver à leur tour. Tous les généraux suédois avaient eu ce projet, lui seul sut le réaliser. Il conduisit son armée, épuisée par des privations de toute espèce, dans cette Autriche privilégiée, où régnaient encore le luxe et l'abondance ; et sa main *perclue*, plus forte que la main de ses prédécesseurs, jeta le brandon de la guerre jusque sur les marches du trône impérial. Tous les généraux suédois, et notamment le général Stahlhantsch, qui, après avoir été battu en Silésie par les Impériaux, s'était réfugié dans la nouvelle Marche, reçurent l'ordre de se rendre avec leurs troupes dans le pays de Lunebourg, où le nouveau généralissime venait d'établir son quartier général.

Là, les préparatifs se firent avec tant de promptitude et de mystère, que l'armée suédoise put traverser les États de Brandebourg, malgré la neutralité armée que son nouvel et célèbre électeur venait d'adopter, et elle parut en Silésie avant que l'ennemi eût eu le temps de deviner de quel côté elle voulait diriger ses attaques. La ville de Glogau fut prise sans le secours de l'artillerie : au lieu de battre les remparts en brèche, les assaillants les escaladèrent l'épée à la main, et s'emparèrent de la place sans avoir ni reçu ni tiré un coup de canon. Le duc François-Albert de Lauenbourg, lui qui avait vu Gustave-Adolphe recevoir à ses côtés une balle autrichienne, périt d'une balle suédoise près de Schweidnitz, après avoir été témoin de la déroute complète des troupes qu'il commandait. La ville de Schweidnitz et toutes les provinces au delà de l'Oder furent conquises avec une rapidité qui tenait du prodige.

Après ces premiers succès, Torstensohn envahit la Moravie, où jamais encore aucun ennemi de l'Autriche n'avait pénétré, et se rendit maître d'Olmutz. La nouvelle de la perte de cette forteresse, que l'on croyait imprenable, répandit la terreur jusque dans la ville impériale. L'archiduc Léopold et le général Piccolomini réunirent aussitôt leurs forces, et obligèrent le conquérant suédois à quitter la Moravie, et bientôt après la Silésie. Mais, appelant aussitôt à lui le général Wrangel avec son corps d'armée, Torstensohn reprit l'offensive, et s'empara de nouveau de la plupart des villes perdues. Malgré ses efforts, il ne put contraindre les Impériaux à livrer bataille, et chercha en vain une occasion de pénétrer en Bohême.

Pour se dédommager de ces tentatives manquées, il envahit la Lusace, se rendit maître de Zittau, continua sa marche à travers la Misnie, passa l'Elbe près de Torgau. Alors seulement il s'arrêta pour mettre le siége devant Leipzig, où il se flattait de trouver des vivres en abondance et de grandes richesses, car depuis près de dix ans, cette ville avait presque toujours été épargnée par le fléau de la guerre. L'archiduc et Piccolomini accoururent aussitôt au secours de cette opulente cité. Loin de les éviter, Torstensohn marcha à leur rencontre en ordre de bataille, et, par un singulier concours d'événements, il se trouva en face d'eux sur le même terrain où, onze ans plus tôt, Gustave-Adolphe avait fondé la puissance suédoise en Allemagne par une victoire éclatante.

Ce glorieux souvenir enflamma l'ardeur de l'armée et de ses chefs, et tous jurèrent de se montrer dignes du sol sanctifié sur lequel ils avaient le bonheur de combattre. Les généraux Stahlhantsch et Wittenberg se jetèrent avec tant d'impétuosité sur l'aile gauche des Impériaux, que toute la cavalerie qui la couvrait fut mise hors de combat par cette première attaque. L'aile gauche des Suédois cependant commençait à faiblir ; mais l'aile droite vint aussitôt à son secours. Ces deux corps réunis prirent l'ennemi en queue, assaillirent en même temps ses flancs, et jetèrent le désordre dans ses rangs. L'infanterie des deux partis restait toujours inébranlable ; et lorsque toute la poudre fut épuisée, elle continua à se battre à coups de crosse de fusil jusqu'au moment où l'armée impériale, cernée de toutes parts, céda enfin le champ de bataille après une lutte acharnée de trois heures. Des deux côtés, les chefs avaient donné de nombreuses preuves de talent et de valeur ; l'archiduc Léopold surtout s'était montré toujours le premier à l'attaque et le dernier à céder la place.

Cette victoire coûta aux Suédois plus de trois mille soldats et deux de leurs meilleurs généraux, Schlangen et Lilienhoek. La perte des Impériaux fut beaucoup plus considérable, car ils laissèrent sur le champ de bataille cinq mille morts, autant de prisonniers, quarante-six canons, presque tous les bagages de l'armée, la chancellerie et toute la vaisselle d'argent de l'archiduc. Trop épuisé par cette victoire pour poursuivre l'ennemi, Torstensohn s'avança sur Leipzig ; l'armée impériale s'enfuit en Bohême, où elle réunit ses débris dispersés. L'archiduc Léopold fut tellement furieux de la perte de cette bataille, qu'il prétendait avoir été causée par la fuite d'un régiment de cavalerie, qu'il lui fit éprouver les terribles effets de sa colère : il le réunit à Nackonitz, en Bohême, le dégrada en présence de l'armée, lui enleva ses chevaux, ses armes et ses insignes ; fit déchirer ses étendards, fusiller plusieurs officiers et décimer les soldats.

La reddition de Leipzig, qui eut lieu trois semaines

après la bataille, fut pour les Suédois une des plus belles conséquences de leur triomphe. Cette malheureuse ville fut obligée de se racheter du pillage par une rançon de trois tonnes d'or (environ un million de francs), et d'une fourniture de draps, de toiles, et de tous les objets nécessaires pour équiper à neuf l'armée suédoise. Les marchands étrangers qui avaient des dépôts dans cette ville furent imposés séparément.

Pendant le même hiver, Torstensohn mit le siége devant Freiberg, que, malgré la rigueur de la saison, il poursuivit avec une ardeur infatigable. La persévérance des assiégés et l'approche de Piccolomini l'obligèrent à renoncer à cette entreprise, mais elle avait du moins eu l'avantage de forcer les Impériaux à quitter leurs quartiers d'hiver, et à les engager dans des expéditions qui leur avaient coûté plus de trois mille chevaux. Pour achever de les harceler, il se dirigea vers l'Oder, où il se renforça par les garnisons de la Silésie et de la Poméranie; et, par un mouvement aussi brusque qu'imprévu, il reparut sur les frontières de la Bohême, traversa ce royaume avec la rapidité de l'éclair, entra une seconde fois en Moravie, délivra Olmutz, prête à se rendre aux Impériaux, établit son camp à deux lieues de la forteresse, leva des contributions de guerre exorbitantes, et fit battre la campagne par des troupes légères qui poussèrent leurs excursions jusqu'aux avant-postes chargés de la garde des ponts de Vienne.

Réduit à craindre pour sa capitale, l'empereur appela la noblesse hongroise à son secours; mais elle refusa de répondre à cet appel, sous prétexte que ses privilèges la dispensaient de se battre pour les intérêts de l'empereur sur tout autre territoire que sur celui de la Hongrie. Pendant ces négociations stériles, les Suédois avaient eu le temps de se rendre maîtres de toute la Moravie. L'activité infatigable et le courage intrépide de Torstensohn étonnèrent non-seulement ses amis et ses ennemis, mais ses succès rapides réveillèrent le zèle des alliés de la Suède.

Les troupes de Hesse, celles de France et de Weimar, commandées par le général d'Eberstein et par le maréchal Guébriant, venaient d'entrer dans l'archevêché de Cologne, où elles établirent leurs quartiers d'hiver. Peu satisfait de la présence de ces hôtes importuns, l'archevêque électeur avait appelé le général autrichien de Hatzfeld pour l'en débarrasser, et confié le commandement de ses troupes au général Lamboy; mais les alliés attaquèrent ce général près de Kempen, dans le mois de janvier 1642, et sa déroute fut si complète, qu'il perdit près de 2,000 hommes, et plus du double furent faits prisonniers.

Eberstein et Guébriant, devenus par cette victoire maîtres de tout l'électorat de Cologne, établirent leurs quartiers d'hiver dans cette riche contrée, où ils remontèrent leur cavalerie, et y levèrent des troupes.

Bientôt cependant Guébriant confia aux Hessois le soin de défendre les conquêtes du bas Rhin contre le comte de Hatzfeld, et s'avança vers la Thuringe, où Torstensohn s'apprêtait à une attaque sérieuse contre la Saxe. Mais, au lieu de se joindre à l'armée suédoise, il se souvint tout à coup qu'il s'était déjà éloigné du Rhin plus que les instructions de son gouvernement ne le lui permettaient, et il retourna en hâte vers ce fleuve.

Les Bavarois, qui, sous les ordres de Mercy et de Jean de Werth, stationnaient sur le territoire de Bade, barrèrent le chemin à Guébriant, et le réduisirent à errer au hasard et à camper sur la neige et sur la glace avec son armée dépourvue de tout; et ce ne fut qu'après plusieurs semaines de cette existence misérable qu'il parvint à se procurer dans le Brisgau un asile un peu plus tolérable. L'été suivant il reparut en Souabe, et empêcha l'armée bavaroise d'aller au secours de Thionville, assiégée par le célèbre prince de Condé, qui alors n'était encore que duc d'Enghien. La supériorité de l'ennemi le força néanmoins à retourner en Alsace pour y attendre des renforts; mais ces renforts n'arrivèrent point, car l'attention de la France venait d'être détournée du théâtre de la guerre par la mort du cardinal de Richelieu.

Ce fut dans le mois de novembre 1642 que ce grand homme d'État fut enlevé aux affaires qu'il dirigeait avec tant de gloire, et, le 13 mai de l'année suivante, son souverain, Louis XIII, le suivit dans la tombe.

Devenu l'héritier de la puissance, des principes et des projets de Richelieu, le cardinal Mazarin travailla avec zèle à l'accomplissement des plans que son illustre prédécesseur lui avait légués; mais, au lieu de concentrer comme lui toutes ses forces contre l'Espagne, il s'en servit contre l'empereur, et justifia ainsi l'opinion qu'il avait énoncée en soutenant que l'armée française en Allemagne était le bras droit du roi de France et le rempart de ses États. Fidèle à ce principe, il s'empressa d'envoyer des renforts considérables en Alsace; et, pour enflammer l'enthousiasme de ces nouvelles troupes, il les plaça sous les ordres du duc d'Enghien, qui déjà s'était acquis l'estime et la confiance des soldats par la victoire de Rocroi. Ces courses permirent à Guébriant de reprendre la campagne avec éclat. Malgré la rigueur de la saison, il passa le Rhin, entra en Souabe, et s'empara de Rottweil, dont les Bavarois avaient fait leur dépôt d'armes, de munitions et de vivres.

Malheureusement il reçut, pendant le siége, une blessure au bras, que la maladresse d'un chirurgien rendit mortelle; et bientôt après la place retomba au pouvoir des Bavarois.

Épuisée de fatigue et considérablement diminuée par toutes ces expéditions au milieu de l'hiver, l'armée franse s'était, immédiatement après la prise de Rottweil, retirée dans les environs de Tuttlingue, où elle se livra à la douceur du repos, sans songer à la possibilité d'une attaque. Pendant ce temps, le général de Hatzfeld unit son corps d'armée à celui de la Bavière, commandé par Mercy; et bientôt le duc de Lorraine, que pendant cette guerre on voit toujours partout, excepté dans son duché, vint avec ses troupes se joindre à ces deux généraux; et le projet de surprendre les Français dans leur camp fut arrêté d'un commun accord.

Ces sortes d'expéditions étaient alors fort usitées, et coûtaient souvent plus de sang que des batailles rangées; mais elles avaient aussi presque toujours des résultats plus décisifs. Une pareille entreprise ne pouvait manquer son effet contre les Français, qui n'en avaient point l'expérience, et qui, en tout cas, se croyaient bien assez défendus par la rigueur de la saison, à laquelle ils supposaient les soldats allemands aussi sensibles qu'ils l'étaient eux-mêmes. Jean de Werth, qui passait à juste titre pour un grand maître dans ce genre de guerre, fut chargé du commandement en chef de ce coup de main projeté contre les Français. Résolu de les attaquer par le côté où d'étroits défilés et d'épaisses forêts semblaient rendre leur camp inaccessible, il se mit en route vers ce point le 24 novembre 1643.

Protégée par la neige, qui ce jour-là tombait en abondance et obscurcissait l'air, l'avant-garde put s'avancer sans être aperçue jusqu'à l'entrée du bourg de Tuttlingue, où elle s'arrêta, et s'empara sans bruit de toute l'artillerie parquée au milieu des champs, sans autre défense que la glace, qui semblait l'enchaîner au sol. Pendant ce temps le reste de l'armée ennemie avait pris ses positions autour du camp, de manière à le cerner de toutes parts. Déjà on s'était rendu maître du château de Honberg sans coup férir, lorsque les Français renfermés dans le bourg de Tuttlingue, qui n'est qu'à une très-petite distance du château, s'aperçurent enfin qu'on venait les attaquer ; mais ils reconnurent en même temps que la résistance était impossible.

Entourés par l'ennemi, séparés des villages voisins, où campait le reste de l'armée, sans artillerie, et prêts à essuyer le feu du château qu'on venait de leur enlever, ils ne leur restaient en effet d'autre espoir de salut que la fuite. Secondée par la qualité supérieure de ses chevaux, une partie de la cavalerie parvint à s'échapper; mais toute l'infanterie fut massacrée ou déposa les armes. Cette défaite leur coûta près de deux mille morts et sept mille prisonniers, parmi lesquels on comptait vingt-cinq officiers supérieurs et quatre-vingt-dix capitaines.

Cette longue guerre offre l'exemple de plusieurs batailles beaucoup plus sanglantes que celle du 24 novembre ; mais ce fut la seule qui causa une joie égale aux deux partis qui divisaient l'Allemagne ; car l'un et l'autre se composaient d'Allemands, et l'humiliation de la défaite ne retombait que sur les Français. Les exploits héroïques de Turenne et de Condé ne tardèrent pas à laver l'affront de cette cruelle journée. Il n'en faut pas moins excuser les Allemands s'ils profitèrent de ce malheur pour se venger de la politique perfide du cabinet de Saint-Germain, en composant des chants burlesques sur le rude échec que la valeur française avait éprouvé au camp de Tuttlingue.

Pour les Suédois, dont la vanité nationale n'était point intéressée à la défaite des Français, cette défaite fut un malheur d'autant plus sensible qu'il les frappait au moment où un nouveau danger les obligeait à transporter la guerre sur un autre point de l'Europe.

La partialité de Christian IV dans le rôle de médiateur dont il s'était chargé entre la Suède et l'Allemagne, la jalousie secrète que lui inspirait la gloire dont les

Suédois ne cessaient de se couvrir, l'avaient poussé à entraver leur navigation dans le Sund, et à gêner leur commerce par des droits exorbitants qui fatiguaient depuis longtemps la patience du gouvernement suédois. La crainte de se jeter dans une guerre nouvelle, tandis que la nation pliait sous le fardeau de l'ancienne, en dépit des brillants succès qu'elle y avait obtenus, avait contenu d'abord le besoin de vengeance ; mais, les vexations des Danois devenant chaque jour plus intolérables, on sentit qu'il eût été honteux de ne pas s'y opposer ouvertement, et la régence autorisa Torstensohn à les punir de leurs insultes.

Au reste, en Allemagne, on ne guerroyait presque plus que pour occuper et nourrir les soldats, et souvent on ne risquait une bataille que pour leur assurer de bons quartiers d'hiver; mais les provinces allemandes manquaient même du nécessaire, tandis que l'abondance régnait encore en Holstein. L'espoir d'y lever des troupes et des chevaux, et d'y faire des provisions de vivres et de munitions, était d'ailleurs un motif assez puissant pour inspirer à Torstensohn le désir d'envahir cette province. La mauvaise administration du gouvernement danois autorisait des projets plus vastes, si l'on parvenait à l'attaquer avant qu'il eût songé à se défendre. Aussi cette affaire fut-elle traitée à Stockholm avec tant de prudence, qu'elle resta un mystère pour l'ambassadeur de Danemark, et même pour ceux de la France et de la Hollande.

En Allemagne aussi on était loin de deviner le véritable but de la marche capricieuse et irrégulière de Torstensohn. Trois mois avant la bataille de Tuttlingue, ce général avait brusquement quitté la Moravie. S'avançant tantôt en Silésie, tantôt revenant sur l'Elbe, il s'était pour ainsi dire joué des Impériaux, qui avaient vainement cherché à l'atteindre. Arrivé à Torgau, il jeta un pont sur l'Elbe, et fit répandre le bruit qu'il voulait pénétrer en Bavière par la Moravie et le haut Palatinat. Puis il disparut tout à coup pour se montrer de nouveau près de Barby, et faire tous les préparatifs nécessaires au passage de l'Elbe.

Mais, feignant une seconde fois de renoncer à ce projet, il descendit le fleuve en suivant des détours incompréhensibles jusqu'à Harelberg, où il déclara enfin à son armée, pour laquelle il était devenu une énigme, qu'il la conduisait contre les Danois, et que l'on commencerait les hostilités par l'envahissement du Holstein. Ses troupes se répandirent aussitôt dans ce pays, où elles s'emparèrent de toutes les places fortes. Une autre armée suédoise entra en même temps en Scanie, où elle ne rencontra presque aucune résistance; l'extrême rigueur du froid put seule l'empêcher de passer le petit Belt, d'étendre ses conquêtes, et de s'emparer des îles de Seeland et de Fionie. Les éléments même semblaient s'être conjurés contre le Danemark, car sa flotte fit naufrage près de Femern; et Christian IV, qui la commandait en personne, eut l'œil droit crevé par un éclat de bois.

Privé de sa flotte, séparé par une grande distance de l'empereur, son unique allié, l'infortuné roi de Danemark se vit sur le point de réaliser la prophétie du célèbre Tycho-Brahé, d'après laquelle il devait être chassé du trône, et réduit à errer en fugitif un bâton blanc à la main.

Le cabinet impérial était trop politique pour rester spectateur inactif de la ruine du Danemark au profit de la Suède, et il se décida à lui envoyer des secours. En dépit des difficultés qui s'opposaient à la marche d'une armée à travers une longue suite de pays épuisés par la guerre, la famine et les épidémies, le général Gallas, à qui l'empereur venait de rendre le commandement en chef, pénétra dans le Holstein. Après s'être emparé de la ville de Kiel, il opéra sa jonction avec l'armée danoise, et se flatta d'enfermer les Suédois dans le Jutland. D'un autre côté, le général autrichien Hatzfeld et l'archevêque de Brême, fils de Christian IV, occupaient les Hessois et les troupes suédoises commandées par Kœnigsmark; par une fausse attaque sur la Misnie, on était même parvenu à attirer ce général en Saxe, où une perte certaine semblait l'attendre.

Mais l'intrépide Torstensohn, qui s'était frayé un passage entre Schleswig et Stapelholm, marcha au-devant de Gallas, et le força à remonter l'Elbe jusqu'à Bernbourg. Près de cette ville, les Impériaux établirent un camp fortifié; et le généralissime suédois, ne jugeant pas à propos de les y troubler, passa la Saale, et ne s'arrêta qu'après avoir pris des positions par lesquelles il les séparait entièrement de la Saxe et de la Bohême.

Cette manœuvre fit éclater la famine dans le camp de Gallas: pour s'y soustraire, il se replia sur Magdebourg; mais sa retraite ne changea rien à l'horreur de sa position. La cavalerie impériale, qui avait cherché à s'enfuir par la Silésie, fut taillée en pièces près de Juterbock : le reste de l'armée périt près de Magdebourg, en cherchant vainement à se frayer un passage les armes à la main. Gallas ne recueillit de cette expédition, entreprise avec des forces considérables, que la gloire de passer pour *un maître incomparable dans l'art de perdre une armée.*

Forcé enfin de demander la paix aux Suédois, le roi de Danemark l'obtint, mais à des conditions aussi dures qu'humiliantes. Cette paix fut signée à Bremseboor en 1643.

Poursuivant sa victoire, Torstensohn envahit de nouveau la Bohême, tandis que ses généraux, Axel-Lilienstern et Kœnigsmark, inquiétaient, l'un l'électorat de Saxe, et l'autre les États de Brême.

Réduit à trembler de nouveau pour ses États héréditaires, l'empereur se rendit à Prague afin d'encourager ses sujets par sa présence, et de rétablir l'harmonie entre ses généraux, qui, égaux en pouvoir, ne l'étaient pas en prétentions, et sacrifiaient trop souvent l'intérêt général à leurs jalousies particulières. Se chargeant lui-même du commandement en chef, il ordonna au général Hatzfeld de réunir tout ce qui restait de troupes à l'Autriche et à la Bavière, et de risquer, malgré l'avis contraire de ce général, la dernière ressource, le dernier espoir de ces deux puissances, dans une bataille rangée. Ferdinand III comptait sur la supériorité numérique de sa cavalerie, et plus encore sur la protection de la Vierge, qui lui était apparue en songe et lui avait promis la victoire.

Le 24 février 1645, l'armée impériale prit ses positions près de Jankowitz, de manière à rendre sa supériorité numérique bien visible aux Suédois. Mais Torstensohn, qui ne comptait jamais ses ennemis qu'après les avoir vaincus, commença lui-même l'attaque avec tant d'impétuosité, que l'aile gauche des Impériaux, commandée par le général Goetz, et très-imprudemment placée entre des forêts et des étangs, se replia et perdit dans sa retraite son chef, une partie de ses soldats et toutes ses munitions. Ce début décida du sort de la journée. Continuant à repousser les Impériaux; et après un combat acharné de huit heures, les Suédois restèrent maîtres du champ de bataille. Plus de deux mille Autrichiens restèrent sur la place, et le général Hatzfeld fut fait prisonnier avec trois mille soldats. Ce fut ainsi que l'empereur perdit, dans une seule affaire, sa dernière armée et le dernier de ses bons généraux. Après cette défaite, qui livrait aux Suédois l'entrée de ses États héréditaires, il s'enfuit à Vienne, autant pour s'occuper de la défense de cette ville, que pour faire transporter ses trésors et sa famille en lieu de sûreté.

De leur côté, les Suédois, semblables à un torrent impétueux, traversèrent la Moravie, cernèrent la ville de Brunn, s'emparèrent de tous les châteaux et places fortes des rives du Danube, et ne s'arrêtèrent qu'en face de la ville impériale. Les garnisons qu'ils laissèrent dans les postes conquis, et les travaux imposants dont ils entouraient leur camp, prouvèrent clairement qu'ils n'avaient pas l'intention de faire à l'Autriche une visite passagère. Après un long détour à travers tous les États de l'Empire, la guerre revint enfin au point d'où elle était partie; et les bombes suédoises rappelèrent aux habitants de Vienne les boulets que, vingt-sept ans plus tôt, les insurgés de la Bohême avaient jetés dans leurs murs.

Les mêmes causes amenèrent les mêmes effets; les Bohémiens avaient appelé Bethlen-Gabor à leur secours, les Suédois s'adressèrent à son successeur Ragotzy, qui se mit aussitôt en marche, et traversa la Hongrie avec tant de rapidité, qu'on s'attendait à chaque instant à le voir opérer sa jonction avec Torstensohn. D'autres calamités semblaient vouloir hâter la ruine prochaine de la maison d'Autriche.

Réduit à la dernière extrémité par les invasions des Suédois, et abandonné par l'empereur, qui, depuis la défaite de Jankowitz, ne pouvait plus s'occuper que de la défense de sa capitale, l'électeur de Saxe saisit la seule chance de salut qui lui restât encore, et demanda et obtint des Suédois une trêve que l'on devait renouveler d'année en année jusqu'à la paix générale. D'un autre côté, l'armée française s'était vengée par une campagne brillante de la défaite de Tuttlingue, et le grand Turenne était venu amener au duc d'Enghien un renfort considérable qui l'avait mis à même d'assiéger Freibourg, défendu par le général Mercy. L'opiniâtreté bavaroise avait vaincu l'impétueuse valeur des Français ; la bataille du 3 août 1654 leur avait coûté plus de six mille de leurs meilleurs soldats, perte à laquelle le cardinal Mazarin fut si sensible, qu'il en versa des larmes, tandis que le duc d'Enghien, déjà inaccessible à tout autre sentiment qu'à l'amour de la gloire, écrivit froidement qu'une seule nuit de Paris donnait l'existence à plus d'hommes que la bataille de Freibourg n'en avait fait mourir. Au reste, si cette bataille força les Français à une retraite momentanée, elle avait tellement affaibli les Bavarois, qu'ils ne pouvaient ni secourir l'Autriche, ni arrêter les progrès de l'ennemi sur les bords du Rhin, où il s'empara successivement de Spire, Worms, Manheim, Philisbourg et Mayence.

Les mêmes événements qui, au commencement de la guerre, avaient empêché l'Autriche de devenir la proie des insurgés de la Bohême, la sauvèrent aussi du sort que lui préparait Torstensohn. Ragotzy venait d'arriver au camp suédois avec vingt-cinq mille hommes ; mais cette horde de barbares, accoutumée à vivre de rapines, et de pillage, ne servit qu'à dévaster le pays et à épuiser en peu de temps les ressources de l'armée, tandis qu'il fut impossible de les plier aux combinaisons de la tactique et aux règles de la discipline, qui assurent aux nations civilisées des avantages durables. Bethlen-Gabor n'était venu jadis au secours des Bohémiens que dans le but d'arracher à l'empereur une rançon honteuse et de piller impunément ses États. Ragotzy n'en avait pas eu d'autre ; aussi se hâta-t-il de retourner chez lui dès qu'il n'eut plus rien à piller, et que Ferdinand III eut consenti à lui payer la somme qu'il demandait pour le débarrasser de sa désastreuse présence.

Depuis quatre mois le gros de l'armée suédoise assié-

…ait la ville de Brunn; mais le commandant de cette forteresse, déserteur suédois, et qui par conséquent ne pouvait rien espérer de la clémence des vainqueurs, se défendait avec le courage du désespoir. Cette résistance inattendue, la retraite subite de leurs alliés transylvaniens, et les maladies contagieuses dont les ravages décimaient l'armée, contraignirent enfin Torstensohn à renoncer au siége de Brunn. Bientôt après il leva le camp établi sous les murs de Vienne, et quitta l'Autriche et la Moravie après avoir doublé les garnisons des places fortes qu'il avait conquises dans ces deux provinces. Par cette précaution il voulait s'assurer le moyen d'y revenir dès que les circonstances le lui permettraient; mais dès l'année suivante toutes ces places retombèrent au pouvoir des Impériaux, et en peu de temps les villes et les districts de la Bohême et de la Silésie, dont la conquête avait coûté si cher aux Suédois, ne furent plus pour eux que des passages qu'on les voyait sans cesse prendre, perdre, reprendre et perdre de nouveau.

Si les brillantes campagnes de Torstensohn n'eurent pas pour son pays tous les avantages qu'il pouvait en espérer, elles amenèrent du moins plusieurs résultats précieux. La réputation des armes suédoises était redevenue brillante comme au temps de Gustave-Adolphe; le Danemark avait été forcé à demander la paix, et la Saxe à conclure une trêve. L'empereur avait modéré son orgueil et ses prétentions; la France était plus franchement favorable à la Suède, qui elle-même était devenue assez forte pour parler dans les négociations de paix le langage ferme et assuré d'un vainqueur. Satisfait de la position qu'il avait su faire à la cause suédoise en Allemagne, Torstensohn rentra dans la vie privée, et revint dans son pays couvert de gloire et d'infirmités nouvelles.

Sa retraite sauva l'Autriche de l'invasion à laquelle elle était sans cesse exposée du côté de la Bohême; mais presque au même instant un nouveau danger vint la menacer par la Souabe et la Bavière.

Pendant la campagne de 1645, Turenne avait été battu près de Mergentheim par le général Mercy, qui à la suite de cette victoire était entré dans le pays de Hesse; mais le duc d'Enghien avait aussitôt quitté l'Alsace, le général Kœnigsmark la Moravie, et les Hessois les bords du Rhin, pour venir se joindre à l'armée de Turenne. Avec ces forces réunies, ce grand général repoussa les Bavarois jusqu'à l'extrémité de la Souabe. Près du village d'Allersheim, non loin de Nordlingue, ils se rallièrent enfin, car il s'agissait de défendre l'entrée de la Bavière. Ils se fortifièrent dans une position presque imprenable; mais de pareils obstacles ne pouvaient arrêter l'intrépide duc d'Enghien.

Ce jeune héros conduisit ses troupes contre les retranchements du camp des ennemis, qui par leur résistance opiniâtre et héroïque firent de cette bataille une des plus sanglantes de cette longue guerre. La mort de Mercy, le génie supérieur et la fermeté inébranlable de Turenne, l'intrépidité des Hessois, décidèrent enfin la victoire en faveur des Français; mais ce nouveau et barbare sacrifice offert au dieu des batailles, et qui coûta tant de victimes humaines, n'exerça que peu d'influence sur la marche de la guerre, et surtout sur celle des négociations de paix.

L'armée française, fatiguée par un triomphe si chèrement acheté, affaiblie par le départ des Hessois, et effrayée par le renfort que l'archiduc Léopold amena à marches forcées en Bavière, se replia sur le Rhin, et permit de nouveau aux Autrichiens de réunir toutes leurs forces contre les Suédois stationnés en Bohême et en Silésie.

En 1646, immédiatement après le départ de Torstensohn, Gustave Wrangel avait été chargé du commandement en chef de l'armée suédoise en Allemagne, qui, sans compter le corps mobile du général Kœnigsmark et les garnisons des villes conquises sur toute l'étendue de l'Empire, se composait de huit mille cavaliers et de quinze mille hommes d'infanterie. L'armée que l'archiduc Léopold venait de faire entrer en Bavière se montait à plus de vingt-quatre mille hommes. Après l'avoir augmentée par douze régiments de cavalerie et dix-huit régiments d'infanterie bavaroise, ce prince se disposa à attaquer les Suédois avant que Kœnigsmark ou les Français pussent venir à leur secours.

L'intrépide Wrangel, au lieu d'éviter ou d'attendre cet ennemi si supérieur en nombre, marcha à sa rencontre à travers la haute Saxe, où il s'empara de Hœxter et de Paderborn; puis il entra dans le pays de Hesse, dans l'espoir de se joindre à Turenne, et établit son camp à Wetzlar, où Kœnigsmark vint se joindre à lui avec son corps d'armée. Mais le vaillant Turenne, enchaîné par les ordres de Mazarin, qui voulait arrêter la fortune renaissante des Suédois, fut forcé de rester inactif, sous prétexte que la sûreté des frontières françaises du côté des Pays-Bas ne lui permettait pas de quitter son poste. Les instances réitérées du gouvernement suédois, et la crainte de le pousser, par de plus longues hésitations, à conclure une paix particulière avec l'Autriche, décidèrent enfin le cardinal à donner à Turenne la permission d'agir.

La jonction de Wrangel et de l'armée française s'effectua près de Giessen, malgré les efforts des Impériaux, qui avaient poursuivi les Suédois jusque dans la Hesse, espérant ainsi leur couper les vivres et les séparer des Français; mais eux-mêmes ne tardèrent pas à éprouver les effets du fléau qu'ils avaient voulu attirer sur leurs adversaires; et la perte de leurs magasins les réduisit à toutes les horreurs de la famine, la plus terrible ennemie des armées de cette époque.

Cette cruelle situation autorisa Wrangel à tenter une entreprise qui devait changer tout à coup la face des affaires. Tous ses prédécesseurs avaient cherché à porter la guerre au sein même des États héréditaires de l'Autriche : lui aussi tendait vers ce but; mais comme aucun des moyens employés jusqu'ici n'avait obtenu un succès complet, il se proposa de suivre un autre plan d'opérations. Ce plan, au reste, avait été celui de Gustave-Adolphe, qui n'en fut détourné que par les dangers de la Saxe, cette alliée ingrate qui paya toujours si mal les grands et nombreux sacrifices que la Suède avait faits pour la sauver.

Déjà le duc Bernard de Weimar, plus heureux sous ce rapport que le grand roi, avait voulu pénétrer en Autriche en suivant le cours du Danube; mais, bien qu'il fût parvenu à étendre ses conquêtes jusque sur les bords de l'Inn, il avait été forcé de revenir sur ses pas. Ce que deux grands capitaines avaient vainement tenté avant lui, Wrangel crut pouvoir le faire. La situation de l'ennemi, qui ne pouvait venir au secours de la Bavière qu'après avoir traversé la Franconie, semblait justifier cette orgueilleuse prétention. Les débuts de cette grande entreprise furent plus heureux que jamais.

Après avoir défait un corps bavarois près de Donawerth, Wrangel passa le Danube et le Lech sans aucune difficulté; mais, au lieu de continuer à s'avancer, il assiégea Augsbourg, et donna ainsi à l'empereur le temps non-seulement de venir au secours de cette ville, mais encore de réunir des forces considérables qui le repoussèrent jusqu'au delà de Lauengen. Pour achever d'éloigner la guerre de la Bavière, les Impériaux se tournèrent vers la Souabe, et Wrangel profita de cette faute pour repasser le Lech, dont il resta dès ce moment le seul maître. La Bavière, désormais ouverte à l'ennemi qui voudrait l'envahir, se trouva tout à coup inondée de Français et de Suédois, qui se dédommagèrent des privations de la guerre par le pillage et par tous les excès que peut se permettre une soldatesque effrénée. Les Impériaux, qui finirent à leur tour par passer le Lech près de Thierhaupten, mirent le comble aux malheurs de ce pays; car dès ce moment il fut ravagé à l'envi par les amis et les ennemis.

L'instant était venu enfin où l'on devait voir, pour la première fois pendant cette longue guerre, chanceler la constance de Maximilien, qui avait résisté à vingt-huit années de luttes et d'épreuves. Ferdinand II, son camarade au collége d'Ingolstadt, l'ami de sa jeunesse, n'était plus; sa mort avait rompu le lien le plus sacré de tous ceux qui attachaient la Bavière à l'Autriche. Uni au père par l'amitié, par l'habitude et la reconnaissance, Maximilien ne voyait plus dans le fils qu'un monarque étranger à son cœur, et dont, par conséquent, il ne devait partager les périls qu'autant que l'exigeraient ses propres intérêts.

Ce furent ces intérêts que la politique française fit valoir pour décider l'électeur à déposer les armes et à renoncer à l'alliance autrichienne. Pour obtenir ce résultat, Mazarin avait fait taire ses secrètes jalousies contre les Suédois, et permis à Turenne de les seconder dans leur entreprise contre la Bavière; car il savait qu'en faisant de ce pays le théâtre de la guerre, il réduirait l'électeur au désespoir, et priverait l'empereur de son plus puissant et de son dernier allié. En effet, déjà le Brandebourg, gouverné par un grand homme, avait adopté le système de neutralité; la Saxe avait été forcée de l'accepter. L'Espagne, harcelée de tous côtés, ne pouvait plus faire de sacrifices pour alimenter la guerre d'Allemagne; le Danemark s'en était retiré par son traité de paix avec la Suède, et une longue trêve condamnait la Pologne à l'inaction. Pour réduire l'empereur à un isolement complet au milieu de son vaste empire, et le mettre à la merci de la France, il ne restait donc plus qu'à détacher Maximilien de sa cause, et on ne négligea rien pour y parvenir.

Ferdinand III, qui connaissait le danger dont il était menacé, chercha à le détourner. Mais déjà on était parvenu à convaincre Maximilien que l'Espagne seule s'opposait à la conclusion de la paix générale, en empêchant l'empereur d'accepter une trêve pour en faciliter les négociations; et Maximilien, ennemi naturel de l'Espagne, qui s'était opposée à ses prétentions sur le Palatinat, ne se sentait nullement disposé à sacrifier à ce cabinet le bonheur de ses peuples, l'avenir de ses États et sa propre fortune. Se persuadant à lui-même qu'il ne cédait qu'aux lois impérieuses de la nécessité, il crut s'acquitter de tous ses devoirs envers l'empereur, en lui offrant les moyens de participer aux bienfaits de la trêve qu'il était sur le point de signer.

Les plénipotentiaires chargés d'en arrêter les clauses s'étaient réunis à Ulm, et la conduite des agents de l'Autriche prouva bientôt que Ferdinand III ne cherchait qu'à entraver les délibérations. Le point le plus difficile était de décider les Suédois à consentir à une suspension d'armes, car ils n'avaient qu'à gagner dans la continuation d'une guerre où ils avaient sans cesse l'avantage. L'empereur, cependant, voulait leur imposer des lois; prétention qui indigna tellement leurs représentants, qu'ils se disposèrent à quitter brusquement le congrès, et que pour les retenir, ceux de la France furent obligés de recourir même à la menace.

N'ayant pu réussir à faire entrer Ferdinand III dans la conclusion de la trêve, Maximilien l'abandonna ouvert ment, et signa, le 14 mars 1647, un traité par lequel il cédait toutes les conquêtes qu'il avait faites en Souabe à la Suède, qui, de son côté, s'engageait à retirer ses troupes de la Bavière, et à rendre à l'électeur les villes et places fortes dont elle s'était emparée en ce pays. Après la signature de ce traité, les armées suédoises et françaises allèrent prendre leurs quartiers d'hiver dans le duché de Wurtemberg, dans la haute Souabe et dans les environs du lac de Constance.

A l'extrémité septentrionale de ce lac, qui forme la limite la plus méridionale de la Souabe, la ville autrichienne de Bregenz, protégée par de hautes montagnes et d'étroits défilés, semblait défier tous les ennemis. Aussi les habitants de la contrée s'y étaient-ils réfugiés avec tout ce qu'ils avaient de plus précieux. Le riche butin entassé dans cette forteresse naturelle, et le désir de se rendre maître des défilés qui conduisaient en Suisse, en Italie et dans le Tyrol, décidèrent le général suédois à chercher à s'en emparer. Il y réussit en dépit de la résistance de six mille paysans qui défendaient la ville et les défilés. Pendant ce temps, Turenne, stationné dans le duché de Wurtemberg, contraignit l'électeur de Mayence et le landgrave de Darmstadt à imiter l'exemple de la Bavière en signant les conditions de la trêve.

La France semblait avoir atteint le but vers lequel elle tendait depuis si longtemps, car elle pouvait enfin dicter une paix honteuse à l'empereur, privé tout à coup de l'appui qu'il avait trouvé dans la *Ligue* et même chez plusieurs princes protestants. De toutes ses armées si formidables, il ne lui restait plus que douze mille hommes, dont il fut obligé de confier le commandement au général Mélander, calviniste et déserteur hessois, car tous ses généraux avaient péri; mais les mêmes caprices de la fortune, qui, pendant cette guerre, avaient tant de fois déjoué les combinaisons les plus sages et trompé les espérances les mieux fondées, relevèrent, après une courte crise, la maison d'Autriche de l'abaissement où elle était tombée.

La France, toujours jalouse de l'influence suédoise en Allemagne, craignait également la ruine et la trop grande puissance de l'empereur. Aussi, loin de profiter des embarras de Ferdinand III pour abattre une maison dans laquelle le cabinet français ne cessait de voir une ennemie irréconciliable, Mazarin vint pour ainsi dire à son secours, en ordonnant à Turenne de se séparer des Suédois pour aller occuper les Pays-Bas. Quoique abandonné à ses propres forces, Wrangel osa tenter une expédition en Bohême, et mit le siége devant Éger, la clef du royaume.

Ferdinand vint lui-même au secours de cette ville; mais il fit faire un détour à son armée, afin de ne pas passer sur les terres de M. de Schlick, président du conseil de la guerre; et lorsqu'il arriva près d'Éger, cette forteresse était au pouvoir de l'ennemi. Les deux armées cependant s'établirent en face l'une de l'autre, et à si peu de distance, que les postes qui gardaient les travaux avancés des deux camps se touchaient presque. On s'attendait à une bataille; mais les Impériaux, quoique supérieurs en nombre, se bornaient à inquiéter les Suédois par des escarmouches et de fausses manœuvres; car l'empereur ne voulait rien entreprendre de décisif avant d'avoir terminé les nouvelles négociations qu'il venait d'entamer avec la Bavière. La neutralité de cette puissance l'avait tellement blessé, qu'après avoir vainement cherché à l'en détourner, il se crut autorisé à profiter, par tous les moyens possibles, des avantages qu'elle pourrait lui offrir.

Le traité que Maximilien avait signé, et qui rendait son armée inutile, ne pouvait manquer de déplaire aux officiers; aussi manifestèrent-ils hautement leur mécontentement. Le vaillant Jean de Werth lui-même non-seulement les approuva, mais il forma une conspiration dont le but était de faire passer l'armée bavaroise tout entière au service de l'Autriche. Ferdinand III ne rougit point de protéger ouvertement cette trahison envers le meilleur ami, le plus fidèle allié de son père ; il poussa même l'impudence jusqu'à publier un édit par lequel il appelait à lui l'armée bavaroise, en soutenant qu'elle appartenait à l'Empire, et que Maximilien n'avait jamais été le chef de cette armée que sous les ordres et au nom de l'empereur.

L'électeur découvrit ces machinations assez à temps pour les faire échouer. Le juge le plus sévère n'aurait pu le blâmer s'il en avait tiré vengeance ; mais ce prince était trop bon politique pour se laisser guider par une passion quelconque. La trêve ne lui avait pas procuré les avantages dont il s'était flatté, et loin de faciliter les négociations dont on s'occupait toujours à Munster et à Osnabruck, elle les avait rendues plus difficiles, en augmentant les exigences des parties contractantes, que, pour l'instant du moins, cette trêve débarrassait du fardeau de la guerre.

L'électeur de Bavière avait délivré ses États des Suédois et des Français ; mais en renonçant au droit de faire camper ses troupes en Souabe, il s'était mis dans la nécessité de les nourrir chez lui, ou de les congédier. Le premier parti était au-dessus de ses forces ; le second l'aurait réduit à rester seul, sans moyens de défense, quand le droit du plus fort réglait les intérêts de tous. Dans cette alternative, il prit la résolution de rompre la trêve et de recourir aux armes ; le prompt secours qu'à la suite de cette résolution il envoya aux Impériaux de la Bohême, força le général Wrangel à évacuer ce royaume et à se replier pour rejoindre l'armée de Turenne. A cet effet, il traversa la Thuringe, la Westphalie et le Lunebourg ; les Impériaux, commandés par les généraux Mélander et Grœnsfeld, le suivirent de si près, qu'ils avaient pu le rejoindre avant sa jonction avec Turenne ; aussi la perte des Suédois paraissait-elle certaine. Ils furent sauvés cependant par les mêmes causes qui, quelques mois plus tôt, avaient empêché la ruine de l'empereur.

Au milieu de la fureur des combats, la froide politique des cabinets dirigeait les affaires, et leur vigilance semblait s'augmenter à mesure que la conclusion de la paix s'approchait. Il n'entrait pas dans les projets de Maximilien de laisser tout à coup pencher la balance de la fortune en faveur de l'empereur, et de l'autoriser ainsi à augmenter ses prétentions. La France s'était chargée de modérer celles de la Suède, en proportionnant perfidement l'appui qu'elle lui prêtait d'après les succès de ses armes, c'est-à-dire en l'abandonnant quand elle devenait trop forte, et en la soutenant quand elle était prête à tomber.

L'électeur de Bavière remplissait en secret la même tâche auprès de l'empereur ; aussi ordonna-t-il à son général de cesser de poursuivre Wrangel au delà du Weser. Mélander, trop faible pour continuer seul cette poursuite, se tourna vers Iéna et Erfurt, d'où il envahit le pays de Hesse, dont il avait été autrefois le défenseur. S'il est vrai qu'il fut poussé à cette expédition par le désir de punir la princesse Amélie, souveraine légitime, des torts dont il l'accusait à son égard, il eut bientôt lieu de se repentir d'avoir écouté les inspirations de la vengeance aux dépens des conseils de la raison et de l'humanité. Les excès et les cruautés de ses troupes, qu'il autorisait par son exemple, épuisèrent tellement la malheureuse Hesse, qu'il s'y vit bientôt assailli par la famine et les maladies épidémiques, tandis que les Suédois stationnés dans le Lunebourg avaient des vivres en abondance, et pouvaient compléter leurs régiments et remonter leur cavalerie.

Au milieu de l'hiver de 1648, Wrangel se trouva en état de reprendre la campagne. Son premier soin fut de délivrer la Hesse; il attaqua Mélander, qui, à la première rencontre, éprouva une défaite si complète, qu'il fut obligé de s'enfuir jusque sur les bords du Danube.

Cependant la France venait de tromper de nouveau l'attente des Suédois, en retenant sur les bords du Rhin l'armée de Turenne. Wrangel s'en vengea en décidant toute la cavalerie de l'ancienne armée du duc Bernard à passer sous son drapeau. Cette démarche hardie choqua la susceptibilité du cabinet français, et le rendit peu disposé à permettre la jonction de ses troupes à celles des Suédois. Elle s'opéra cependant, et les deux armées, commandées par Wrangel et Turenne, eurent la gloire d'ouvrir la dernière campagne de cette longue guerre. Après quelques expéditions peu importantes, ils ravitaillèrent Éger, qu'assiégeaient les Impériaux, passèrent le Danube, et défirent près de Zusmarshausen les troupes impériales et bavaroises qui voulaient s'opposer à leur passage. Mélander reçut dans cette bataille une blessure mortelle, et le général bavarois Græsfeld passa le Lech avec le reste de l'armée, afin d'empêcher l'ennemi de pénétrer en Bavière; mais il ne fut pas plus heureux que ne l'avait été autrefois le vieux Tilly, qui perdit la vie à cette même place sans avoir pu sauver son pays du danger dont il était menacé.

Wrangel et Turenne choisirent la position immortalisée par le triomphe de Gustave-Adolphe; leur victoire fut presque aussi complète, et ils firent chèrement expier à la Bavière la trahison dont Maximilien s'était rendu coupable envers eux en rompant brusquement la trêve. Pendant qu'ils passaient l'Iser et s'avançaient jusque sur les bords de l'Inn, l'électeur s'enfuit au fond du Tyrol, où il se tint soigneusement caché. Une pluie battante, qui avait tout à coup changé l'Inn en torrent impétueux, garantit de nouveau les États autrichiens de l'invasion des Français et des Suédois. Dix fois ils jetèrent un pont de bateaux sur cette rivière, et dix fois il fut entraîné par les flots.

Jamais encore le parti catholique n'avait été frappé d'une terreur aussi panique, car il ne lui restait plus un seul général capable de lutter avec quelques chances de succès contre des capitaines tels que Kœnigsmark, Wrangel et le grand Turenne. Dans cette cruelle extrémité, le vaillant Piccolomini quitta les Pays-Bas pour venir se placer à la tête des derniers débris de l'armée impériale; mais déjà le manque de vivres avait forcé les Français et les Suédois à évacuer la Bavière, et à se retirer dans le haut Palatinat, où ils ne tardèrent pas à recevoir la nouvelle de la paix. Kœnigsmark cependant avait conduit son corps mobile en Bohême, et le capitaine Ernest Odowalksky, qui, après avoir été mutilé au service de l'Autriche, en avait été renvoyé sans aucune récompense, lui fournit le moyen de prendre Prague par le côté appelé Ville-Neuve.

Cette expédition, qui ne coûta aux Suédois qu'un seul homme, valut à Kœnigsmark l'honneur d'avoir terminé la guerre de Trente ans par une dernière action d'éclat, qui contribua à mettre un terme aux irrésolutions de Ferdinand III.

La partie de Prague, dite Vieille-Ville, séparée de la Ville-Neuve par la Moldau, fatigua par sa vive résistance le comte palatin Charles-Gustave[2], qui venait d'arriver de la Suède avec des troupes nouvelles. En vain ce jeune prince réunit-il sous les murs de Prague

---

[1] Ce fut en faveur de ce prince que la reine Christine, sa cousine fit l'abdication volontaire de ses États, le 16 juin 1654. En montant sur le trône il prit le nom de Charles-Gustave X. (*Note du trad.*)

toutes les forces dont il pouvait disposer; la rigueur de la saison l'obligea à lever le siége et à prendre des quartiers d'hiver. Ce fut là qu'il apprit la nouvelle que la paix avait été signée à Munster et à Osnabruck, le 24 octobre 1648, paix qui mit un terme aux batailles qui depuis trente ans désolaient l'Allemagne.

C'est à une autre plume qu'il est réservé de donner une juste idée des efforts gigantesques par lesquels on parvint enfin à conclure cette paix durable, sacrée, et célèbre sous le nom de *paix de Westphalie*. Pour entamer les négociations, il fallait vaincre des obstacles presque insurmontables, car ce ne fut qu'en saisissant les événements les plus futiles, les hasards les plus insignifiants, qu'il devint possible de contraindre tant d'intérêts opposés à tendre vers un même but. La supériorité du génie, jointe à une patience à toute épreuve, pouvait seule continuer ces négociations à travers le jeu perpétuel des chances de la guerre, et leur imprimer le cachet solennel qui en fit un traité définitif.

C'est à une autre plume aussi qu'il est réservé de dire quel était le contenu de ce traité ; ce que les combattants y ont gagné ou perdu par trente années d'efforts et de souffrances ; quels avantages ou quels maux il en est résulté pour la société européenne en général. L'histoire de la guerre de Trente ans est un fait grand, immense, et qui ne peut être saisi que dans son ensemble ; celle de la paix qui termina cette guerre offre le même caractère. Une analyse de cette œuvre imposante des passions et de la sagesse humaine n'en ferait qu'un squelette desséché, et lui enlèverait tout ce qui la rend digne de l'attention et de l'examen consciencieux de la postérité.

On sait que par le traité de Westphalie l'empire abandonna ses anciennes prétentions sur les évêchés de Metz, de Toul et de Verdun, conquis sous le règne de Henri II, et sur Pignerol, cédé par le duc de Savoie en 1632. Il livrait en outre à la France les landgraviats de haute et basse Alsace, le Sundgau, Vieux-Brisach, la préfecture de Haguenau, et le droit de tenir garnison à Philipsbourg. L'acquisition de l'Alsace nous donnait le Rhin pour limite; Pignerol nous livrait l'Italie, Vieux-Brisach et Philipsbourg l'Allemagne. C'étaient là pour nous d'utiles, de glorieux résultats.

La Suède, notre alliée, devint la puissance prépondérante dans le nord. Outre la principauté de Rugen, la ville de Wismar et plusieurs bailliages voisins, elle reçut la Poméranie ultérieure, et, en échange du reste de cette province et de l'évêché de Cammin, dont elle devait hériter un jour après l'extinction des mâles de la maison de Brandebourg, on lui donna les évêchés de Brême et de Werden érigés en duchés. Ces fiefs, qui relevaient directement de l'empire, firent entrer la Suède dans la confédération germanique, et lui assurèrent trois voix aux diètes.

L'électeur de Brandebourg acquit le fertile pays de Magdebourg, qui valait mieux que son margraviat, les villes de Camen, d'Halberstadt et la principauté de Minden.

La maison palatine fut rétablie dans ses droits, mais le haut Palatinat demeura à la Bavière. Un huitième électorat fut créé en faveur des comtes palatins.

L'Allemagne, si cruellement ravagée par la guerre, fit tous les frais de la paix. Elle indemnisa la France et la Suède en leur cédant des villes et des provinces.

Le traité de Westphalie ne fut pas seulement un traité de pacification entre l'Allemagne et les puissances étrangères, mais encore une loi constitutionnelle et fondamentale qui a régi l'empire germanique jusqu'à sa dissolution définitive au commencement du dix-neuvième siècle, de même que ses stipulations diplomatiques ont servi de base à toutes les négociations jusqu'en 1789.

En sanctionnant les usurpations successives des princes, ce traité consacra et consolida les changements profonds qu'avaient éprouvés les formes du gouvernement de ce pays. La participation des états à l'administration générale et à la puissance législative, leur souveraineté sur leurs sujets qui jusqu'alors n'avaient été que leurs justiciables et leurs administrés, le droit de faire la guerre, de conclure la paix, de signer des alliances avec des pays voisins, furent solennellement reconnus. Ainsi le pouvoir impérial était annulé, en attendant que Napoléon Ier le fît disparaître pour toujours, et le territoire allemand, divisé en trois cent soixante-sept États indépendants, restait ouvert aux étrangers. Ce fractionnement du sol qui plaçait en quelque sorte l'Allemagne sous la prolection de la France, principale garante du traité, fut pour ce pays la conséquence déplorable de ses longs déchirements et de la paix humiliante qu'il venait de subir.

L'Allemagne y gagna du moins la liberté religieuse. Les transactions de Passau et d'Augsbourg furent confirmées. Les calvinistes furent admis avec les luthériens au bénéfice de ces traités, et les deux partis, compris sous la dénomination générale de protestants, furent représentés depuis dans la chambre impériale et dans le conseil aulique. Le despotisme religieux disparut pour toujours; mais, si l'Allemagne resta une grande nation, elle cessa d'être un grand État. La France hérita de sa suprématie et la garda pendant la seconde moitié du dix-septième siècle.

(*Note de l'éditeur.*)

INDEX.

A

AGNÈS (comtesse de Mansfeld), 41.
AIX-LA-CHAPELLE (ville). Mise au ban de l'Empire, 41.
ALTRINGER (général impérial) amène des secours à Tilly, 206.
— Envoyé pour punir les Saxons de leur alliance avec les Suédois, 253.
— Joint ses troupes à celles de Tilly, 227.
— Blessé sur les bords du Lech à côté de Tilly, 230.
— Wallenstein lui défend toute action décisive, 343.
— Gallas s'assure son concours pour perdre Wallenstein, 370.
AMÉLIE, veuve du landgrave de Hesse-Cassel, 317.
— Sa conduite énergique, 317.
ANGLETERRE. Indifférence de cet État pour les grands événements qui s'accomplissent en Allemagne, 111.
— Son inaction et sa fausse politique, 234.
— Reproches que lui adresse Gustave-Adolphe, 241, 242.
— Elle renouvelle à la Suède l'assurance de son amitié, 332.
ANDAUSE, ville (traité d'), 80.
ANSELME-CASIMIR (archevêque de Mayence) se prépare à résister aux Suédois et se retire à Cologne, 236.
ARNHEIM (d', feld-maréchal de l'électeur de Saxe). Il est l'ami secret de Wallenstein, 180.
— Son maître le charge de faire un traité d'alliance avec le roi de Suède, 203, 204.

ARNHEIM. Conduit vers la Lusace une armée saxonne, 256.
— Il s'empare de la Bohême, 259, 260, 261.
— Quitte Prague pour empêcher les Impériaux de pénétrer en Bohême, 264.
— Dispute au comte de Thurn le commandement en chef, 332.
— Quitte l'armée pour aller défendre les intérêts de Wallenstein, 353.
— Commence à douter de la bonne foi de Wallenstein, 357.
— Quitte la Silésie pour aller au secours de la Saxe, 359.
— Se dispose trop tard à secourir Wallenstein, 372, 373.
AUGSBOURG, ville (la paix d'). Elle crée deux religions et deux systèmes politiques, 11, 12.
— Germes de discorde que contient cette paix, 13.
AULIQUE (conseil). Son origine et les changements qu'on lui a fait subir, 38.
AUTRICHE. Cause de son attachement à l'Église de Rome, 5, 6.
— Pourquoi elle est l'ennemie de la liberté politique de l'Allemagne, 7, 10.
— Le peu d'intelligence de quelques-uns des princes de cette maison n'éteint pas sa soif de conquêtes, 53.
AVAUX (le comte d'), 400.
— Négocie une nouvelle trêve entre la Suède et la Pologne, 400.
AXEL-OXENSTIERN (Voyez Oxenstiern.)

B

BAMBERG (évêque de); sa politique équivoque et ses résultats, 299.

BANNER (général suédois); défait les Impériaux et reste maître du territoire de Magdebourg, 252.

— Ses exploits après la mort de Gustave-Adolphe, 402, 403.

BAUDISSEN, général suédois, 167.

— Débarque avec Gustave-Adolphe, 168.

— Continue la guerre sur les bords du Rhin et du Danube, 330, 331.

BEERWALDE, ville (traité de), 182.

— Traité de, 400.

BERNARD (duc de Weimar). Voyez WEIMAR.

BETHLEN-GABOR (souverain de la Transylvanie) menace la Hongrie, 62.

— Soutient le palatin Frédéric V, menace l'Autriche, et se fait couronner roi de Hongrie, 88.

BIRKENFELD (comte palatin de), 342.

— Demande des renforts, 342.

— Amène des renforts à Othon-Louis, 342.

BOGISLA XIV, (duc de Poméranie) Sa conduite envers Gustave-Adolphe, 170, 171.

— Sa mort, 416.

BOHÈME. C'est en ce royaume qu'éclatèrent les premiers troubles précurseurs de la guerre de Trente ans, 3.

— Ce pays cesse d'être une possession paisible pour la maison d'Autriche, 30.

BOHÈME. Les députés jettent le président et le conseiller de la chancellerie impériale par la fenêtre du château de Prague, 69, 70.

— Les Etats de ce royaume organisent une révolte légale, 71.

— Ils s'opposent aux prétentions de l'empereur Mathias, qui veut leur donner, pour son successeur, l'archiduc Ferdinand, 73.

— Triste situation de ce royaume lorsque les troupes saxonnes prennent possession, 258, 259.

BOUQUOY (comte de), nommé généralissime de l'Empereur, 73.

— Sa mort, 120.

BRAHE (comte de), général suédois

— Débarque sur les bords du Rhin et bat les Espagnols, 237, 238.

— Commande l'infanterie suédoise à la bataille de Lutzen, 318.

BRANDEBOURG (électeur de); donne un soufflet à son futur gendre. Suite de cette action, 63.

— Refuse à Gustave-Adolphe le passage par ses Etats, 176.

BRISSAC (ville), 408.

— Est prise par famine, 408

BURG (la); explication de ce mot, 82

BUTTLER (colonel impérial); entre dans le complot contre la vie de Wallenstein, 373.

— Donne une fête pour faciliter l'assassinat de Wallenstein, 376.

C

CHAMBRE impériale, 20.

CHARLES (duc de Nevers). Ses démêlés avec l'Empereur, 152.

CHARLES-GUSTAVE (comte palatin), prince suédois, 450.

— Arrive en Bohême avec des troupes nouvelles, 450.

— Prend ses quartiers d'hiver où il apprend que la paix est signée, 451.

CHARLES-QUINT est la cause de l'alliance des princes protestants pour la défense des libertés religieuses, 4.

— Motifs qui le forcent à rester attaché à l'Eglise romaine, 6.

— Résultat de sa victoire de Mülberg, 11.

CHARNASSE (baron de), chargé par

INDEX. 457

Richelieu de négocier avec Gustave-Adolphe, 160.
CHRISTIAN IV (roi de Danemark). C'est sous le règne de ce prince que le Danemark commença à attirer l'attention de l'Europe, 112.
— Commence à se mêler des affaires de l'Allemagne, 129.
— Se trouve entre l'armée de Tilly et celle de Wallenstein, 132.
— S'attache le duc Christian de Brunswick, 132.
— Quoique vaincu par Tilly, il continue la guerre défensive, 134.
— L'apparition de Wallenstein le prive de tous ses alliés, 136.
— Vient ranimer par sa présence le courage des défenseurs de Stralsund, 142.
— Fait la paix avec l'empereur, 144.
— Entrave le commerce suédois, 132, 133.
— Est attaqué par Torstensohn, 133, 134.
— Perd un œil et sa flotte, 134.
— Prophétie de Tycho-Brahé à son égard, 134.
— Est forcé de faire une paix honteuse avec la Suède, 135.
CHRISTIAN (duc de Brunswick). Il s'arme pour la défense du Palatin Frédéric V, 121, 122.
— Est congédié par le Palatin Frédéric V et continue à guerroyer dans la basse Saxe, 123.
CHRISTIAN. Complètement vaincu dans la basse Saxe, il licencie ses troupes, 127.
— Se met à la disposition du roi de Danemark, 129.
— Sa mort, 135.
CHRISTIAN-GUILLAUME (prince de la maison de Brandebourg), cherche à maintenir ses droits sur l'archevêché de Magdebourg, 184.
— Est fait prisonnier, 191.
CHRISTIAN d'Anhalt, chargé d'exposer à l'empereur les griefs des protestants, 50.
— Se replie sous les murs de Prague, 94.
— Se fortifie sur la montagne Blanche, 95.
— Perd la bataille et prend la fuite, 96.
COLOGNE (ville et électorat de). Troubles dans cet électorat, 43, 45.
CONCILE DE TRENTE (le) condamne la confession d'Augsbourg. 21.
CONTI (Torquato, général espagnol). Sa cruauté fait ressortir l'humanité des troupes de Gustave-Adolphe, 172.
— Se démet de son commandement, 174.
CORDUBA, général espagnol, cherche vainement à attaquer Mansfeld, 119.

D

DAMPIERRE, général impérial. Son arrivée à Vienne, sauve l'archiduc Ferdinand, 82.
— Sa mort, 120.
DANTZIG (ville). Congrès qui s'y tient, 172.
DÉFENSEURS DE LA BOHÈME. Leur origine et leur importance, 34.
— Appellent Mathias à leur secours, 37.

DEVEROUX, capitaine impérial. Se charge de l'assassinat du généralissimo, 378.
— Pénètre dans la chambre à coucher de Wallenstein et le tue, 379, 380.
DONAWERT (ville). Désordre causé par une procession, 48.
— Est mise au ban de l'Empire, 48.

E

EGGENBERG (prince d'), premier ministre de l'empereur, est chargé de faire rentrer Wallenstein au service de son maître, 276, 277.

39

EGGENBERG. Comment il s'acquitte de cette mission, 250, 253.

ENGHIEN (le duc d'), prince de Condé, envoyé en Allemagne par Mazarin, 430.

— Venge par ses exploits la défaite de Tuttlingue, 432.

— Son propos à l'occasion de la bataille de Freibourg, 433.

— Rejoint l'armée de Turenne, 440.

— Contribue au gain de la bataille de Nordlingue, 440.

ÉLÉONORE (reine de Suède) vient trouver son mari, Gustave-Adolphe, en Poméranie, 199.

— Son mari la confie à la garde d'Erfurt, 228.

— Son désespoir à la vue du cadavre de Gustave-Adolphe, 323.

ERLAC, gouverneur de Brissac, 411.

— Vend cette forteresse à la France, 412.

ESPAGNE. Ses tendances et son ambition, 106, 107.

F

FALKENBERG, général suédois, commandant de la garnison de Magdebourg, 165.

— Sa belle conduite et sa mort, 186, 188.

FAUSTRECHT; explication de ce mot, 38.

FERDINAND (archiduc d'Autriche). — Se déclare ouvertement l'ennemi des protestants, 72.

— Son éducation et son caractère, 77, 78.

— Dispositions des Bohémiens à son égard, 80.

— Ses États héréditaires se soulèvent contre lui, 81.

— Ses efforts pour se faire élire empereur, 84.

— Il est nommé empereur sous le nom de Ferdinand II et déclaré déchu de la couronne de Bohême, 85.

FERDINAND Ier, empereur ; part qu'il a prise à la paix d'Augsbourg, 11.

— Engagement qu'il contracte avec les protestants, 11.

— Sa conduite dans les querelles occasionnées par la paix d'Augsbourg, 22.

FERDINAND II, empereur. Il est pour la seconde fois près de sa ruine et sauvé par les chances du hasard, 89.

— Associe à sa cause tous les catholiques, 91.

FERDINAND II. Vengeance terrible qu'il exerce contre les Bohémiens, 97.

— L'avenir de l'Allemagne est entre ses mains, 98.

— Usage qu'il fait de sa victoire en Bohême, 101.

— Il rentre en possession de ses États héréditaires, 116.

— Proclame Notre-Dame de Lorette généralissime de son armée, 117.

— S'acquitte envers l'électeur de Bavière en lui donnant le Palatinat de Frédéric V, 124.

— Abuse de ses victoires, 128.

— La part qu'on peut lui attribuer dans les excès commis par l'armée de Wallenstein, 140.

— Est une seconde fois maître de la pacification de l'Europe, 145.

— Usage qu'il fait de son autorité,146.

— Signe et fait proclamer l'édit de restitution, 146, 149.

— Divise ses forces, 162.

— Continue à marcher d'arbitraire en arbitraire, 179.

— On lui demande en vain de révoquer l'édit de restitution, 181.

— Convoque une diète extraordinaire à Francfort-sur-le-Mein, 210.

— Cherche à se réconcilier avec l'Électeur de Saxe, 257.

— Sa situation embarrassante, 265, 266.

— Se décide à rappeler Wallenstein, 269.

FERDINAND II. Sa conduite en apprenant la mort de Gustave-Adolphe, 323.
— Appelle une armée italienne à son secours, 347.
— Écoute de nouveau les insinuations des ennemis de Wallenstein, 361.
— Ordonne l'arrestation de Wallenstein et de ses complices, 369.
— Nomme son fils généralissime de l'armée, 386.
— Sa mort et résumé de sa vie, 413.
FERDINAND III, empereur; son caractère et sa situation lorsqu'il arrive au trône impérial, 414.
— Appelle vainement la noblesse hongroise à son secours, 428.
— Se rend à Prague pour rétablir l'harmonie entre ses généraux, 436.
— Perd sa dernière armée et le dernier de ses bons généraux, 438.
— Cherche à détourner les dangers dont il est menacé par l'électeur de Bavière, 444.
— Publie un édit qui appelle l'armée bavaroise à son service, 457.
— Consent enfin à la conclusion de la paix, 480.
FERIA (le duc de), général espagnol, 347.
— Mauvais succès de sa campagne; il meurt de chagrin, 348.
FEUQUIÈRES, chargé d'affaires de France à Dresde. Se défie de Wallenstein, 357.
FRANCFORT-SUR-LE-MEIN (ville), ouvre ses portes à Gustave-Adolphe, 231, 232.

FRÉDÉRIC V, électeur du Palatinat; manière dont il a été élevé, 48.
— Prétend à la couronne de Bohême, 65.
— Est couronné roi de Bohême; embarras de sa situation, 86, 87.
— Son alliance avec un ami de la Porte et son zèle pour les doctrines de Calvin le rendent suspect aux Bohémiens, 92.
— Sa fuite après la perte de la bataille de la montagne Blanche, 96.
— Les princes allemands se partagent ses États, 112.
— La fortune semble lui sourire de nouveau, 121.
— On cherche à le réconcilier avec l'empereur, 122.
— Il attend son arrêt en Hollande, 124.
— Une assemblée d'électeurs le déclare déchu de ses États, 126.
— Sollicite la protection de Gustave Adolphe, 234.
— Réduit à marcher à la suite de Gustave-Adolphe, il dépense le reste de sa fortune et meurt dans un état voisin de la misère, 340.
FUGGER, général impérial; vient joindre ses troupes à celles de Tilly, 227.
— Chargé par Tilly de punir les Saxons de leur alliance avec les Suédois, 233.
FULDES (l'abbé de); tué à la bataille de Lutzen, 320.
FURSTENBERG (comte de), général bavarois; commande l'aile gauche de Tilly à la bataille de Leipzig, 208.

G

GALLAS (général impérial); dénonce Wallenstein à l'empereur, 369.
— L'empereur le charge d'arrêter Wallenstein et de prendre le commandement de l'armée, 369.
— Fait connaître à l'armée que Wallenstein est mis au ban de l'Empire, 375.

GALLAS. Passe le Rhin près de Brissac et cherche à porter la guerre en France, 408.
— Expédition qui lui vaut la réputation d'être maître passé dans l'art de perdre une armée, 438.
GEORGES (landgrave de Hesse-Darmstadt). Sa conduite équivoque. 234

GEBARD, archevêque de Cologne. Embrasse la religion calviniste et épouse la comtesse Agnès de Mansfeld, 41.
— Perd son archevêché et sa qualité d'électeur, 42.
— Sa mort, 44.
GOETZ, général impérial, 264.
— Cherche à repousser les Saxons de la Bohême, 264.
— Sa valeur retarde la défaite de Lutzen, 318.
— Relève l'honneur des armes impériales sur la Baltique, 360.
GORDON (colonel impérial). Entre dans le complot ourdi contre la vie de Wallenstein, 373.
— Répond au défi du général Illo, en excitant ses dragons à assassiner ce général, 377.
GUÉBRIANT (le maréchal de), 421.
— Se dirige vers Halberstadt, 422.
— Prend ses quartiers d'hiver dans l'archevêché de Cologne, 429.
— Ses instructions le forcent à tenir une conduite équivoque, 429, 430.
— Reprend la campagne, 430.
— Reçoit une blessure dont il meurt, 430.
GUILLAUME (landgrave de Hesse-Cassel). Il brave les menaces de Tilly, 196.
— Se déclare franchement en faveur de Gustave-Adolphe, 200.
— Continue à soutenir Gustave-Adolphe, 238.
GUSTAVE-ADOLPHE (roi de Suède). Il achève de consolider l'affranchissement de la Suède commencé par Gustave Wasa, 113.
— Fait une paix avantageuse avec le Danemark, 115.
— Déjoue les intrigues de Sigismond, roi de Pologne, 115.
— Remporte plusieurs victoires brillantes contre la Pologne, 116.
— Insultes faites aux plénipotentiaires qu'il envoie en Allemagne, 139.
— État de son royaume lorsqu'il se décide à combattre pour les libertés religieuses et politiques de l'Allemagne, 161.

GUSTAVE-ADOLPHE. Son caractère et son influence sur ses soldats, 163, 164.
— Fait ses préparatifs pour la guerre, 166.
— Prend solennellement congé des États de son royaume, 167, 168.
— S'embarque avec l'élite de ses généraux, 169.
— Débarque en Poméranie et publie un manifeste, 170, 171.
— Entre dans le Mecklembourg, 178.
— Prend Francfort-sur-l'Oder, 179.
— Signe un traité d'alliance avec la France, 183, 184.
— Explique les motifs qui l'ont mis dans l'impossibilité de secourir Magdebourg, 192, 193.
— Contraint l'électeur de Brandebourg à devenir son allié, 197.
— Anniversaire de son débarquement en Poméranie, 198.
— Tient conseil avec les électeurs de Brandebourg et de Saxe, 205, 206.
— Prend ses positions pour la bataille de Leipzig, 207.
— Sa conduite pendant cette bataille, 208, 211.
— Son nouveau plan de campagne après la victoire de Leipzig, 214, 216.
— Motifs et conséquences de ce plan, 217, 224.
— Soumet l'archevêché de Wurtzbourg, 226, 227.
— Chasse le duc de Lorraine du champ de bataille, 228.
— S'empare de l'évêché de Bamberg, 229.
— Fait la conquête de la Franconie, 230.
— Se rend maître de Francfort-sur-le-Mein, 231, 232.
— Princes qui viennent le trouver dans cette ville, 234.
— Se dispose à passer le Rhin, 235.
— Prend Mayence, 237, 238.
— Établit son quartier général en cette ville, 240.
— Soupçon que ce choix fait naître, 241.
— Accorde aux catholiques une trêve de quinze jours, 244.

GUSTAVE-ADOLPHE. S'empare de Donawerth, 247.
— Sa brillante victoire sur les bords du Lech, 248, 251.
— Assiége Ingolstadt, 252.
— Fait son entrée à Munich, 254.
— La fortune continue à lui être favorable, 255, 256.
— Etablit son camp près de Nuremberg, 290.
— Ses vains efforts pour contraindre Wallenstein à accepter la bataille, 293, 299.
— Reproches qu'il adresse aux Allemands, 300.
— Se décide à quitter Nuremberg, 301.

GUSTAVE-ADOLPHE. Renonce à la conquête de la Bavière pour secourir l'électeur de Saxe, 305.
— Accueil enthousiaste qu'on lui fait à Naumbourg, 306.
— Ses dispositions pour la bataille de Lutzen, 308, 314.
— Est mortellement blessé à cette bataille, 318.
— Son cadavre est retrouvé sur le champ de bataille, 322.
— Considérations sur sa mort 328, 329.
— Influence de sa mort sur la situation de l'Allemagne et sur celle de la Suède, 330, 332.

H

HAMILTON (le marquis d') amène six mille Anglais à Gustave-Adolphe, 198.
HATZFELD, général impérial, 403, 404.
— Est battu par Banner, 403, 404.
— Remporte un avantage insignifiant, 417.
— L'archevêque de Cologne l'appelle à son secours, 429.
— Attaque les conquêtes suédoises sur le bas Rhin, 429.
— Unit son corps d'armée à celui de la Bavière, 431.
— Occupe les Hessois, 433.
— Sur l'ordre de l'empereur, il risque les dernières troupes impériales, 436.
— Perd la bataille de Jankowitz où il est fait prisonnier, 436.
HEBRON, volontaire suédois. Noble réponse qu'il fait à Gustave-Adolphe, 299.
HENRI IV, roi de France. Pourquoi il intervient dans la guerre causée par la succession de Juliers, 52.
— Ses projets à l'égard de la maison d'Autriche, 54.
— Prête son appui à l'union évangélique, 56.
— Influence que sa mort exerce sur la situation de l'Europe, 109.
HESSE-CASSEL. Ses deux landgraves, 104.

HOLK, général impérial, 288.
— Met tout à feu et à sang en Misnie et meurt à la suite de ses débauches, 388.
HOLLANDE. Influence que son affranchissement exerce sur les destinées de l'Allemagne, 110.
— Appelle le général Mansfeld à son secours contre les Espagnols, 123.
HONGRIE. Difficultés qu'a l'Autriche pour conserver cet Etat, 26.
— Il s'y forme une ligue avec les protestants de l'Allemagne, 28.
HORN (Gustave), général suédois, commande l'aile gauche de l'armée pendant la bataille de Leipzig, 207.
— Gustave-Adolphe lui confie le soin de veiller sur les conquêtes des Suédois en Allemagne, 230.
— Est forcé d'abandonner Bamberg, 246.
— Vient au secours du général Banner, 342.
— S'empare de l'Alsace et détruit l'armée italienne, 348.
— Poursuit le cours de ses victoires, 351.
— Fait prisonnier à la bataille de Nordlingue, 387, 388.
HUS (Jean). Sa secte est toujours très nombreuse en Bohême, 30.

39.

I

ILLO, général impérial, au service de Wallenstein, 360.
— Rétablit l'honneur des armes impériales sur la Baltique, 360.
— Devient le confident des secrets projets de Wallenstein, 362, 363.

ILLO. Est chargé de sonder les intentions de ses collègues sur Wallenstein, 365, 368.
— Assassiné pendant le festin donné par Buttler, 377.

J

JACQUES Ier, roi d'Angleterre. Son caractère, 8.
— Sa mort, 112.
JEAN-FRÉDÉRIC, landgrave de Hesse-Cassel. Invocation à sa mémoire, 104.
JEAN-GEORGES, électeur de Saxe. Son importance politique, 123.
— Reconnait qu'il a été la dupe de la politique de l'empereur, 180.
— Convoque une réunion des états, 181.
— Refuse au roi de Suède la permission de passer par la Saxe pour aller secourir Magdebourg, 194.
— Résiste aux menaces de Tilly, 201, 202.
— Réclame l'assistance du roi de Suède, 203.
— Signe un traité d'alliance avec ce roi, 204.
— Décide Gustave-Adolphe à livrer la bataille de Leipzig, 206.
— Ses troupes sont battues pendant cette bataille, 209.
— Promesses qu'il fait à Gustave-Adolphe après la bataille de Leipzig, 213.
— Est chargé de reprendre Leipzig et de conquérir la Bohême, 214, 216.

JEAN-GEORGES. Défait les Impériaux, 256.
— Néglige tous les avantages de son heureuse expédition en Bohême, 265.
— Trahit les Suédois pour faire la paix avec l'empereur, 391.
— Devient l'objet de la haine universelle, 397.
— Donne au monde le spectacle de l'allié infidèle d'une puissance qu'il a sauvée deux fois, 402.
— Remporte une victoire sur les Suédois près de Misnie, 419.
JÉSUITES. — Profitent des divisions des protestants pour entretenir la guerre, 10.
— Soutiennent que la paix d'Augsbourg est une convention illégale, 20.
— De quelle manière ils cherchent à convertir les protestants de la Bohême, 258.
JOSEPH (le père), confident du cardinal de Richelieu, 152.
— Ses intrigues à l'assemblée des électeurs de Ratisbonne, 153.
— Décide l'empereur à destituer Wallenstein, 154.
JULIERS (la succession de); achève d'irriter les esprits, 51.

K

KNIEPHAUSEN, colonel suédois, 169.
— Débarque avec Gustave-Adolphe, 169.
— S'empare d'Osnabruck, 351.
KOENIGSMARK, général suédois, est attiré en Saxe et inquiète ce pays, 438.

KOENIGSMARK. Commande le corps mobile de la Suède, 441.
— Se joint au corps de Wrangel, 441.
— Conduit son corps mobile en Bohême, 480.
— Surprend Prague et termine la guerre de Trente ans par une action d'éclat, 480.

KOLLOREDO (comte de), général impérial, 309.
— Donne le signal de la bataille de Lutzen, 309.
— Retarde par sa valeur la défaite de Lutzen, 318.
— KINSKY (comte de), envoyé par Wallenstein à Dresde, près du chargé d'affaires de France, 357.

KINSKI. Conspire avec Wallenstein, 362.
— Est assassiné à la fête donnée par le colonel Buttler, 377.
KNISEL (Melchior), archevêque de Vienne, 61.
— Mauvais conseils qu'il donne à Mathias, 61.

L

LADISLAS (le prince) cherche à se créer un parti en Suède, 333.
LAMBOY, général des troupes de l'archevêque de Cologne, 429.
— Battu par les Français et les Suédois, 429.
LAUENBOURG (le duc François-Charles de). Les ducs de Meklembourg lui confient le commandement de leurs troupes, 175.
— Sa conduite pendant la bataille de Lutzen, 314, 315.
— Soupçons qu'elle fait naître, 324.
— Sa vie antérieure, 324, 325.
— Fait prisonnier à Eger, en allant au secours de Wallenstein, 380.
— Tué par une balle suédoise pendant la déroute de ses troupes, près de Schweidnitz, 425.
LEIPZIG (ville). Les princes protestants y concluent un pacte, 181.
— Elle refuse de recevoir une garnison impériale, 204.
— Bataille à laquelle elle a donné son nom, 206, 213.
— Assiégée par Torstensohn, 438.
LÉOPOLD (archiduc), 419.
— Chargé par l'empereur de réparer la défaite de Gallas, 419.
— Vient au secours de Leipzig, 426.
— Est battu par Torstensohn, 427.
— Cruauté par laquelle il se venge de sa défaite, 427, 428.
LESSLIE, confident et favori de Wallenstein, 375.
— Devient le chef du complot contre la vie de son bienfaiteur, 375.
— Donne le signal de l'assassinat des amis de Wallenstein, au festin de Buttler, 370.

LESSLIE. S'assure de la tranquillité de la ville d'Eger et de la fidélité de la garnison, 377, 379.
LETTRE IMPÉRIALE. Son influence sur la situation de la Bohême, 84.
— Devient la cause de nouveaux troubles, 68.
— Ferdinand II la déchire et la brûle, 98.
LIGUE CATHOLIQUE. Sa formation, 58, 59.
— Son armée devant Donawerth, 98.
LILIENHOEE, général suédois, tué à la bataille près de Leipzig, 427.
LONOWITZ, conseiller de la chancellerie de Prague ; sa modération l'empêche d'être jeté par la fenêtre, 70.
LONGUEVILLE (le duc de), général français, 419.
LORRAINE (Charles, duc de). Ses défaites et ses extravagances, 227, 228.
— Propos plaisant que lui adresse un paysan du Rhin, 229.
— Amène une nouvelle armée qu'il commande en personne, 380.
— Se joint à l'armée bavaroise, 431.
LOUIS XIII, roi de France. Sa conduite imprudente envers les protestants, 110.
LUBECK, ville (paix de), 144, 147, 189.
LUNEBOURG (Georges, duc de), embrasse les intérêts de Gustave-Adolphe, 238.
LUTHÉRIENS. Les doctrines de Calvin et de Zwingle font naître entre eux des divisions funestes, 18.
LUTTICH (évêque de) devient électeur de Cologne, 42.
LUTZEN (bataille de), 208, 322.

M

MAGDEBOURG (ville). Son importance politique, 184.
— Est assiégée par le général Tilly. Sa résistance héroïque, 186, 188.
— Prise et sac de cette ville, 189, 192.
— Les Suédois s'emparent de ses ruines, 232.

MANSFELD (comte de). Ses antécédents et ses premières entreprises guerrières, 75, 76.
— Brave l'empereur avec les débris de l'armée évangélique, 118, 120.
— Va au secours des Hollandais, 123.
— Licencie ses troupes, 124, 127.
— Le roi de Danemark relève son crédit en le déclarant son allié, 132.
— Ses derniers exploits et sa mort, 134, 136.

MARADAS (comte de), colonel impérial, réclame l'appui de Wallenstein pour la défense de Prague, 260.

MARTINITZ (baron de), précipité par les fenêtres du château de Prague, 70.

MATHIAS, archiduc de la maison d'Autriche. Sa révolte contre son frère, l'empereur Rodolphe, 28, 29, 32.
— Sa réconciliation apparente avec Rodolphe, 35.
— Est nommé empereur, 60.
— Rejette l'*humble supplique* des Bohémiens, 61.
— Discours hardi que lui adressent les députés de la Moravie et de l'Autriche, 62.
— Le secret de la ligue catholique lui est révélé, 64.
— Cherche à faire sa paix avec les insurgés de la Bohême, 72.
— Sa mort, 76, 77.

MAXIMILIEN (électeur de Bavière). Il devient le chef de la ligue catholique, 58.
— Se déclare en faveur de l'empereur Ferdinand II, 89.
— Accepte le débit de l'union évangélique, 90.

MAXIMILIEN. Force les Bohémiens à livrer bataille et les défait près de Prague, 94, 95.
— Son importance politique, 103.
— Motifs de sa haine contre Wallenstein, 150, 151.
— Ambitionne le commandement des troupes de la ligue et de celles de l'empereur, 158.
— Commence à craindre pour ses États, 221.
— Ne veut pas confier son avenir aux chances d'une bataille, 227.
— Conclut un traité secret avec la France, 243.
— Se décide à appeler le général Tilly au secours de la Bavière, 246, 248.
— Surprend Ratisbonne et s'enferme dans cette ville, 282.
— Cherche à rester neutre, 266.
— Est forcé d'aller solliciter l'assistance de Wallenstein, 288, 290.
— Retourne en Bavière qu'il trouve dévastée, 303, 304.
— La mort de Ferdinand II le détache des intérêts de la maison d'Autriche, 443.
— Conclut une trêve avec la France et la Suède, 444.
— Rompt cette trêve et reprend les armes, 447, 448.
— Ses États sont de nouveau envahis par l'ennemi, 449, 450.

MAXIMILIEN II, empereur, imite la conduite prudente et humaine de son père, 23.

MAZARIN (le cardinal). Ses principes de gouvernement, 430.
— Force Turenne à rester inactif afin d'arrêter la fortune des Suédois, 441.
— Lui permet enfin de seconder les Suédois contre les Bavarois, 443.
— Parvient à détacher Maximilien de l'empereur, 444.
— Jaloux des Suédois, il ordonne à Turenne de les abandonner, 446.

INDEX. 465

Mazarin. Continue à se jouer des Suédois, 448, 449.

Mecklembourg (les ducs de) sacrifiés dans la paix que le roi de Danemark fait avec l'empereur, 144.
— Embrassent le parti de Gustave-Adolphe, 173.
— Gustave-Adolphe les rétablit dans leurs États, 200.

Mélander, général impérial. Manière dont il entre au service de l'empereur, 445.
— Poursuit Wrangel, 448.
— Sa conduite dans le pays de Hesse, 448.

Mélander. Est battu par Wrangel, 449.

Mercy, général bavarois, 420.
— Sa conduite prudente, 420.
— Se maintient sur le territoire de Bade, 429.
— Unit son corps d'armée à celui du général Hatzfeld, 431.
— Gagne la bataille de Freibourg, 437, 439.
— Remporte une victoire sur Turenne, 440.
— Sa mort, 440.

Mitschefal, officier suédois, un des auteurs de la révolte du camp suédois, 344.

N

Neumann, capitaine impérial, 376.
— Ses propos imprudents au festin de Buttler, 476.
— Massacré dans la cour du château, 377.

Noerlingue (ville). Défaite des Suédois dans ses environs, 388.

Nuremberg (ville), 230.

Nuremberg. Se place sous la protection de Gustave-Adolphe, 230.
— Accueil enthousiaste qu'elle fait à ce Roi, 247.
— Souffrances de cette ville pendant que le roi de Suède et Wallenstein sont campés devant ses murs, 293, 302.

O

Odowalsky, colonel impérial, congédié, facilite à Kœnigsmarck la prise de Prague, 450.

Othon (Louis), rhingrave, 169.
— Chargé de défendre l'Alsace, 348.
— Fait la conquête des Waldstetten et bat le duc de Lorraine, 348.
— Continue la guerre avec succès sur le Rhin et sur le Danube, 350, 351.

Oxenstiern, chancelier de Suède, ami et confident de Gustave-Adolphe, maintient la Pologne en respect tandis que Gustave-Adolphe va faire la guerre en Allemagne, 167.
— A la mort de Gustave-Adolphe, il saisit les rênes du gouvernement en Allemagne, 334.

Oxenstiern. Le sénat suédois lui confie la direction de la guerre, 334.
— Difficultés qu'il rencontre dans l'exercice de ces hautes fonctions, 335, 340.
— Indignation que lui cause la cupidité des souverains allemands, 341, 342.
— Envoie des secours à Wallenstein, 378.
— Embarras que lui cause la défaite de Nordlingue, 389.
— Ses réclamations contre la paix de Prague, 398.
— Son génie fait face à tous les dangers, 399.

P

Palatinat (électorat du), offre le premier exemple des divisions funestes entre les luthériens et les calvinistes, 47, 48.

PAPPENHEIM (général impérial), détruit l'armée de Christian-Guillaume, 183.
— Commence l'attaque de Magdebourg, 188.
— Ses Croates et ses Wallons donnent l'exemple de la férocité pendant le sac de Magdebourg, 190.
— Son ardeur entraîne le général Tilly à livrer la bataille de Leipzig, 206, 207.
— Sa conduite pendant la bataille, 210.
— Rejoint Tilly à Halberstadt, 212.
— Son arrivée sur le champ de bataille de Lutzen, retarde la victoire des Suédois, 316, 317.
— Mortellement blessé, 318.
— Causes de son arrivée tardive sur le champ de bataille, 319.
— Sa mort, 320.
— Analyse de sa vie, 321, 322.
PFUDL, officier suédois, 343.
— Un des auteurs de la révolte du camp suédois, 344.

PICCOLOMINI (le comte), général impérial. Sa valeur retarde la défaite de Lutzen, 319.
— Wallenstein lui confie ses projets, 332.
— Le dénonce à la cour de Vienne, 364.
— Quitte Wallenstein pour se mettre à l'abri de sa vengeance, 371.
— Revient en Bohême à la tête d'une armée destinée à combattre Wallenstein, 371, 372.
— Refuse la bataille que lui offre le général Banner, 419, 420.
— Vient au secours de Leipzig, menacée par Tortensohn, 426.
— Est battu par Tortensohn, 427, 428.
— Se met à la tête des derniers débris de l'armée impériale, 430.
PIERRE (la) des Suédois, 322.
PRAGUE (ville). Prise par les Saxons, 259, 263.
— Paix de Prague. Causes et résultats de cette paix, 391, 397

R

RAGOTZY, successeur de Bethlen-Gabor, menace la Hongrie, 266.
— Traverse la Hongrie et opère sa jonction avec Tortensohn, 437.
— S'en retourne dès que l'Empereur lui donne assez d'argent, 440.
RATISBONNE (ville). Assemblée des électeurs dans cette ville, 151, 152.
— Prise de cette ville par le duc Bernard de Weimar, 349.
— Diète de Ratisbonne où doit se décider la paix, 420.
— Banner vient troubler l'assemblée en assiégeant la ville, 421.
RAVAILLAC. Son crime sauve l'Autriche, 58.
RÉFORMATION. Ses premiers résultats, 2.
— Crée de nouveaux liens pour les peuples et pour les individus, 3.
RELIGION. Les souverains en font l'auxiliaire de leurs projets politiques, 4, 5.

RÉSERVES ECCLÉSIASTIQUES. Principale cause des suites fâcheuses de la paix d'Augsbourg, 13.
RICHELIEU (le cardinal de) fait revivre une partie des idées d'Henri IV, 110.
— Contracte une alliance avec la Hollande et l'Angleterre, contre l'Autriche et l'Espagne, 128.
— Détours que l'esprit du temps le force à employer pour s'allier aux ennemis de la maison d'Autriche, 160.
— Ferme une alliance avec Gustave-Adolphe, 181.
— On l'indispose contre Gustave-Adolphe, 262.
— Se fait le protecteur de l'archevêque de Trèves, 265.
— Sa politique éclairée lui fait comprendre qu'il ne doit pas abandonner les Suédois, 333, 334.
— La détresse des Suédois favorise ses projets sur l'Alsace, 389, 390.

INDEX.

Richelieu. S'engage à entretenir une armée sur les bords du Rhin, 390, 391.
— C'est pour agrandir la France qu'il entretient la discorde en Allemagne, 393.
— Cherche à diminuer l'influence des Suédois, 408.
— Joie que lui cause la nouvelle de la paix de Brissac, 410.
— Devient l'ennemi secret du duc Bernard de Weimar, 410.
— Est soupçonné de l'avoir fait empoisonner, 411.
— Achète l'armée du duc Bernard de Weimar, 412.
— Sa mort, 430.

Rodolphe II, empereur. Son caractère et sa conduite envers les protestants, 23.
— Troubles survenus sous son règne, 24, 31.
— N'a plus d'autre espoir que l'appui des Etats de la Bohême, 32.
— Comment se réalise cet espoir, 33.
— Veut priver son neveu, l'archiduc Ferdinand de Styrie, de la succession au trône de Bohême, 35.
— Est forcée de faire des concessions humiliantes, 36.
— Sa mort, 60.
Rome (la cour de). Sa situation envers les autres cours de l'Europe, 108.

S

Salis, général impérial, battu par Banner, 418.
Schafgotsch, général impérial, 360.
— Bloque Breslau, 360.
Schaumbourg (comte de), général impérial, honteux des excès de ses troupes, il dépose le commandement, 176.
Schlangen, général suédois, tué à la bataille près de Leipzig, 427.
Schwartzenberg, premier ministre de l'électeur de Brandebourg, 193.
Seni, astrologue de Wallenstein. Ses prédictions, 156.
— Sa dernière entrevue avec Wallenstein, 378, 379.
Sigismond, roi de Pologne et de Suède, perd le trône de Suède, 113, 114.
Slawata, président de la chancellerie de Prague. Ses injustices et sa cruauté lui attirent la haine des Bohémiens, 69.

Slawata. Les députés protestants le jettent par la fenêtre du château de Prague, 70.
Spinola, général espagnol, entre dans le bas Palatinat, 119.
Stahlhantsch, général suédois, enfonce l'aile gauche des Impériaux près de Leipzig, 426, 427.
Sternberg, conseiller de la chancellerie de Prague. Sa modération l'empêche d'être jeté par la fenêtre, 70.
Stralsund, ville (siège de), 142, 143.
Strasbourg (ville). Les désordres de Cologne y portent le trouble, 44, 45.
Stummsdorf, ville (traité de), 400, 401.
Sylva (don Philippe de), général espagnol, défend Mayence contre les Suédois, 238.
— Capitule, 239.

T

Terzky (comte de), colonel impérial, 318.
— Sa valeur retarde la défaite de Lutzen, 319.

Terzky. Parlemente avec les Saxons et les Suédois, 354.
— Assassiné au festin donné par Buttler, 377.

TEUFEL, général suédois. — Il débarque avec Gustave-Adolphe, 169.
— Commande le centre de l'armée à la bataille de Leipzig, 207.
— S'empare de l'artillerie de Tilly pendant la bataille de Leipzig, 210.

THURN (comte de). Son influence en Bohême, 66.
— Nommé l'un des défenseurs des libertés religieuses et civiles de la Bohême, 67.
— Pousse le peuple à nommer des députés pour délibérer sur les dangers publics, 69.
— Se met à la tête des insurgés, 75.
— Soulève la Moravie, 81.
— Se retire en Transylvanie, 97.
— Dirige les opérations des Saxons, 342.
— Revient à Prague avec beaucoup d'autres proscrits, 163, 164.
— Commande les troupes suédoises en Silésie, 332.
— Forcé de se rendre à discrétion à Wallenstein, 339.
— Conduite du généralissime à son égard, 340.

TIEFFENBACH (Rodolphe de), général impérial. — Il est chargé d'amener des secours à Tilly, 206.
— Il répand la terreur en Saxe, 237.
— Reçoit l'ordre de cesser les hostilités, 257.
— Reçoit trop tard l'ordre de secourir Prague, 259.
— Vient pour asservir la Bohême, 264.
— Ravage la Bohême, 268.

TILLY, général bavarois. Appelle les troupes espagnoles à son secours, 121.
— Continue à tenir la campagne quoiqu'il n'y ait plus d'ennemis à combattre, 127.
— Marche contre le roi de Danemark, 130.
— La jalousie de Wallenstein le gêne dans ses opérations, 132.
— Défait le roi de Danemark, 134.
— Devient généralissime des troupes de la ligue et de celles de l'empereur, 152.

TILLY. Vient au secours du Brandebourg, 176.
— Ses antécédents, 177.
— Son opinion sur Gustave-Adolphe, 178.
— Met le siége devant Magdebourg, 179.
— Ses cruautés dans le nouveau Brandebourg, 180.
— Revient sous les murs de Magdebourg, 185.
— Donne de fausses espérances aux assiégés, 187.
— Les trompe par une fausse retraite, 188.
— Sa froide cruauté pendant le sac de Magdebourg, 190, 191.
— Fait son entrée sur les ruines de cette ville, 192.
— Est chargé d'exécuter l'arrêt impérial qui annule le pacte de Leipzig, 195.
— La fortune commence à lui devenir contraire, 199.
— Cause probable de son humanité envers la garnison de Leipzig, 203.
— Se retranche derrière cette ville, 206.
— Prend ses positions pour la bataille, 207.
— La fermeté de son caractère l'abandonne, 209.
— Se dispose à combattre et disperse les Saxons, 210.
— Expédie un courrier à Vienne pour annoncer le gain de la bataille, 210.
— Est battu et forcé d'ordonner la retraite, 210.
— Se retire à Halle pour se guérir de ses blessures, 212.
— Effet que produit sur son esprit la perte de la bataille de Leipzig, 212, 213.
— Son désespoir en se voyant condamné à l'inaction, 227.
— Se retire vers le Danube, 245.
— Maximilien lui permet de reprendre l'offensive, 246.
— Est appelé à la défense des frontières de la Bavière, 247.
— Etablit son camp sur les bords Lech, 248.

TILLY. Ses admirables dispositions pour la défense de ce camp, 230.
— Ne pouvant plus s'y soutenir, il cherche la mort, 250.
— Est blessé et transporté mourant à Ingolstadt, 251.
— Sa mort et le dernier conseil qu'il donne à Maximilien, 252.
TORSTENSOHM (Bernard de), nouveau généralissime des Suédois, 424.
— Ses infirmités et ses exploits, 424, 425, 426, 427, 428, 429.
— Attaque et défait le roi de Danemark, 433, 434, 435, 436, 437, 438.
— Rentre dans la vie privée et retourne en Suède, 439.
TOTT, général suédois, — Débarque avec Gustave-Adolphe, 169.

TOTT. Achève la conquête du Meklembourg, 199.
TURENNE (le vicomte de). Venge par ses exploits la défaite de Tuttlingue, 432.
— Amène un renfort au duc d'Enghien, 437.
— Défait le général Mercy, 440.
— Gagne la bataille de Nordlingue, 440.
— Forcé de rester inactif, il obtient enfin la permission d'agir, 441, 443.
— Contraint l'électeur de Mayence à signer la trêve, 445.
— Wrangel cherche en vain à le rejoindre, 448.
— Ouvre la dernière campagne, 449.
TUTTLINGUE (défaite de), 431, 432.

U

ULM (ville d'), 93, 94.
UNION ÉVANGÉLIQUE, signée à la diète de Ratisbonne, 49.
— Concessions qu'elle demande à l'empereur Rodolphe, 50.
— Exécute mal les intentions d'Henri IV, 57.
— Fin de sa première opération, 59.

UNION ÉVANGÉLIQUE. Encourage l'insurrection de la Bohême, 75.
— Demande aux catholiques des satisfactions et des garanties, 90.
— Réorganise son armée, 93.
— Dissoute par l'empereur, elle promet de ne jamais se reformer, 118.
UTRAQUISTES. Influence de cette secte sur les guerres de religions, 30.

V

VALETTE (le cardinal La), 400.
— Richelieu l'envoie sur les bords du Rhin avec une armée, 394.
— Est battu par Gallas, 400.

VALETTE. Le duc Bernard de Weimar lui obéit à regret, 400.
VENISE (ville). Sa situation au commencement de la guerre de Trente ans, 108.

W

WALLENSTEIN (comte de). Offres qu'il fait à l'empereur et ses antécédents, 131.
— Organise une armée, 132.
— Met le comte de Mansfeld hors de combat, 133.
— Pénètre dans le Holstein, 135.

WALLENSTEIN. Manière dont il entretient son armée, 137, 138, 139.
— Est créé duc de Friedland, 140.
— Demande et obtient le duché de Meklembourg, 140.
— Prend le titre de généralissime de

terre et de mer et assiège Stralsund, 141.

WALLENSTEIN. Mauvais succès de ce siège, 143.

— Fait la paix avec le Danemark, 144.

— Comment il reçoit l'annonce de sa destitution, 155.

— Comment il vit dans sa retraite à Prague, 156, 157, 158.

— Accrédite la mauvaise opinion qu'on a à Vienne de Gustave-Adolphe, 171, 172.

— Refuse de secourir la Bavière, 255

— Ses espérances et ses projets, 270, 275.

— Sa conduite envers les envoyés de l'empereur, 277, 280.

— Condition qu'il met à sa rentrée au service, 282, 283.

— Pourquoi il se montre si exigeant, 284.

— Recherche l'alliance de la Saxe, 286.

— Ne peut plus rester inactif, 287.

— Feint de se réconcilier avec l'électeur de Bavière, 289, 292.

— Sa conduite au camp de Nuremberg, 292, 300.

— Lève le camp, 301.

— Dévaste les États de l'électeur de Saxe, 303.

— Se décide à livrer la bataille de Lutzen, d'après les prédictions de son astrologue, 307.

— Son courage et son sang froid pendant cette bataille, 308, 318.

— Forcé d'abandonner le champ de bataille, 319.

— Sa conduite après la défaite de Lutzen, 351, 354.

— S'aperçoit des intentions hostiles de l'empereur à son égard, 356.

— Explication de sa conduite contradictoire, 358.

— Rend la liberté au comte de Thurn, 360.

— Bruits qui circulent sur son compte, 361.

— Prépare sa défense contre les projets de la cour de Vienne, 362.

— Sa conspiration contre l'empereur, 364, 378.

WALLENSTEIN. Est assassiné à Eger, 379, 380.

— Son caractère et sa justification possible, 381, 384.

WASABOURG (comte de), fils naturel de Gustave-Adolphe, 351.

WEIMAR (le duc Bernard de). — A un cheval tué sous lui au camp de Nuremberg, 293.

— Cherche en vain à s'emparer d'un poste important, 299.

— Vient ramener ses troupes à Gustave Adolphe, 306.

— Commande la cavalerie allemande à la bataille de Lutzen, 311.

— Prend le commandement de l'armée après la mort de Gustave-Adolphe, 316.

— Remporte la victoire et fait reposer l'armée près du champ de bataille, 320.

— Récompenses qui lui sont promises par Oxenstiern, 341.

— Arrêté dans ses succès par une révolte des officiers suédois, 343, 345.

— A quel prix il consent à apaiser cette révolte, 346.

— Assiège Ratisbonne, 348.

— Le froid l'empêche de pénétrer en Autriche, 350.

— Vient au secours de Wallenstein, 375.

— Ses vains efforts pour sauver Nordlingue, 386.

— Désire la continuation de la guerre, 397.

— Ses conquêtes en Alsace, 405.

— Sa répugnance à obéir aux ordres de La Valette, 406.

— S'empare de Brissac, 407, 408.

— Reçoit le serment de fidélité des habitants de cette ville, 409.

— Songe à épouser la princesse Amélie de Hesse-Cassel, 409.

— Refuse les invitations de la cour de France et la main de la nièce de Richelieu, 410.

— Meurt au camp de Neubourg, 410.

— Sa mort est attribuée au poison, 410.

— Résumé de sa vie et de son caractère, 411, 412.

WEIMAR (Guillaume duc de), Gustave

Adolphe lui confie le commandement d'un corps d'armée, 225.
WERTH (Jean de), général bavarois, 343.
— Laisse passer le Danube aux Suédois, 356.
— Pénètre en Champagne et menace Paris, 406.
— Est fait prisonnier avec plusieurs officiers, 407.
— Pénètre dans Lunebourg, 416.
— Défend le territoire de Bade, 429.
— Commande l'expédition de Tuttlingue, 431, 432.
— Entre dans la conspiration de Ferdinand III contre la Bavière, 447.

WILLEBNERG, général suédois. Enfonce l'aile gauche des Impériaux près de Leipzig, 426, 427.
WRANGEL, général suédois, 416.
— Chargé du commandement en chef de l'armée suédoise, 441.
— Cherche à pénétrer en Autriche, 442.
— Envahit la Bavière, 443.
— Son expédition en Bohême, 446.
— Se replie vers l'armée de Turenne, 447, 448.
— Reprend la campagne, 449.
WURTZBOURG (Eugène de), vaincu par Gustave-Adolphe, se réfugie à Paris, 225, 226.

Z

ZELTHER, archevêque, électeur de Trèves, 245.
— Préfère la protection équivoque des Espagnols à celle des hérétiques, 245.

FIN DE L'INDEX

EVREUX, IMPRIMERIE DE CHARLES HERISSEY

www.ingramcontent.com/pod-product-compliance
Lightning Source LLC
Chambersburg PA
CBHW072107220426
43664CB00013B/2028